기독교문서선교회 (Christian Literature Center: 약칭 CLC)는 1941년 영국 콜체스터에서 켄 아담스에 의해 시작되었으며 국제 본부는 미국 필라델피아에 있습니다.
국제 CLC는 59개 나라에서 180개의 본부를 두고, 약 650여 명의 선교사들이 이동 도서차량 40대를 이용하여 문서 보급에 힘쓰고 있으며 이메일 주문을 통해 130여 국으로 책을 공급하고 있습니다. 한국 CLC는 청교도적 복음주의 신학과 신앙 서적을 출판하는 문서선교기관으로서, 한 영혼이라도 구원되길 소망하면서 주님이 오시는 그날까지 최선을 다할 것입니다.

추천사 1

조엘 비키(Joel R. Beeke) 박사
Puritan Reformed Theological Seminary 총장

헤르만 바빙크(Herman Bavinck, 1854-1921)는 현대 개혁 신학 안에서 비범한 인물로 알려져 있습니다. 네 권으로 된 그의 저서 『개혁 교의학』(Reformed Dogmatics, Gereformeerde Dogmatiek[네덜란드어판])은 성경적 진리, 역사적 기독교 교리, 그리고 현대 철학과의 상호관계를 다루는 탁월한 조합입니다. 성경에 대한 충성, 신학적 통찰의 관통하는 깊이, 놀랄 만한 학식의 넓이로 표현되는 바빙크의 저술은 그의 사후 100년 동안 개혁 신학의 영역에 괄목할 만한 영향을 지속적으로 발휘하고 있습니다.

바빙크의 논저 『바빙크의 중생론』(Saved by Grace, Roeping en Wedergeboorte [네덜란드어판])은 원래 하나님께서 죄인들에게, 특별히 성인의 구원에 있어서 수단을 통해 중생을 주시는지 그렇지 않은지에 대한 논쟁 기간인 1901년부터 1902년 사이에 쓴 일련의 소논문들입니다.

만일 하나님께서 수단 없이 중생시키신다고 말한다면, 하나님께서 그분의 말씀에 의해 새 생명을 주신다는 성경의 가르침(약 1:18; 벧전 1:23)에 모순되는 것처럼 보일 수 있습니다. 또한, 사람들이 구원받기 위해 복음 전도는 필요하지 않다고 제안하는 것처럼 보일 수도 있습니다(롬 10:14).

그러나 하나님이 수단을 통해 중생시키신다고 말한다면, 중생은 단지 성경의 설득적 진리에 대한 반응 안에서 자연적 능력에 의해 죄인들이 만

드는 하나의 결정이라고 가르치는 것처럼 보일 수 있습니다.

바빙크의 사려 깊은 연구는 중생은 마음에 직접적으로 역사하시는 하나님의 초자연적 사역이라는 것 그리고 구원은 하나님의 말씀 안에서 믿음에 의한 것이라는 양편을 모두 믿어야 함을 우리에게 보여 줍니다.

이런 사안에 대한 바빙크의 논증은 우트레흐트 총회(1905)가 가야 할 길을 준비했습니다. 이 총회는 개혁파 그리스도인은 "직접적 중생"이라는 말을 사용할 수 있지만, 중생은 "말씀의 설교로부터 떨어져 있는 그런 방식 안에 있지 않다"라는 선언을 했던 것입니다. 그러므로 교회는 중생의 주권적이며 창조적인 권능과 영혼들의 구원을 위한 복음 설교의 본질적 중요성이라는 두 교리를 모두 보존할 수 있게 되었습니다.

원문

Herman Bavinck (1854–1921) stands as a towering figure in modern Reformed theology. His four-volume *Reformed Dogmatics* (Dutch, *Gereformeerde Dogmatiek*) is a masterful synthesis of biblical truth, historical Christian doctrine, and interaction with modern philosophies. Marked by fidelity to the Holy Scriptures, penetrating depth of theological insight, and amazing breadth of erudition, Bavinck's writings continue to exercise remarkable influence over Reformed theology a century after his death.

Bavinck's treatise *Saved by Grace* (Dutch, *Roeping en Wedergeboorte*, literally, "Calling and Regeneration") was originally a series of articles written in 1901 and 1902 during a controversy over whether God gives the new birth to sinners through means, especially in the salvation of adults. If we say that God regenerates without means, we may seem to contradict the Holy Scriptures which teach that God gave us the new birth by his Word (James 1:18; 1 Pet. 1:23). We may also seem to suggest that evangelism is not necessary for people to be saved (Rom. 10:14). However, if we say that God regenerates through means, we may seem to teach that the new birth is a mere decision that sinners make by their natural ability in response to the persuasive truths of the Bible. Bavinck's careful study shows us that we must believe both that regeneration is a supernatural work of God directly upon the heart and that salvation is by faith in God's Word. Bavinck's treatment of this question prepared the way for the Synod of Utrecht (1905) to make its statement that Reformed Christians may speak of "immediate regeneration" but regeneration "should not be in such a way divorced from the preaching from the Word." Thus, the church was enabled to preserve its doctrines of both the sovereign creative power of regeneration and the essential importance of preaching the gospel for the salvation of souls.

Joel R. Beeke

추천사 2

김 재 윤 박사
고려신학대학원 교의학 교수

　네덜란드 신학자 헤르만 바빙크의 중요한 저작을 이 스데반 목사님의 번역 작업으로 만나게 된 점을 축하합니다.
　바빙크는 19세기 대륙 개혁교회 역사에서 매우 의미심장한 사건이었던 소위 분리(Afscheiding)운동의 직접적 후예였습니다. 자유주의 신학의 물결과 국가교회로의 전락 위기 속에 개혁교회는 분리측 교회를 통해 새롭게 될 수 있었습니다. 바빙크는 이런 분리측 개혁교회의 전통을 전수하면서도 아브라함 카이퍼를 중심으로 이후에 일어난 애통측과 하나의 교회를 이루어 보편교회로 전진해 나가는 데 기여했습니다. 이런 그의 과감한 걸음은 통합된 네덜란드 개혁교회 안에서 좌절을 겪기도 했습니다.
　J. 마크 비치 박사가 쓴 본서의 첫 부분은 1905년 우트레흐트에서의 논쟁을 잘 소개하고 있습니다. 이런 역사적 배경은 바빙크의 중생론을 좀 더 입체적으로 보게 합니다.
　바빙크는 개혁파의 가르침을 로마가톨릭과 재세례파와 비교하면서 명쾌하게 소개합니다. 그러나 그는 개혁파 내의 쟁점도 치밀하게 다룹니다. 특별히 직접적 중생과 전제적 중생이라는 주제를 중심으로 소개하고 있는 내용들은 개혁파 중생 교리의 핵심적 입장을 소개하면서도 개혁파 안에서의 차이점도 깊이 있게 소개하고 있습니다.

당시 카이퍼 추종자들과 자신의 차이를 중생을 중심으로 분명하게 하는 과정에서 바빙크는 개혁파 신학에 면면히 흐르는 풍부한 논의와 스펙트럼의 차이를 보여 줍니다. 결과적으로 바빙크의 이 작업을 통해 우리는 피상적으로 이해되었던 개혁파 중생 교리의 깊이와 넓이를 맛보게 됩니다.

추천사 3

박재은 박사
총신대학교 신학대학원 조직신학 교수

중생은 불가해한 하나님의 신비로운 주권적 사역이기 때문에 인간의 불완전한 이성으로는 정확하게 파악할 길이 도무지 없습니다. 그러므로 교회 역사 속에서 중생에 대한 의견 차이가 늘 있어 왔고 심지어 개혁파 신학 안에서도 중생에 대한 팽팽한 이해 차이가 존재했습니다.

헤르만 바빙크는 본서 전반에 걸쳐 중생과 관련된 일련의 교리적 논쟁을 폭넓게 조망하며 중생이 과연 성령의 직접 사역인지 간접 사역인지, 만약 중생이 성령의 직접 사역이라면 은혜의 방편인 말씀과는 어떤 관계가 있는지, 만약 중생과 말씀이 서로 관계가 있다면 중생과 설교는 어떤 관계가 있는지를 특유의 치밀하고 사려 깊은 논증으로 밝혀 주고 있습니다.

추천자 본인도 박사 논문 작성 시 본서의 원서를 몇 번이고 탐독했던 기억이 있습니다. 그만큼 본서는 부르심, 중생, 성령의 사역, 은혜의 방편에 대한 개혁파 신학의 입장을 구체적으로 다루고 있기 때문에 관련 주제를 연구하는 데 필독서 중의 필독서입니다.

영문 편집자인 J. 마크 비치의 포괄적 도입 서론을 통해 핵심 주제에 대한 큰 숲을 조망할 수 있게 되며, 이어지는 바빙크의 기고문 모음집을 통해 큰 숲 안에 위치한 작은 나무들을 구체적으로 살펴볼 수 있게 될 뿐만 아니라, 마지막 부록으로 수록된 우트레흐트 판결문을 통해 이 주제에 대한 숲과 나무를 동시에 조망해 볼 수 있는 기회까지도 얻을 수 있습니다.

우리말로 꼭 번역되었으면 했던 책이 드디어 번역되어 대단히 기쁩니다. 본서를 통해 많은 독자가 성령 하나님께서 말씀과 더불어 우리를 거듭나게 하실 은혜를 깨닫게 될 것을 생각하니 진심으로 마음이 떨리고 흥분됩니다.

추천사 4

박 태 현 박사
총신대학교 실천신학 교수

    교회와 신학의 여정에서 훌륭한 안내자를 만난다는 것은 큰 축복이 아닐 수 없습니다. 미지의 신세계를 홀로 개척하듯 여행하는 것은 때때로 가슴 벅찬 감격도 있겠지만 대부분의 경우 여러 갈래 길 앞에서 당황해 헤매거나 비좁고 가파른 천길 낭떠러지의 위험을 피할 수 없습니다. 이때 가장 필요로 하는 것은 지혜롭고 친절한 안내자입니다.
    헤르만 바빙크는 한국 교회와 신학을 위한 지혜롭고 친절한 안내자이자 스승입니다. 바빙크는 기독교 신앙의 핵심인 중생 혹은 거듭남에 대해, 특히 아브라함 카이퍼의 "전제적 중생"에 대해 개혁파 전통을 따라 성경적 관점에서 올바른 길로 안내합니다.
    본서의 백미(白眉)는 바빙크가 중생을 교리적 논쟁으로만 다루지 않고 복음의 설교라는 목회적 실천과 신자들의 삶과 긴밀하게 연결시킨 데 있습니다. 바빙크의 확신처럼, 신학이란 결국 그 면류관인 실천신학에서 꽃을 피우고 열매를 맺기 때문입니다.
    바빙크는 "종교개혁의 경첩"이라 일컬어지는 말씀과 성령의 "신율적 상호관계"(theonomical reciprocity)를 적확하게 그려 줍니다. 성령 안에서 복음의 설교를 통해 거듭남의 역사가 오늘도 계속되어 한국 교회가 다시금 부흥되기를 열망하는 모든 독자에게 본서의 일독을 강력히 추천합니다.

추천사 5

이태복 목사
새길개혁교회 담임

중생에서 성령의 사역을 논하는 본서는 세 가지 이유에서 매우 탁월하고 유익한 책입니다.

첫째, 교회 역사 가운데 제기된 여러 다른 가르침을 대조하면서 중생에 관해 올바른 진리를 찾아 가는 과정을 밟기 때문입니다. 그래서 독자는 헤르만 바빙크의 개인적 신학을 배우지 않고 역사를 통해 정립된 개혁주의 신학을 배울 수 있습니다.
둘째, 중생을 개인 구원의 관점으로만 설명하지 않고 훨씬 더 폭넓은 관점으로 설명하기 때문입니다. 그래서 독자는 중생이라는 교리만 배우지 않고 그것과 연결되는 교리 전반을 배우게 됩니다.
셋째, 중생과 관련해 설교자의 설교가 어떤 방향으로 진행되어야 하는지, 은혜의 방편으로서의 말씀과 교회를 어떤 관점으로 이해해야 하는지를 밝혀 주기 때문입니다. 그래서 독자는 설교자든 회중이든 본서를 통해 자신의 신앙에 많은 유익을 얻게 됩니다.

이런 점에서 본서는 역사신학적이면서도 교의신학적이고 또한 실천신학적 책입니다. 또한 그리스도인이면 누구나 읽어야 할 책입니다.

추천사 6

최 덕 수 목사
현산교회 담임

칭의와 성화를 주제로 한 책들은 시중에 많이 나와 있습니다. 하지만 중생을 주제로 다룬 책은 스테판 차르녹의 저서 외에는 거의 없습니다. 헤르만 바빙크조차『개혁 교의학』(제4권)에서 '부르심과 중생'을 하나의 주제로 다루었습니다.

그런데 바빙크가 중생을 주제로 책 한 권을 따로 썼다는 사실을 알고 놀랐습니다. 게다가 바빙크 서거 100주년을 지나면서『바빙크의 중생론』이 번역 출간되었으니 얼마나 기쁘고 감사한지 모르겠습니다.

예수께서 바람이 어디로부터 와서 어디로 가는지 알 수 없다고 말씀하실 정도로 중생은 하나님께서 이루시는 신비로운 역사입니다. 하지만 들리는 소리와 흔들리는 물체를 통해 바람을 감지할 수 있기에, 바빙크는 성경은 물론 아우구스티누스로부터 17세기 개혁파 신학자들의 견해와 주장, 그리고 개혁 신학의 입장과는 대척점에 서 있는 펠라기우스를 비롯한 여러 신학자의 견해와 주장까지 소개하면서 중생을 설명합니다. 구원의 서정 가운데 하나의 사건인 중생을 구원론으로써만 아니라 언약신학, 교회론, 성례론 등 신학 전반을 아우르면서 설명해 나갑니다.

심해로 내려가면 숨쉬기가 어렵습니다. 바빙크의『개혁 교의학』제1권을 읽다 보면 그런 느낌이 듭니다. 그러나『바빙크의 중생론』은 그렇지 않습니다. 저자는 깊이 있게 내용을 다뤄 주었고, 역자는 친절하게 각 장의 핵심을 요약해 놓았습니다. 때문에 일반 신자들도 바빙크의 논지를 어렵지 않게 따라갈 수 있습니다.

바람은 손에 잡히지 않습니다. 하지만 바빙크는 중생이 무엇인지 손에 잡히게 만들어 주는 신기한 능력을 가졌습니다. 이런 능력자 헤르만 바빙크를 안내자로 삼고 그의 뒤를 따라가다 보면 어느새 은혜의 산 정상에 서 있는 자신을 발견하게 될 것입니다. 중생이 무엇인지 눈으로 보는 것 같은 분명한 이해를 가지게 될 것이고 중생을 경험한 신자가 어떤 삶을 살아야 하는지 알게 될 것입니다.

이뿐인가요?

새 하늘과 새 땅에서 부르게 될 찬송을 미리 따라 부르는 기쁨을 만끽하게 될 것입니다!

바빙크의 중생론

성령의 직접 사역과 은혜의 방편 사이의 관계

Saved by Grace: The Holy Spirit's Work in Calling and Regeneration
Written by Herman Bavinck
Translated by Stephen Lee

Copyright ©2008 by Nelson D. Kloosterman and J. Mark Beach
This edition published in English under the title
Saved by Grace: The Holy Spirit's Work in Calling and Regeneration
by Reformation Heritage Books, Grand Rapids, MI, USA.
Originally published in Dutch as *Roeping en Wedergeboorte*(Kampen: G. Ph. Zalsman, 1903).
All rights reserved.

This Korean edition is translated and used by permission of Reformation Heritage Books through rMaeng2, Seoul, Korea.
This Korean Edition © 2022 by Christian Literature Center Korea, Seoul, Korea.

바빙크의 중생론
성령의 직접 사역과 은혜의 방편 사이의 관계

2022년 3월 31일 초판 발행

지은이	헤르만 바빙크
옮긴이	이 스데반
편 집	양희준, 전희정
디자인	박성숙, 서민정
펴낸곳	(사)기독교문서선교회
등 록	제16-25호(1980.1.18.)
주 소	서울특별시 서초구 방배로 68
전 화	02-586-8761~3(본사) 031-942-8761(영업부)
팩 스	02-523-0131(본사) 031-942-8763(영업부)
이메일	clckor@gmail.com
홈페이지	www.clcbook.com
송금계좌	기업은행 073-000308-04-020 (사)기독교문서선교회
일련번호	2022-29

ISBN 978-89-341-2414-6 (93230)

이 한국어판 저작권은 알맹2 에이전시를 통해 Reformation Heritage Books와 독점 계약으로 (사)기독교문서선교회가 소유합니다. 신저작권법에 의하여 한국 내에서 보호를 받는 저작물이므로 무단 전재와 무단 복제를 금합니다.

Saved By Grace

바빙크의 중생론

성령의 직접 사역과 은혜의 방편 사이의 관계

헤르만 바빙크 지음
이 스데반 옮김

CLC

목차

추천사 1 **조엘 비키 박사** Puritan Reformed Theological Seminary 총장   1
추천사 2 **김 재 윤 박사** 고려신학대학원 교의학 교수   4
추천사 3 **박 재 은 박사** 총신대학교 신학대학원 조직신학 교수   6
추천사 4 **박 태 현 박사** 총신대학교 실천신학 교수   8
추천사 5 **이 태 복 목사** 새길개혁교회 담임   9
추천사 6 **최 덕 수 목사** 현산교회 담임   10

저자 서문   18
역자 서문   19

도입 소론 **J. 마크 비치 박사** Mid-America Reformed Seminary 교의학 교수   24

제1부 서론   109
    제1장 논쟁의 계기와 발생   110

제2부 성령의 직접 사역   124
    제1장 하나님의 은혜에 대한 개념의 차이   125
    제2장 하나님의 은혜에 있어서 항변파에 대항하는 개혁파의 방어   136

제3부 성령의 직접 사역과 은혜의 방편 — 156

제1장 은혜의 방편에 대해 아우구스티누스와 개혁파의 견해 — 157
제2장 도르트 총회의 부르심과 중생에 대한 견해 — 171
제3장 다른 개혁파 신학자들의 부르심과 중생에 대한 견해 — 195
제4장 은혜 언약과 교회에 대한 개혁파의 개념 — 217
제5장 중생의 시점에 대한 다양한 관점 — 239
제6장 비중 있는 대항 논증 — 271
제7장 구원의 서정 이해에 대한 재세례파와 개혁파의 차이 — 281
제8장 언약 안에 있는 성인들의 영적 상태에 대한 성경의 가르침 — 299
제9장 부르심과 중생 그리고 설교와의 관련성 — 315

제4부 성령의 직접 사역과 은혜의 방편 사이의 관계 — 332

제1장 은혜의 방편에 대한 일반 사항 — 333
제2장 은혜의 방편으로서의 말씀 — 350
제3장 중생, 믿음, 회심에 있어서 하나님의 말씀의 작용 — 361
제4장 중생 교리와 관련된 논쟁의 해결책 — 385

부록 1 우트레흐트 판결문 — 400
부록 2 헤르만 바빙크의 유산 — 406

저자 서문

헤르만 바빙크(Herman Bavinck) 박사
전 VU University Amsterdam 교의학 교수

1901년 3월 29일부터 1902년 5월 2일까지 「트럼펫」(*De Bazuin*)에 40편의 소논문을 실었다. 나는 이 논평들을 통해 직접적 중생 교리에 관한 더욱 명확한 설명을 제공하려고 했다. 이제 제목을 다소 수정하고 나누어 선보이게 되었다. 결국, 본서는 관점의 차이가 고백의 통일성과 교회의 화평에 어떤 상처도 남기지 않음을 명확하게 보여 줄 것이다.

역자 서문

이 스데반 목사
4M자라가는교회 담임

필자는 설교와 전도에서 중생 교리의 실천적 회복에 대해 분명한 인식을 하고 복음 전도자로의 부르심을 받아, 중생과 관련된 몇 가지 서적을 읽게 되었다. 그러던 중 헤르만 바빙크의 『개혁 교의학』(2011, 부흥과개혁사 刊)이 2011년에 한국어로 번역 출간되어 처음으로 바빙크라는 인물과 만나게 되었고, 그의 신학적 깊이와 넓이에 흠뻑 매료되었다.

그러면서 중생을 주제로 일반 신자들에게 약간의 도움을 제공하고 복음 전도에서의 실천적 개혁을 도모하려는 목적을 가지고 두 권의 소책자를 출간했다.[1] 여기에 담긴 메시지는 영적 어두움과 황무함을 털어내기 위한 몸부림이자 자아성찰의 고백이었다.

현실은 영접기도 통과 후 구원받았다고 선언하는 전도법이 장악하고 있는데, 이런 비성경적 방법론은 중생과는 무관한 것이다. 필자는 이것을 샌디맨주의(Sandemanianism)와 궤를 같이하는 현대의 양상으로 파악하고 '신-샌디맨주의'(Neo-Sandemanianism)[2]라고 이름 붙였다.

---

1 이스데반, 『중생이란 무엇인가』(서울: 부흥과개혁사, 2012). 『이것이 중생이다』(서울: 부흥과개혁사, 2013).
2 다음을 참조하라. 이스데반, 『중생이란 무엇인가』, 92-101.

당시만 해도 필자는 일정한 반전을 꿈꾸고 있었다. 그러나 하나님의 섭리 아래, 회복의 물결은 일어나지 않았다. 여러 가지 복합적 이유가 있었겠지만 기대했던 것만큼 개혁의 바람이 불지는 않았다.

그러던 중 2013년에 본서의 영문판을 발견하고 구매해 읽게 되었다. 한글판이 꼭 출간될 필요가 있는 중요한 책이라는 사실을 알아챘지만, 출간할 만한 곳과 연결되지 않았다. 몇 년의 시간이 지난 후에도 출간 소식이 들리지 않아 본서를 다시 붙들게 되었는데, 기독교문서선교회(CLC)에서 본서의 번역 출간 제의를 기꺼이 수락했고, 나같이 부족한 자에게 번역을 맡겼다. 시간이 흘러 번역을 마칠 즈음 알게 된 것은 2021년이 바빙크 서거 100주년이 되는 해라는 사실이었다.

2020년에 서거한 개혁파 복음주의 신학자 제임스 패커(James Packer)는 생전의 한 인터뷰에서 젊은 기독교 지도자들에게 필요한 교훈을 제시하면서 첫째로 중생에 대해 말한 바가 있는데, 그 내용은 다음과 같다.

> 마음속 가장 깊은 곳에 새로운 정체성과 하나님의 말씀 및 그분의 길에 대한 새로운 열정을 가지도록 새로운 심령과 새로운 본성으로 거듭난다는 것을 이해하지 못하는 많은 사람에 의해 우리가 중생의 교리를 충만하게 인식하지 못했다. 그러므로 젊은 기독교 지도자들은 중생 교리를 철저하게 연구해야 한다.[3]

바빙크는 생전에 신학생들과 목회자들이 중생 교리를 철저하게 연구하기 위해 주의 깊게 읽어야 할 소중한 단행본을 남겨 주었고, 그의 서거 100주년이 지나 여기에 한글판을 선보인다.

---

[3] https://www.thegospelcoalition.org/blogs/justin-taylor/j-i-packer-on-young-christian-leaders/ (접속일: 2017. 7. 14). 세부사항의 원문은 현재 웹상에서 연결되지 않음. 재인용: 이스데반, 『중생이란 무엇인가』, 8.

본서는 방대하지는 않지만 설교자가 중생 교리를 어떻게 이해하고 설교단에 서야 하는지를 알기에는 부족하지 않다. 그리고 본서는 패커의 권고를 이행하는 일에 반드시 도움이 될 만한 값진 자료가 될 것이다.

본서의 내용을 라틴어 세 단어로 표현한다면 다음과 같다. *Spiritus cum Verbo*(성령은 말씀과 함께). 이것이 함축하는 바는 세 가지다.

첫째, 좁은 의미에서 성령의 중생 사역은 독력적으로 그 어떤 제한이나 조건 없이 수행된다.

둘째, 그럼에도 불구하고 좁은 의미에서 넓은 의미까지 성령의 중생 사역은 말씀과 무관하거나 말씀과 분리된 채 일어나지 않고 언약의 경로를 따라 말씀과 '함께' 일어난다.

셋째, 그러므로 목사는 간증이나, 체험이나, 세상 소식이나, 잘 사는 비법 등이 아니라 충성스럽게 복음의 진리, 즉 예수 그리스도를 설교하고, 성례를 합당하게 시행함을 주된 임무로 가진다. 여기에 개혁파 목사의 정체성이 있다.

본서의 논증은 세 가지 질문을 탐구해 가는 식으로 정리되어 있다.

첫째, 중생은 매개 없는 하나님의 직접 사역인가?(제2부 제1-2장)
둘째, 그렇다면 은혜의 방편은 무익한가?(제3부 제1-9장)
셋째, 은혜의 방편이 무익하지 않다면 중생과 은혜의 방편 사이의 연관성은 어떤 것인가?(제4부 제1-4장)

이 세 질문을 염두에 두면서 읽어 간다면 본서를 소화하는 데 도움이 될 것이다. 다만 J. 마크 비치(J. Mark Beach)의 도입 소론은 비록 탁월하게 잘 쓴 것이기는 하지만 책 전체 분량에 비교해 너무 길어서 독자에 따라 바빙크의 글을 먼저 읽고 싶어 할지도 모른다. 그렇게 하는 것은 독자의 자유다.

편집부의 부탁에 따라 역자 주(註)를 최소한으로 줄였다. 그리고 각 장마다 요약을 달았는데, 이는 바빙크의 글을 정돈 없이 넘어가기에는 힘들어할 독자들을 위해 핵심 문장을 옮겨 놓은 것이다.

역자로서 다음 분들에게 감사의 뜻을 전한다.

본서의 가치에 공감해 즉시 출간을 결정해 주신 기독교문서선교회(CLC)의 대표 박영호 목사님, 조엘 비키(Joel Beeke) 박사님을 포함해 본서에 걸맞는 추천사를 기꺼이 보내 주신 교수님들과 목사님들, 바빙크에 대한 에세이를 부록에 넣을 수 있도록 기꺼이 동의해 준 넬슨 클루스터만(Nelson Kloosterman) 박사님, 김천에서 미천한 종을 위해 기도해 주시는 양규식 목사님과 한연희 사모님께 그리고 기도와 격려로 힘을 실어 준 아내 강은미에게 감사의 인사를 드린다.

모쪼록 이 한 권의 책이 조국 교회의 많은 설교자를 깨닫게 하고, 참되고 합당한 설교의 본질을 숙고하고 그것을 추구하는 일에 쓰임 받을 수 있기를 소망할 따름이다.

끝으로 존 오웬(John Owen, 1616-1683)의 글을 인용함으로 글을 맺는다.

> 말씀을 전하는 복음 사역자에게 있어서 말씀을 듣는 사람들의 영혼 가운데 중생의 역사가 일어나기를 원하시는 하나님의 뜻을 이루어 드리는 것은 없어서는 안 될 필수적인 의무이다. 또한, 자신이 전하는 말씀이 성령님이 역사하시는 통로가 될 수 있도록 중생이라는 성령의 사역의 본질을 온전하게 이해하는 것 역시 필수적 의무이다.
>
> 중생에 관한 지식을 충분히 갖추지 못한 복음 사역자가 자신의 의무와 사역을 제대로 감당하기란 불가능하다. 복음의 말씀을 듣는 사람들은 본래 죄와 허물로 죽은 사람들이다. 그리고 복음 사역자는 그들을 거듭나게 하는 통로로 임명된 사람들이다. 그런데도 복음 사역자가 중생의 본질과 방편에 대해 정확하게 알지 못한다는 것은 미친 것이나 다름없고, 장차 심판 받아야 할 일이다.

자기 자신의 영혼 안에서 중생의 능력을 경험해 본 적이 없기 때문에 중생에 대해 무지하거나 중생을 소홀히 하는 것은 우리의 사역을 생기 없고 열매 없게 만드는 한 가지 이유다.[4]

바빙크 서거 100주년을 지나며 무학산 자락에서

일러두기

1. 인용 출처가 없는 곳은 원문에도 없는 것이다. 바빙크는 정확한 인용 출처 없이 자신의 기억 속에서 서술하는 경우가 자주 있다.
2. 성경 인용의 경우 때때로 바빙크가 자신의 기억 속에서 서술하면서 쓴 것을 본서의 역자가 한글 개역개정판으로부터 직접 인용해 기재한 경우가 있다.
3. 문단 나눔은 한글 역자와 한글 편집자의 협의 하에 가독성을 높이는 방향으로 조절했다.
4. 장별 요약은 한글 역자가 독자의 편의를 위해 추가한 것이다.

---

[4] John Owen, *The Works of John Owen*, edited by William H. Goold (London: Banner of Truth, 1981), 3:227. 재인용: 이태복, 『영성 이렇게 형성하라』 (서울: 지평서원, 2013), 106-107. 이태복 목사님이 '거듭남'으로 번역한 부분만 '중생'으로 수정해 인용함.

> 도입 소론[1]

J. 마크 비치(J. Mark Beach) 박사

Mid-America Reformed Seminary 교의학 교수

헤르만 바빙크(Herman Bavinck)는 1854년 12월 13일 네덜란드 호우허페인(Hoogeveen)에서 태어났다. 그의 아버지 J. 바빙크(J. Bavinck, 1826-1909)는 분리파 교회 안에서 유명한 목회자였다. 분리파 교회는 1834년에 네덜란드 국가 개혁교회(De Herformde Kerk)로부터 분리되었다. 바빙크는 특출한 재능을 가진 학생이었는데, 캄펀(Kampen)에 있는 분리파 교회의 신학교에서 공부를 시작했다.

그러나 스홀턴(J. H. Scholten)과 쿠에넌(A. Kuenen)의 현대 신학 및 신학 훈련과 관련된 보다 과학적인 접근법을 직접 배우고자 라이던(Leiden)대학교로 옮겼다. 바빙크는 1880년에 라이던대학교에서 박사 학위를 받았고 새로 설립된 암스테르담자유대학교로부터 교수직을 제안받았다. 바빙크는 그 직분을 거절하고 1년간 프라너컬(Franeker)에서 목회직을 수행한 후 캄펀신학교에서 교수로 일했다.

바빙크는 여기에서 이후 자기 인생의 20년을 보내게 되었다. 1889년에 암스테르담자유대학교가 신학부 교수직을 그에게 다시 제공했음에도 불

---

[1] 이 소론의 다른 버전은 부분적으로 축약되고 다양한 관점에서 확장된 형태로 다음 제목의 논문에서 볼 수 있다. "Abraham Kuyper, Herman Bavinck, and the Conclusions of Utrecht 1905", in *Mid-America Journal of Theology* 19 (2008).

구하고 말이다. 결국, 바빙크는 1902년에 자유대학교로 와서 아브라함 카이퍼(Abraham Kuyper, 1837-1920)의 후임으로 교의학 학장이 되었다. 바빙크는 1921년에 죽을 때까지 자유대학교에서 일했다.[2]

바빙크는 종종 자신의 위대한 동시대인이자 연장자인 아브라함 카이퍼와 비교된다. 우리는 다른 사람들이 언급한 대로 간단하게 이 점을 살펴볼 것이다. 카이퍼는 광대한 비전과 활기찬 상상을 하는 사람이었지만 바빙크는 온건한 기질과 명확한 사고를 하는 사람이었다.

카이퍼는 더욱 추정적이고 직관적으로 파악한 개념을 탐구해 들어가는 사람이었지만 바빙크는 보다 신중한 학자였고 역사적 산물로부터 그리고 그 위에 자신의 사상을 세우는 사람이었다. 카이퍼는 교회와 사회에 개혁을 가져오기 위한 자신의 노력으로 유명했다. 카이퍼는 칼빈주의의 요소를 동시대 사회적 정치적 관심사에 적용했고, 심지어 네덜란드에서 첫 번째 기독교 정당(반혁명당)을 조직하는 일을 도왔다.

반면, 바빙크의 힘은 구식 해답의 일부 불충분한 점을 조사하고, 새로운 제안과 함께 앞으로 나아가야 할 필요성을 제시하는 데 머물렀다. 결국, 카이퍼는 주로 연역적이었던 반면 바빙크는 주로 귀납적이었다.[3] 의심의 여지 없이 카이퍼는 두 사람 중에서 더 논쟁적이었다. 왜냐하면, 카이퍼는

---

[2] 바빙크에 대한 가장 유명한 전기는 R. H. Bremmer, *Herman Bavinck en zijn tijdgenoten* (Kampen: J. H. Kok, 1966) 이다. 또한, 다음을 보라. V. Hepp, *Dr. Herman Bavinck* (Amsterdam: W. Ten Have, 1921). 바빙크 생애의 양상을 분석한 것으로 특별히 아브라함 카이퍼와의 관계뿐만 아니라 바빙크가 일했던 시대의 네덜란드에서 융성했던 윤리 및 현대 신학을 다룬 것은 다음을 보라. Rolf Hendrik Bremmer, *Herman Bavinck als Dogmaticus*, Academisch Proefschrift, Vrije Universiteit te Amsterdam (Kampen: J. H. Kok, 1961), 1-147. 역자 주: 국내에 소개된 바빙크 전기의 서지 사항은 다음과 같다. 유해무, 『헤르만 바빙크』(파주: 살림, 2007). 론 글리슨, 『헤르만 바빙크 평전』, 윤석인 역 (서울: 부흥과개혁사, 2014).

[3] 다음을 보라. T. Hoekstra, *Gereformeerde theologisch tijdschrift* 22 (1921): 101. 또한, 다음을 보라. Bremmer, *Herman Bavinck als Dogmaticus*, 13-64; Jan Veenhof, *Revelatie en inspiratie* (Amsterdam: Buijten & Schipperheijn, 1968), 130-133; Louis Praamsma, *The Church in the Twentieth Century: Elect from Every Nation*, vol. 7., trans. the author (St. Catherines, Ontario: Paideia Press, 1981), 25-28.

논쟁술에 뛰어났고 그의 신학적 작업의 대부분이 더욱더 대중적 독자들을 지향했기 때문이다.

반면, 바빙크는 현대의 학술적 문맥 안에서 전통적 개혁 신학을 공부해 지혜를 얻고자 했다. 비록 그는 목사들과 평신도를 겨냥한 대중적 작품들을 공유하기 위해 저술했지만 말이다.

바빙크의 저술들을 볼 때, 그의 주된 저작은 네 권으로 된 『개혁 교의학』(*Gereformeerde Dogmatiek*)이었다. 이 책은 1895-1901년에 처음으로 출간되었고 제2판과 확장된 판은 1906-11년에 출간되었다(영문판은 *Reformed Dogmatics*[2003-2008]라는 제목으로 출간되었는데 존 브리엔드[John Vriend]가 번역했고 존 볼트[John Bolt]가 편집했다).[4]

또한, 바빙크는 이어서 두 권의 축약된 교의서를 집필했다. 한 권은 『하나님의 큰 일』(1999, CLC 刊)[5]인데, 단권(單卷)으로 축약된 교의서이며(659쪽 분량),[6] 영어로는 1956년에 번역되어 지금도 *Our Reasonable Faith*(우리의 합당한 믿음)라는 제목으로 출간되고 있다.

바빙크가 쓴 두 번째 교의학 작품은 『기독교 입문서』(『*Handleiding bij het Onderwijs in den Christelijken Godsdienst*』 [Manual for Instruction in the Christian Religion], 1913)인데, 앞서 언급한 저술과 관련된 251페이지로 된 간단한 개론서다. 바빙크가 저술한 다른 주요 작품들은[7] 아래에 소개해 둔다. 먼저 캄펀에서 교수 시절에 나온 저서들은 다음과 같다.

---

4 역자 주: 네덜란드어에서 직역한 한글판은 2011년에 부흥과개혁사에서 발행한 『개혁 교의학』 1-4권이 있다.
5 *Magnalia Dei: Onderwijzing in de Christelijke Religie naar Gereformeerde Belijdenis* [The Wonderful Works of God: Instruction in the Christian Religion according to Reformed Confession], 1909
6 역자 주: 한글판 서지 사항은 다음과 같다. 헤르만 바빙크, 『하나님의 큰 일』, 김영규 역 (서울: CLC, 2007). 또는 『개혁 교의학 개요』, 원광연 역 (고양: 크리스챤 다이제스트, 2017).
7 바빙크의 저술에 대한 완전하고 세부적인 목록은 다음을 보라. Bremmer, *Herman Bavinck als Dogmaticus*, 425-53.

『기독교와 교회의 보편성』(De Katholiciteit van Christendom en Kerk, 1888)[8]

『일반 은총』(De Algemeene Genade, 1894)[9]

『심리학의 원리』(Beginselen der Psychologie, 1897)

『창조인가 진화인가』(Schepping of Ontwikkeling, 1901)

『찬송의 제사』(De Offerande des Lofs, 1901)[10]

『믿음의 확실성』(De Zekerheid des Geloofs, 1901)[11]

그리고 자유대학교 교수 시절 작품들은 다음과 같다.

『종교와 신학』(Godsdienst en Godgeleerdheid, 1902)

『현대 윤리』(Hedendaagsche Moraal, 1902)

『기독교 과학』(Christelijke Wetenschap, 1904)

『기독교 세계관』(Christelijke Wereldbeschouwing, 1904)[12]

『교육학의 원리』(Paedagogische Beginselen, 1904)

---

8 영역(英譯) 자료는 다음과 같다. "The Catholicity of Christianity and the Church", trans. John Bolt, in *Calvin Theological Journal* 27 (November 1992): 220-251. 역자 주: 한글판 서지 사항은 다음과 같다. 헤르만 바빙크, 『교회의 분열에 맞서』, 이혜경 역 (도서출판 100, 2017). 헤르만 바빙크, 『교회를 위한 신학』, 박태현 역 (군포: 다함, 2021), 102-164.

9 영역 자료는 다음과 같다. "Common Grace", trans. Raymond C. Van Leeuwen, in *Calvin Theological Journal* 24 (April 1989): 35-65. 역자 주: 한글판은 다음 자료에 수록되어 있다. 헤르만 바빙크, 『일반은총』, 박하림 역 (군포: 다함, 2021), 12-73.

10 영역 자료는 다음과 같다. *The Sacrifice of Praise: Meditations before and after receiving access to the Table of the Lord*, 2nd ed., trans. John Dolfin (Grand Rapids: Louis Kregel, 1922). 역자 주: 한글판 서지 사항은 다음과 같다. 헤르만 바빙크, 『찬송의 제사』, 박재은 역 (군포: 다함, 2020).

11 영역 자료는 다음과 같다. *The Certainty of Faith*, trans. Harry der Nederlanden (St. Catherines, Ontario: Paideia Press, 1980). 역자 주: 한글판 서지 사항은 다음과 같다. 헤르만 바빙크, 『믿음의 확실성』, 허동원 역 (고양: 우리시대, 2019). 헤르만 바빙크, 『믿음의 확신』, 임경근 역 (고양: 크리스천다이제스트, 2020).

12 역자 주: 한글판 서지 사항은 다음과 같다. 헤르만 바빙크, 『기독교 세계관』, 김경필 역 (군포: 다함, 2020).

『기독교 가정』(Het Christelijk Huisgezin, 1908)

『계시 철학』(The Philosophy of Revelation, 1908, 이 저술은 당해에 프린스턴신학대학교에서 강연한 스톤 강좌[Stone Lectures]에 해당하는 내용이다)[13]

『일반 은총』(Common Grace, 1909)[14]

『현대사상과 정통신앙』(Modernisme en Orthodoxie, 1911)

『청소년 양육』(De Opvoeding der Rijpere Jeugd, 1916)

『성경적 종교적 심리학』(Bijbelsche en Religieuse Psychologie, 1920)

바빙크의 많은 소논문은 그의 사후 수집되어 『수집 총본』(Verzamelde Opstellen, 1921)[15] 그리고 『지식과 삶』(Kennis en Leven, 1922)이라는 제목으로 각각 출간되었다. 이 책에서 처음으로 번역되어 선보이는 『바빙크의 중생론』(Roeping en Wedergeboorte, 1903)[16]은 바빙크가 자유대학교에서 일하던 초창기에 작성되었다.

1.『바빙크의 중생론』에 대해

위에서 맨 나중에 언급된 작품 『바빙크의 중생론』의 영문 제목은 *Saved by Grace: the Work of the Holy Spirit in Calling and Regeneration*이다. 이 책은 타락한 죄인들을 새로운 생명과 구원으로 인도하시는 하나님의 은혜로운

---

13 역자 주: 한글판 서지 사항은 다음과 같다. 헤르만 바빙크, 『계시 철학』, 박재은 역 (군포: 다함, 2019).
14 이 논고는 영어로 집필되어 *The Princeton Theological Review*(1909)에 처음으로 소개되었고, 후에 세 편의 다른 논고들과 합본으로 다음 자료에 소개되었다. *Calvin and the Reformation*, ed. William Park Armstrong (London: F. H. Revell, 1909; repr., Grand Rapids: Baker Book House, 1980), 99-130.
15 영역 자료는 다음과 같다. *Essays on Religion, Science, and Society*, ed. John Bolt, trans. Harry Boonstra and Gerrit Sheeres (Grand Rapids: Baker Academic, 2008).
16 역자 주: 네덜란드어 제목을 직역하면 '부르심과 중생'에 해당한다.

사역에 대해 다룬 것으로서 더욱 대중적인 형식을 제공한다.

그러므로 이 책은 모든 새로운 세대 가운데 개혁파 저술가들이 극복해야 하는 질문들을 제시하고 있다. 죄인들의 마음속에서 성령의 사역을 다룸에 있어서 그리고 자신의 주권적 사역을 성취하기 위해 성령님이 도입하시는 방편 혹은 수단을 다룸에 있어서 개혁파 신학자들은 오류들의 꼬리표를 통해 진로를 결정해야 했다.

한편에서는 어떤 부류이든지 간에 방편의 사용을 낮게 평가하는 오류를 범한다. 그 결과 하나님이 구원의 사역을 수행하심에 있어서 하나님의 주권을 보호하는 가운데 말씀, 성례 그리고 말씀을 선포하고 성례를 집례하는 교회의 역할은 경시되어 '은혜의 방편'은 공허한 어구가 되어 버린다.

다른 한편에서는 말씀과 성례라는 두 방편의 사용을 과도하게 평가하는 오류를 범한다. 그 결과 구원의 사역에 있어서 하나님의 작용은 '방편'(means)으로 전환되고 은혜의 '방편'(means)은 실제적으로는 은혜의 '동인'(動因)을 뜻하게 된다. 각각의 오류에 대한 실제 효과는 예측하거나 추적하기에 어렵지 않다.

각각의 오류는 다음과 같다.

첫째, 사람은 하나님이 자기의 일을 수행하시도록 기다리는 존재로서 수동적이고, 내성적으로 되고 신비주의[17]나 정적(靜寂)주의[18]에 빠지게 된다.

---

17 역자 주: 인간의 이성과 감각 지각의 한계를 초월하는 경험적 지식을 얻을 수 있다는 견해. (일반적 사실로서) 종교 전통과 관련해, 신비주의자는 형언 불가하다고 종종 주장되는 특정한 경험을 통해 하나님이나 궁극적 실재에 대한 깨달음을 얻을 수 있다고 주장한다. 다음을 참조하라. C. 스티븐 에반스, 『철학 · 변증학 용어 사전』, 김지호 역 (고양: 도서출판 100, 2018), 65.

18 역자 주: 인간이 신적 의지의 성취에 협력하려고 하지 않으면서 하나님이 자신의 의지를 성취시키기를 기대하는 접근법. 다음을 참조하라. 스탠리 J. 그렌츠, 제이 T. 스미스,

둘째, 사람은 구원이 진실로 하나님의 은혜로운 사역임을 잊어 버린다. 그러면 알미니우스주의 또는 세미펠라기우스주의가 잠복하게 되고, 말씀과 성례를 사효론(事效論, ex opere operato, from the work performed)[19] 유형으로, 즉 복음 선포, 세례 또는 성찬 집례의 충직한 수행 그 자체가 사람을 구원하는 것으로 취급하려는 유혹에 빠진다.

이는 다시 객관주의와 메마른 형식주의의 범주를 성장시킨다. 그러면 은혜의 '방편'을 수행하는 것이 그 자체로 은혜의 '역사'(役事)가 되어 버린다. 결국, 참된 믿음과 회개로의 초청은 충분히 발휘되지 못하거나 전적으로 무시되기 쉽다. 바빙크의 작은 책은 이 양편 모두의 오류로부터 교회를 보호하려고 애쓴다.

이 책 그 자체는 바빙크가 자신의 짧은 서문에서 설명한 대로, 먼저 정기 간행물 「트럼펫」(De Bazuin)에 1901년 3월 29일부터 1902년 5월 2일까지 소개한 40편의 짧은 소논문들의 연작이었다. 직접적 혹은 비매개적 중생에 대한 질문을 제시함에 있어서 바빙크는 반계몽주의적 신학의 기술적 주제를 가지고 교회에 쓸데없이 혹은 무익하게 짐을 지우지 않았다.

바빙크는 당대 형성된 교단인 네덜란드 개혁교회(De Gereformeerde Kerken in Nederland, GKN)에 일치를 가져오기 위해 애썼다. 이 교회의 조직은 네덜란드 국가 개혁교회 내부에서 일어난 두 특징적인 개혁운동의 연합을 통해 1892년에 생겨났다. 이 운동들은 이른바 1834년의 분리운동(Afscheiding)

『윤리학 용어 사전』, 이여진 역 (고양: 도서출판 100, 2018), 116.

19 역자 주: 성례(Sacrament)는 그 성례를 집례하는 사람이 누구이며 그의 태도나 사상이 어떠한가와는 상관없이 성례 그 자체로 그리고 성례 스스로 사역한다는 것을 표현하기 위해 사용되는 문구이다. 트리엔트 회의(1546-63)에 의해 재확인된 로마가톨릭교회의 전통적 교리에 따르면, 성례는 "이미 집례된 사역에 의해"(ex opere operato) 은혜를 준다는 것이다. 다음을 참조하라. 후스토 루이 곤잘레스, 『신학 용어 사전』, 정원래 외 2인 역 (서울: 그리심, 2014), 99.

과 1886년의 애통운동(Doleantie)이다.[20]

2. 분리운동 교회들

분리운동은 네덜란드 국가 개혁교회 내부에서 개혁을 이루기 위해 시도했던 교회운동으로 특징지을 수 있다. 그러나 분리운동은 네덜란드 국가 개혁교회로부터 떨어져 나와 분리된 교단으로 남게 되었다. 교회를 개혁하기 위한 이런 노력은 그 자체로 하나의 이야기가 된다. 내 생각으로는 다음과 같은 사실을 주장하는 것으로 충분하다. 즉, 근본적으로 개혁을 위한 이런 노력은 선조들의 기초 위에 교회를 재건하려고 한 것이었다.

다시 말해 세 가지 일치 신조(the Three Forms of Unity), 즉 하이델베르크 요리 문답, 벨기에 신앙고백 그리고 도르트 신조를 교회의 살아 있는 그리고 권위 있는 고백으로 지지하는 것이었다. 그리고 이런 표준들은 이전의 도르트교회 제도(the Dort Church Order)와 더불어 교회를 다스리는 기준임을 확언하는 것이었다.

---

20 다음을 보라. L. Knappert, *Geschiedenis der Hervormde Kerk onder De Republiek en Het Koningrijk der Nederlanden*, 2 vols. (Amsterdam: Meulenhoff & Co., 1911-12), II, 37-41, 298-313, 342-46; D. H. Kromminga, *The Christian Reformed Tradition: from the Reformation to the Present* (Grand Rapids: Eerdmans, 1943), 79-98; Henry Beets, *De Chr. Geref. Kerk in N. A.: zestig jaren van strijd en zegen* (Grand Rapids: Grand Rapids Printing Company, 1918), 18-50, 327ff.; 동일 저자, *The Christian Reformed Church* (Grand Rapids: Baker Book House, 1946), 24-37; James D. Bratt, *Dutch Calvinism in Modern America: A History of a Conservative Subculture* (Grand Rapids: Eerdmans, 1984), 3-33; Hendrik Bouma, *Secession, Doleantie, and Union: 1834-1892*, trans. Theodore Plantinga (Neerlandia, Alberta: Inheritance Publications, 1995); J. Veenhof, "Geschiedenis van theologie en spiritualiteit in de gereformeerde kerken", in *100 Jaar Theologie: aspecten van een eeuw theologie in de Gereformeerde Kerken in Nederland (1892-1992)*, ed. M. E. Brinkman (Kampen: J. H. Kok, 1992), 9-27.

더욱 넓게 그리고 통상적으로 볼 때, 분리운동은 교리적 자유주의가 낳는 부패성을 좌절시키고자 했고, 자유주의적 비평에 의해 성경의 권위가 부인되는 현실에 직면해 성경의 권위를 재확언하고자 한 것이었다. 계몽주의의 신랄함은 교회의 역동성과 순결성을 침식했다. 분리운동은 교회의 유산들을 치유하고 개혁하고자 했다. 그렇게 함에 있어서, 분리운동은 참되게 소생된 경건이 교회의 생명과 교제 안에서 표지가 되도록 관심을 기울였다.

이 운동의 주요 리더 중에는 헨드릭 드 콕(Hendrik De Cock, 1801-1842)과 안토니 브러멀캄프(Anthony Brummelkamp, 1811-1888)가 있었다.[21] 분리측 사람들에게는 요동치는 시기가 다가왔는데, 그들은 정부 권력에 의해 외부로부터 박해를 받았고 또한 일련의 교리적이고 실천적 분쟁 때문에 내부로부터 불화와 분할에 처했기 때문이다.

결국, 1854년에 분리파 교회들은 일치를 위한 강력한 방책에 도달했다. 그리고 같은 해에 그들은 목회자들의 교육을 위해 캄펀에 신학교를 설립했다. 헤르만 바빙크는 1882년에 캄펀의 교의학 교수로 지명되었다.

3. 애통에 빠진 교회들

반면, 애통운동은 국가 개혁교회로부터 축출된 교회들을 대표했다. 이런 축출은 1880년대 중반까지 국가 개혁교회에 대한 개혁을 시도하는 데 실패한 후에 일어났다. 애통운동은 아브라함 카이퍼의 리더십 아래 조직되었다. 그리고 카이퍼의 인품은 애통운동 교회들의 정체성에 많이 엮여 있었다. 애통운동은 아마도 두 번째 분리운동의 개념으로 가장 잘 특징지어질 것이다. 양측 운동들은 국가 교회 내부에서 개혁을 시도했다. 그리고

---

21 다른 리더들은 다음과 같은 사람들을 포함한다. Hendrik Peter Scholte, Simon Van Velzen, Albertus C. Van Raalte 그리고 G. F. Gezelle.

양측 모두 소망하는 치유를 달성하는 데는 실패했다.

카이퍼는 1880년에 암스테르담자유대학교를 설립했다. 카이퍼는 국가 개혁교회 안에서 자신의 목회적 노력을 추구하는 것에 더해, 교회 관련 그리고 정치 관련 출판사를 통해 평론을 출간하는 일에도 열심이었다.

또한, 카이퍼는 현대주의와 불신에 직면한 개혁교회 안에서 교리적 갱신을 가져오기 위해 일했다. 애통운동 그 자체는 개혁 신앙을 부인하는 사람들이 국가 교회 안에서 회원권을 받을 수 있는지에 대한 실천적 문제로부터 생겨났다.

'암스테르담교회회의'(the Amsterdam Consistory)는 암스테르담과 주변 지역의 교회 전체에 대한 관할권을 가지고 있었는데, 개혁 신앙을 부인하는 사람들을 회원으로 수용하도록 명하는 교구위원회의 결정에 순응하기를 거부했다. 그 결과 교회회의에 속한 80명의 회원이 직분에서 면직되었고, 카이퍼도 그들 중에 있었다. 이 사건은 1886년에 일어났고, 애통운동 교회를 위한 새로운 교단의 형성을 가져왔다. 곧장 이 운동은 암스테르담을 넘어 확산되었다.

4. 1892년의 연합과 1905년 우트레흐트 판결문으로 이끈 문제들

1892년에 진행된 분리운동과 애통운동 사이의 연합은 의혹과 어려움을 거쳐 온 결과였다. 각 단체의 일부 회원은 상대방을 의심쩍은 눈으로 보았다. 그리고 분리운동의 일부 리더는 카이퍼를 불신했고 카이퍼 신학의 일부 요소를 싫어했다. 연합을 위한 대화 속에서 특정한 관심사는 캄펀의 신학교와 암스테르담자유대학교에 있는 신학 교수진의 지위 문제였다. 각 학교는 각각의 장소와 정체성을 인정받았다. 그리고 학생들은 양쪽 신학교 어디서에서든 훈련받을 수 있었다.

연합은 1892년에 성취되었고 네덜란드 개혁교회(*De Gereformeerde Kerken in*

Nederland, GKN)라는 이름을 채택했다. 이 연합은 불행하게도 처음부터 조화롭지 못한 것으로 드러나고 말았다. 즉각 분리운동의 일부 목회자와 회중이 연합을 탈퇴해 합병에 가담하지 않았던 교회로 돌아갔다. 이것을 이른바 기독개혁교회(*Christelijk Gereformeerde Kerk*)라고 한다. 그러는 동안, 연합 이후 십년이 못 되어 카이퍼의 일부 특정한 신학적 관점들이 상당한 불일치와 교회적 고통을 만들어 냈고 바빙크를 소모전에 들어가게 했다.

『바빙크의 중생론』은 1901년에 카이퍼의 후임으로 암스테르담자유대학에서 교의학 학장을 맡은 직후에 저술된 것인데 다소간 "반(反)카이퍼주의적" 저작이었다. 즉, 바빙크는 아무리 점잖더라도 특정한 교리적 관점에서 카이퍼를 대항하는 위치에 선다.

또한, 바빙크는 이전에 자신의 『개혁 교의학』의 첫판을 네 권으로(1895-1901) 완성했었다. 논란은 중생과 세례에 대한 카이퍼의 신학에 대한 일부 특징 또는 어조를 둘러싸고 가열되었다.

예를 들어, 캄펀신학교에서 바빙크의 동료로 일한 L. 린더보옴(L. Lindeboom)은 카이퍼가 개혁파 신앙고백에 의해 요구되지 않는 관점들을 가르쳤다고 주장했다. 그것은 총회의 판결을 요구할 만한 문제라는 것이 분명해졌다. 그리고 1905년에 열린 우트레흐트 총회는 논의되는 네 가지 주제에 대해 '절충 선언' 또는 '평정 판결'이라 불릴 만한 것을 제안했다. 비록 각각의 경우에서 카이퍼의 특정한 관점들이 변호되기보다는 온화하게 비판되었지만 말이다.²²

이 문제를 상정한 위원회는 'A'교회와 'B'교회(이는 각각 분리운동과 애통운동 교회임) 양 측 모두의 회원을 포함했다.²³ 위원회의 주재자는 그의

---

22 우트레흐트 판결문의 한글 번역본은 부록 1을 보라.
23 'A'교회와 'B'교회라는 이런 분할된 사고 방식은 이후의 역사 속에서 지속해서 *GKN*을 괴롭혔다. 이런 사고 방식은 1944년에 이들 교회의 균열 속에서 종료된 신학적 논쟁 속에서 마침표를 찍었다. 여기에서 클라스 스킬더(Klass Schilder)와 일부 다른 사람들이 면직되었다. 이 문제를 지나치게 간소화시키는 위험을 무릅쓰고 보자면, 'A'교회들은 대체로 분리운동의 신학적 유산을 보존하기를 원했다. 비록 언약과 세례에서

아버지 아브라함 카이퍼의 관점에 대한 열렬한 옹호자인 헤르만 카이퍼(Herman Kuyper)였다.

우트레흐트 총회는 교회 간의 일치를 유지하기 위해 노력했는데 이는 위원회가 일한 것에 대한 해설 부분에 반영되어 있다. 특별히 두 부분이 위원회의 사고 방식을 비춰주는데, 여기에서 그들은 총회가 분쟁의 대상이 된 부분들에 대한 결정적 판단을 제공하지 않을 것을 추천한다.

그들은 이렇게 설명한다.

> 그런 결정적 판단은 필요하지도, 바람직하지도 않다. 왜냐하면, 관련된 차이점들은 모든 과장된 표현에 신중하게 대항하는 하나의 보호 수단을 제공했기 때문이다. 이런 차이점들은 우리의 신앙고백에 대한 어떤 본질적인 부분도 그리고 교회에 대한 어떤 근본적 교리도 건드리지 않으며 단지 이해의 차이점, 표현의 차이점, 용어의 차이점만을 고려할 뿐이다. 위원회는 일부 강한 표현들, 비통상적 용어들의 사용 그리고 현재 우리 교회를 어지럽히는 행위에 기회를 제공해 온 특정한 교리적 논술에 대한 강조에 대해 유감을 표한다.
>
> 그러나 위원회는 이 판단이 우리 선조들에 의해 만들어진 귀중한 신앙고백으로부터 실제적 이탈에 대항하는 하나의 분투라는 인상이 교회에 주어진 것에 대해서도 동일하게 유감을 표한다. 이런 이탈은 교리의 순수함을 위태롭게 하고, 어떤 새로운 교리를 교회에 도입시킬 뿐이다. 하지만 역사를 아는 사람이라면 누구나 분쟁의 대상이 된 점들은 우리 교회의 지도적 교사들 안

교리적 불일치가 그 유산에 오점을 남겼지만 말이다. 반면, 'B' 교회들은 카이퍼의 신학적 어조를 반영해 17세기 네덜란드 개혁 신학의 두드러진 표준에 대한 신학적 유산을 강조했다. 1905년 우트레흐트 판결문은 양측 모두 신앙고백적 경계 내에 머물렀다는 것을 주장하기 위해 노력했고, 각 '진영'은 편파성에 맞서고 성경의 온전한 계시와 어조를 마땅히 받아들여야 했다. 1905년 우트레흐트 판결문의 전문은 부록 1을 보라. 참고: E. Smilde, *Een Eeuw van Strijd over Verbond en Doop*, met een woord vooraf van Prof. Dr. K. Dijk (Kampen: J. H. Kok, 1946), 279-319.

에서도 전적으로 또는 부분적으로 발견할 수 있음이 분명하다.
이런 지도자들은 칼빈(Calvin), 베자(Beza), 우르시누스(Ursinus), 드 브레(De Brè), 고마루스(Gomarus), 푸티우스(Voetius), 콤리(Comrie), 홀티우스(Holtius) 등이다. 그리고 개혁 신학의 황금기 안에서 우리 교회들은 이 사람들이 신앙고백으로부터 이탈했다고 고소하는 일을 결코 꿈꾸지 않았다.

위원회는 쟁점에 대한 서로 다른 관점들과 그에 따르는 논박은 편협함으로 돌아서는 인간의 특성을 반영한다고 확신했다. 그리고 이런 편협함은 성경의 전체 묘사를 유지하는 데 실패를 조장하는 것으로 보았다.

> 만일 한 편에 선 사람들이 하나님의 주권, 하나님의 작정의 영원성과 불변성, 하나님의 은혜의 전능한 사역, 은혜 언약의 부동(不動)성에 강조를 둔다면 다른 편에 선 사람들은 그들의 관심을 사람의 죄책, 시간 안에서의 하나님 작정의 적용, 하나님이 은혜의 사역 안에서 사용하시는 방편들 그리고 언약의 복들에 대한 개인적 적합성에 더욱 고정한다. 양편의 묘사는 각각 그 근거를 성경에서 발견한다.
> 그러므로 양편의 묘사는 모든 편협함을 물리치는 일에 서로 보완하기 위해 섬기는 것이다. 다른 편의 관심 사항을 고려해 제안하는 이 목록 중에서 하나를 제거하는 것은 하나님을 아는 지식, 우리 영혼의 구원 그리고 경건의 실천에 손상을 가할 것이다. 그러므로 우리 개혁교회들은 언제나 그리고 모든 곳에서 이런 차이점들과 관련해 "고백의 자유"(*libertas profetandi*)를 유지했다.
> 그러므로 개혁교회는 신앙고백을 방어하는 가운데 이해와 접근의 넓이가 편협함에 대항해 교회를 보호하는 일과 신학에서 증진된 발전으로 계속 길을 열어 가는 일에 어떻게 섬기는지를 보여 주었다.[24]

---

[24] 상기 두 인용문은 다음 자료에서 가져온 것이다. John Kromminga, *Christian Reformed*

5. 1905년 우트레흐트에서 논의된 네 가지 쟁점

특정하게 논의된 쟁점들은 네 가지다.

첫째, 전택설('타락 전 선택설', supralapsarianism)과 후택설('타락 후 선택설', infralapsarianism) 사이의 논쟁[25]
둘째, 영원 칭의
셋째, 직접적 중생
넷째, 유아 세례와 관련된 전제적 중생

1905년 우트레흐트 판결문이 있기 불과 몇 년 전에 바빙크가 제시한 직접적 중생과 관련된 토론에 있어서 그의 기여를 더욱더 잘 이해할 목적으로, 우리는 이들 쟁점 각각에 대한 카이퍼의 특정한 입장을 힐끗 보기 위해 여기에서 잠시 머무는 것이 현명하다. 그런 후에 바빙크의 논술을 고려할 것인데 이는 종종 이전 신학자들의 관점을 조절한 것이다.

---

[25] *Church History (Class notes)* (Grand Rapids: Calvin Theological Seminary, n.d.), 29-30. 내가 인용한 부분은 1983년에 간행된 자료에서 취한 것이다.
역자 주: '타락 전 선택설': '타락 후 선택설'과는 달리, 이 관점에 따르면 선택과 유기는 타락 때문에 생겨난 것이 아니라 하나님의 마음속에서는 타락보다 논리적으로 앞서 존재하고 있다. 이 관점은 하나님의 작정이 우선성을 지니며, 그 실행을 위한 방편들은 논리적으로 그 작정에 뒤따라온다는 것을 전제로 삼는다.
'타락 후 선택설': '타락 전 선택설'과 달리, 하나님의 선택과 유기에 관한 작정은 논리적으로 타락을 허용하신 작정 이후에 온다는 믿음이다. 그러므로 하나님은 죄와 상관없이 인류를 판단하시는 것이 아니라, 그런 죄를 고려하셔서 판단하신다.
다음을 참조하라. 켈리 M. 캐픽, 웨슬리 벤더 럭트, 『개혁 신학 용어 사전』, 송동민 역 (고양: 도서출판 100, 2018), 132.
좀 더 쉬운 이해를 위해 또한 다음을 참조하라. 조엘 비키, 폴 스몰리, 『개혁파 조직신학 2』, 박문재 역 (서울: 부흥과개혁사, 2021), 749-755. 화란 개혁교회의 역사 속에서 카이퍼의 전택설이 가진 문제점을 지적하는 것으로는 다음을 참조하라. 코르넬리스 프롱크, 『예수 그리스도 외에 다른 터는 없네』, 임정민 역 (수원: 그 책의 사람들, 2015), 265-275.

1) 전택설과 후택설

카이퍼는 전택설과 후택설 사이의 논쟁을 고려하면서 후택설 입장의 어떤 특징들에 대해 공감을 가지면서도 전택설을 받아들인다. 카이퍼의 신학적 사고의 어떤 특징들은 전택설의 결과에 수반되어 나온다. 그러나 우리가 그 길을 탐색하기 전에, 카이퍼를 풍자적으로 묘사하지 않는 것이 중요하다. 카이퍼는 약간의 신중함을 가지고 전택설을 받아들인다. 왜냐하면, 그는 전택설에 대한 자신의 비평을 제시하기 때문인데 이 비평은 직접적이고 날카롭다.

카이퍼는 하나의 위태로운 사상 구조가 전택설 체계에 쉽게 놓인다고 경고한다. 그래서 죄는 하나님의 작정으로부터 연역되고 하나님은 인간 타락에 대한 비난을 받으시게 된다. 또한, 전택설은 하나님이 수많은 영혼을 지옥으로 넣기 위해 정죄하시고 그들을 영원히 멸망시키려는 의도를 드러내시기 위해 인류의 한 부분을 창조하신다는 개념을 불러일으킨다. 카이퍼는 이런 개념으로부터 한발 물러선다. 그리고 그것들을 "하나님의 사랑" 및 "심오한 자비"와 양립할 수 없는 것으로 간주한다.[26]

그럼에도 불구하고 카이퍼는 후택설도 유사한 문제들로 고통당하고 있음을 믿는다. 왜냐하면, 후택설은 하나님이 사람들을 그저 동일하게 창조하시려고 작정하시지만 창조하기로 작정하신 사람들에게 무슨 일이 닥칠지 하나님이 아신다는 신적 선지식과 같은 것에 의존하기 때문이다.

카이퍼는 하나의 실례를 제공한다. 어떤 해운 회사가 있는데, 소유주가 백 명의 선원이 타는 배 한 척을 가지고 있다고 생각해 보라. 그는 이 배를

---

[26] Abraham Kuyper, *E Voto Dordraceno: Toelichting op den Heidelbergschen Catechismus*, 4 vols. (Amsterdam: J. A. Wormser, 1892-95), II, 170-171. 또한, 다음을 보라. 카이퍼의 "De Deo Operante" (Het Werken Gods) in *Dictaten Dogmatiek: College-Dictaat van een Studenten niet in den Handel*, met een woord vooraf van Dr. A. Kuyper, 5 vols. (Kampen: J. H. Kok, n.d.), I, 114ff.; "Locus De Ecclesia" in IV, 38-44.

바다로 보내고자 한다. 그러나 그렇게 하기 전날 밤에 그는 바다에 있는 동안 배 위에 있는 폭발물들이 불을 일으킬 것이고 만일 그가 자신의 선원들을 보호하고 구출하기 위한 예방 조치들을 취하지 않으면 모든 선원이 멸망할 것이라는 특정한 지식을 제공하는 하나의 예견력을 받는다.

그런데 배 소유주는 그런 특정한 지식과 선견을 가지고도 폭발물을 적재한 후 그 배를 출항시킨다. 그러면서 그는 열 명의 선원에게 구명 조끼를 지급하는 대비책을 결정한다. 결과적으로 나머지 선원들은 화염 속에서 멸망할 수밖에 없다.

카이퍼는 우리가 그런 사람을 야만적이고, 비인간적이고, 잔인하다고 판단하기에 신속하다고 주장한다. 우리 모두는 배 소유주가 그런 비극을 막을 책임이 있다고 말할 것이다. 왜냐하면, 비록 선원들의 실수였다고 할지라도 그는 그 폭발물이 폭발할 것이고 그런 파괴적 화재를 일으킬 것을 알기 때문이다. 그는 그 폭발물을 실은 채 그 배를 바다로 보내지 않을 수 있고 아니면 적어도 그는 선원 전체를 위한 구명 조끼를 제공해야 마땅한 것이다.[27]

그런 후에 카이퍼는 후택설이 타락과 하나님의 작정을 둘러싼 신비를 해결하기 위해 전택설보다 우리를 그 신비에 더 가까이 인도하지 않는다고 주장한다. 하나님은 자신이 사람을 창조하신다면 사람, 즉 아담과 그의 모든 후손은 타락할 것임을 완전한 확신 속에서 아신다. 또한, 하나님은 자신의 선한 즐거움과 불가해한 자비를 따라 구원하실 사람들을 완전한 확신 속에서 아신다. 그러므로 카이퍼의 입장에 서면, 우리는 성경이 해설하지 않은 채로 남겨 둔 것을 그대로 남겨 두어야 한다.

그리고 하나님의 영원한 작정과 죄로의 타락 사이의 관계는 우리에게 엄청난 파문을 일으키며 불가해한 것이 되고 만다. 이는 우리가 하나님의 작정으로부터 타락을 유추할 수 없다는 것을 의미한다. 그런 식으로 유추

---

27 Kuyper, *E Voto Dordraceno*, II, 171-72.

하게 되면 인간의 죄책을 제거해 버리기 때문이다. 또한, 우리는 타락으로부터 작정을 유추할 수도 없다.

그러면 하나님의 작정은 존재하지 않게 되고 결국 우리는 하나님마저 잃게 된다.[28]

> 모든 신학 체계가 이 신비의 한계를 해결하기 위해 노력한다. 죄와 죄책에 대한 사람의 의식을 약화하거나 아니면 하나님의 주권과 자기 충족성을 약화하거나 하면서 말이다.[29]

그러므로 카이퍼는 이런 딜레마를 제시하면서 불가해한 신비를 위한 해결책으로서가 아니라, 단순히 성경의 진리에 더 긴밀히 연결되는 것으로서 전택설을 취한다. 성경은 어디서든지 택자의 구원이 하나님의 영원한 사랑의 열매요 결과라는 것을 인식하도록 우리를 제한한다. 그리고 택자는 선택의 덕에 의해 창조되었고, 선택의 덕에 의해 양성되었고, 선택의 덕에 의해 구원받을 것이다. 선택의 길은 타락에 선행하고 창조에도 선행하는데 우리는 이 점을 견고히 붙들어야 한다.[30]

카이퍼의 추종자들은 통상적으로 전택설 입장을 고수한다. 그리고 만일 전택설이 어떤 교리적 유혹 속으로 떨어지는 경향이 있다면 그것은 구원의 사역에 있어서 방편의 사용을 약화시키거나 혹은 강조하지 않거나 혹은 소홀히 하도록 하나님의 주권을 지나치게 강조하기 때문이다.

바빙크는 이 주제를 자신의 『개혁 교의학』의 "하나님의 경륜"이라는 제목의 장에서 길게 다룬다. 그는 이 논쟁이 성경에 호소해 해결될 수 없다고 믿는다. 양측의 관점은 종국적으로 하나님의 주권적인 선한 즐거움

---

28 Kuyper, *E Voto Dordraceno*, II, 172.
29 Kuyper, *E Voto Dordraceno*, II, 172.
30 Kuyper, *E Voto Dordraceno*, II, 172. 또한, 다음을 보라. 카이퍼의 *De Vleeschwording des Woords* (Amsterdam: J. A. Wormser, 1887), 202-24.

에 기초한다. 차이점은 여기에 있다. 즉, 후택설 입장은 경륜의 역사적, 인과관계적 순서를 따르려고 한다. 반면, 전택설 입장은 이상적이고 목적론적인 순서를 따른다. 각각의 관점은 서로를 보완하는 양상으로 결론지어진다. 그리고 어떤 관점도 성경의 전체 진리를 포착하지는 못한다.[31]

그러므로 비록 후택설 관점이 덜 냉엄하고 더 온건하고 더 부드럽고 공정한 것으로 보이지만 사실 후택설은 죄와 불신의 문제로서 유기를 설명해 낼 수 없다. 오히려 후택설주의자들은 선택과 마찬가지로 유기를 하나님의 측량할 수 없는 선한 즐거움에 기초한 것으로서 보아야 한다.

더욱이 후택설주의자들은 타락 후에 유기의 작정을 둠에 따라서 선택받지 못하고 거부된 타락한 죄인들의 특성을 아담 안에서 간주해 원죄로 오염된 사람들로 명시함에서 어려움에 봉착한다. 또한, 자신에게 축적된 자범죄를 가진 각 개인으로 명시하기도 어렵기는 마찬가지다.[32]

반면, 전택설 관점은 그 자체의 문제에 직면한다. 주된 문제는 선택과 유기를 추상적 용어로 상상하는 것이다. 그리고 "비존재"로서의 객체, 즉 "이름으로 하나님께 특정하게 알려지지 않은 사람들"을 만든다.[33] 비록 이 관점은 하나님을 정당화시키려 하지는 않지만, 솔직 담백하게 그리고 직접 전택설 자체를 하나님의 선한 즐거움 위에 올려놓는다. 그렇게 해 다소간 정확하게 그리스도 안에서, 선택을 죄에 대한 유기와 병렬되도록 몰아넣는다.

---

31 Bavinck, *Reformed Dogmatics*, ed. John Bolt, trans. John Vriend, 4 vols. (Grand Rapids: Baker Academic, 2003-2008), II, 384-92. 또한, 다음을 보라. Louis Berkhof, *Systematic Theology*, 4th ed. (Grand Rapids: Eerdmans, 1939, 1941), 118-25; G. C. Berkouwer, *Divine Election*, Studies in Dogmatics, trans. Hugo Bekker (Dutch edition, 1955) (Grand Rapids: Eerdmans, 1960), 254-277; B. B. Warfield, *The Plan of Salvation*, revised ed. (1915, repr.; Grand Rapids: Eerdmans, 1977), 23-29; 87-104; A. A. Hodge, *Outlines of Theology*, 2nd ed. (1879; repr. Edinburgh: The Banner of Truth Trust, 1972), 200-13; 230-36; K. Dijk, *De strijd over Infra- en Supralapsarisme in de Gereformeerde Kerken in Nederland* (Kampen: J. H. Kok, 1912); A. G. Honig, *Handboek van de Gereformeerde Dogmatiek* (Kampen: J. H. Kok, 1938), 262-71.
32 Bavinck, *Reformed Dogmatics*, II, 385-86.
33 Bavinck, *Reformed Dogmatics*, II, 385-86.

전택설은 유기자들의 영원한 형벌을 택자들의 영원한 구원과 동일한 방식 그리고 동일한 개념 안에서 하나님의 뜻이 지향하는 목적으로 만든다. 더 나아가 전택설은 그리스도 안에 있는 구속이 영원한 구원을 향한 방편이 되는 것과 동일한 방식과 동일한 개념 안에서 영원한 형벌로 이끄는 죄를 하나의 방편으로 만든다.[34]

바빙크는 하나님의 작정에 대한 일치성을 확보하기 위해 전택설을 칭찬한다. 전택설에서 보면 모든 것이 궁극적 목표를 위해 섬기고 조직된다. 또한, 바빙크는 하나님의 작정의 독특한 대상들과 관련해 그 작정을 분화시키는 점에 있어서 후택설을 칭송한다. 후택설에서 보면 목적론적 순서뿐만 아니라 인과관계적 순서도 구분된다.

그러나 바빙크는 둘 중 어떤 관점도 실제로 하나님의 조망을 포착할 수 없다고 제안한다. 왜냐하면, 하나님은 창조된 순서와 그것의 역사를 단일 직관 안에서 보시기 때문이다. 사실 모든 것은 영원히 하나님의 의식을 향해 존재한다.

이것이 의미하는 바는 다음과 같다.

> 하나님의 경륜은 하나의 단일한 착상이며 이 착상 안에서 모든 특정한 작정들이 동일하게 상호 연결된 방식으로 배열되고, 이런 배열 안에서 역사의 사실들은 지금 후험적으로 일부분 우리에게 드러나서 배열되고 언젠가 완전하게 배열되어 드러날 것이다.[35]

간단히 말해서 작정 속에 있는 연결들의 상호관련성과 다양성은 "엄청나게 풍부하고 복잡"하다. 그래서 하나님의 작정에 대한 우리의 순서 매

34　Bavinck, *Reformed Dogmatics*, II, 387.
35　Bavinck, *Reformed Dogmatics*, II, 392.

김은 그런 상호관련성을 완전히 모사할 수 없다. 더욱이 예정 개념은 하나님의 경륜을 대표하지 않는다. 왜냐하면, 하나님의 경륜은 이성적 피조물들의 영원한 운명보다 훨씬 더 풍성하기 때문이다. 바빙크는 "일반 은혜"가 신적 작정 및 하나님의 경륜과 관련되어 훨씬 더 중심부에 위치한다고 제시한다.

왜냐하면, 일반 은혜는 우주 역사 전체와 연루되어 창조가 "조직적 총체로서 그 안에서 사건들이 밀접한 관계를 맺고 대등한 관계와 협력 가운데 일어나서 더 나아가 모든 존재의 가장 깊은 기초가 무엇이었고, 무엇이며, 무엇일지, 즉 하나님의 영광"을 드러내는 것으로 이해하도록 우리를 인도하기 때문이다.

바빙크는 세상을 관통하는 하나님 작정의 영역과 범위를 "하나님의 예술의 최고 걸작"에 비유한다. 작정 속에서 각 부분, 각 세부 사항이 유기적으로 상호 연결되고, 작정의 주권적 조성자의 영원한 계획을 따라서 작정의 목적이 달성된다.[36]

1905년 우트레흐트 판결문 이후에 간행된 바빙크의 『개혁 교의학』 2판에서 바빙크가 1판에 대한 자신의 논의를 보충하는 것을 주목해 보면 흥미롭다. 여기에서 바빙크는 카이퍼를 지적하는 두 가지 각주를 붙여 전택설과 후택설의 부적합성을 다룬다. 이들 각주 중에 첫 번째에서 카이퍼는 다음의 사실을 인정한다.

인간적 관점에서는 후택설이 바람직하고 필연적인 것으로 보이는데, 선택은 타락한 죄인들의 무리로부터의 선택으로 해석되기 때문이다. 반면, 신적 관점에서는 전택설이 바람직하고 필연적인 것으로 보이는데 선택은 창조, 타락 그리고 창조의 통치 규례 이전의 창조로서 해석되기 때문이다.

---

36 Bavinck, *Reformed Dogmatics*, II, 392.

실제로 카이퍼 자신은 다음과 같이 시인한다.

> 이 쟁점에 관해 두 진영에 의해 수행된 모든 논쟁술은 한 발자국이라도 앞으로 내딛도록 교회를 돕지 못했다. 단순한 이유로서, 양 진영은 출발 지점에서부터 대립하는 위치에 있었기 때문이다. 한쪽은 땅 아래에 똑바르게 서서 관찰했고, 다른 한쪽은 산 정상으로부터 이 쟁점을 높이 있게 관찰했다. 두 진영이 서로를 이해하는 일에 실패한 것은 이상하지 않다.
> 또한, 이런 이유로 우리 시대의 어떤 신학자를 '전택설주의자'로 부르거나 또는 자칭 '후택설주의자'가 되어 반대 관점을 취하려는 것은 어불성설이다. 이런 일은 있을 수 없는 일인데, 다른 어떤 이유가 아니라 우리 시대에 이 심오한 쟁점은 매우 다른 유형을 취하기 때문이다.[37]

그리고 나서 바빙크는 이 문제에 대해 1905년 우트레흐트에서 열린 네덜란드 개혁교회(GKN)의 총회에서 취한 결정을 언급한다.[38]

얼마 지난 후, 동일한 논의에서 바빙크는 다시 카이퍼에 의존한다. 사람 및 천사의 선택과 유기로 지나치게 좁게 언급하려고 예정을 다루는 것에 반대하고 자신의 주장을 지지하기 위해서 말이다.

바빙크는 이 좁은 관점에 반대하면서 예정은 세상 역사의 모든 것에 관련되고, 세상 역사는 종말 이후에 폐기처분이 되지 않을 것이라고 주장한다. 이와 달리 세상 역사는 영원을 위한 열매를 맺기 위해 계속된다.[39]

---

37 Herman Bavinck, *Reformed Dogmatics*, II, 388-89, 각주 148. 카이퍼로부터 인용한 것은 그가 쓴 다음의 책에서 가져온 것이다. *Gemeene Gratie*, 3 vols. (Amsterdam: Höveker & Wormser, 1902-1904), II, 95-96. 참고: 이들 언급들은 처음으로 *De Heraut*에 출간되었다. 그리고 나서 모든 평론과 함께 책의 형태로 연속 출간되었는데, 이는 1905년 우트레흐트 총회에 앞선다.

38 부록을 보라.

39 Bavinck, *Reformed Dogmatics*, II, 390, 각주 152. 바빙크는 카이퍼의 다음 책을 참조한다. *Gemeene Gratie*, II, 91-93.

카이퍼는 이 관점을 지지하고, 초기 개혁파 신학자들은 창조의 모든 것과 관련된 하나님의 관심을 적절하게 강조하지 않았다고 주장한다. 심지어 초기 개혁파 신학자들이 예정 교리 그 자체를 세우는 데 있어서도 일반 은혜의 사용을 등한히 한 것으로 단언한다.

최소한 1905년 우트레흐트 총회의 결정에 앞서서 신학자, 목회자 그리고 성도들을 괴롭혔던 문제가 무엇이든지 간에, 카이퍼의 관점이 희화되어서는 안 된다. 그리고 바빙크는 우트레흐트 판결문 이후 『개혁 교의학』을 편집하고 개정하면서(2판은 1906-1911에 등장한다), 실제로 전택설과 후택설 중 어느 한쪽이 홀로 서 있을 때는 둘 다 부적합하다는 것을 설명하기 위해 카이퍼에 의존한다. 우트레흐트 판결문은 후택설이 세 가지 일치 신조를 따르는 설명임을 인정한다. 비록 전택설이 결코 정죄받지는 않았지만 말이다.

그러나 다음과 같은 경고가 주어진다.

> 그런 심오한 교리들은 통상적 사람의 이해를 훨씬 뛰어 넘는 것이므로, 설교단에서 그 교리들을 가능한 적게 논해야 하고, 설교자는 말씀의 설교에 그리고 우리의 표준 신앙고백서에 제공된 설명을 교리 문답 식으로 가르치는 일에 충실해야 한다.

2) 영원 칭의

카이퍼는 영원 칭의와 관련해 개혁 신학의 역사 안에서 분명히 소수의 입장을 취했다. 또한, 영원 칭의는 그의 전택설이 "열매 맺은" 자리였다(또한, 이와 유사한 것들이 다른 특정한 개혁파 전택설주의자들 안에서도 추적될 수 있다). 단순히 말해서, 영원 칭의가 의미하는 것은 "죄인의 칭의는 그가 회심할 때까지든지, 아니면 그가 의식할 때까지든지, 아니면 심지어 그가 태어

날 때까지든지 기다릴 필요가 없다는 점"이다.[40]

반면, 성화는 우리의 믿음에 의존하고, 우리 존재의 속성과 관련되며, 우리 외부에서 영향받지 않는다. 그러나 칭의는 오로지 우리의 심판주요 주권자이신 하나님의 결정에 의존하고 우리 외부에서 영향을 받는데 우리가 어떤 사람인지는 고려되지 않는다.

카이퍼는 이 점을 칭의를 올바르게 이해하기 위해서 필수적인 것으로 판단한다. 왜냐하면, 죄인의 칭의는 결코 죄인의 성화의 기초 위에 있지 않기 때문이다.[41] 그래서 칭의는 죄인 안에 있는 어떤 덕이나 공로나 선행에 의존하지 않기 때문에 그리고 하나님은 자신의 인간 피조물과의 관계에 있어서 자유로우시고 주권적이시기 때문에, 하나님은 자신이 기뻐하시는 어떤 순간에 사람을 의롭다고 선언하기에 자유로우시다.

> 그러므로 성경은 칭의를 하나님의 영원한 행위라고 드러낸다. 다시 말해 인간이 존재하는 어떤 순간에 의해 제한되지 않는 행위이다.[42]

카이퍼는 심지어 더욱 강하게 기록한다.

> 공개적으로 그리고 어떤 생략 없이 고백되어야 할 것은 다음과 같다. 칭의는 우리가 그것을 의식하게 되었을 때 일어나는 것이 아니다. 반대로 우리의 칭의는 우리 하나님의 거룩한 심판좌(座)에서 영원 속에서 결정된 것이다.[43]

---

40 Abraham Kuyper, *Het Werk van den Heiligen Geest*, 2nd ed. (Kampen: J. H. Kok, 1927), 462; 영문판, *The Work of the Holy Spirit*, trans. Henri De Vries; Henri De Vries가 주석을 붙이고, Benjamin B. Warfield가 서론을 붙인 것 (New York: Funk & Wagnalls, 1900), 369. 이 논고에서는 두 자료 모두 언급될 것이다. 먼저 원문을 소개하고, 영어판은 [ ]에 페이지 수를 기록한다. 인용문은 언급되지 않는 이상 영어판을 사용한다.
41 Kuyper, *Het Werk van den Heiligen Geest*, 460 [367-68].
42 Kuyper, *Het Werk van den Heiligen Geest*, 462 [369].
43 Kuyper, *Het Werk van den Heiligen Geest*, 462-63 [370].

그러므로 칭의는 믿는 죄인의 의식이나 그 사람 안에서 효력을 일으키기 위한 지식에 의존하는 어떤 것이 아니다. 오히려 칭의는 "하나님이 자신의 거룩한 심판좌에서 그를 의롭다고 선언하는 순간에 일어난다."[44]

그리고 카이퍼는 곧장 "이 공표는 그 사람의 의식 안에서 필연적으로 따라 나와야 한다"라는 내용을 첨가한다. 이는 성령의 사역이다. 성령님은 믿음을 통해 택자들에게 그들에 대한 하나님의 칭의 판결을 계시하신다. 다시 말해 성령님은 "칭의를 그들 자신의 것으로 삼도록 그들을 불러내신다."[45]

카이퍼는 그리스도께서 하나님의 아들로서 구원의 길을 성육신과 부활의 사역 안에서 준비하신다는 것을 부인하지 않으며 오히려 확언한다. 그래서 "칭의를 가져오신다." 그리고 성부 하나님은 그리스도의 사역의 기초 위에서 불경한 자들을 의롭다 하시는 재판관으로 행하신다.

반면, 성령님은 하나님의 택자들에게 이 칭의를 밝히 드러내신다. 그래서 카이퍼에게 있어서 성경은 두 가지 긍정적 진리를 가르치는데, 이 진리들은 표면적 측면에서는 서로 모순되는 것으로 드러난다. 이른바 하나님은 "영원 속에서 자신의 심판좌에서 우리를 의롭다고 하셨다"는 것과 우리는 "오직 회심 안에서" 믿음에 의해 의롭다 함을 받는다는 것이다.[46]

카이퍼는 그 자신의 『하이델베르크 요리 문답 주석』(*E Voto Doldraceno*)에서 다시 이 주제를 이야기한다. 그리고 구속의 길은 칭의를 포함해 하나님의 영원한 경륜 안에 기초한다고 주장한다. 택자들은 칭의로 운명지어진다. 그리고 하나님의 경륜은 영원하기 때문에 택자들은 영원으로부터 하나님의 경륜을 따라서 의롭다 함을 받는다. 영원으로부터 그분의 영원한 "목적에 맞는 비전" 안에서, 그들은 의로운 존재로 혹은 의롭다 함을 받은 존재로 하나님 앞에 선다.[47]

---

44 Kuyper, *Het Werk van den Heiligen Geest*, 463 [370].
45 Kuyper, *Het Werk van den Heiligen Geest*, 464 [371].
46 Kuyper, *Het Werk van den Heiligen Geest*, 463-64 [370-71].
47 Kuyper, *E Voto Dordraceno*, II, 333-34.

카이퍼는 각 개인에 의해 받아들여 지지 않는 한 칭의는 전적으로 성취된 사실이 아니라는 점을 인식한다. 그리고 이 수용은 믿음을 통해 오기 때문에, 하나님이 사람들을 믿음으로 일깨우실 때 최초로 개인의 칭의를 초래하신다고 말할 수 있다. 그럼에도 불구하고 믿음의 수여와 이에 따르는 칭의의 선언과 수용은 하나님의 영원한 결정에 따라 항상 있는 영원으로부터의 칭의를 변화시키지 않는다.[48]

그러므로 하나님의 관점에서 볼 때, 신자는 하나님 자신의 주권적이고 영원한 경륜에 따라 영원으로부터 의롭다함을 받는다. 모든 택자를 위한 칭의에 대한 기초의 객관적인 성취의 관점에서 볼 때, 칭의는 그리스도의 부활에서 성취된다. 반면, 신자의 관점에서 볼 때는 칭의가 사람 안에서 개인적으로 작용하기 시작할 때, 그래서 하나님이 자신의 예비된 은혜의 손을 그 사람 위에 둘 때, 칭의가 존재하게 된다.

그러나 만일 질문이 신자가 언제 자신이 의롭다 함을 받았는지를 알게 되는가에 대한 것이라면, 대답은 그들이 믿을 때, 즉 믿음이 그들 안에서 효력을 낼 때이다. 끝으로 신자의 칭의가 언제 실제가 되어 세상 앞에서 알려질 것인가라고 질문한다면, 대답은 마지막 심판 때이다.[49]

그러므로 카이퍼는 우리가 칭의를 생각할 수 있는 다섯 가지 개념을 제시한다.[50] 영원 칭의는 다른 모든 것에 기초를 놓는 첫째 개념이다. 왜냐하면, 그것은 하나님의 영원한 작정 안에서 죄인의 칭의와 관련되기 때문이다.

이 주제를 말함에 있어서, 바빙크는 어떤 점에서는 선택의 경륜 안에서 죄인의 칭의가 이미 일어났다는 점에 동의한다.[51] 그는 이것이 어떤 개혁파 신앙인도 부인하지 않을 "귀중한 진리"임을 인식한다. 그러나 바빙크

48　Kuyper, *E Voto Dordraceno*, II, 338.
49　Kuyper, *E Voto Dordraceno*, II, 340.
50　이들 각각에 대한 카이퍼의 추가적인 설명은 다음을 보라. Kuyper, *E Voto Dordraceno*, II, 340-46.
51　Herman Bavinck, *Our Reasonable Faith: A Survey of Christian Doctrine*, trans. Henry Zylstra (1956; repr., Grand Rapids: Baker Book House, 1977), 459.

는 그 진리가 영원 칭의와 같은 용어를 사용하는 것이 권장할 만한 것임을 의미하지는 않는다고 주장한다. 왜냐하면, "성경 어디에서도 이런 사용법을 발견할 수 없기" 때문이다.[52]

개혁파는 거의 만장일치로 영원 칭의 교리에 이의를 제기해 왔다. 물론 칭의는 영원으로부터 작정된 것이다. 그러나 같은 부류의 진리가 시간 속에 일어나는 모든 것에 적용된다. 창조의 실재하는 역사 안에 있는 모든 것이 영원으로부터 작정된 것이다. 하나님의 영원한 경륜을 탈피하는 것은 아무것도 없다.[53]

바빙크는 신율법주의(neonomianism)와 반율법주의(antinominianism)에 대한 반대 속에서 개혁파는 그런 양편의 오류들을 피하고자 개념상 보다 분명한 방법으로 칭의를 조사하도록 내몰렸다고 설명한다. 그래서 개혁파는 능동적 칭의와 수동적 칭의 사이를 구분하기에 이르렀다.

개혁파는 믿음이 죄 사함을 완성하는 하나의 행위가 아니라고 주장함으로써 신율법주의를 물리쳤다. 그리고 그들은 "거의 만장일치로 영원 칭의의 교리를 거부함"으로써 반율법주의를 차단했다.[54]

바빙크는 후자의 관점을 다음과 같이 해설한다.

> 그러므로 그들은 통상적으로 이렇게 생각했다. 누군가 하나님의 작정 안에서, 그리스도의 부활 안에서 그리고 복음 안에서 칭의를 정당하게 말할 수 있다 할지라도, 능동적 칭의는 믿음 이전에 그리고 믿음이 주어질 때까지 오직 내적 부르심 안에서 먼저 일어나고, 반면 사람 안에서의 칭의 포고, 다시 말해 수동적 칭의는 오직 믿음을 통해 그리고 믿음 안으로부터 주어진다고 말이다.[55]

---

52 Bavinck, *Reformed Dogmatics*, IV, 216
53 Bavinck, *Reformed Dogmatics*, IV, 216
54 Bavinck, *Reformed Dogmatics*, IV, 202-03. 또한, III, 583. 509-91.
55 Bavinck, *Reformed Dogmatics*, IV, 203.

대부분의 개혁파 저술가가 영원 칭의 교리를 차갑게 받아들인 이유를 설명하기 위해 바빙크는 먼저 웨스트민스터 신앙고백 11장 4항을 참조한다.

> 하나님은 영원 속에서 모든 택자를 의롭게 하려고 작정하셨다. 그리고 그리스도는 때가 차매 그들의 죄를 위해 죽으셨고 그들의 의롭다 함을 위해 다시 살아나셨다. 그런데도 그들은 성령님이 때가 되어 실제로 그리스도를 그들에게 적용하고 나서야 비로소 의롭다 칭함을 받는다.

또한, 바빙크는 영원 칭의 교리를 반대한 다양하고 저명한 17세기 개혁파 신학자들을 인용한다. 그러나 흥미롭게도 A. 콤리(A. Comrie), J. J. 브라헤(J. J. Brahe) 그리고 니콜라우스 홀티우스(Nicolaus Holtius)처럼 영원 칭의 교리를 전파했던 개혁파 저술가들은 경건주의가 일어난 후인 18세기에 등장했다.[56] 반(反)율법주의자들은 이 교리를 받아들여서 이것을 신율법주의자들에 대한 그들의 대항에 사용하는 경향이 매우 많았다.

아무튼 바빙크는 영원 칭의 교리에 반대하는 수많은 개혁파 저술가들과 다양한 개혁파 신조들을 언급해 칭의는 믿음에 의한 것이고 믿음이 하나의 행위가 되어 칭의의 판결에 기여하거나 또는 협력하지 않는다는 점을 분명히 한다.[57]

바빙크는 개혁파가 통상적으로 신율법주의에 반대하는 일에 연합했음을 설명한다. 그러나 그들은 영원 칭의라는 술어에는 저항했다. 그리스도는 화평의 경륜 속에서 영원으로부터 우리의 보증자가 되기 위해, 우리의 죄책을 자신에게 지우기 위해 그리고 하나님 앞에서 우리를 위해 그리고 우리를 대신해 의를 확보하시기 위해, 하나님이 지정하신 방편들에 의해 그 의가 적용되도록 자신을 제공하셨다.

---

56 Bavinck, *Reformed Dogmatics*, IV, 203, 각주 98.
57 Bavinck, *Reformed Dogmatics*, IV, 203, 각주 99.

그러나 하나님 작정의 이 양상에 표제를 붙이려는 가운데 '칭의'는 수용할 수 없는 용어의 애매한 표현과 연루된다. 왜냐하면, 그것은 칭의에 "고대로부터 가졌던 것과는 매우 다른 의미"를 허용하기 때문이다. 더욱이 이렇게 함으로써 영원 칭의의 지지자들은 "작정과 그것의 실행, '내재적인' 것과 '객관성을 부여하는' 행위 사이에 차이점의 시각을 잃어"버렸다.⁵⁸

심지어 작정 아래서 칭의가 고려될 때에도, 그리스도 자신의 배상(satisfaction)은 의심의 여지 없이 논리적으로 죄인들의 죄 용서와 영생을 위한 의의 전가에 앞선다. 결국, 이 순서를 바꾸는 사람들은 사실 그리스도의 배상을 불필요한 것으로 만들고 반(反)율법주의의 길로 내려가는 것이다. 심지어 개혁파 신학자 중에서 영원 칭의와 같은 것을 받아들이는 사람들도 결코 구속의 협의, 즉 구속 언약(*pactum slautis*) 안에서 그리스도와 그분의 교회 사이의 교환이 이미 완성된 칭의를 조성하는 것이라고 주장하지 않았다.

오히려 그들은 구속의 협의 안에서 그리스도의 공로를 교회에 부여하는 작정을 칭의의 첫 부분으로 고려했고, 이 칭의는 그리스도의 부활, 복음, 부르심, 믿음에 의한 그리고 그것의 열매로부터 나오는 성령의 증언 그리고 마침내 마지막 심판 안에서 반복되고, 지속되고, 완성되어야 한다고 명백하게 언급했다. 따라서 그들 중 단 한 사람도 칭의의 교리를 하나님의 경륜의 자리 안에서 혹은 구속 언약의 자리 안에서 다루거나 완료시키지 않았다.

오히려 그들 모두는 칭의의 교리를 구원의 서정 안에 제시했고, 때때로 믿음 이전의 능동적 칭의로서 그리고 믿음 이후의 수동적 칭의로서 또한 믿음 이후에 완성된 것으로서 제시했다.⁵⁹

---

58 Bavinck, *Reformed Dogmatics*, III, 590-91.
59 Bavinck, *Reformed Dogmatics*, III, 591.

이런 비중 있는 비평에도 불구하고, 바빙크는 다음과 같은 말들을 첨가한다. 독자들이 자신의 관점을 오해하지 않도록 말이다.

> 이런 것이 가장 중요하다. 그런데도 개혁파의 개념은 은혜 언약의 모든 혜택이 영원 속에 견고하게 설립되어 있다는 것을 붙든다. 그것은 하나님의 선택하시는 사랑인데 더욱 특정하게 말하면 그것은 성부 하나님의 선한 즐거움이다. 이로부터 이런 모든 혜택이 교회로 흘러 들어간다.[60]

그리고 나서 바빙크는 만개한 영원 칭의 교리를 변호하지 않으면서 하나님의 영원한 경륜 안에서 구속의 모든 행위가 기초하고 있다는 중요성을 유지한다.

불행하게도 시간과 영원의 관계 안에서 그리고 하나님의 작정과 관련해 '이미'라는 단어는 정확히 말하자면 적절하지 않다. 왜냐하면, 신적 경륜은 '이미'나 '다가올'과 같은 시간적 범주에 해당되지 않기 때문이다. 하나님의 경륜은 하나님 자신의 영원하고 항상 존재하는 능동적인 뜻이며, 단지 '출처' 혹은 '오래전 언제'를 말하는 것이 아니다.

하나님의 경륜은 하나님의 영원한 뜻이다. 그래서 그리스도의 부활과 복음의 설교 안에서(롬 4:25; 고후 5:19) 객관적으로 선언된 칭의를, 내적 부르심과 믿음의 발현 안에서 내적으로 적용된 칭의와 구분시키는 것은 허용된다.

마찬가지로 믿음에 의해 그리스도의 의로움을 통해 시간 안에서 하나님의 선택을 고려하면서 우리의 칭의를 영원하고 은혜로운 하나님의 결정으로 말하는 것도 허용된다. 그러나 어떤 방식으로든 칭의에 있어서 영원한 시점에 강조를 두는 것은 유익하지 않다. 그러면 시간이 불필요한 것이 되거나 혹은 믿음에 의해 그리스도의 의로움이 죄인에게 적용되는 일은 용두사미처럼

---

60 Bavinck, *Reformed Dogmatics*, III, 591. 바빙크가 자신의 책에서 언급한 내용을 참고하라. *Our Reasonable Faith*, 459.

다뤄지게 된다. 이런 오류는 플라톤주의적 경향[61]을 보인다.[62]

영원으로부터 혹은 영원 칭의로부터 실제적인 칭의를 두는 것은 마땅한 언급을 하지 않더라도 범주형 오류, 즉 하나님의 작정과 그것의 실행 사이의 차이점에 관한 오류임을 쉽게 알 수 있다. 분명히 말하자면, 믿는 죄인의 칭의는 영원으로부터 작정된다. 믿음의 선물이 하나님의 택자 안에서 영원으로부터 작정되는 바로 그 순간에, 그리스도의 성육신과 구원의 획득이 영원으로부터 작정되는 바로 그 순간에 말이다. 사실 시간 안에 존재하는 모든 것이 영원으로부터 작정된다.

그러므로 우리는 우주 창조가 하나님의 사역이라는 신자의 의식적 믿음에 대항해 영원으로부터의 창조를 말해야 하는가?

아니면 우리는 하나님의 아들이 시간 안에서 성육신 되는 것과는 구별되게 혹은 하나님의 자녀가 성육신한 분으로서 그리스도를 믿는 것과 구별되게, 하나님의 아들이 영원으로부터 성육신하셨다고 혹은 영원하게 성육신하셨다고 주장해야 하는가?

믿음을 통해, 성령에 의해 우리에게 적용된 그리스도의 속죄 사역을 소유하는 것과는 별개로 우리는 그리스도께서 십자가에서 속죄하시기 전에 또는 신자가 그리스도와 그분의 십자가를 믿기 전에 영원한 속죄를 찬성해야 하는가?

---

61 역자 주: 플라톤에게 '정말로 실재하는' 것은 (영원하며 불변하는) 비가시적 형상의 세계이지, (덧없이 생성하며 소멸하는) 가시적 사물의 세계가 아니다. 물질의 세계는 형상들보다 "덜 실재적"이다. 그래서 플라톤 철학은 "위의 것"에 마음을 둘 것을 강조한다. 다음을 참조하라. 켈리 제임스 클락 외 2인, 『101가지 철학 개념』, 김지호 역 (고양: 도서출판 100, 2018), 197.
62 다음의 바빙크의 책을 참고하라. *Our Reasonable Faith*, 459. 전택설 입장을 취하는 것은 영원 칭의를 긍정하는 것을 요구하지 않는다는 점을 주의해야 한다. 다음의 예를 보라. Geerhardus Vos, *Systematische Theologie: Compendium* (Grand Rapids, 1916), 24, 98. 여기에서 보면 전택설주의자라 할지라도, 영원 칭의를 부인한다. 그러므로 칭의가 영원으로부터인가의 문제와 관련해, 보스는 부정적 대답을 제공하며 칭의와 관련한 작정이 영원으로부터인 반면, 칭의 그 자체는 영원한 것이 아니라고 말한다. 그는 영원 칭의에 대한 반론 가운데 특정한 주장을 제시한다(98-99).

마지막으로 우리는 영원 속에서 죄인이었으므로 시간 안에서 죄를 범하는 것과는 별개로 영원한 타락을 말해야 하는가?

또한, 우리는 타락한 죄인에게 심긴 믿음이 영원한 믿음이라는 점을 주장할 필요가 있는가?

이 모든 것이 분명히 오류다. 그리고 이것은 범주형 오류이거나 그렇지 않으면 급진적 주의주의(主意主義)자[63]와 유명론(唯名論)자[64]의 사상인데 이는 죄 용서를 무작위적인 하나님 명령의 문제로 만든다. 하나님의 아들의 성육신과 속죄를 위한 그리스도의 희생적 죽음을 수단으로 해 하나님의 공의가 만족된 것이라기보다는 말이다. 사실 하나님의 경륜은 역사를 내쫓지 않는다. 반대로 하나님의 경륜은 우리에게 역사를 제공한다.

하나님의 경륜은 역사의 사건들을 영원한 것으로 만들지 않는다. 만일 그 사건들이 영원한 것이었다면 그것들은 시간 안에서 역사적 사건이 될 수 없었을 것이다. 오히려 하나님의 경륜은 역사의 시간적 사건들이 존재 안으로 들어오고 그 사건들이 추구하는 목적에 이르기 위해 하나님의 뜻 안에 기초하고 하나님의 통상(通常) 섭리와 비상(非常) 섭리에 의존하는 것을 의미한다.

사실 하나님의 영원한 작정이 주어진 가운데 어떤 개념에서든 영원 칭의라는 말이 정통과 유사한 유형 속으로 각인될 수 있다고 보는 것은 특별히 도움 될 것이 없고, 성경적 유형의 어법을 따르는 것도 아니라는 점을 언급해 둘 필요가 있다.

---

[63] 역자 주: 신학적 주의주의는 하나님의 의지가 어떤 점에서는 그분의 지성보다 위에 있거나 지성으로부터 독립적이라고 주장한다. 예를 들어, 신학적 주의주의자들은 선한 것이 선한 이유는 하나님께서 그것을 의도하셨기 때문이라고 말할 것이다. 따라서 선에 대한 하나님의 이해는 그분의 의지에 의존한다. 다음을 참조하라. C. 스티븐 에반스, 『철학 · 변증학 용어 사전』, 김지호 역 (고양: 도서출판 100, 2018), 112.

[64] 역자 주: 유명론은 선함, 정의, 부성(fatherhood)과 같은 보편적 표현은 단지 이름일 뿐이며, 외부에 존재하는 어떤 보편적 성질을 지시하는 것이 아니라는 주장. 다음을 참조하라. C. 스티븐 에반스, 『철학 · 변증학 용어 사전』, 87.

영원 칭의를 말함으로써 어떤 문제가 교정되는가?

카이퍼 자신의 더 넓은 신학적 기획으로부터 본다면, 유아기에 세상을 떠난 언약 자손들에게 칭의를 위한 공간을 만들어 주려는 것이 분명하다. 그런 유아들은 비록 칭의에 대한 어떤 지식이나 의식을 가지지 못했음에도 불구하고 하나님의 용서와 받아들임에 참여하는데 이런 것들이 유아들의 의식에 주어지기 전에 혹은 체험적으로 받기 전에 그렇게 된다.

칭의는 인간이 그것을 적용하는 것에 의존하지 않는다. 오히려 하나님이 자신의 거룩한 심판좌로부터 주권적으로 자신의 택자를 의롭다고 선언하시기 때문에 하나의 현실이 된다.

그래서 칭의는 죄인 안에 있는 그 어떤 것에도, 그 어떤 방식에도 의존하지 않으며 회심, 믿음의 발현 또는 영적 거듭남에도 의존하지 않는다.[65] 이런 관점의 결과 또는 잠재적이고 우려할 만한 영향은 언약적 순종으로의 부르심 그리고 믿음에 의한 그리스도의 사역의 적용이 제대로 발휘되지 못하거나 전적으로 무시되는 것이었다.

그리스도의 영원한 중보 자격과 영원 칭의는 별개임을 확언하도록 주의하자. 그리고 그리스도께서 객관적으로 역사 안에서 구속 사역을 통해 자기 백성의 칭의를 얻었다는 것은 역사 그 자체를 제공하는 것을 포함해 역사 안에서 죄인들의 칭의를 위한 그리스도의 구원 사역이 불필요한 것이라거나 아니면 이차적이고 용두사미격일 뿐이라는 것과는 매우 다르다는 점을 인식하도록 주의하자.

칭의를 위해 믿음을 요구하고 믿음으로 부르는 것은 하나님 작정의 일부분이다. 다시 말해 믿음으로 부르는 것은 하나님의 영원한 작정의 일부로서 역사 안에서 효력을 낸다.[66] 중요성의 우선 순위와 함께 하나님의 작정을 부

---

65 Kuyper, *Het Werk van den Heiligen Geest*, 463, 462 [370, 369].
66 영원 칭의를 지지하는 일부 개혁파 저술가들이 있었다는 것이 언급되어야 한다. 다음이 그런 예들이다. Alexander Comrie, *Brief over de regtvaardigmaking des zondaars: door de onmiddelyke toereekening der borggeregtigheid van Christus* (Amsterdam: Nicolaas Byl,

풀리기 위한 목적으로 의미 있는 역사를 제외시키는 것은 잘못된 일이다.

종종 반복되는 카이퍼의 염려는 이것이다. 카이퍼 신학의 더욱 넓은 문맥 안에서, 믿는 부모는 믿음의 의식적 행위로 나아오기 이전에 그래서 칭의에 대해 의식하기 이전에 유아기 때 죽는 언약 자손들의 구원과 선택을 의심하지 않아야 한다는 것이다. 우리는 영원 칭의 교리의 약점을 극복하는 다른 치료책을 제공할 수 있다. 이른바 믿는 부모의 자녀들은 하나님의 약속에 따라 구원과 관계되는 은혜 언약의 모든 복을 상속한다는 것이다.

그러므로 우리는 언약 자손들이 성숙함에 이르도록 그리고 하나님의 구원 사역을 받는 자임을 그들이 인지하기 전에 의식적 믿음으로 나아오도록 기다릴 필요가 없다. 반대로 하나님의 약속의 기초 위에서 믿는 부모들은 다음과 같이 온당하게 간주할 수 있다. 신자의 자녀들은 특별히 유아기에 죽는 자녀들은 하나님의 택자이며, 하나님이 그들에게 영생을 위해 그리스도의 구원 사역을 적용하신다고 말이다(도르트 신조 1조 17항을 보라).[67]

1761), 92-94; 106ff., 같은 저자, *Verhandeling van eenige eigenschappen des zaligmakenden geloofs: zynde een verklaaring en toepassing van verscheide uitgekipte texten des O. en N. Testaments* (Leiden: Johannes Hasebroek; Amsterdam: Nicolaas Byl, 1763), 64, 75; 그럼에도 불구하고, 영원 칭의는 개혁파 중에서 모호한 위치에 있었고, 혼란스러운 것으로 쉽게 드러날 수 있다. 예를 들어, 투레틴(Francis Turretin)의 저술에서 영원 칭의에 대한 논의와 비판을 보라. *Institutes of Elenctic Theology*, ed. James T. Dennison, Jr., trans. George Musgrave Giger, 3 vols. (Phillipsburg, NJ: P&R Publishing, 1992-1997), XVI.ix. 또한, 벌코프(Louis Berkhof)의 책에서 발견되는 것으로 영원 칭의 개념에 대한 설득력 있는 비판을 보라. *Systematic Theology*, 519-20.

67 다음 자료를 보라. Cornelis P. Venema, "The Election and Salvation of the Children of Believers Who Die in Infancy: A Study of Article I/17 of the Canons of Dort", *Mid-America Journal of Theology* 17 (2006): 57-100. 역자 주: 도르트 신조 1조 17항의 한글 역은 다음과 같다. "우리는 하나님의 말씀으로부터 그 분의 뜻을 알아야 하는데, 그 말씀은 성도의 자녀들도 그들 자신의 선한 자질 때문이 아니라, 그들의 부모와 함께 하나님의 은혜로운 언약에 포함되었기 때문에, 거룩한 백성이라고 가르친다. 그러므로 하나님이 자녀가 어릴 때에 이 세상으로부터 불러 가신 경우 그 자녀의 선택과 구원을 의심하지 말아야 한다." 출처(일부 수정): https://www.rca.org/resources/canons-dort-korean(2021년 11월 26일 접속)

우트레흐트 판결문은 영원 칭의 교리의 관점이 고백적으로 허용되는 것이라는 점을 인정한다. 그러나 그들은 두 가지 오류를 경고한다.

첫째, 이 교리에 반대해 "택자들을 위한 그리스도의 영원한 보증직"을 의심하는 오류
둘째, 이 교리에 긍정해 "양심의 법정 안에서 하나님 앞에서 의롭다 함을 받기 위한 신실한 믿음의 요구"를 의심하는 오류

첫째 경고 안에 함축된 것은 그리스도께서 그분의 고난과 죽으심 안에서 "실제로 우리를 위한 속전을 지불하셨다"는 것이다. 둘째 경고 안에 함축된 것은 "우리는 신실한 믿음에 의해서만 이 은덕을 개인적으로 취하게 된다"는 것이다.

3) 유아 세례의 기초로서 전제적 중생

이제 이 문제를 넘어가자. 네 번째 쟁점에 대한 카이퍼의 관점은 직접적 중생인데, 이른바 전제적(presupposed) 또는 가정적(assumed) 중생으로 불린다. 이것은 종종 추정적(presumed) 혹은 가상적(presumptive) 중생으로 번역되는데 유아 세례를 위한 근거와 우선적으로 관련된다.[68]

카이퍼는 신자의 유아들에게 세례의 성례를 집례하기 위한 주된 근거는 신자의 유아들에 대한 하나님의 약속의 견고함에 기초해 그들의 중생을 우리가 가정할 수 있다는 것이다.

---

68 참조: 카이퍼가 사용한 네덜란드어는 다음과 같다. 'veronderstelling', 'onderstelling', 'veronderstellen', 'onderstellen'. 영어로는 'presume'(추정하다)보다는 'presuppose'(전제하다) 또는 'assume'(가정하다)으로 가장 잘 표현된다. 'presume'은 잘못된 함의를 나타내는 부정적 의미를 가지기 때문이다. 또한, 강력하게 언급되어야 할 사실은 "가정적 중생" 교리가 결코 "세례에 의한 중생" 교리를 찬성하거나 수반하는 것이 아니라는 점이다. 세례에 의한 중생에 대해 다음을 보라. Berkhof, *Systematic Theology*, 477.

카이퍼는 이 개념을 자신이 두 가지 오류라고 생각했던 것과 싸우기 위해서 둔 것처럼 보인다.

하나는 국가교회(*volkskerk*)가 가진 사상을 둘러싸고 있는 오류인데 이는 추정과 종교적 형식주의를 부추기는 것이며, 세례는 받았지만 구원받지 않은 사람들의 회중을 생산하는 것이다.

다른 하나는 개혁파 경건주의가 가진 어떤 유형의 오류인데, 여기에서는 경건주의적 경향이 지배적이어서 세례받는 사람들이라 하더라도 그들이 성인기의 연령이나 인생의 더 늦은 시기에 회심 경험으로 들어오기 전까지 그리고 회심 경험을 은혜로운 이야기로 제공해 증명할 수 있을 때까지는 잃어버린 자로 간주한다.

카이퍼의 가정적 혹은 전제적 중생 교리는 유아에게 세례의 집행을 위한 주된 근거를 형성하는 하나의 가정인데, 성인 회심자에게 세례를 집례함에 있어서 교회가 만든 가정과 평행 선상에서 나아가고자 했다. 왜냐하면, 교회는 성인에게 있어서 그들의 중생을 가정하고 세례를 주기 때문인데 분명히 그들의 비(非)중생을 가정하는 것은 아니다.

이 관점을 제시하면서 더 나아가 카이퍼는 1885년에 출간된 하나님의 언약에 관한 자신의 책 『언약 교리』(*De Leer der Verbonden*)에서 처음으로 제시했던 관점으로부터 떠난다.

이 책에서 카이퍼는 하나의 근거로 옛 저술가를 사용한다. 카이퍼는 이 사람을 "분별력 있는" 혹은 "지각 있는" 사람으로 묘사하는데, 이름해 요하네스 콘라두스 아펠리우스(Johannes Conradus Appelius, 1715-1798)다.[69]

---

[69] 아펠리우스는 18세기 네덜란드 개혁주의 신학자였는데, 네 곳에서 목회했다. 첫 사역지는 유크벨트(Jukwert)이고, 두 번째 사역지는 아핑어담(Appingedam)이었는데 여기에서 그는 또한 라틴어 학교의 교장으로 섬겼다. 세 번째는 아웃하우전(Uithuizen)에서 그리고 다음으로 자위드브룩(Zauidbroek)에서 목회했는데, 여기에서 그는 대부분

아펠리우스는 분명 전제적 중생을 가르치지는 않았다. 반대로 그는 언약 그 자체는 일반적으로 교회에만 봉인된 것이며 교회는 오직 참된 신자로만 이루어진다고 강력하게 주장했다.

따라서 세례의 성례는 신자에게만 봉인되고 세례받는 사람이 믿음과 회개를 통해 신자가 되기 전까지는 약속의 일부를 소유하지 않는다. 약속은 오직 '신자가 되어' 세례받는 사람들의 것이다. 그러므로 아펠리우스는 세례의 기초는 하나님의 약속이라고 가르쳤다.

그러나 아펠리우스는 또한 하나님은 그 약속을 세례받는 자녀에게 세례 중에 인치지 않으시고, 그 약속이 자녀의 부모들에게 인쳐지는 것도 아니며 오히려 약속은 "하나님이 교회의 후손과 관련해 자신의 언약을 세우신 교회"에 인쳐진다고 가르쳤다. 이것은 "세례받는 자녀와 관련해" 공허한 세례 또는 무효한 세례 개념을 허용한다. 비록 세례는 항상 구원받은 사람들의 전체 무리, 즉 교회에 대해 항상 유효하지만 말이다.

그래서 아펠리우스에게 있어서 세례는 일반적으로 교회를 위한 성례였고, 특정한 언약 자손을 위한 것이 아니었다. 마찬가지로 유아 세례는 세례받는 자녀의 믿음을 강화하기 위한 것이 아니었는데, 왜냐하면 어린 자녀는 자기 스스로 세례받도록 나아가지 않기 때문이다.

의 생애를 보냈다. 1751/2년부터 1798년 그가 죽을 때까지 말이다.
헤르만 카이퍼(Herman Kyper)는 그의 아버지 카이퍼가 왜 이 연결점에 있어서 아펠리우스에게 의존했는지 설명한다. 대부분의 옛 네덜란드 개혁파 신학자들은 라틴어로 기록했기 때문에 그리고 그들의 저술 대부분은 더 이상 쉽사리 구할 수 없으므로, 카이퍼는 네덜란드어로 저술한 사람들과 최근의 모든 저술에 기대를 걸었다. 그러므로 카이퍼가 말한 대로, 빌헬무스 아 브라컬(Wilhelmus à Brakel, 1633-1711), 알렉산더 콤리(Alexander Comrie, 1706-1774) 그리고 J. C. 아펠리우스(J. C. Appelius)와 같은 신학자들은 대중적 독자들에게 친숙한 작가들로서 자신을 제시했고 그들의 저술들은 일반적인 사람들이 읽을 수 있었다. 다른 사람들보다도 아펠리우스는 더욱 은혜 언약의 교리를 상세하게 다루었고 그 교리와 함께 또한 성례, 은혜 언약의 표지와 인봉으로서 이해되는 세례에 관해 집요한 논의를 펼쳤다. 다음을 보라. *Kuyper-Bibliographie*, ed. J. C. Rullmann, 3 vols. (Kampen: J. H. Kok, 1929) II, 118-119. 또한, G. Kramer, *Het Verband Doop en Wedergeboorte: nagelaten dogmenhistorische studie* (Breukelen: "De Vecht", 1897), 351-354.

그 대신 교회가 세례를 원하고 교회가 자녀의 몸 안에서 세례를 받는 것이다. 이런 방식으로, 아펠리우스는 교회의 믿음을 세례의 근거로 만들었고 폭넓은 세례의 실행을 변호할 수 있었다. 그러나 세례 그 자체는 봉인의 차원에서 보면 모든 수세자에게 유효한 것도, 적용되는 것도 아니다.[70]

이것이 1880년대 초에 카이퍼가 아펠리우스로부터 축어적으로 약 10페이지에 이르는 분량을 재인용했던 취지였다. 그러나 10년 후 그는 이 입장을 거부하는 글을 썼다.

카이퍼는 세례의 신비와 관련된 빛은 1890년이 되어 처음으로 자신에게 비추기 시작했다고 말했다. 그리고 그는 초창기에 순진하게 아펠리우스에게 의존했던 것을 거부했다. 카이퍼는 윤리신학에서 가르침을 받았는데, 개혁파 식으로 그에게 직접 가르쳐 준 교사는 아무도 없었다고 설명했다. 말하자면 카이퍼는 스스로 위험을 무릅쓰고 나아가야 했고, 더욱 이른 시기의 저술 중에서 세례에 관한 몇몇 실천적 문제를 말하면서, 성급하게 아펠리우스를 안내자로 사용했다.[71]

그러므로 카이퍼가 후에 네 권으로 출간된 『하이델베르크 요리 문답 주석』(E Voto Dordraceno, 1892-95)을 썼을 때, 그는 아펠리우스의 관점에 대한 자신의 엄격한 고착을 버리고 유아 세례의 근거로 전제적 중생 교리를 주장했다. 이것은 자신의 경건 서적인 『찔레 대신 도금양을 위해』(Voor een Distel een Mirt, 1891)에 반영되어 있는데, 여기에서 두 가지 성례인 세례와 성찬 그리고 믿음의 공개적 고백을 다룬다.[72]

70　아펠리우스에 대한 인용 페이지는 카이퍼의 다음 자료에서 볼 수 있다. *De Leer der Verbonden: Stichtelijke Bijbelstudien (Uit het Woord–Vijfde Bundel)* (1885; repr. Kampen: J. H. Kok, 1909), 98-207.

71　다음을 보라 C. Veenhof, *Predik het Woord: Gedachten en beschouwingen van Dr A. Kuyper over prediking* (Goes: Oosterbaan & Le Cointre, n.d.), 243-44 그리고 315 각주 222. 베인호프(Veenhof)는 기록된 대로 카이퍼의 언급을 인용한다. "De Bazuin", 15 November, 1895.

72　A. Kuyper, *Voor een Distel een Mirt: Geestelijke Overdenkingen bij den Heiligen Doop, het Doen van Belijdenis en het Toegaan tot het Heilig Avondmaal* (Amsterdam: Höveker &

카이퍼의 전제적 중생에 관한 주장에서 우리는 하나님의 관점과 인간의 관점 사이를 구별해야 할 필요가 있음을 주목해야 한다. 왜냐하면, 하나님은 가정(假定)을 만드시지 않기 때문이다. 그렇게 하는 것은 인간의 특성이다.

또한, 우리는 잘못된 정보에 기초하는 인간적 가정과 신뢰할 만한 증언 또는 하나님의 약속에 기초하는 인간적 가정 사이를 구별할 필요가 있다. 카이퍼는 후자를 마음에 두고 있다. 전제적 혹은 가정적 중생은 하나님의 약속에 대한 믿는 부모 및 교회의 성향과 반응이 되는데, 전제적 중생이 세례받는 사람 또는 언약 자손의 중생한 상태에 대한 실체적 주장을 하는 것은 아니다. 오히려 가정적 중생은 교회와 믿는 부모들이 언약 자손을 향한 하나님의 약속의 빛 안에서 그들을 향해 취하는 태도와 관련된다. 이것은 주관적 성향이며 인식론적 태도의 한 유형이다.

그러므로 카이퍼는 하나님의 약속이 주어짐에 따라 하나님이 이미 언약 자손의 생명 안에서 효과적으로 구원 사역을 하신다고 믿는다. 그리고 이것이 카이퍼가 믿음은 약속에 대한 하나님의 말씀에 유일하고 합당한 반응이라고 주장하는 이유다.

또한, 어린 유아들은 새로운 생명과 거듭남에 대한 분명한 표지를 나타내 보일 능력이 없으므로 교회는 가정(假定), 즉 가정된 믿음을 가지고 그들에게 세례를 집례하기 위해 나아간다. 이 가정은 하나님이 이미 유아들 안에서 중생의 사역을 하고 계신다는 것인데 이는 복 주시는 하나님의 일차적 구원 사역이며 이후 시간 안에서 믿음과 회개를 고백하도록 꽃피우게 된다.[73]

카이퍼의 관점에서 보면 이런 믿음의 가정 없이 언약 유아들에게 세례를 주려는 교회는 오류를 범하는 것이자 불순종하는 것이다. 만일 신자들이 하나님의 약속을 신뢰하고 세례 안에서 지시되고 봉인된 것의 의미를

Wormser, 1891), 69, 72.

[73] 다음을 보라. Kuyper, *E Voto Dordraceno*, III, 9–12.

취한다면 세례를 위해 제시되는 언약 유아의 구원 상태에 대해 불가지적 (不可知的) 태도를 취하지 않을지도 모른다.

이런 태도는 하나님이 언약 자손 안에서 새로운 생명을 주신다는 것을 확언하지도 부인하지도 않는 것을 말한다. 카이퍼의 관점에서 볼 때 그것은 바로 죄악이며 불신의 한 유형이며 하나님이 언약 유아 안에 이미 구원을 일으키신다는 것을 신뢰하지 않는 것이다. 그리고 하나님의 약속과 세례 그 자체의 상징적 의미를 따라서 신뢰하지 않는 것이기도 하다.

결과적으로 그리고 더욱 나쁘게 보면, 믿는 부모들이 그들의 언약 자손들을 세례받게 함에 있어서 그리고 교회가 그런 자녀에게 세례를 줌에 있어서 하나님의 약속에도 불구하고 이 자녀가 죄 가운데 죽어 있고, 하나님의 진노 아래에 있으며 그리스도와 아무런 교통이 없고, 성령에 의한 중생의 씻음 안에서 아무런 관계도 없다고 가정하는 것은 비중생에 대한 하나의 추정이다. 그리고 불신자에게 세례를 주는 것과 다름없다.

결과적으로 그리스도와 아무런 관련이 없는 사람에게 세례를 고의적으로 주는 것은 사악한 일이 된다. 왜냐하면, 세례는 구원의 흔적이자 표지이며, 이는 어떤 사람이 그리스도의 지체로서 그리스도께서 주시는 구원에 참여함과 죄 사함, 중생, 그리스도와의 연합 등을 드러내고 인치는 것에 해당하기 때문이다. 카이퍼에게 있어서 믿음에 대한 마음가짐 없이, 수세자의 중생에 대한 가정이 없이, 언약 자손들을 포함해서 누군가에게 세례를 주는 것은 불신의 마음가짐과 성향을 가지고 있으면서 세례를 주는 것이다. 카이퍼는 이런 일에 연루되기를 전혀 원하지 않는 것이다.

사실 이 점이 주요한 것인데, 카이퍼는 만일 우리가 하나님이 유아들에게 중생 사역을 하신다는 가정하에 자녀들에게 세례를 주지 않으면 유아 세례의 시행을 폐기해야 한다고 단언한다.[74]

---

74 Kuyper, *E Voto Dordraceno*, III, 50, 67. 또한, 그가 쓴 다음의 책도 보라. *Het Werk van den Heiligen Geest*, 386-89 [299-301].

카이퍼는 가정적 마음가짐이 실천적 유익을 가진다고 믿는다. 카이퍼는 이와 관련해 어떤 사람에 대한 예를 제시한다. 그 사람은 두 개의 보석이 있는데 둘 중 어느 하나이든지 아니면 둘 모두이든지 값진 다이아몬드인지 아니면 값싼 유리인지에 대한 절대적 확신을 하고 있지 않다. 그런 확실성 없이 그는 둘 모두를 값비싼 다이아몬드로 여기고 그렇게 그 보석들을 다루는 것을 당연하게 여긴다.

그래서 그는 그 둘을 보호하고 도둑으로부터 안전하게 지킨다. 두 가지 보석 모두를 진짜 다이아몬드로 가정하는 것은 소유자가 그것들을 작고, 가치 없는 유리 조각으로 여기지 않음을 의미한다. 오히려 그는 그것들을 다이아몬드를 다루는 것처럼 다룰 것이다.

카이퍼는 마찬가지로 비록 우리가 어떤 언약 자손이 다이아몬드인지 혹은 유리인지, 즉 택자인지 혹은 유기자인지 절대적 확실성을 가지고 있지 않더라도 우리는 그들을 다이아몬드로 여겨야 하고 성령님이 이미 중생의 은혜로 그들 안에서 일하신다고 가정하고 이에 따라 그들을 돌봐야 한다고 말한다.[75]

카이퍼는 전제적 중생에 대한 자신의 관점을 해설하면서 벨기에 신앙고백 34항의 언어를 도입한다. 이것은 세례의 성례가 그리스도의 피에 의한 내적 씻음을 표시하기 위해 물로써 외적으로 씻는 것임을 가르친다. 그리고 목회자들은 우리에게 성례 자체와 눈에 보이는 것을 주지만, 주님은 세례가 표지하는 것을 주신다. 이른바 보이지 않는 은사와 은혜를 주시는데, 이는 우리 영혼에 있는 모든 더러움과 불의함의 씻음, 정제 및 정화, 마음의 갱신 그리고 우리 마음을 충만한 위로로 채우는 것 등이다.[76]

---

75 Kuyper, *E Voto Dordraceno*, III, 12. 카이퍼는 또한 자녀들이 유아기 때 혹은 어릴 때에 죽은 부모들을 위한 실천적 유익을 강조한다. 카이퍼가 살던 시대에 유아의 높은 사망률을 제시함으로써 이것은 매우 적절한 목회적 사안이 되었다. 카이퍼 자신의 언급을 보라. *E Voto Dordraceno*, III, 6-7.

76 카이퍼의 다음 자료를 보라. *E Voto Dordraceno*, II, 534-35, 538.

그러나 카이퍼는 성례 의식의 가시적 및 비가시적 특징들이 결합하지 않은 곳에서, 즉 하나님이 목회자의 외적 행위 안에서 지시된 것을 제공하지 않으시는 곳에서 우리는 "실제로"가 아니라 "외형적으로"만 성례를 보게 됨을 분명하게 확언하기에 이른다. 이것은 간단히 말해서 지시된 실체는 없이 단지 외적이고 눈에 보이는 표지만 제시되는 것이다. 그리스도의 영적이며 비가시적인 실제 그리고 구원의 은덕들은 제외된 채로 말이다.[77]

카이퍼는 다음과 같이 말했다.

> 그런 경우에 세례는 '빛 없는 등, 불 없는 난로, 공기 없는 허파, 고동 없는 심장'이 된다.[78]

간단히 말해 만일 하나님이 성례 안에서 일하지 않으시면 목회자는 수혜자들을 위한 영적 은덕을 지닌 것을 아무것도 분여하지 못한다. 즉 세례의 물 그리고 성찬의 빵과 포도주는 수령자들의 영혼에 아무런 양분도 주지 않는다. 오직 주님이 자신의 은혜와 함께 우리의 영혼을 양육하신다는 이 사실은 마찬가지로 말씀의 설교에도 적용된다.

사실 성령님이 내적, 영적 선포를 우리 마음 안에서 수행하지 않으시면 외적 설교는 회중을 위한 어떤 구원적 은덕에 관해 무력할 뿐이다. 이 모든 것을 카이퍼와 관련해 요약하기는 어렵지 않다. 성례의 본질은 목회자가 수행한 외적 의식과 주님 자신에 의해 분여된 내적 은혜 양편 모두의

---

77 Kuyper, *E Voto Dordraceno*, II, 535. 이것은 그의 이른 관점과 혼돈되지 않아야 한다. 그는 차후에 비유효한 세례에 대해 거부했다. 사실 여기에서 카이퍼의 요점은 표준 개혁 신학이다. 비록 카이퍼의 용어는 그다지 적절하지는 않지만 말이다. 개혁파는 항상 '표지'를 '표지되는 것'과 구분했다. 비록 그것들이 서로 분리된 것은 아니지만 말이다. 성찬과 마찬가지로 세례 가운데 믿음과 성령이 없다면 표지되는 것이 성례의 수혜자에게 적용되지 않는다.
78 Kuyper, *E Voto Dordraceno*, II, 535. 이 점은 성찬에도 적용된다.

연결된 활동 안에 존재하는 것이다.[79]

카이퍼가 자기 관점에서 믿는 바는 하나님이 성례 안에서 일하신다는 것을 우리가 신뢰해야 한다는 것이다. 왜냐하면, 성례는 믿음 안에서 우리를 양육하고 확증하도록 기능하기 때문이다. 그러므로 목회자가 성례를 집례할 때, 마찬가지로 주님께서 세례받는 자녀의 영혼에 은혜를 주신다고 믿어야 한다.[80]

더욱이 카이퍼는 자신의 교리가 세례 규범(the Form for Baptism)에 대한 충성스러운 해석이며 옛 개혁파의 유산을 따른다고 믿는다. 그리고 카이퍼 자신이 뛰쳐나온 국가 교회의 사상을 병들게 하는 맹목적 의식주의에 대해 매우 긴요한 치유책을 제공한다고 믿는다.[81]

카이퍼의 전제적 중생 교리 안에서 발견되는 약점 중 하나는 현재 상태에서 하나님의 약속에 대한 사람의 반응을 만드는 것인데 이것은 필연적으로 주관적인 것이며 카이퍼는 이것을 유아 세례의 근거라고 다소 명확하게 말하는 듯하다.

---

[79] Kuyper, *E Voto Dordraceno*, II, 535.
[80] Kuyper, *E Voto Dordraceno*, II, 535.
[81] 다음을 보라. Kuyper, *E Voto Dordraceno*, III, 51-53; 56-60. 또한, 크라머(G. Kramer)의 저술에 대한 카이퍼의 서언을 보라. *Het Verband van Doop en Wedergeboorte* (1897). 이 저술은 이 주제에 대한 수많은 개혁파 사상가들의 관점을 조사함으로써 카이퍼의 관점에 대한 기원을 조사해 나간다. 카이퍼는 자신의 서언에서 세례에 대한 개혁파 교리는 그들의 대적자들의 관점을 붙들지 않고는 이해될 수 없다고 주장한다. 특별히 로마가톨릭교회와 루터파에 대해 말이다. 이들 각각은 세례 시 중생 교리를 재세례파와 같이 주장한다. 재세례파는 유아 세례를 완전히 부정하고 오직 믿음에 대한 신자의 증언으로써의 세례만을 품는다. 칼빈은 이 점에 있어서 개혁파를 위한 으뜸 되고 가장 권위 있는 목소리다. 그러나 이후의 개혁파 저술가들은 다양한 대적자에 맞서서 더 많은 논쟁의 짐을 감당해야 했다. 때가 되어 카이퍼는 개혁파 전통을 오염시킨 경건주의의 특정한 부류를 언급한다. 이는 둘이 함께 서거나 넘어지는 교회와 세례의 교리 양편 모두를 부패시키는 것이다. 그러므로 16세기와 17세기에 구축된 개혁파의 관점은 경건주의자들의 맹공을 통해 18세기와 19세기 동안에 타협되거나 상실되었다.

그러나 유아 세례의 타당한 근거는 주로 객관적인 하나님의 약속 그 자체와 이 약속 안에 담겨 있는 함축적 명령이다. 이른바 믿는 부모의 자녀들은 언약의 구성원으로서 언약의 표와 인을 받아야 하며 세례받아야 한다.[82] 우리는 이 요점을 확증하는 성경적, 신학적 근원들을 쉽게 늘릴 수 있다.[83]

충분하게 표현하면 개혁파에게 있어서 유아 세례를 포함한 세례의 근거는 중요도 순으로 나열할 경우 다음과 같다.

첫째, 그리스도의 명령(마 28:19, 20; 행 16:15, 33; 18:8; 고전 1:16)
둘째, 은혜 언약에 대한 하나님의 약속(창 17:7; 행 2:39; 10:47)
셋째, 할례로부터의 유비(골 2:12)
넷째, 언약 유아들이 하나님 나라에 속한다는 사실(마 19:13; 눅 18:15)
다섯째, 언약 자손들이 거룩하다는 성경적 단언의 중요성(고전 7:14; 행 10:47)
여섯째, 교부들이 유아 세례를 승인했다는 점[84]

바빙크는 비록 항상 카이퍼를 거명하지는 않지만 분명하게 그의 전임자 곧 카이퍼가 주장한 세례의 근거로서의 전제적 중생 교리를 반대한다. 성인이나 아이들이나 세례를 받을 권리는 은혜 언약으로부터 나온다.

---

82 그러므로 네덜란드 전통 안에서 대부분의 개혁파 교회들에 의해 사용된 세례 규범(the Form for Baptism)은 이렇게 말한다. "…[언약] 자녀들은 하나님의 나라와 그분의 언약의 상속자들로서 세례받아야 한다…"
83 예를 들어, 벨기에 신앙고백 34항에서 우리는 다음을 고백한다. "우리는 우리 자녀들이 언약의 표지와 함께 세례받아야 하고 봉인되어야 한다는 것을 믿는다. 우리 자녀들에게 주어진 동일한 약속의 기초 위에서 이스라엘 가운데 어린 자녀들이 할례받았던 것처럼 말이다. 또한, 다음을 보라. 하이델베르크 요리 문답 74문답. Berkhof, *Systematic Theology*, 637–40.
84 이것은 투레틴(Turretin)에 의해 제시된 순서이다. *Institutes of Elenctic Theology*, XIX. xii.2-11.

이 언약 안에서 그들은 언약 대상자들이다.

> 중생, 믿음 또는 회개가 아니며 그것들에 대한 가정은 더더욱 아니며 오직 은혜 언약이 세례의 근거를 형성한다. 세례를 위한 다른 더 깊은 또는 더욱 견고한 근거는 없다.[85]

그러나 이것은 언약 유아들이 "믿음의 성향"(habitus)을 소유한다는 것마저 배제하지는 않는다. 바빙크가 설명한 대로 개혁파는 이 점, 즉 믿음의 성향을 가리키기 위해 다양한 용어를 사용했다. "씨앗", "뿌리", "경향", "잠재성", "성향", "믿음의 요소" 또는 "중생의 씨" 등과 같은 것들이다.

아무튼 개혁파는 이 점, 즉 언약 유아들이 믿음의 성향을 소유한다는 사실에 대해 비록 용어는 다양했지만 완전히 합의했다.

핵심 본문은 예레미야 1:5과 누가복음 1:35인데, 이 둘 모두는 하나님이 유아기로부터 심지어 어머니의 태(胎) 안에서부터 중생 사역을 수행하실 수 있음을 보여 준다. 개혁파는 이 교리를 옹호했고 재세례파에 대항해 이 구절들을 사용했다.[86]

바빙크에 따르면 개혁파 중에서 등장한 차이점은 그들이 어린 자녀들의 언약 회원권의 함의(含意)에 대해 숙고하기 시작했을 때 나왔다. 그러므로 자녀들의 언약 회원권은 개혁파 신학에서 분쟁의 대상이 된 개념이었다. 그리고 이 문제에 대해 엄청난 혼란이 있으므로, 우리는 바빙크의 분석을 길게 인용하는 것이 마땅하다.

바빙크는 이렇게 설명한다.

---

85 Bavinck, *Reformed Dogmatics*, IV, 525.
86 Bavinck, *Reformed Dogmatics*, IV, 525. 참조. John Calvin, *Institutes of the Christian Religion* (1559). 2 vols., ed. John T. McNeill, trans. Ford Lewis Battles, Library of Christian Classics (Philadelphia: The Westminster Press, 1960), IV.xvi.17-22.

선택과 언약의 통일성을 가능한 한 오랫동안 그리고 긴밀하게 견지하려는 학자들이 있었다. 따라서 그들은 신앙의 부모들로부터 태어난 모든 자녀가 교리나 삶에서 명백히 그 반대의 것을 드러내기 전까지는 사랑의 판단을 따라 거듭난 자들로 여겨져야만 하거나 최소한 택한 자녀들은 대개 세례 전에 또는 심지어 태어나기 전에도 이미 성령에 의해 거듭났다고 주장했다 (아 라스코[à Lasco], 우르시누스[Ursinus], 아크로니우스[Acronius], 푸치우스[Voetius], 빗치우스[Witsius] 그리고 다른 학자들).

하지만 세례받는 자녀들이 그 어떤 영적 생명도 드러내지 못한 채 성장하는 것을 자주 가르쳐 주는 실재적 경험의 반대들을 유념하는 다른 학자들은 감히 이런 세례 전 중생을 규칙으로 삼지 않았다. 그들 모두는 진실로 하나님의 은혜가 방편들에 매여 있지 않으며 또한 어린 유아들의 마음속에 중생을 일으킬 수 있다고 예외 없이 인정했으나 택함을 받은 어린아이들의 경우 이 거듭남이 세례 전에 또는 세례 시에 또는 심지어 때때로 세례 후 오랜 세월이 지난 후에도 발생한다는 것에 대해 미결 상태로 두었다(칼빈 [Calvin], 베자[Beza], 잔키우스[Zanchius], 부카누스[Bucanus], 왈레우스[Walaeus], 아메시우스[Amesius], 하이데거[Heidegger], 투레티누스[Turretin] 그리고 다른 학자들).

이런 견해는 [그 후에] 교회가 징계를 소홀히 해 쇠퇴하게 되었을 때 우세했다. 선택과 교회, 언약의 내적 측면과 외적 측면은 과거에 가능한 한 많이 서로 연관되었지만 고마루스(Gomarus) 이후로 갈수록 더욱 구별되어 계속해서 갈라졌다. '교회'(ecclesia) 안에 '작은 교회'(ecclesiola)가 형성되었다.

따라서 세례는 점차 중생으로부터 전적으로 분리되었으나, 사람들은 유아세례를 견지하고자 했기 때문에 세례를 교회의 성사로써 그리고 일반적으로 신자들이 후손의 보증으로서 또는 복음의 객관적, 조건적 약속의 확증으로서 또는 외적 은혜 언약의 교통에 대한 증거로서 또는 상실될 수 있는 구원과 분리될 수 있는 그리고 나중에 인격적 믿음을 통해 확증되는 중생에 대한 보증으로서 또는 나중에 세례받는 자의 참된 회개를 촉구하는 양

육의 수단으로 이해되고 정당화되었다.[87]

바빙크에 따르면 교회로서는 성인과 자녀 양편 모두에게 세례를 주면서 "자비로운 판단"을 하는 것이 필요한데 세례받는 모든 사람의 구원 상태와 관련해 "무오한 판결"을 하는 것은 불가능하기 때문이다. 그런데도 "세례의 기초는 누군가 중생한다는 가정이 아니며, 심지어 중생 그 자체도 아니며, 오직 하나님의 언약이다."[88]

바빙크의 관점에서 볼 때, 전제적 중생 교리는 세례의 근거를 "주관적 견해"로 만든다. 세례를 어떤 견해에 두기보다 교회는 "하나님의 계시된 뜻과 하나님의 말씀의 법칙을 따라서" 세례를 집례해야 한다.[89] 더욱이 우리는 종종 믿음과 회개의 열매를 보이는 일에 실패하고, 하나님 언약의 길 안에서 행하지 않는 사람들에게 세례가 집례되는 것을 인정해야 한다.

알곡 중에 가라지가 있다. 은 그릇과 금 그릇 가운데 흙으로 만든 그릇이 있다. 사실 모든 이스라엘이 이스라엘이라고 불리지는 않는다. 모든 언약 유아들에 대해 중생을 가정하는 것은 이 점을 극복하지 못한다.

---

87 Bavinck, *Reformed Dogmatics*, IV, 511. 바빙크의 요점이 오해되지 않도록 하기 위해 설명하자면 바빙크는 칼빈, 베자, 잔키우스 등이 제시한 관점이 교회의 권징에 있어서 방치를 조장했다거나 또는 그렇게 이끌었다고 주장하는 것이 아니다. 바빙크는 단지 교회 안에서 권징이 약해졌을 때, 이런 관점이 더욱 쉽게 경험에 합치되었고 다른 관점 (푸치우스 등이 방어한 대로)이 더욱 큰 신학적 문제들을 만들었다고 말하는 것이다. 편집자로서 나는 "그 후에"를 대괄호 안에 넣어 바빙크의 본문에 명료함을 도모했다. 또한, 다음을 보라. Herman Witsius, *Disquisitio Modesta et Placida de Efficacia et Utilitate Baptismi in Electis foederatorum Parentum Infantibus* (Utrecht, 1693), xxiv-lv; 윌리엄 마샬(William Marshall)이 영어로 번역하고, J. 마크 비치(J. Mark Beach)가 편집하고 번역을 개정해 서론을 붙인 것은 다음과 같다. "On the Efficacy and Utility of Baptism in the Case of Elect Infants Whose Parents Are under the Covenant of Grace", *Mid-America Journal of Theology* 17 (2006): 121-190. 역자 주: 한글 번역본에서 인용함. 헤르만 바빙크, 『개혁 교의학 4권』 (서울: 부흥과개혁사, 2011), 601-602.
88 Bavinck, *Reformed Dogmatics*, IV, 531.
89 Bavinck, *Reformed Dogmatics*, IV, 531.

그리고 그들의 중생은 어떤 경우든지 증명할 수는 없다.[90]

그러므로 기독교회 안에는 항상 복음, 중생, 믿음, 회개를 설교하기 위한 여지가 있다. 선지자, 세례 요한 그리고 예수님은 모두 그런 메시지를 가지고 자신의 사람들에게 왔다. 결국, 하나님 자신의 소유였던 사람들에게 말이다. 사도들 역시 믿음의 숨겨진 생명을 드러내기 위해 말씀을 전했을 뿐만 아니라, 중생의 씨 그리고 그 믿음을 유효하게 하는 수단으로서 설교했다.[91]

성령님이 자신의 자유로운 결정으로 그리고 자신의 주권적 자비에 따라 언약 유아들을 중생시킨다는 사실을 부인하는 것은 바빙크의 목표가 아니다. 그러나 바빙크는 성령님이 하실 수 있는 선행하는 사역을 유아 세례의 '근거'로 가정하는 것에는 반대한다.

바빙크는 네덜란드 개혁교회의 세례 규범이 제시하는 대로 다음과 같이 분명하게 단언한다. 신자의 자녀들이 자신의 지식을 드러내지 않고 죄 가운데 태어나 영원한 정죄에 주어지는 것처럼, 자신의 지식이 없어도 "신자의 자녀들은 성령에 의해 중생될 수 있고 믿음의 잠재성(카이퍼가 말하는 믿음의 씨 또는 기능)을 부여받을 수 있으며" 마찬가지로 "신자의 자녀들은 자신의 지식 없이 또한 동일한 성령에 의해 그 믿음의 잠재성 안에서 굳세어질 수 있다"고 말이다.[92]

90　Bavinck, *Reformed Dogmatics*, IV, 531.
91　Bavinck, *Reformed Dogmatics*, IV, 531.
92　Bavinck, *Reformed Dogmatics*, IV, 532. 카이퍼의 글을 보라. Kuyper, *E Voto Dordraceno*, II, 543; 동일 저자, *Het Werk van den Heiligen Geest*, 382 여기저기에 [295 여기저기에]. 헝가리 신앙고백(Hungarian Confession)은 브레멘 협의(Bremen Consensus)와 마찬가지로 자녀들 안에 있는 "믿음의 씨"(*semen fidei*)에 대해 말한다(M 422, 3ff). 다음을 보라. Rohls, *Reformed Confessions*, 214.

그러나 부모들에게 주어지는 세례 규범의 첫 질문[93] 중에서 신자의 자녀들을 "그리스도안에서 성화된"자라고 부를 때, 바빙크는 이것을 "성령에 의한 내적 갱신"으로 언급하는 카이퍼의 관점에 반대한다.[94] 대신 바빙크는 이 부분에서 언약적 성화를 주장한다.

동시에 바빙크는 세례에 관한 개혁파 교리가 어떻게 경건주의의 영향 아래에서 개혁파 교회 속으로 이양되었는지를 논한다. 이 경건주의는 카이퍼가 특별한 은혜를 세례에 돌림으로써 치유하고자 했던 하나의 퇴화인데 이른바 그리스도의 몸으로서 성도들의 교제 또는 교통을 추구하는 경향성이다.[95]

그러나 카이퍼를 공평하게 평가하려면 앞서 언급한 바빙크의 비평은 다소 조절되어야 한다. 카이퍼 자신은 세례의 근거를 주관적 견해에 두지 않아야 한다는 바빙크의 주장에 저항하지 않으려 했기 때문이다. J. C. 룰만(J. C. Rullman)이 진술한 대로, 1896년 미델벌흐(Middelburg) 총회에서 소송이 촉발되면서 카이퍼의 작은 책 『찔레 대신 도금양을 위해』와 관련해 처음으로 논쟁이 등장했을 때, 카이퍼는 곧장 1896년 10월 4일 「헤럴드」(*De Heraut*)에 세례의 근거에 대해 가진 자신의 관점을 "근거"(*De Grond*)라는 제하의 기사에서 명확하게 다루었다.[96]

---

93 역자 주: 첫 질문은 다음과 같다. "첫째, 비록 우리의 자녀들이 죄 안에서 잉태되고 태어나서 모든 비참에 처하고 정죄에 합당하지만 그들은 그리스도안에서 성화된 자들이며 따라서 교회의 구성원으로서 세례받아야 함을 인정합니까?" 네덜란드 개혁교회 세례 규범의 영문은 다음에서 볼 수 있다. https://www.sacred-texts.com/chr/nethlit.htm(2021년 11월 26일 접속).

94 Bavinck, *Reformed Dogmatics*, IV, 511. 카이퍼의 글을 보라. Kuyper, *E Voto Dordraceno*, II, 541 ff.; III, 51. 또한, 투레틴의 글을 보라. Francis Turretin, *Institutes of Elenctic Theology*, XIX.xx.9. 여기에서 투레틴은 고전 7:14에서 언급되는 거룩함은 "연방적 거룩함"이라고 주장한다. 이는 그들이 이방 자녀들과 대조되는 "교회에 속한 그리스도인들"로서 간주되는 것을 의미한다.

95 Bavinck, *Reformed Dogmatics*, IV, 512-13. 카이퍼의 글을 보라. Kuyper, *E Voto Dordraceno*, II, 463, 541, 553ff. 또한, 벌카우어의 글을 보라. Berkouwer, *The Sacraments*, 82-89; Berkhof, *Systematic Theology*, 637-642.

96 J. C. Rullman, *Kuyper-Bibliographie: Deel I (1860-1879); Deel II (1879-1890); Deel III*

첫째, 만일 부모가 그들의 자녀에 대해 세례를 요구할 권리로서의 근거를 말한다면 자연스럽게 부모에게 있어서 그 근거는 분명히 은혜 언약에 관한 하나님의 법령에 놓여 있게 된다.

둘째, 만일 교회의 구성원으로서의 유아들에게 세례를 집례하기 위한 교회의 권리와 의무로서의 근거를 말한다면 그 근거는 오직 전과 같이 은혜 언약 안에 제시된 하나님의 법령에만 존재할 수 있다.

셋째, 만일 하나님의 이름으로 된 법령이 놓여 있는 근거를 말한다면 자연스럽게 그 근거는 하나님 자신이 세우신 은혜 언약이 될 수 없다. 오히려 그 근거는 하나님 자신의 주권적인 선한 즐거움만 될 수 있다.

넷째, 만일 유아에게 우리가 행한 대로 집례된 세례의 영적 실제로서의 근거를 말한다면 자연스럽게 유일한 대답은 세례의 영적 실제는 '중생'이 아닌 다른 것에 놓일 수 없다는 것이다.[97]

그러므로 카이퍼는 성례적 그리고 영적 근거로부터 구분되는 것으로서 유아 세례를 위한 합법적 근거(rechtgrond)는 하나님의 언약에만 있다고 분명하게 주장한다. 왜냐하면, 부모는 그들의 자녀가 중생했는지에 대해 무오하게 알 수 없기 때문이다. 교회는 단지 자녀가 믿는 부모에게서 태어난 여부만 판단할 수 있다. 유아들의 세례를 위한 합법적 근거는 이 사실, 즉 자녀가 신자들의 씨로서 하나님의 언약적 약속 안에 포함된다는 사실 안에서만 교회를 위해 세워진다. 그리고 이것은 언약의 법칙 이외의 다른 것에 놓여 있지 않다.[98]

의심할 바 없이, 카이퍼의 유아 세례를 위한 근거로서의 전제적 중생에 대한 강조점은 신자 부모의 유아들은 구원을 위한 하나님의 자비의 대상이

(1891-1932) (Kampen: J. H. Kok, 1923, 1929, 1940), III, 39-44, 특별히 43-44. 또한, 다음 자료를 보라. Smilde, *Een Eeuw van Strijd over Verbond en Doop*, 113-117.
97 Rullman, *Kuyper-Bibliographie*, III, 44.
98 Kuyper, *Gemeene Gratie*, II, 215.

라는 진리를 수호하려는 관심 때문에 촉발되었다. 비록 그들이 아직 믿음과 회심의 표지들을 증명할 능력이 없더라도 말이다.

그래서 그들이 어린 나이에 죽을 때, 믿는 부모들은 세례 자체가 표명하는 대로 구원을 위한 그리스도의 사역이 그들을 위한 것임을 확신하는 가운데 안식할 수 있다.

우트레흐트 판결문은 전제적 중생에 대한 카이퍼 식의 교리에 대해 이렇게 답한다. 언약 자손에 대해 그들이 믿음과 반대되는 행위를 드러내 보일 때까지 그리스도 안에서 중생하고 성화된 것으로 보는 것은 옳지만 "전제적 중생의 근거 위에서 신자들의 자녀들에게 세례를 시행한다고 말하는 것은 정확하지 않다. 세례의 근거는 하나님의 명령과 약속 안에서 발견되기 때문이다."

4) 직접적 또는 비매개적 중생

마지막으로 이제 직접적 중생 그리고 이 책의 주요 주제인 중생과 하나님의 부르심의 관계에 관해 말하고자 한다. 카이퍼는 직접적 중생이라는 주제를 신중하게 관찰했고 역동적으로 이 관점에 찬성했다.

모든 개혁파는 중생이 구원하시는 하나님의 주권적 사역이라는 점에 동의했다. 그리고 중생은 하나님의 은혜로운 주도권과 성령의 저항할 수 없는 능력에 따라 택자의 생명 안에서 일어난다. 논쟁은 하나님이 이 구원의 일을 영적으로 죽은 사람 안에서 수행하실 때 도구를 사용해 일하시는지(직접적 또는 비매개적 중생), 다시 말해 통상 "은혜의 방편"이라고 부르는 말씀과 성례의 수단을 포함해 무언가에 의해 매개되지 않는지에 초점이 맞춰진다.

카이퍼는 이 주제를 성령에 관한 자신의 책에서 상세하게 다룬다. 그래서 우리는 우리의 주의를 그 책에 집중할 것이다. 또한, 그의 하이델베르크 요리 문답 강해도 슬쩍 들여다볼 것이다.

직접적 또는 비매개적 중생에 대한 자신의 교리를 설명하면서 카이퍼는 자신의 관점을 명확하게 밝히기 위해 그리고 그 관점을 오해로부터 보호하기 위해 다수의 구분을 제시하는 일에 주의를 기울인다.

우선 카이퍼는 더욱 좁은 의미에서 정의된 중생과 더욱 넓은 의미에서 정의된 중생을 구별시킨다.

전자는 일깨우시는 하나님의 배타적 행위를 말한다. 이로써 하나님은 우리를 사망에서 생명으로 어둠의 나라에서 자신의 친애하는 아들의 나라로 옮기신다. 이것은 '출발점'으로 이해되는 중생이다. 여기에서 하나님은 영혼에 새로운 영적 생명의 원리를 심으신다. 그리고 사람은 거듭난다.

후자는 우리의 인격 안에 영향을 미친 은혜에 의한 전적 변화인데, 사망 안에 있는 죄에 대한 우리의 죽음과 천국을 향한 우리의 출생으로 끝난다.[99] 이것이 벨기에 신앙고백 24항에서처럼 초기 개혁 신학과 개혁파 신앙고백에서 '중생'이라는 용어가 사용된 방법이다.[100]

카이퍼는 그 용어의 두 가지 사용 모두가 합법적이라고 주장한다. 그러나 그는 별다른 언급이 없는 한, 중생이라는 용어의 더 좁은 또는 더 제한된 의미에서 그 단어를 사용한다.

다음으로, 카이퍼는 첫째 은혜와 둘째 은혜 사이에 넓은 구분을 만든다.

---

99 Kuyper, *Het Werk van den Heiligen Geest*, 378–79 [293]; 동일 저자, *E Voto Dordraceno*, III, 407–09.
100 Kuyper, *Het Werk van den Heiligen Geest*, 378–79 [293]; 동일 저자, *E Voto Dordraceno*, III, 402–03. 또한, III, 410–11, 여기에서 카이퍼는 도르트 신조가 어떻게 때때로 이 단어를 더 제한된 의미에서 사용하는지를 보여 준다.

첫째 은혜(first grace)는 죄인의 지식이나 의지 없이 일어나는 "죄인 안에서의 하나님의 사역"을 말한다. 즉, 죄인은 전적으로 수동적이다.

둘째 은혜(second grace)는 "사람의 온전한 지식 및 동의와 함께 중생한 사람 안에서 이루어진 사역"을 나타낸다.[101]

여기서 첫째 은혜는 "생명의 첫 이식"과 관련된다. 카이퍼는 이 개념을 다음과 같이 펼쳐 보인다.

> 하나님이 회개하도록 죄인을 인도하심으로 시작하지 않으셨음은 분명하다. 왜냐하면, 회개는 죄에 대한 확신을 앞세워야 하기 때문이다. 하나님의 말씀을 듣도록 그를 인도하심에 의해서도 아니다. 이것은 열린 귀를 요구하기 때문이다. 그러므로 의식적이고 비교적 협력적인 사람의 첫 행위는 항상 하나님의 근원적 행위를 앞세운다. 이는 사람 안에 새로운 생명의 첫 원리를 심는 것인데 이 지점에서 사람은 전적으로 수동적이고 무의식적이다.[102]

간단히 말해 이것이 카이퍼가 '직접적' 또는 '비매개적' 중생을 통해 가리키는 것이다. 왜냐하면, '이런 개념 안에서의' 중생 사역은 직접, 어떤 수단의 사용도 없이 성령에 의해 타락한 죄인의 영혼 속으로 주입되기 때문이다.[103]

카이퍼는 죄인의 생명 속에서 일어나는 하나님의 은혜로운 역사를 연속적인 8단계로 구분한다.

---

101 Kuyper, *Het Werk van den Heiligen Geest*, 382, 429 [295, 339].
102 Kuyper, *Het Werk van den Heiligen Geest*, 381 [294]; 동일 저자, *E Voto Dordraceno*, III, 409.
103 *E Voto Dordraceno*, III, 412.

첫째, 새 생명의 원리를 이식함
둘째, 이식된 생명의 원리를 유지함
셋째, 외적 및 내적으로 말씀과 성령에 의한 부르심
넷째, 믿음의 발휘에 의한 두 가지 행위로써 죄에 대한 확신과 칭의를 낳는 하나님의 부르심
다섯째, 회심을 낳는 믿음의 발휘, 여기에서 하나님의 자녀는 심긴 생명을 분명하게 의식하게 됨
여섯째, 회심이 성화에 동화됨
일곱째, 죽음의 때에 성화의 종료와 완전한 구속의 마침
여덟째, 마지막 날의 영화, 이때 내적 복은 외적 영광으로 현시되며 영혼은 영화된 몸과 재결합하고 완전히 복된 상태를 향유함.[104]

카이퍼에게 있어서 사망한 언약 유아들의 구원은 주된 관심사다.[105] 실천적이고 신학적인 관심은 언약 유아들이 하나님의 구원 행위의 대상이라는 점이다. 이것은 유아의 구원이 성인의 구원과는 차이점을 보여야 함을 의미한다. 유아들의 경우 하나님은 그들 안에 새로운 생명의 원리를 이식함으로써 그들을 구원하신다.

카이퍼는 여기에서 잠재된 믿음(*fides potentialis*)이라고 불렀던 옛 개혁파 저자들의 언어를 빌린다. 잠재된 믿음은 발휘된 믿음(*fides actualis*)과 상존된 믿음(*fides habitualis*)으로 나아간다. 잠재된 믿음은 구원이 믿음 그 자체 혹은 회개의 행위와 함께 시작하지 않음을 의미한다. 오히려 하나님은 생명 없는 곳에 처음으로 생명을 심으신다. "능력 없는 자에게 능력을, 귀먹

---

104 Kuyper, *Het Werk van den Heiligen Geest*, 382-85 [295-297] 참조 동일 저자, *E Voto Dordraceno*, III, 446-52, 여기에서 카이퍼는 회심과 성화를 다룬다
105 이 목회적 관심은 다음 자료에서 그의 논의를 이끈다. *E Voto Dordraceno*, III, 5-12. 또한, 카이퍼의 다른 문헌을 보라. *Het Werk van den Heiligen Geest*, 382, 386, 396, 409 [295, 298, 308, 320].

은 자에게 들음을, 죽은 자에게 생명을"[106] 주시면서 말이다.

카이퍼는 중생에 해당하는 이 생명의 새로운 원리가 꽤 오랫동안 "휴면" 상태에 머무를 수 있다고 주장한다. 성령님이 그 원리를 드러내고 의식적인 생명으로 발아시키기 전까지 말이다. 그리고 성령님은 그 생명의 새로운 원리를 발아될 때까지 보존하신다. "겨울 동안에 땅속에 있는 곡물 종자처럼, 나무에 점화시키지는 않지만 재 아래에서 백열을 내는 불꽃처럼, 마침내 표면으로 올라오는 지하의 물줄기처럼"[107] 말이다.

사실 생명을 드러내는 이 발아(發芽)는 말씀을 통한 복음의 신적 부르심 안에 있는 성령의 사역이다. 이 발아가 되는 곳에서 은혜의 방편으로서 수단이 활동한다. 생명으로의 발아는 사람 안에서 일어나는데, 성령님은 수단을 사용하지 않은 채 사람 안에 생명의 씨와 잠재된 믿음을 이미 심으셨다.

그러나 이제 성령님은 '하나님의 말씀'이라는 수단을 사용하신다. 그들의 마음 안에 믿음, 즉 믿음의 발현으로서의 믿음을 낳으시기 위해서 말이다. 그러므로 말씀의 설교와 성령의 내적 사역은 신적이며 협력적인 사역이 된다.

구체적으로 말하자면 말씀의 설교 아래에서 성령님은 잠재된 믿음에 동력을 부여하시고 잠자는 자를 깨우기 위한 부르심은 효력을 낸다.[108] 생명의 새로운 원리를 이식받은 사람에게 있어서 믿음의 잠재성이 믿음의 발현으로 또는 실제 믿음(actual faith)으로 나아갈 때 내적이고 효력 있는 복음의 신적 부르심의 결과로 회개와 칭의가 일어난다.

---

106 Kuyper, *Het Werk van den Heiligen Geest*, 382 [295]; 참조. Heinrich Heppe, *Reformed Dogmatics: Set Out and Illustrated from the Sources*, rev. edition, ed. Ernst Bizer., trans. G. T. Thomson (London: George Allen & Unwin, 1950; repr., Grand Rapids: Baker Book House, 1978), 540-42.
107 Kuyper, *Het Werk van den Heiligen Geest*, 383, 403 [295, 313].
108 Kuyper, *Het Werk van den Heiligen Geest*, 383 [296].

또한, 우리는 믿음의 발현이[109] 결과라고 말할 수도 있다. 이 믿음의 발휘는 실제적으로 주님을 믿고 신뢰하는 것이며 회심을 낳는다. 다시 말해서 하나님의 자녀들은 실제적으로 거듭났고 그리스도 안에서 새로운 생명을 가지고 있다는 것을 의식하게 된다. 그러므로 새 생명의 주입은 믿음의 첫 행위에 선행하지만 회심은 그것에 따라 나온다.[110]

물론 중생을 말함에 있어서 카이퍼는 다른 개혁파 신학자들과 마찬가지로 비중생자를 귀먹고 눈먼 것만이 아니라 더 나쁘다고 본다. 왜냐하면, 비중생자는 몸통이나 한 부분이 부패하거나 파괴된 것이 아니라 전적으로 죽었고, 가장 끔찍한 파멸을 위한 먹잇감이기 때문이다.[111]

타락한 인간은 송장에 비유될 수 있다. 비록 그는 온전하고 흠 없는 것처럼 보이더라도, 완전히 부패했으며 사망으로 얽혀 있다. 비중생자들은 전적으로 무익하다. 이것이 "구원하는 은혜의 모든 작용이 왜 반드시 죄인의 태동(quickening), 보이지 않는 눈을 여는 것, 들리지 않는 귀를 여는 것, 간단히 말해 잠재된 믿음의 이식을 앞세워야 하는지에 대한 이유다."[112]

카이퍼는 이 점을 지적하면서 "중생의 행위"가 이런 좁고 기술적인 정의 안에서 성인 회심자들의 경우에 비교해 어떻게 언약 유아들에게 다르게 일어나는지 보여 주고자 한다. 성인에 관해서라면, 어떻게 중생이 드러나는지와 관련해 약간의 불일치가 있다.

왜냐하면, 모든 사람이 중생은 도덕적 권고의 행위가 아니라는 데 동의하

---

109 "믿음의 발현"(acts of faith)에 대해 다음을 보라. Richard A. Muller, *Dictionary of Latin and Greek Theological Terms: Drawn Principally from Protestant Scholastic Sources* [Grand Rapids: Baker, 1985], 22.
110 Kuyper, *Het Werk van den Heiligen Geest*, 384 [296]; 동일 저자, *E Voto Dordraceno*, III, 415.
111 Kuyper, *Het Werk van den Heiligen Geest*, 392 [304].
112 Kuyper, *Het Werk van den Heiligen Geest*, 393 [305]; 동일 저자, *E Voto Dordraceno*, III, 415.

기 때문이다. 중생에 있어서 타락한 사람들은 행위자도 협력 행위자도 아니다. 오히려 하나님은 성인을 믿음과 회개로 인도하는 가운데 불가항력적으로 그들의 마음 안에서 일하시고, 그들을 새로운 생명으로 인도하시면서 새 생명을 꺼리던 사람들을 원하게끔 하신다.

그리고 이런 하나님의 불가항력적 사역은 회심과 동시에 일어난다. 그러나 유아들의 경우에는 중생과 회심이 동시에 일어나지 않는다. 그럼에도 불구하고 하나님은 어린 아이들을 이런 동시 발생 없이 자신의 구원 작용의 대상으로 삼으신다.[113]

세례 시 중생 교리를 변호하는 윤리신학자들이나 적어도 성례적 중생과 같은 부류를 지지하는 사람들은 죄인이 무능하다는 점을 약화시킨다. 그리고 "하나님을 향하거나 또는 하나님으로부터 돌아서기 위해 선택할 기회"를 죄인들에게 준다. 이에 반해 카이퍼는 중생이 세례 예식에 묶여 있지 않다고 주장한다. 즉, 세례는 유아나 또는 성례의 어떤 다른 수혜자를 중생시키지 않는다.

카이퍼는 세례 시 중생을 단호하게 그리고 분명하게 부인한다. 중생 그 자체에 관해 볼 때 카이퍼는 중생자가 부분적으로 옛사람이고 부분적으로 새사람인 것처럼 중생이 사람에게 덧붙여진 것이거나 추가적 요소가 아니라고 말하는 데 정성을 들인다. 오히려 카이퍼는 중생자가 "한 사람 곧 중생 이전의 옛사람이면서 중생 이후의 새사람으로서 완전한 의와 거룩함 안에서 하나님을 따라 창조된 사람"이라고 말한다.

중생자는 원리적으로 변화되었고 새로운 본성을 가지고 있다. 중생자의 자아 또는 존재의 내면은 새롭게 되었다. 비록 중생자는 여전히 옛 본성과 싸워야 하지만 말이다. 중생자는 새로운 피조물로서 구속되었으며 두 존재가 아니다.[114] 중생이 방편에 묶여 있지 않다고 할 때 "중생의 행위가 말씀의

---

113 다음을 보라. Kuyper, *Het Werk van den Heiligen Geest*, 393-98 [305-309]; 동일 저자, *E Voto Dordraceno*, III, 414, 416-18.
114 Kuyper, *Het Werk van den Heiligen Geest*, 401-03 [312-13]; 동일 저자, *E Voto Dordrace-*

들음에 선행하는지, 수반하는지 아니면 후행하는지"에 대한 질문이 나온다.

카이퍼는 이 질문에 대한 자신의 대답이 논쟁으로 보이는 일부 관점에 대한 해답을 준다고 믿는다. 성령님은 죄인의 마음 안에서 중생 사역을 말씀의 설교 이전에, 설교 중에 또는 설교 후에 수행하실 수 있다.[115]

카이퍼의 이 언급에 대한 추가 설명은 놓치지 말아야 한다.

> 내적 부르심은 외적 부르심과 결합할 수 있다. 아니면 내적 부르심은 외적 부르심 이후에 올 수도 있다. 그러나 내적 부르심에 앞서는 것, 즉 들리지 않는 귀를 여는 것 그래서 들릴 수 있게 하는 것은 말씀의 설교에 의존하지 않는다. 그러므로 이런 것은 설교에 선행할 수 있다. 이 관점 속에서 올바른 분별은 상당히 중요하다.[116]

그러므로 카이퍼는 넓은 의미에서 중생을 말할 때, 세 가지 특징적이고 연속적인 단계들을 정의한다.

첫째, 주님은 죽은 마음에 새로운 생명을 심으신다.
이 단계에서 하나님은 수단 없이 일하신다.
둘째, 거듭난 사람이 회심한다.
이 단계에서 하나님은 수단을 도입하신다. 이른바 말씀의 설교다.
셋째, 회심이 성화에 통합된다.[117]
이 단계에서 하나님은 추가적 수단을 사용하신다.[118]

---

no, III, 405, 421.
115 Kuyper, *Het Werk van den Heiligen Geest*, 407 [317].
116 Kuyper, *Het Werk van den Heiligen Geest*, 407 [317-18].
117 Kuyper, *Het Werk van den Heiligen Geest*, 407 [318].
118 Kuyper, *Het Werk van den Heiligen Geest*, 407-08 [318-19].

카이퍼는 성경이 때때로 말하는 것처럼 그리고 신앙고백들이 때때로 그렇게 말하는 것처럼 중생에 대해 부패한 사람의 복구와 갱신이라는 가장 포괄적인 개념 안에서 하나님의 구속 사역의 전체 영역과 연루시켜 말하기를 매우 합당하게 여긴다.[119] 그리고 이런 포괄적 개념에서 중생을 말하는 것은 태동, 회심, 성화 사이를 구별할 수 있게 한다.

카이퍼는 이런 주제에 대한 명료함을 주기 위해 자신이 도입한 모든 세세한 구별들이 설교단에서 설교되어야 한다고 생각하지 않는다. 단지 회심과 성화가 설교에서 초점이 되어야 한다. 왜냐하면, 말씀의 설교는 "그것들을 유효하게 하는 지정된 수단"이기 때문이다. 그러나 신학의 힘은 설교보다 더 넓은 목적, 즉 오류의 반박을 포함하는 목적을 정당하게 가질 수 있다. 카이퍼는 윤리학자들, 합리주의자들 그리고 초자연주의자들로부터 반대에 직면했다.[120]

어떤 경우이든 '태동'으로서 중생을 말하는 것은 회심과 성화의 표지를 드러내 보일 수 없는 어린아이들의 구원과 관련해 특별히 중요하다. 태동으로서의 중생이 없다면 우리는 언약 자손들을 구원받지 못한 것으로 낙인찍는 "실제적 위험"에 직면한다. "우리의 죽은 유아들은 분명히 잃은 바 되었는데 그들은 하나님의 말씀을 들을 수 없기 때문이다"라고 결론짓게 되니 말이다.[121]

카이퍼에게 있어서 태동과 회심은 구별되어 있어야 한다. 왜냐하면, 회심 또는 내적 부르심은 태동을 앞세우기 때문이다. 죄인은 태동을 통해 들을 귀를 받는다. 그러면 이제 말씀을 들을 수 있게 되고 성령님은 말씀을 은혜의 방편으로 사용하신다. 그래서 태동에서 죄인을 특징짓는 수동성은 죄인 쪽에서의 행위와 협력의 특정한 영역으로 넘어간다.

---

119 Kuyper, *Het Werk van den Heiligen Geest*, 408 [319].
120 Kuyper, *Het Werk van den Heiligen Geest*, 408–09 [319].
121 Kuyper, *Het Werk van den Heiligen Geest*, 409 [320].

이 후자의 측면은 카이퍼가 "둘째 은혜"라고 부르는 것이다.[122]

> 택함을 받은 그러나 중생하지 않은 죄인은 아무것도 할 수 없다. 그리고 그 사람 안에 수행된 사역은 다른 분에 의해 되어야 한다. 이것이 첫째 은혜이다. 그러나 이 일이 수행된 후에 그는 더 이상 수동적이지 않다. 왜냐하면, 무언가가 그에게 들어왔고 그것은 은혜의 둘째 사역 안에서 하나님과 협력할 것이기 때문이다.[123]

그러므로 카이퍼는 부르심의 신적 사역을 받아들이는데 이는 죄인이 어둠에서 빛으로 나오도록 부름을 받는 회개로의 부르심이라는 좁은 또는 협소한 의미에서 사용하는 용어다. 이 부르심은 주로 그리고 공적으로 말씀의 설교로부터 나온다. 비록 성령님은 이 사역 안에서 실제 행위자로 남으시지만 말이다.

그리고 설교자와 설교는 모두 성령의 도구들인데 그렇기는 해도 하나님은 다른 방식으로 자신의 말씀을 전달하는 일에도 자유로우시다. 카이퍼에게 있어서 부르심의 사역은 성령의 사역이다. 그리고 그것은 말씀의 설교 안에서 그리고 말씀의 설교를 통해 지속되어 중생한 죄인들을 죽음으로부터 일어나도록 부르고, 그리스도께서 그에게 빛을 선사하게 하신다.[124] 카이퍼가 여기에서 말한 것은 내적 부르심으로서 비중생자에게 전달된 외적 부르심에 대해 말하는 것이 아니다. 왜냐하면, 비중생자는 들을 귀를 가지고 있지 않기 때문이다.

내적 부르심의 작용을 고려하면서 카이퍼의 주된 초점은 이미 세례받은 사람들에게 있다. 즉, 유아 때 세례받은 사람들인데 그들의 중생은 가정되

---

122 Kuyper, *Het Werk van den Heiligen Geest*, 428-29 [339].
123 Kuyper, *Het Werk van den Heiligen Geest*, 429 [339].
124 Kuyper, *Het Werk van den Heiligen Geest*, 432-34 [340-42]; 동일 저자, *E Voto Dordraceno*, III, 432-33.

고 회심으로 나아올 필요가 있다. 더욱이 내적 또는 유효적 부르심은 택자에게 전달되는 반면, 통상적 또는 외적 부르심은 비택자에게 전달된다. 이 내적 부르심은 하나님의 부르심이며 하나님의 행위를 요구한다. 이미 태동이 앞서 있는 곳에서도 말이다. 왜냐하면, 중생자 또는 태동한 죄인들은 저절로 하나님께 나아오지 않을 것이기 때문이다.[125]

카이퍼는 내적 부르심을 이중 사역으로 본다.

첫째, 하나님이 말씀과 함께 오시는 것이며 성령님은 내적 작용을 수행하시는데 이는 믿음의 씨가 설교 사역과 말씀의 들음 안에서 생명으로 발아(發芽)하도록 만드는 것이다.

둘째, 설교가 유효하게 죄인의 마음과 생명의 중심으로 들어가는 지점에 수반되어 말씀과 함께 이해의 조명을 가져온다. 그래서 죄인은 죄의 확신 아래로 나아오고 회심은 온전한 효력을 발휘한다.[126] 그러므로 성령님은 회심자의 의지에 역사하신다.

도르트 신조는 이러하다.

> 하나님은 복음이 그들에게 선포되도록 돌보시고, 성령의 권능으로 그들의 지성을 밝게 하셔서 그들이 하나님의 성령님이 하시는 일들을 바르게 이해하고 분별하게 하신다. 이뿐만 아니라 하나님께서는 중생하게 하시는 동일한 성령의 효과적 일하심으로 사람의 가장 깊은 속까지 파고들어 가셔서, 닫힌 마음을 여시고, 굳은 마음을 부드럽게 하시며, 할례받지 못한 마음에 할례를 행하신다. 또 그들의 의지에 새로운 자질들을 주셔서 죽은

---

125 Kuyper, *E Voto Dordraceno*, III, 428-31.
126 Kuyper, *Het Werk van den Heiligen Geest*, 431-33 [345-47]. 카이퍼는 이 논의에 이어지는 장에서 죄인의 회심 안에서의 협력의 의미를 상세화하고 해설한다. 434-40 [349-53]. 또한, 동일 저자, *E Voto Dordraceno*, III, 424-26, 438.

의지를 살리시고, 악한 의지를 선한 의지로, 꺼리는 의지를 소원하는 의지로, 완악한 의지를 순한 의지로 바꾸신다(도르트 신조 3-4조 11항).[127]

하나님은 우리를 블록이나 돌로 취급하지 않으시고 우리의 의지와 이해를 무시하지 않으신다.

하나님은 영적으로 갱신시키시고, 치유하시고, 개혁하시고 그리고 다시 굴복시키신다(도르트 신조 3-4조 16항).

우리를 중생시키시는 하나님의 초자연적 일하심은 복음의 사용을 배제하거나 무효화시키지 않는다(도르트 신조 3-4조 17항).

그러므로 우리의 의지는 하나님께 항복하고 사랑은 우리의 영혼 속으로 들어온다. 중생과 부르심 사이의 차이점은 이러하다.

중생은 의지와 이해에 비의존적으로 일어난다. 중생은 우리의 도움이나 협력 없이 우리 안으로 들어온다. 반면, 부르심 안에서 의지와 이해는 활동하기 시작하고 그래서 우리는 외적 귀와 내적 귀 모두를 가지고 듣는다. 그리고 일으켜진 의지는 빛 가운데로 나아가기를 자원한다.[128]

여기까지가 카이퍼의 관점이다. 이 질문에 대한 바빙크의 관점은 이 책 안에서 제시된다. 우리는 바빙크의 책에 담긴 내용의 간략한 개요를 본 소론의 후반부에 제공하기 때문에, 여기에서 이 책에 제시된 대로 그의 관점

---

[127] 역자 주: 다음 자료에서 인용함. 『도르트 신조』, 그 책의 사람들 역 (수원: 그 책의 사람들, 2018), 64-65.
[128] Kuyper, *Het Werk van den Heiligen Geest*, 434 [348]. 참조. 동일 저자, *E Voto Dordraceno*, III, 426-28.

을 탐색하지는 않을 것이다. 그러나 바빙크가 자신의 『개혁 교의학』에서 직접적 중생을 어떻게 살피는지를 지적하는 것은 흥미로울 것이다.
. '부르심과 중생'이라는 제하의 장에서 바빙크는 카이퍼와 비슷한 방식으로 성경이 우리가 세 가지 특징적 방법 안에서 중생에 대해 말하도록 한다고 주장한다.

> **첫째**, 사람들이 믿기 전에 성령에 의해 심긴 새로운 생명의 원리
> **둘째**, 사람의 거룩한 삶 속에서 중생 자체를 드러내 보이는 인간의 도덕적 갱신
> **셋째**, 원래의 온전함으로 향하는 전(全) 세상의 복구
>
> 그래서 거듭남은 재창조의 전 영역을 포함하는데 사람의 마음 안에서 처음으로 시작해 새 하늘과 새 땅 안에서 이루어지는 궁극적 완성까지를 아우른다.[129]

바빙크에게 있어서 우선적으로, 협소한 의미의 중생은 외적 부르심과 함께 인식되지 않는다. 외적 부르심은 "현실적 부르심"(*vocatio realis*)으로 분류될 수 있는데, 이는 "자연, 역사, 환경, 다양한 지도와 경험들을 통한" 하나님의 부르심을 말한다. 현실적 부르심은 "가족, 사회, 국가, 종교와 도덕성, 마음과 양심 안에서" 드러난 것처럼, 매개로서 율법을 가지는데, 이 율법은 모든 사람이 하나님의 선하심과 진리를 따라 살도록 의무를 부과한다.[130] 하지만 현실적 부르심은 구원을 위해서는 불충분하다. 왜냐하

---

[129] Bavinck, *Reformed Dogmatics*, IV, 53.
[130] Bavinck, *Reformed Dogmatics*, IV, 33-34; 76-77. 또한, 다음 자료에서 바빙크의 언급을 보라. *Our Reasonable Faith*, 407-09. 여기에서 바빙크는 이런 부류의 부르심을 일반 은혜와 함께 특징짓는다. 그리고 이런 율법의 선포에 의해 하나님은 죄를 억제하고 인간의 격정을 억누르고, 사악함의 유입을 제지한다고 주장한다. "인간 사회와 시민적 의는 율법에 의해 만들어질 수 있고, 이것들은 다시 더 차원 높은 문명, 더 풍성한 문화

면, 현실적 부르심에는 그리스도와 복음이 없기 때문이다.

그러나 외적 부르심이 "선언적 부르심"(*vocatio verbalis*)으로 분류될 때, 즉 계시된 율법의 형태 안에서 특별히 계시된 복음의 형태 안에서 인간에게 다가오는 부르심으로 특징지어질 때, 이것은 그리스도 안에서 믿음으로 사람들을 불러내는 그리고 하나님의 은혜에 의존하는 부르심이 된다.[131] 복음이 사람에게, 즉 "택자나 유기자로서가 아니라 구속이 필요한 모든 죄인에게" 설교되는 한, 선언적 부르심은 은혜의 보편적 제공이며 "진지하고 신실하게 나타난다."

그러나 보편적 제공은 모든 사람에게 "개별적인 것은 아니다." 왜냐하면, 그리스도의 속죄는 보편적 범위를 가지는 단순한 제공이 아니기 때문이다. 오히려 그리스도의 속죄는 하나님의 뜻과 의도에 따르는 유효하고, "완전하고, 실제적이고, 전체적인 구원"을 보증한다.

그러므로 복음 설교에 의한 부르심은 택자의 구원 안에서 그 부르심의 목표에 도달한다. 그러나 외적 부르심은 그것을 거부하는 사람들을 위한 목표에도 도달한다. 더욱이 이 외적 부르심은 비록 알미니우스주의적 개념 안에서는 준비적 은혜가 아니지만, 만일 올바른 방식으로 이해된다면 일종의 "준비적 은혜"이다.

하나님은 자연과 은혜의 그리고 창조와 재창조의 하나님이시다. 또한, 하나님은 "현실적 부르심"과 "선언적 부르심" 모두를 사용하셔서 자신의 택자들을 구속하기 위해 준비시키신다. 비록 중생 안에서 영적 생명의 이식은 하나님 자신의 직접적 "창조 사역"으로 남지만 말이다.[132]

외적 부르심 안에서 하나님의 사역 대상이 되는 모든 사람이 다 믿음으로 반응하는 것이 아님은 분명하다. 바빙크는 이런 다양한 반응에 대한 이

그리고 예술과 과학의 개화를 위한 길을 연다."
131 Bavinck, *Reformed Dogmatics*, IV, 34-35.
132 Bavinck, *Reformed Dogmatics*, IV, 36-39; 동일 저자, *Our Reasonable Faith*, 415-17.

유가 인간의 의지 안에 기초하는 것도 아니고, "합의론"(congruism)¹³³ 교리와 같은 것에 있는 것도 아니고 또는 단순히 하나님의 은혜의 도덕적 설득 작용에 있는 것도 아니라고 주장한다. 오히려 부르심에 대한 사람 편의 다양한 반응은 "부르심 그 자체의 성격" 안에 뿌리하고 있다. 즉, 개혁파의 경우 부르심에 대한 다양한 반응은 외적 부르심과 내적 부르심 사이의 또는 그런 용어 사이의 차이점 안에 뿌리내린다.¹³⁴

바빙크는 다섯 가지 점에서 이 구별에 대한 성경적 타당성을 주장한다.

첫째, 모든 사람은 원죄라는 영적이고 도덕적인 무능력을 동일하게 공유한다. 그리고 아무도 하나님의 자상함 또는 구원의 사역을 누리기에 합당하지 않다. "그러므로 부르심 이후에 사람들 사이에 일어나는 차이점은 인간의 능력이라는 점에서는 설명할 수 없다." 하나님의 은혜만이 이 차이점을 설명한다.

둘째, 선포된 복음의 말씀은 타락한 인간의 마음을 변화시키기에는 그 자체로는 불충분하다. 우리 안에 중생을 일으키시는 성령의 은밀한 작용이 없다면 아무도 믿음과 구원으로 나오지 않는다.

셋째, 이것은 구원이 처음부터 끝까지 하나님의 일임을 의미한다. "객관적으로나 주관적으로나 모두 그렇다." "부르심은 하나님의 선택을 실행하는 것이다." 왜냐하면, 하나님 홀로 사람을 자신에게로 끌어오시기 때문이다. 하나님은 자신의 선한 즐거움을 따라서 우리가 뜻하고 행하도록 만드신다.

넷째, 그래서 성경은 부르심을 "거듭남"이라고 부른다. 이는 "도덕적 설득"과 같은 개념이 사람에게 새로운 마음을 주시는 하나님에 대한 성경

---

133 역자 주: 하나님이 보시는 인간의 상황에 따라 선행의 수행에 대해 은혜를 주신다는 교리 https://www.oxfordreference.com/view/10.1093/oi/authority.20110803095632233 (2021년 11월 29일 접속).
134 Bavinck, *Reformed Dogmatics*, IV, 41-42; 동일 저자, *Our Reasonable Faith*, 413-15.

적 묘사를 포착하지 못하는 이유이기도 하다.

다섯째, "성경은 그 자체로 부르심을 이중 개념으로 말한다."
성경은 효력을 내지 않는 부르심을 말하기도 하고, 선택의 실제화로써 항상 효력을 내는 부르심을 말하기도 한다.[135] 이에 더해, 바빙크는 창조와 역사를 통한 일반적 부르심과 복음의 설교를 통한 특별한 부르심 사이의 차이점이 단지 정도에서만이 아니라 "본질과 종류에서" 다르다고 신랄하게 주장한다.[136]

중생을 "능동적 믿음과 회개"에 의존시키는 재세례파에 대조해 그리고 디도서 3:5을 세례 시 중생(그러나 "잘못될 수 있는" 혹은 "잃어버릴 수 있는" 중생) 교리를 지지하는 것으로 취하는 루터파에 대조해, 개혁파는 그들 자신의 길을 개척했다. 재세례파가 그러했듯이 교회의 목회와 은혜의 방편을 과소평가하기보다 또는 루터파가 그러했듯이 교회와 은혜의 방편을 과대평가하기보다 개혁파는 본래부터 믿음에 의한 중생을 말했다.[137]

물론 이 언어는 모호하다. 그리고 어린아이들과 유아들은 그런 믿음을 가질 수 없었기 때문에, 그들이 세례를 위한 후보자로서 그리고 심지어 구원 자체를 위한 후보자로서 생각되어야 하는지에 대한 질문이 부상했다.[138] 바빙크가 언급하는 대로 개혁파는 그 질문에 대한 긍정적 답을 제공하기 위해 다양한 답변들을 내놓았다.

> 그들은 교회 자녀들의 세례를 부모나 교회의 믿음 안에, 자녀들이 장차 발휘할 믿음 안에, 자녀들이 그들의 부모들과 함께 포함되어 있는, 널리 규

---

135 Bavinck, *Reformed Dogmatics*, IV, 43-44. 독자들은 바빙크가 성경을 인용하는 것 등을 참조하기 위해 이 부분을 주목하라. 그리고 중생에 대한 성경적 자료들을 더 많이 제시하는 것을 보기 위해 46-53쪽을 참조하라.
136 Bavinck, *Our Reasonable Faith*, 411.
137 Bavinck, *Reformed Dogmatics*, IV, 55-56.
138 Bavinck, *Reformed Dogmatics*, IV, 56.

정되지 않은 은혜 언약 안에 기초시켰다.[139]

다른 사람들은 성령님이 태(胎) 안에서 자신의 거룩하게 하는 사역을 시작할 수 있다고 가리키는 성경 본문에 의지했다.[140]
바빙크는 이 관점과 관련해 다음과 같이 말한다.

> 다른 사람들은 유아 세례를 은혜 언약의 약속 안에서 믿음에 의해 당연히 존재하는 것으로 여겨진 실제 안에 기초시켰다. 즉, 성령님이 언약 자손의 마음 안에 믿음의 성향과 이에 따른 첫 생명의 원리로서 좁은 의미에서의 중생을 심으셨다는 실제 말이다.[141]

여기에서 바빙크는 카이퍼가 진술했던 입장을 말한다. 그러나 바빙크가 관찰한 대로, "칼빈을 위시한 개혁파 신학자들의 저술 안에서, 이런 부류의 몇몇 주장이 나란히 나타나는데 그 주장 중에서 어떤 하나가 지배적인 것은 아니다."[142]

바빙크는 우리가 이미 위에서 고려했던 주제인 전제적 중생 교리를 조사하기 위해 나아간다. 이 지점에서 우리는 단순하게 바빙크의 인식을 본다. 그 인식은 인간의 급진적 부패의 빛 안에서 믿음과 회개가 이해되어야 한다는 사실 그리고 믿음과 회개의 복은 "성령의 은밀하고 내적인 역사"에 의해 생산된다는 사실과 함께 전제적 중생 교리가 올바르게 이해되어야 한다는 것이다.

그러므로 중생은 믿음과 회개에 선행한다. 그러나 전제적 중생 교리가 빈약하다는 것은 하나님의 선택과 실제 경험의 빛 안에서 볼 때 명백하다. 왜

---

139 Bavinck, *Reformed Dogmatics*, IV, 56.
140 Bavinck, *Reformed Dogmatics*, IV, 56.
141 Bavinck, *Reformed Dogmatics*, IV, 56.
142 Bavinck, *Reformed Dogmatics*, IV, 56.

냐하면, 세례받는 모든 언약 자손이 성숙하게 될 때 그들 자신이 중생한 것을 드러내지는 않기 때문이다. 그러므로 하나님의 선택이라는 점에 있어서 전제적 중생 교리에 제한이 불가피했다. 그래서 "오직 선택된 자녀들"만 "대체로 그들이 세례받기 전에 중생한다"고 말하게 되는 것이다.[143]

카이퍼 그리고 바빙크 이전의 많은 개혁파 신학자처럼 바빙크는 첫 번째이자 조형적 의미에서 직접적 중생을 주장한다. 그래서 바빙크는 "잠재성으로서의 믿음"과 "발현으로서의 믿음" 사이에 있는 구분을 긍정한다. 그러므로 바빙크는 마찬가지로 "수동적 개념의 회심과 능동적 개념의 회심 사이에, 다시 말해서 중생과 회개(믿음) 사이"의 구분을 인정하고, "구속의 순서 안에서 전자가 후자에 선행한다"고 주장한다.[144]

사실 개혁파는 믿음과 회개 '이후에' 중생을 위치시키는 모든 유형의 펠라기우스주의 가운데 중생에서의 성령의 역사에 대한 그들의 의견을 명확하고 정교하게 다듬어야 했다.

반면, 모든 아우구스티누스주의자는 중생을 믿음과 회개 '이전에' 둔다. 이것은 근본적인 신학적 분열인데 펠라기우스적 관점에서는 인간의 결정이 최종적으로 결정적이고, 아우구스티누스주의적 관점에서는 하나님의 결정이 최종적으로 결정적이다. 더욱이 만일 원죄가 참되다면 그리고 만일 신자의 자녀들이 구원을 위한 후보자로서 간주된다면 그리고 만일 자녀들이 분별력을 가진 나이가 되지 않았다면 그래서 그들이 말씀 사역이라는 수단에 의해 믿음과 회개를 보일 수 없다면, 중생은 믿음과 회개에 선행해야 마땅하다.

간단히 말해서 잠재성으로서의 믿음은 발현으로서의 믿음 이전에 주어져야만 한다. 그래서 죄인들은 중생이라는 성령의 사역을 받는 사람으로서 먼저 수동적이다. 이후에 그들은 거듭남과 새 생명을 경험하는 사람으

---

143 Bavinck, *Reformed Dogmatics*, IV, 57.
144 Bavinck, *Reformed Dogmatics*, IV, 65, 68.

로서 능동적이게 된다.[145]

바빙크 또한 신학적 표현에서 볼 때, '중생'이라는 말이 적어도 세 가지 개념 안에서 이해됐다고 지적한다.

첫째, "복음을 믿음으로 받은 결과 인간의 의식 안에서 시작되는 변화"에 대한 묘사다. 바빙크는 이 개념을 결함 있고 오해를 촉진하기 쉬운 것으로 본다.

둘째, 믿음에 의해 그리고 믿음과 함께 주어진 "사람의 전적 갱신"이라는 보다 넓게 받아들이기 위한 묘사다. 이 관점도 오해로 이어지기 쉽다.

셋째, 좁게 또는 엄격하게 여겨지는 묘사로서, 믿음과 회개 이전에 주어지는 새로운 생명의 주입이다.

이 마지막 개념을 이해할 때, 중생은 "중생의 진행"으로부터 구별된다. 중생의 진행은 "회개", "갱신" 그리고 "성화"라는 말로 표현된다.[146]

그래서 중생은 협소한 개념 안에서 표현되며, "새로운 생명의 성장과 발전을 포함하지 않고 다만 새 생명의 기원과 근원을 제시한다."[147] 물론, 신학적 표현에서 볼 때, 이 정의는 성경이 주로 말하는 것보다는 더욱 정교한 것이다.

그러나 개혁파 저술가들은 항상 이 점을 인식해 왔고, 중생을 말할 때 그들은 이 협소한 개념 안에서 "하나님이 중생시키시는 활동과 중생한 사람 안에서 나오는 그 활동의 열매, 다시 말해서 능동적 중생과 수동적 중생" 사이를 구분했다.[148]

---

[145] Bavinck, *Reformed Dogmatics*, IV, 66-68; 동일 저자, *Our Reasonable Faith*, 419-23.
[146] Bavinck, *Reformed Dogmatics*, IV, 76.
[147] Bavinck, *Reformed Dogmatics*, IV, 76.
[148] Bavinck, *Reformed Dogmatics*, IV, 77. 능동적 중생에 대한 바빙크의 설명은 다음을 보라. IV, 87-95.

능동적 중생은 "하나님의 유효한 부르심" 외의 다른 것이 아니다. 수동적 중생은 그 부르심에 대한 우리의 활동적 개입이며 반응이다. 이로써 우리는 하나님이 가르치시는 것을 배운다. 우리는 하나님이 이끄시는 대로 따른다. 우리는 하나님이 주시는 것을 받는다. 우리는 하나님이 심으시고 물 주시고, 성장하게 하시는 대로 번성하고 성장한다.[149]

그러나 능동적 중생은 항상 수동적 중생에 선행하는데, 이는 단순히 그리스도 안에 있는 하나님의 은혜가 "충만하고, 풍성하고, 값없고, 전능하고, 불패하는" 것임을 확언하는 것이며 이것이 "복음의 핵심"이다.[150]

바빙크에게 있어서 중생의 복은 그리스도 및 은혜 언약과 나뉘지 않는다는 것을 관찰하는 것이 중요하다. 바빙크는 은혜 언약의 혜택이 "오직 내적 부르심 안에서 적용되고 분배된다"고 주장한다. 사람 편에서 볼 때 이것들은 중생 안에서 "수동적으로 받는 것"을 의미한다. 그래서 이 중생이 "유년기, 청년기 또는 그 이후에 일어나든지, 말씀의 들음 이전에 혹은 듣는 중에 일어나든지, 논리적으로는 중생이 항상 실제 믿음의 발현에 앞선다."[151]

이 점을 역설하기 위해 바빙크는 마코비우스(Maccovius)를 인용한다. 마코비우스는 말씀을 "구원적으로" 듣는 것은 그 사람의 중생을 요구한다고 말했다.[152] 위에서 언급한 것처럼, 바빙크는 "협소한 개념에서 중생은 새 생명 원리의 주입으로써 믿음에 선행한다"고 기꺼이 인정한다.

사실 중생은 "유아가 의식적으로 깨닫기 이전에, 세례 시에 또는 세례 전에, 심지어 태어나기도 전에 일어날" 수 있다.[153] 그 어떤 문도 하나님 앞에서 빗장이 걸리거나 잠겨 있지 않다. 하나님을 막아서서 하나님의 구

---

149 Bavinck, *Reformed Dogmatics*, IV, 77.
150 Bavinck, *Reformed Dogmatics*, IV, 87.
151 Bavinck, *Reformed Dogmatics*, IV, 123.
152 Bavinck, *Reformed Dogmatics*, IV, 123.
153 Bavinck, *Reformed Dogmatics*, IV, 123.

원하시는 자비를 무효하게 하려고 말이다.

왜냐하면, 하나님께 "접근하지 못할 마음"이란 없기 때문이다.[154]

> 성령과 함께 하나님은 모든 사람의 중심부로 들어가실 수 있다. 말씀과 함께 또는 말씀 없이, 인간의 모든 의식을 통해 또는 인간의 모든 의식을 떠나서, 노년기에 또는 잉태되는 순간에 말이다. 마리아의 자궁 안에서 성령에 의한 그리스도 자신의 잉태는 성령님이 잉태 순간부터 지속해서 거룩하게 하는 임재로써 사람 안에서 활동할 수 있다는 증거다.[155]

카이퍼와 마찬가지로 바빙크는 이 교리로부터 위안을 끌어낸다. 바빙크는 도르트 신조 1조 17항의 언어에 호소한다. 여기에서 경건한 부모들은 하나님이 이생에서 어린 나이에 데려가신 자신의 자녀들의 선택과 구원을 의심하지 않아야 할 것을 지시한다.

그러므로 바빙크는 직접적 중생 교리를 명확하게 주장하는데, 여기에서 중생은 협소한 의미에서 이해된다. 왜냐하면, 이런 협소한 의미의 중생은 "원리상 처음에는 전인(全人)적으로 사람의 잠재성과 능력의 모든 것을 갱신시키고, 후에 모든 면에서, 믿음과 회개 안에서, 성화와 선행 안에서 중생 자체를 증명하고 확증하는 것을" 포괄한다는 것을 긍정하려는 것이기 때문이다.[156]

더욱이 만일 우리가 바빙크에게 있어서 구원의 모든 복이 은혜 언약과 묶여 있고 오직 '그리스도와의 연합 안에서' 구원을 위해 사람에게 수여된다는 점을 관찰하는 데 실패한다면, 우리는 바빙크의 관점을 제시하는 일에서 직무 태만자가 될 것이다. 이것은 바빙크에게 있어서 사소한 사안이 아니다. 이 점은 "우리 의식의 가장 앞에" 두어야 한다. 왜냐하면, "구원의 모든 혜

---

154 Bavinck, *Reformed Dogmatics*, IV, 123.
155 Bavinck, *Reformed Dogmatics*, IV, 123.
156 Bavinck, *Reformed Dogmatics*, IV, 124.

택은 그리스도에 의해 보증되고 그리스도 안에서 존재하기 때문이다."

사실 그리스도께서 자신의 즐거움 안에서 은혜 언약의 모든 복을 분배하신다. 이것은 중생 또는 신생, 믿음과 회개, 화해와 용서, 갱신과 성화를 포함한다.[157] 이 모든 구원의 은사들과 복들은 "그리스도와의 교통" 안에서만 받는다. 왜냐하면, 그것들은 결코 그리스도와 별개로 존재하지 않고 그리스도 자신이 그것들을 자신의 사람들을 위해 보증하기 때문이다.

그리고 이 모든 혜택은 "오직 내적 부르심 안에서" 사람들에게 개별적으로 적용되고 분배되는데, "중생을 통해 인간 편에서 수동적으로 수용된다." 그리고 논리적 순서상 중생은 "항상 실제 믿음의 발현에 선행한다."[158]

1905년에 열린 우트레흐트 총회는 직접적 중생에 대한 질문을 바빙크의 관점을 분명하게 반영하는 방식으로 처리했다. 이 회의의 판결문은 직접적 중생이라는 언어는 로마가톨릭교회와 루터파의 오류로부터 개혁파의 관점을 구별시키기 위해 온당한 개념 안에서 사용될 수 있다고 주장한다.

왜냐하면, 말씀과 성례는 그 자체로 중생을 초래하지 않기 때문이다. 중생의 특권과 작용은 성령의 전능한 사역에 돌렸다. 그러나 성령의 중생 사역을 말씀의 설교로부터 단절시키는 방식으로 보아서는 안 된다. 마치 이 둘이 서로 분리된 것처럼 말이다.

어린 시기에 죽는 언약 자손들에 대해, 성경과 신앙고백은 우리에게 그들의 구원을 의심하지 말 것을 가르친다. 하지만 유아의 경우에 있어서 "복음이 믿는 모든 사람에게 구원으로 인도하는 하나님의 능력이고, 성인의 경우에 성령의 중생 사역은 복음의 설교를 수반한다"[159]는 분명한 성경적 확언을 손상하지는 않아야 한다.

---

157 Bavinck, *Reformed Dogmatics*, IV, 122.
158 Bavinck, *Reformed Dogmatics*, IV, 122-23.
159 카이퍼의 관점에 대한 비평은 다음을 보라. Berkhof, *Systematic Theology*, 468-79, 특별히 470-72.

6. 바빙크의 논지에 대한 개요

이런 폭넓은 배경을 이해했다면 이제 우리는 본서 속에서 마지막 주제에 대한 바빙크의 주의 깊은 논지를 인식하기 위해 더 나은 위치에 서 있는 셈이다. 바빙크가 자신의 독자들에게 말하는 대로, 본서는 "직접적 중생 교리에 관해 더 나은 명료함"을 드러내도록 의도한다. 교회 안에서 평화를 촉진하는 목표를 추구하면서 말이다. 교회 안에 있는 그런 "관점의 차이"는 고백의 불일치로 옮겨질 필요가 없는데 사실 심각한 불일치가 당시의 교회들 가운데 나타났다.

이 논쟁을 통한 불꽃 튀는 여정 속에서, 바빙크의 책은 네 부분으로 구성된다.

제1부는 서론이며 조사되어야 할 주제에 대한 개론을 제공한다. 바빙크는 직접적 중생 교리에 대한 반대자들의 염려를 간단하게 다룬다.

그들의 비판은 다음과 같다.

첫째, 직접적 중생 교리는 전제적 중생 교리와 연계해 회개로의 부르심과 충성스러운 순종의 삶으로의 부르심을 약화하는 것으로 이해된다. 만일 누군가 구원받는 것으로 가정하면, 설교는 더 이상 인간의 마음에 필요한 것이 아니게 된다. 결과적으로 설교단은 힘을 잃어버린다.

둘째, 카이퍼의 추종자들이 카이퍼를 따라서 전택설을 받아들였는데 전택설은 복음을 죄인을 위한 나쁜 소식으로 바꾸도록 무게 중심을 이동시킨다. 즉, 복음은 생명의 선언과 마찬가지로 죽음의 선고이기도 한 메시지인 셈이다.

셋째, 직접적 중생이 영원 칭의 교리와 결합할 때 나타나는 실제 영향은 구원을 신자들이 오래전에 그들에게 수여되었고 효력을 낸 은혜에 대해 단지 인식하는 문제로 만든다는 것이다. 이는 구원이 복음의 부르심 안에서 하나님과의 살아 있는 만남이라는 점에 대항하는 관점이다.

넷째, 직접적 중생은 중생자 내부에 심긴 생명의 씨에 대한 개념과 함께 고려된다. 그런데 이 씨는 발아하지 않고 생명의 표지를 보이지 않은 채로 수년 동안 휴면 상태로 남을 수 있다. 그래서 중생과 회심(죄인이 믿음과 회개로 실제로 나아가는 행위) 사이의 간격도 마찬가지로 매우 길 수 있다.

그래서 결과적으로 자신 안에 새로운 생명을 가진 사람들이 죄 가운데 완전히 죽은 것처럼 수년 동안 살아갈 수도 있다. 이런 관점은 경건한 삶을 촉진하지 않는다.

이런 비난을 평가하기 위해서 바빙크는 세 가지 주요 질문들을 제시한다. 이것은 바빙크의 연구에 초점을 형성하는 것이다.

첫째, 사람의 마음 안에서 성령님이 일하시는 방식을 다룬다.

멀리서부터 통상적 수단들을 통해 일하시는가 아니면 성령님이 가까이 끌어당기시고 직접 중생의 복을 부여하시는가?

이 질문에 대한 대답은 자유 의지를 수호하는 사람들로부터 주권적 은혜의 수호자들을 구별한다.

둘째, 수단의 사용을 조사한다.

만일 타락한 사람들의 마음에 성령님이 직접 영적 거듭남을 유효하게 하시는 경우라면 모든 수단은 배제되거나 혹은 잉여적인 것으로 간주되는가?

이 질문에 대한 대답은 수단들을 공허한 표지로 간주하는 열광주의자들과 재세례파로부터 벗어나 수단의 유효한 사용에 대한 지지자들을 제시한다.

셋째, 수단의 사용이 인간의 마음에 작용하는 성령의 중생 사역에 대한 온당한 관점에 해롭지 않다는 것을 가정하면서, 성령의 직접 사역과 이 사역 안에서의 수단의 역할 사이의 관련성을 다룬다.

이 질문에 대한 답변에서 개혁파는 로마가톨릭교회와 루터파로부터 자신을 구별시키는데, 로마가톨릭교회와 루터파는 수단의 사용에 은혜를 지나치게 독점적으로 그리고 기계적으로 묶어 버린다.

제2부에서 바빙크는 성령의 직접적 또는 비매개적 작용이 무엇을 의미하는지 소개한다. 논지를 시작하며 첫 질문과 관련된 아우구스티누스와 펠라기우스 사이의 논쟁을 도입한다. 바빙크는 온당한 개념 가운데 이해될 경우, 성령의 직접 사역이 어떻게 모든 반(反)펠라기우스주의 신학에 대한 통상적 특색이 되는지를 보여 준다.

저항할 수 없는 은혜에 대한 아우구스티누스의 교리는 로마가톨릭교회 안에서 결코 정죄받지 않았다. 그것은 세미 펠라기우스주의에 대한 증대되는 선호와 함께 시간이 감에 따라 약화되었을 뿐이다.

물론 개혁파는 모든 유형의 펠라기우스주의에 저항했다. 개혁파 전체는 죽은 죄인들을 생명과 믿음으로 일깨우는 일에서 중생의 은혜와 하나님의 주권적 사역의 본질에 동의했지만, 구원의 적용 초기 순간을 어떻게 묘사하는지에 대해 완전히 일치하지는 않았다. 특별히 복음의 외적 부르심과 택자가 거듭남과 생명으로 나오는 일 사이의 관계에 있어서 말이다.

분명히 이 첫 생명으로의 나아옴은 하나님의 주도권에 그리고 완전히 하나님의 사역에 있어야 했다. 타락한 사람은 자신을 다른 사람으로부터 구별시키지 않는다. 왜냐하면, 구원의 처음 순간에 그들은 전적으로 "수용적이고 수동적"일 뿐이기 때문이다. 내적인, 은밀한, 유효한 은혜는 모든 개혁파에 의해 인정되고 고백된다.

사실 내적 부르심은 구원의 첫 순간이 무엇인지를 가리킨다. 하지만 "직접적 중생"이라는 명칭은 아직 통상적이지 않다. 그렇다고 해서 이 용어가 허용될 수 없다는 것을 의미하지는 않는다. 왜냐하면, 하나님은 사람에게 새로운 생명을 주입하기 위해 직접 그리고 매개 없이 일하시기 때문이다. 이 점에서 바빙크가 호의적으로 카이퍼를 인용하는 것은 주목할 만하다. 왜냐하면, 카이퍼는 은혜의 복음을 수호하면서 올바르게 칼빈주의를 옹호하기 때문이다.

다음으로 바빙크는 은혜의 복음이 한때 항변파(Remonstrants)의 가르침을 통해 공격받았음을 자신의 독자들에게 상기시킨다. 바빙크는 도르트 신조의 주요 가르침의 일부를 특별히 3-4조 중에서 간략하게 제시한다. 여기에서 인간의 타락과 저항할 수 없는 은혜가 신중하게 다루어진다. 그렇게 하면서 바빙크는 첫째 핵심 질문에 답하기에 이른다.

인간의 마음 안에서 성령의 사역은 어떻게 이루어지는가?

그것은 직접적이고 저항할 수 없는 작용인가?

성령님은 수단을 사용하시는가?

답변은 논쟁적이지 않다. 하나님의 말씀은 그 자체 안에서 그리고 그 자체에 의해 죄인을 중생시키고 믿음과 회심으로 인도하기에는 불충분하며, 내적 은혜가 반드시 수반되어야 한다. 내적 은혜는 성령의 역사에 의한 것인데 내적이고, 영적이고, 초자연적이고, 효력 있고, 확고하고, 저항할 수 없다.

제3부는 본서의 상당 부분을 차지하는데, 성령의 직접 사역과 은혜의 방편을 다룬다. 바빙크는 먼저 아우구스티누스와 개혁파가 어떻게 은혜의 방편을 이해했는지를 보여 준다. 그리고 바빙크는 도르트 총회에서 부르심과 중생의 언어가 어떻게 이해되었는지를 설명한다. 또한, 어떻게 다양한 개혁파 저술가들이 이 용어들을 사용했는지 그리고 이 용어들은 항변파의 관점을 반박하기 위해 어떻게 정교화되어야 했는지를 설명한다.

그다음 바빙크는 은혜 언약과 교회에 대한 개혁파의 사상을 고려한다. 로마가톨릭교회와 재세례파의 사상에 대조해 개혁파의 입장을 제시하면서 말이다. 이것은 중생의 순간에 대한 조사로 이어진다. 로마가톨릭교회와 재세례파의 오류들이 한 번 더 지적되는데 유아기에 죽는 언약 자손을 포함해 언약 자손 안에서 하나님의 은혜의 사역이 논의의 초점이다.

여기서 바빙크는 신중하게 히스벨투스 푸티우스(Gisbertus Voetius)의 언약 유아의 중생, 즉, 전제적 중생에 대한 관점을 탐구한다. 푸티우스는 17세기에 매우 영향력 있는 신학자였는데 카이퍼는 푸티우스로부터 자기 자신의 강조점에 대한 일부를 차용했다. 그런 다음 바빙크는 푸티우스에 대항해 독자들을 예사이아스 할레니우스(Jessaias Hallenius)에게로 인도한다. 할레니우스는 18세기의 저명한 개혁파 목회자였는데 언약 유아들에게 있어서 중생에 대한 푸티우스의 주장에 반대했다.

바빙크는 할레니우스에게 부분적으로 의지하면서 이 점에 대해 만장일치에 이르지는 못했지만, 개혁파가 여전히 독특한 관점을 허용했다는 것을 보여 준다. 그러나 바빙크는 전제적 중생 관점의 약점을 더욱더 드러내기를 원한다. 왜냐하면, 바빙크는 전제적 중생 교리에 심각한 신학적 및 실천적 장애물이 있다고 주장하기 때문이다.

특별히 바빙크는 이 관점이 "추측의 지형을 통과하는" 사변적 성격을 가진다고 단언한다. 전제적 중생 교리는 하나님이 자신의 말씀에서 계시한 것 이상을 알려고 시도한다. 그러나 우리는 언제 하나님이 통상적으로 택하신 유아들을 중생시키는지 알지 못한다. 게다가 교회의 교제 안에서 감지되지 않은 위선적 문제가 근절되지 못한다. 이는 비중생자가 교회의 품 안에 머물러 있다는 것을 의미한다.

분명히 항상 중생이 세례에 선행하는 것은 아니다. 이에 더해 전제적 중생 교리는 실천적 유익이 없고 오히려 분명한 실천적 해를 생산할 수 있다. 왜냐하면, 복음의 설교는 여전히 믿음을 통해 택함받은 유아들을 양육하는 데 필수불가결하기 때문이다. 한편, 전제적 중생 교리는 거짓된 확신을 촉진하기 쉽다. 어떤 사람이 믿음을 대신해 중생에 초점을 두려는 유혹을 받기 때문이다. 그리고 이것은 다시 영적으로 피상적인 명목상의 기독교를 촉진한다.

마찬가지로 전제적 중생 교리는 목회자들이 복음의 제시를 오직 중생한 것으로 가정된 사람들에게만 제한시키도록 촉진할 수 있다. 이는 요컨대

시기상조의 판단에 해당한다. 마치 사람의 운명이 죽음에서보다 출생에서 결정된 것처럼 말이다. 그러므로 설교는 설교 자체가 가져야 할 중대성을 강탈당한다.

마지막으로 전제적 중생 교리는 복음의 값없고 선의에서 나온 제공에 장애물을 놓는 방식으로 해석될 수 있다. 그러나 바빙크는 이런 논의에 대한 강력한 반증이 직접적 중생에 관한 호의 안에서 나올 수 있다는 점을 인식한다. 왜냐하면, 귀먹은 사람은 들을 수 없고 죽은 사람은 살게 될 수 없기 때문이다. 그러므로 하나님은 먼저 중생의 새 생명을 죄인에게 수여하셔야 한다. 만일 그 사람이 들을 귀를 가지고 보기 위한 눈을 가지고 그리고 믿음 안에서 복음을 받을 능력이 있는 마음을 가지려고 한다면 말이다.

중생이 부르심을 앞서지 않는다면 부르심은 공허할 뿐이다. 바빙크는 물론 이 점을 인정하지만, 엄격하게 따져볼 때 온당하지 않음을 설명한다. 오히려 바빙크는 택함을 받은 유아들이 말씀을 듣고 이해하는 것과 무관하게 하나님이 그들의 마음에 중생을 일으킬 수 있다는 점에 기꺼이 동의한다. 중생의 실제적 순간과 관련된 불확실성은 정복될 수 없다.

바빙크는 신중하게 이 주제에 대한 개혁파의 의견을 정리한다. 왜 개혁파가 그들의 교의 안에서 구원의 서정을 다룰 때 항상 부르심을 먼저 취급하는지를 보여 주면서 말이다. 개혁파는 논쟁의 모루 위에서 그들의 입장을 구축했음을 주목하는 것 또한 중요하다. 왜냐하면, 개혁파는 재세례파의 오류들에 대항해 자신들의 관점을 제시했기 때문이다.

물론 재세례파는 유아들과 어린아이들의 비중생을 가정하는 개념 속에서 중생을 다루었다. 그러므로 그들은 유아 세례를 허용하지 않았고, 은혜의 방편을 전적으로 거부했다. 그러나 개혁파는 중생을 은혜의 참된 방편인 복음의 말씀에 묶었다. 아울러 개혁파는 언약 유아들의 영적 상태에 관해 훨씬 더 미묘한 점이 있음을 이해했다. 이런 점은 성경이 다소 불충분하게 언급하는 것이다.

확실히 말하자면 성경은 하나님이 신자들과 그들의 자녀들의 하나님이시고 그런 자녀들은 은혜 언약에 포함된다는 것, 그래서 신자의 자녀들은 그 언약의 표지와 인봉에 대한 권리를 가지고 주님이 제시하신 방법 안에서 양육되어야 한다는 것을 우리에게 알려 준다. 그러나 많은 질문이 답변되지 않고 남아 있다.

예레미야 1:5과 누가복음 1:15 같은 구절들은 자녀들이 태 안에서 중생한다고 가르치는가?

바빙크는 그런 본문들은 결정적이지 않으며 하나님은 자신의 택자들을 향한 자신의 사역에 있어서 자유로우시다고 주장한다.

비슷하게 고린도전서 7:14은 유아의 중생을 가르치는가?

바빙크는 이 본문이 "주관적, 영적 갱신"을 언급하지 않고 오히려 "객관적 언약 관계"를 표현한다고 주장한다. 물론 바빙크는 많은 언약 자손이 어린 시절에 그리고 심지어 세례받기 전에 중생한다는 것을 부인하지 않는다. 바빙크는 어린 시절에 죽는 자녀들의 선택과 구원에 대해 신자 부모들이 가져야 할 위로를 어떤 방식으로든지 전복하려고 하지도 않는다. 이른 시기의 중생은 가능하다.

그러나 성경은 성경 자체가 가르치는 것을 넘어서 우리가 알도록 허용하지 않는다. 그리고 우리는 그런 문제들에 대해 과도하게 알려고 하는 것에 저항해야 한다. 바빙크 또한 언약 성인들과 그들의 영적 상태에 대한 논의를 취한다. 그리고 여기에서 바빙크는 특별히 설교 사역을 들어 올린다. 교회에서 떨어져 있는 잃어버린 자들에 대한 설교와 교회의 언약 구성원들에 대한 설교 모두를 다루면서 말이다.

언약 백성을 불신자로 취급하는 것은 잘못된 것이지만, 마찬가지로 언약 백성을 세례 요한과 예수님뿐만 아니라 구약 선지자들의 유형을 따라 믿음과 회개로 불러내는 일에 실패하는 것도 잘못된 것이다. 비슷하게 사도들의 편지들은 언약 백성들을 하나님의 택자요 그리스도의 지체라고 언급한다.

그러나 교회는 아직 발견되지 않은 위선자들과 다양한 유형의 오류와 불의로 오염될 수 있고 이것은 믿음과 회개로의 지속적 부르심을 요구한다. 성경은 우리에게 서로에 대해 하나님의 백성들로 간주하도록 가르친다. 그러나 또한 가짜 신자로서 잠입하는 거짓된 형제들과 자매들을 경계할 것도 가르친다. 그리고 그들은 교회의 본질에 속하지 않는다.

이 논의는 바빙크가 복음의 설교와 관련해 부르심과 중생을 취하는 것에 대한 길을 밝혀 준다. 여기에서 바빙크는 경건주의적 접근과 함께 개혁파의 이해를 대조한다. 바빙크는 또한 개혁파의 이해를 교회에 있는 모든 사람이 구원받았고 그러므로 그들은 덕성을 함양하는 설교만을 들어야 한다고 가정하는 접근과 대조한다. 이런 접근은 죄, 위선을 드러내고 그리고 결과적으로 믿음과 회심으로 부르는 설교에 반대되는 것이다.

바빙크는 윤리적 방법으로 설교하는 것은 불가분 죽은 정통으로 인도한다고 말한다. 바빙크는 교회 안에서는 회심을 촉구하는 것과 덕성을 함양하는 것 양쪽 형식 모두의 선포가 필요하다고 믿는다. 그렇지 않으면, 편파적 결과를 초래한다. 이는 전제적 중생 또는 전제적 비중생 교리의 편파성과 같다. 이것은 두 번째 핵심 질문에 대한 해답이다.

성령의 직접 사역이 방편의 사용을 배제하는가?

바빙크는 비록 성령의 사역이 내적이고 저항할 수 없지만, 개혁파는 결코 성령님이 자신을 연결해서 유효하게 하는 은혜의 방편으로서의 말씀을 배제하는 방식으로 그리고 이와 대조하는 방식으로 중생을 "직접적"이라고 부르지 않았다고 주장한다.

제4부에서 마지막으로 바빙크는 성령의 직접 사역과 은혜의 방편 사이의 연결점에 대한 자신의 논의를 제시한다. 여기에서 바빙크는 은혜의 방편으로서 하나님의 말씀에 주어진 특별한 관심을 가지고 은혜의 방편을 다룬다. 바빙크는 이 제4부에서 자기 연구의 세 번째 핵심 질문에 대해 답한다.

성령의 직접 사역과 수단을 사용하는 것 사이의 관계는 무엇인가?

바빙크는 이 질문을 무게 있고 힘들게 다룬다. 도르트 신조는 중생 가운데 사람의 마음에 임하는 성령의 초자연적 역사는 경이롭고, 은밀하고, 형언할 수 없는 것이라고 상기시킨다. 그러나 이것은 모든 면에서 수단의 사용을 배제하지 않는다. 그리고 수단의 능력을 부인하지도 않는다. 이것은 하나님의 섭리 교리와 연관된 것이다. 여기에서 창조주, 피조물 구별은 신중하게 보존된다. 하나님의 작정도 중요하다.

왜냐하면, 하나님의 방법은 인간과 함께 통합되어 있고 수단과 목적, 경로 및 결과와도 연루되어 있기 때문이다. 죄인의 구속을 위해 하나님이 사용하시는 수단들은 고정되고 명확한 어구로 묘사할 수 있는 어떤 것이 아니다. 물리적 작용과 도덕적 작용을 포함해 다양한 용어가 중세에 도입되었다. 로마는 수단의 물리적 작용을 수용했고 도덕적 작용을 거부했다. 반면, 개혁파는 후자의 관점을 지지했고 전자를 거절했다.

개혁파는 말씀을 주된 은혜의 방편으로 간주했기 때문에 그리고 은혜의 방편을 도덕적 작용을 품고 있는 것으로 보았기 때문에 은혜의 방편으로서의 그리고 도덕적 작용으로서의 말씀은 복음과 율법 양편 모두에서 말씀의 외적 부르심을 의미하는 것이 당연하다. 물론 하나님의 로고스는 도덕적 사역의 능력 그 이상을 소유한다. 즉, 창조와 재창조의 능력도 소유한다. 이것은 창조와 섭리 안에 있는 하나님의 말씀하시는 능력을 포함하는 것이다.

그러나 성경이 말씀을 율법과 복음의 형태 안에서 성경에 포함된 메시지로 언급할 때, 말씀은 그 자체로는 단지 도덕적 작용으로서의 능력만을 가진다. 간청하고, 훈계하고, 설득하는 작용같이 말이다. 성령의 역사가 없다면 말씀은 외적 부르심으로만 기능한다. 오직 성령의 역사와 함께 말씀은 내적 부르심으로 기능하고 그러므로 구원하는 방식으로 기능한다.

이런 관찰의 결과는 명백하다. 중생은 적어도 순서에 따라 하나님의 말씀을 구원적으로 듣는 것에 선행한다. 그러므로 중생 안에서 말씀이 어떻게 작용하는지와 믿음과 회심 안에서 말씀이 어떻게 작용하는지에 대한 구별이 요구된다. 성인의 경우에 중생과 회심은 대체로 동시적이다. 언약 유아들에 관해서라면 성령님은 그들이 믿음과 회개의 행위 안에서 새로운 생명의 표지를 드러낼 수 있기 전 어린 시기에 그들을 중생시킴에 있어서 자유로우시다.

어떤 경우이든지 바빙크는 말씀이 중생에서 어떤 역할을 가진다는 점을 보여 준다. 왜냐하면, 외적 부르심과 내적 부르심은 하나의 구조를 가지기 때문이다. 비록 그것들은 항상 서로 연결되어 있지는 않지만, 연결되지 않는 경우는 규칙적이기보다는 예외적이다. 그리고 개혁파는 항상 외적 부르심과 내적 부르심을 서로 연결된 것으로 유지하는 데 관심을 기울였다. 중생은 성령의 열매이고, 통상적으로 선포된 복음의 도구와 연결되어 있다.

이것은 말씀이 어떻게 중생 안에서 기능하는지와 말씀이 어떻게 믿음과 회개 안에서 기능하는지의 사이에 만들어질 수 있는 구별을 부인하지 않는다. 말씀은 믿음의 발현 안에서 필수적이다. 왜냐하면, 성령님은 말씀을 도구로 사용해서 사람을 믿음의 잠재성에서 믿음의 발현으로 나아가게 하시기 때문이다. 이것은 말씀을 행위자로 바꾸는 것이 아니다.

성령님은 우리가 그리스도를 믿고 신뢰하도록 움직이시는 행위자로 남으신다. 그러나 말씀이 성령의 손안에서 도덕적 도구라는 점은 확인된다. 말씀은 신자에게 복음 메시지의 언어와 내용을 공급하고, 믿음과 회개에 있어서 신자의 기능에 관여하는 까닭이다. 한편, 중생과 관련해서 모든 개혁파는 성령님이 앞서서 우리에게 들을 귀와 볼 눈을 주신다는 것을 인식해야 한다.

성령님은 먼저 말씀이 좋은 땅에 파종되도록 땅을 좋은 상태로 준비하셔야 한다. 이것을 부인하는 것은 항변파의 입장에 굴복하는 것이다. 그런데도 말씀의 도덕적 설득은 여전히 죄인의 심령 안에 성령의 중생 행위와 함께 동시적으로 일할 수 있다.

간단히 말해서 중생은 말씀 아래에서 말씀 곁에서 그리고 말씀과 함께 통상적으로 일어날 수 있다. 그러나 결코 말씀을 통해서는 아니다. 왜냐하면, 성령님은 말씀을 떠나서 중생시킬 수 있으시고 실로 그렇게 중생시키시기 때문이다. 그리고 말씀은 그 자체로는 중생을 일으킬 수 있는 주입된 능력을 갖추지 않는다.

이는 설교를 쓸데없는 것으로 만들기보다는 설교가 구원의 행위를 위한 하나님의 택하신 수단이라는 사실을 드러낸다. 교회는 복음을 전하도록 명령받았을 뿐만 아니라, 씨 뿌리는 자의 비유는 복음 전파의 구원하는 열매를 강력하게 드러낸다. 하나님은 자신의 약속을 선포된 복음에 갖다 붙이신다. 신자는 선포된 복음을 통해 확신을 발견하고 그들 자신을 점검하도록 경고받는다.

하나님은 자신의 약속을 선포된 복음 안에서 우리와 우리 자녀들에게 베푸신다. 복음 선포는 하나님이 택하신 수단이며 믿는 사람을 구원하는 하나님의 능력이다. 그러나 말씀의 능력에 대해 말하는 중에도 우리는 말씀이 아니라 하나님이 구원의 행위자임을 기억해야 한다.

마지막으로 논쟁 중에서 이 문제들에 대한 해법은 우리가 성경이 '중생'이라는 용어를 사용하는 각기 다른 방법들을 신중하게 인식하는 것이다. 우리는 반드시 중생의 형이상학적 개념과 윤리적 개념을 구별해야 한다. 그러나 우리는 그것들을 서로 분리해서는 안 된다.

왜냐하면, 전자는 후자 안에서 명백해지기 때문이다. 아직 분별의 나이에 이르지 않은 어린아이들은 분명히 하나님의 구원 사역의 대상이다. 그러나 하나님은 보통 그리고 통상적으로 자신이 지정하신 수단을 사용해 우리에게 하나님 자신과의 구원적이고 유익한 관계를 가져오기를 기뻐하신다.

바빙크가 드러낸 것들에 대한 요약을 마무리하면서, 나는 R. H. 브렘머(R. H. Brenmner)가 바빙크의 입장에 대해 작성한 개요를 제시하고자 한다.

(1) 복음의 부르심은 가장 중요하다. 그리고 복음의 부르심은 하나님의 선택 때문에 택자들에게만 제한되는 메시지여서는 안 된다.

(2) 성경은 중생을 삼중 개념으로 말한다.

① 믿음 이전에 사람 안에 심긴 새로운 생명의 원리(*beginsel*)
② 도덕적 갱신
③ 만물의 회복

(3) 벨기에 신앙고백뿐만 아니라 칼빈과 다른 개혁파들도 믿음을 중생에 선행하는 것으로 제시한다. 그러나 두 가지 이유로 순서는 나중에 바뀌었다.

① 재세례파에 대항해 싸우다 보니 어린아이들에 관해 생명의 첫 원리의 주입을 말하는 것이 필요하게 되었다.
② 항변파에 대항해 싸우다 보니, 인간의 전적 부패를 강조하는 것이 필요하게 되었는데 이것은 다시 하나님이 생명의 첫 원리를 심는다는 점을 요구하게 되었다. 여기에서 사람은 완전히 수동적으로 남는다.

(4) 그러나 이 모든 것이 택함받은 자녀들과 관련해 중생이 항상 세례에 선행한다는 결론으로 인도하는 것은 아니다.

(5) 세례받는 자녀들은 택자로 그리고 중생한 자녀로 보고 다루어져야 한다. 그들의 고백과 삶으로부터 이와 반대되는 것이 결정적으로 분명하게 드러날 때까지는 말이다.

(6) 바빙크는 넓은 의미 안에서의 중생 개념과(칼빈과 종교개혁자들) 좁은 의미 안에서의 중생 개념(믿음의 잠재성을 수여하는 것 또는 새 생명의 이식 안에 있는 믿음의 잠재성) 사이를 구분한다.

(7) 후자와 관련해 바빙크는 다시 능동적 중생(regeneratio activa)과 수동적 중생(regeneratio passiva)을 구분한다. 수동적 중생은 사람 안에서 일하시는 하나님의 행위의 열매이다. 능동적 중생은 내적 부르심(vacatio interna)과 동일하다.

(8) 직접적 중생은 사람 안에서 중생을 일으키는 성령의 직접적 역사로 이해되어야 한다. 여기에서 사람의 오성이나 의지는 협력하지 않는다. 직접적 중생은 말씀을 수반하고 믿음의 잠재성을 부여하는 별개의 작용이다.

(9) 도르트 총회 이후 "중생이 믿음에 선행한다"는 말이 통상적이다.

(10) 중생 안에서 부여된 믿음을 위한 잠재성으로부터 흘러나오는 믿음의 각성과 관련해 말씀은 "온당한 개념 속에서" 은혜의 방편으로서 처음 묘사된다.

(11) 처음에 중생은 말씀 아래에 그리고 말씀과 함께 일어난다. 그러나 말씀을 통해 일어나는 것은 아니다. 아이들에 관해서라면 말씀의 객관적 영향력이 인정되어야 한다.

(12) 중생에 의해 사람에게 주어진 성향(habitus)과 자질(qualitates)은 그 자체의 안정성과 영구성을 성령님께 의존한다. 성령님은 죄, 파멸 그리고 사망을 넘어 중생과 함께 심긴 생명을 들어 올리신다.[160]

마지막으로 본서의 편집과 관련된 간단한 사항을 언급한다.

원래 네덜란드 판은 네 장으로 되어 있는데 세 번째 장은 142쪽에 달한다. 현대 영어권 독자들을 위해 바빙크의 논점을 분명하게 밝히려는 목적을 가지고, 나는 바빙크의 원래의 장들과 제목들을 본서에서 4부로 나눠 실었다.

---

[160] Bremmer, *Herman Bavinck als Dogmaticus*, 271-72. 바빙크의 중생론에 대한 브렘머의 전체 논의는 261-72 참조. Smilde, *Een Eeuw van Strijd over Verbond en Doop*, 185-94. 바빙크는 자신의 『개혁 교의학』에서 믿음과 회개뿐만 아니라 부르심과 중생이라는 주제 전체를 다룬다. *Reformed Dogmatics*, IV, 33-175.

이것은 본서에서 발견되는 총 16장의 분할이 각 장 안에서의 대제목, 소제목뿐만 아니라 장의 제목과 함께 내가 구성한 것이며 독자들의 유익을 위해 바빙크의 본문에 삽입되었음을 의미한다. 본서를 편집하면서, 나는 때때로 바빙크가 밝히지 않고 남겨 둔 일부 성경 참고 구절들을 밝혀 놓았고 일부 신앙고백 참고 문헌도 마찬가지로 그렇게 했다. 이 모든 경우에 있어서 나는 이 부분들을 대괄호([ ])를 사용해 표시해 두었다.

본서를 통해 나는 바빙크가 모호하게 해 놓은 또는 축약시켜 놓은 참고 문헌들을 발견해 내고, 확장하거나 또는 전체를 인용하려고 노력했다. 편집자 주에 관해서 말하자면 이것들은 바빙크가 다소 불분명하게 언급해 놓은 이름들과 개념들에 대해 바빙크의 논증과 제시에 독자들이 보다 더 쉽게 접근할 수 있도록 돕기 위한 것들이다.

하나님이 바빙크의 책을 사용하셔서 새로운 믿음의 세대에 복을 주시고 영어권 독자들에게도 그리하시길 기도한다.

하나님께 영광을!

제1부

서론

제1장 논쟁의 계기와 발생

제 1 장

논쟁의 계기와 발생

1. 이 연구의 목적

요즘 개혁파 교회 중에는 인간에 대한 적용에서만이 아니라 하나님의 마음속에서 은혜 언약의 은덕들이 상호 관련되고 서로 뒤를 잇는 순서와 관련해 큰 영향을 가진 의견의 차이가 있다.[1]

구식의 그리고 통상적 구원의 서정에 대한 묘사 대신 근래에 다른 관점이 제시되어 온 것은 대체로 잘 알려져 있다. 어떤 관점은 가장 일반적으로 전파된 초기의 관점으로부터 다양한 측면에서 갈라져 나오거나 심지어

---

1 영문 편집자 주: 이 논쟁의 배경을 위해 영문 편집자의 '도입 소론'을 보라. 또한, 『개혁 교의학』(*Reformed Dogmatics*)에서 구원의 서정(*ordo salutis*)과 관련된 바빙크의 전체 논의를 보라. ed. John Bolt, trans. John Vriend, 4 vols. (Grand Rapids: Baker Academic, 2002-2008), III, 484-595. 여기에서 바빙크는 이 질문에 대한 개혁파의 접근 및 구원을 하나님의 은혜의 전적 선물로서 옹호하려는 개혁파의 관심을 제시한다.
교회 자체는 복음을 열방에 전하기 위해 성령에 의해 능력을 부여받는다. 신비주의, 경건주의 그리고 합리주의뿐만 아니라 펠라기우스주의 세미펠라기우스주의의 오류에 대항해 바빙크는 구원 서정의 전제로서 그리스도와의 교통의 중심성을 개혁파가 어떻게 강조하고 있는지를 그리고 역사 안에서 택자에 대한 구원 사역과 그것의 적용이 어떻게 삼위일체 간의 구속 언약 또는 성부와 성자 사이 화평의 협의와 이 은혜를 죄인에게 집행하시기 위해 보냄 받은 행위자이신 성령님께 근거하는지를 설명한다. 20세기로 넘어갈 즈음 부르심과 중생 사이의 관계에 대한 관점의 다양성이 네덜란드 내의 개혁파 교회들 안에서 불일치를 일으켰다. 바빙크가 다양한 반대 사건들을 인용하는 곳에 드러난 것처럼 말이다. 아래 각주 2번을 보라.

그런 관점들과 분쟁을 일으키기도 한다.

사실 구원의 서정에 대한 이런 근래의 묘사는 많은 사람 가운데 다소 갑작스러우면서도 충분할 정도로 받아들여지고 있음을 발견하게 된다. 이런 상황에도 불구하고, 다른 사람들은 비중 있는 결점 때문에 그런 새로운 관점에 동의할 수 없으며 그런 관점은 성경과 신앙고백에 대립하는 것으로 보았다.[2]

구원의 서정에 대한 이런 의견의 차이점은 마코비우스와 그의 신학에 대해 형제애를 가지고 진행 중인 논쟁을 위한 기초였다고 말할 수 있다.[3]

---

2 영 역자 주: 북미 독자들에게 직접 관심을 주지 않기 때문에 우리는 바빙크의 원문에 있는 본론으로부터 가져온 다음 자료를 이곳 각주로 옮겨 놓았다. 그러나 이 자료는 이 기간 동안에 분명했던 부조화의 성격을 잘 보여 준다. 그 내용은 다음과 같다. 텐 호어(ten Hoor) 목사는 이미 이런 여러 가지 결점을 제시했다. 『자유교회』(*Vrije Kerk*)에 카이퍼 박사의 『백과사전』(*Encyclopaedie*, 신학적 주제들에 대한 배열과 설명)에 대한 평가를 기고함으로써 말이다. 베이둠(Bedum) 교회회의는 이들 결점들이 매우 비중 있는 것이라고 생각했다. 그래서 그들은 자유대학교의 신학부와 관련된 대표자들에게 탄원서를 제출했다. 그 후 이 탄원서는 1896년에 미덜벌흐 총회(the Synod of Middelburgh)에서 토론되었다. 그러나 이 탄원서는 형식상의 그리고 자료상의 관점에 기초해 거부되었다.

하지만, 탄원자들은 그들에게 실수가 있다고 판단하지 않았다 그리고 이것은 T. 보스(T. Bos) 목사가 논쟁 중인 이 문제들에 대해 『자유교회』에 여러 편의 논문을 기고했을 때 분명하게 되었다. 이 논문들은 라이던의 도널(Donner)에 의해 '9개의 교리적 주제들, 개혁파를 위해 단순하게 해설되고 보호된 것'이라는 제목하에 출간된 것과는 별도로 간행되었다.

도널 이후에 아펑어담의 하우스만(Huisman)이 337쪽에 달하는 책을 출간했다. 여기에서 그는 기독교의 몇 가지 근본 진리들을 카이퍼의 관점과 대조해, 하나님의 말씀, 신앙고백들, 칼빈 및 다른 개혁파 선조의 입장에서 조사했다. 근래에는 우트레흐트의 베설스(J. H. Wesels)에 의해 기록된 것이 있다. 이는 언약 교리와 관련해 존재하는 의견의 차이점을 하나님의 말씀의 기초 위에서 조사하고 평가하기 위한 것이다.

동시에 린더보옴(Lindeboom) 교수의 간행물에 논설들이 게재되었는데, M의 J씨가 '성경은 무엇이라고 말하는가'라고 제목을 붙였다. 이 논문들은 부르심이 중생에 선행한다는 주장을 위해 개혁 신학으로부터 증거들을 제시하고자 한 것이었다.

즈볼러(Zwolle)에서 작년에 열린 목회자 컨퍼런스에서도 직접적 중생에 대한 문제가 논의되었다. 그리고 활기찬 논쟁을 위한 기회가 제공되었다.

3 영문 편집자 주: 요하네스 마코비우스(Johannes Maccovius, 1578-1644)는 프라너컬(Franeker)에서 공부했고 1615년에 동 대학에서 신학 교수가 되었다. 그는 시브란두스 루베르투스(Sibrandus Lubertus)에 대항해 그리고 신학에 대한 자신의 추정적이고 철

사람들은 프라너컬대학교의 교수인 마코비우스의 무미건조한 스콜라주의적 방법에 반대했다. 그러나 그 이상이었다. 왜냐하면, 아무도 교의 신학에 있어서 참된 과학적 접근을 거부하지 않기 때문이다. 사람들은 마코비우스가 진리에 대한 독단적인 표현을 제시하면서 가르친 것에 저항한 것이다. 특별히 전택설, 영원 칭의, 직접적 중생과 같은 그의 가르침들이 반대에 직면했다.[4]

더욱이 비록 한편으로는 이 관점들이 마코비우스의 갑주에 의해 잘 보호된 것처럼 보였지만, 그럼에도 불구하고 이 관점들은 또한 마코비우스 자신과 연루된 이유 때문에 반대에 부딪치고 거부되었다.

구원의 서정과 관련된 이 모든 쟁점은 논의 중인 것처럼 보이고 심지어 교회들 가운데 더욱 격렬하게 토론되는 것으로 보인다. 그리고 그 논의들은 생각의 차이를 불러일으킨다. 어떤 사람이 어떤 교회를 방문할 때나, 몇몇 교회 지체로부터 편지들을 받을 때나, 합법적이고 진지한 거부와 심각한 우려를 가진 무거운 분위기가 있는 곳에서나, 현실은 이 모든 교리적 차이점들이 어떤 합의에 결코 이르지 못했다는 점에서 위장될 수 없다.

한편으로 사람들은 교회 안에서 누군가가 통상적으로 볼 때 택함받은 유아의 중생이 세례 전에 일어난다고 가르치지 않는지 의심한다. 그리고 그들은 분명히 그런 관점이 성경의 기초 위에서 확실하게 변호될 수 없다는 점을 믿는다. 동시에 다른 편에서 상당수의 사람이 현대의 많은 설교가 교회 안에서는 더 이상 비(非)중생자가 없음을 제시하는 것처럼 보인다고 불평한다. 어떤 사람이 회심하지 않은 상태 안에서 수년 동안 살아왔을 때조차도 그는 여전히 중생한 것으로 간주되어야 하는 것처럼 보이는 것이다.

학적 접근에 관련해 도르트 총회에서 그가 받은 불신임에 대항해 전택설을 극렬하게 그리고 논쟁적으로 변호한 것으로 기억된다. 그리고 그는 교수직에 있는 동안 자신의 의심스러운 생활양식과 품행 때문에 비난받았다. 그의 주요 저술은 *Collegia theologica* (1623)와 *Loci communes theologici* (1650)이다.

4 영문 편집자 주: 이것들은 1905년 우트레흐트 총회의 판결문에서 다루어진 바로 그 주제들과 같다. 이 책 말미의 부록 1을 보라.

특별히 후자의 그룹에 반대하는 경우는 비중과 수에 있어서 증가하고 있는 것으로 보인다. 목회자들은 더 이상 구별적으로 설교하지 않는다.[5] 그래서 요즘은 많은 사람이 불만을 드러낸다. 불경건은 더 이상 경고되지 않으며 이에 따라 사람들은 잘못되어 갈 것이다. 설교자는 더 이상 누구든지 물과 성령으로 거듭나지 않은 사람은 하나님의 나라를 볼 수 없을 것이라는 메시지를 전하는 것처럼 그런 긴급함을 가지고 설교하지 않는다.

설교는 더 이상 청중의 가슴을 울리지 않으며 그런 설교는 아무런 유익을 주지 못할 것이다. 비록 우리가 그리스도의 이름을 가지고 물리적으로는 살아 있더라도 여전히 죄와 부정 가운데 죽어 있다면 말이다. 많은 사람이 세례는 중생을 전제한다고 가르치는 것에 대해 그리고 세례받는 모든 사람은 중생자로 간주되어야 한다고 가르치는 것에 대해 확신하는데 이는 불가분하게 말씀의 사역이 가지는 본질과 능력을 빼앗는 것이 되고 만다.

이런 가르침에 불만을 가진 사람들의 압도적인 두려움은 이 가르침이 많은 사람을 모래 위에 그들의 집을 짓도록 인도하고 그들 자신을 처음부터 영원까지 속이도록 인도할 것이라는 점이다.

세례 전에 중생을 전제하거나 세례받는 사람은 모두 중생자라는 관점을 이런 식으로 거부하는 형제들과 자매들이 옳든지 그르든지 그들의 의구심은 매우 중대하다. 또한, 경건한 양심을 가진 많은 신자 중에 그런 의구심이 일어난다는 점을 부인할 수 없다.

이런 이유로 그런 모든 불만이 온유함 속에서 경청될 가치가 있다. 그 불만들은 옛 'A' 그룹에서만 엄격하게 나온 것이 아니다. 1886년 이후 개혁되었고, 대부분은 'B' 교회로 알려진 교회들로부터도 빈번하게 등장한

---

5 역자 주: 구별적 설교와 관련해 다음 자료들을 참조하라. 윌리엄 퍼킨스, 『설교의 기술과 목사의 소명』, 채천석 역 (서울: 부흥과개혁사, 2006), 20-21. 조엘 비키, 『칼빈주의』, 신호섭 역 (서울: 지평서원, 2010), 440-445. 페트루스 판 마스트리히트, 『개혁주의 표준 설교법』, 이스데반 편역 (서울: CLC, 2017), 136-164, 204-205, 217-222.

것이다.[6] 더욱이 이들 불만은 신학과 교회, 말씀과 성례의 시행, 교리와 삶, 이론과 실천에 관한 매우 깊은 중요성이 있는 진리와 연루된다.

이 모든 진리 가운데 직접적 중생 교리는 특별히 개혁 신학에서 중심부를 차지한다.[7] 직접적 중생에 대한 가르침에 가장 근접한 연결점은 말씀과 성령, 성경과 교회, 교리와 삶, 정신과 마음 사이의 관계에 있다. 이 가르침은 가장 중요한 문제와 얽혀 있다. 이른바 성령님이 어떤 방법으로 그리고 어떤 순서로 그리스도의 고난과 죽으심을 통해 얻으신 은덕들을 적용하시는지의 문제다.

나는 이어지는 장들 속에서 직접적 중생 교리를 명백하게 밝히고자 한다. 가능한 객관적이고, 비당파적이고, 올곧은 방식으로 말이다. 나는 제한된 그룹의 특정한 관점에 치우치지 않고, 이 교리에 대한 역사적으로 중요한 개혁파의 묘사가 우리 교회 안에 있는 모든 형제와 자매들의 지지를 받을 것에 대해 그리고 우리의 차이점에 종결을 가져오거나 적어도 그런 차이점들을 감소시키는 데 도움을 줄 것에 대해 차분한 소망을 가진 채 글을 전개하고자 한다.

2. 전택설 입장

하나님이 주시는 구원의 은덕들에 대한 순서는 근래에 많은 화자와 저자에 의해 고안되었는데 이제 반대에 맞닥뜨리게 되었고 아래와 같이 요약될 수 있다. 하나님이 영원으로부터 의도하셨고 결정하신 예정은 한 편

---

[6] 영문 편집자 주: 영문 편집자의 '도입 소론' 각주 23번에서 'A' 교회와 'B' 교회에 대한 언급을 보라.

[7] 영문 편집자 주: 영문 편집자의 '도입 소론'의 9번 항목에서 "직접적" 중생과 "매개적" 중생의 의미에 대한 정의와 간단한 설명을 보라. 참고. Bavinck, *Reformed Dogmatics*, IV, 80-84.

의 지지자들에 의해 다음과 같이 고안되었다.

예정은 하나님의 이성적 피조물들의 일정 부분에 대한 영원한 구원 때문에 그리고 다른 부분에 대한 영원한 정죄 때문에 하나님의 자비와 공의의 속성을 영화롭게 하기 위한 것이라고 말이다.

이 목적에 이르기 위한 결정은 만물이 있기 이전에 세워졌다. 하나님은 먼저 구원과 정죄를 위한 이성적 피조물들을 창조하기로 하셨다. 그러고 나서 그들이 함께 죄 가운데로 떨어질 것을 허용하기로 하셨다. 그리고 마지막으로 그리스도를 통해 인류의 택정된 부분을 구속하기 위해 인도하시기로 그리고 죄 가운데 있는 다른 유기된 부류를 영원한 정죄를 위해 준비하기로 하셨다.

이 관점, 즉 전택설에 따르면 목적의 설립은 수단의 설립에 앞선다는 사고의 흐름에 의해 요구되는 순서에 상응하는데 이런 점에서 후택설에 비해 선호될 만하다. 전택설은 실로 가혹한 진리다. 그러나 만일 전택설을 고백하지 않는다 할지라도 이는 분명히 꽤 성경적이다.

사람들이 종종 사안들을 적절하게 서술하는 것처럼, 전택설은 치명적 질병이 있는 환자에게 그 사실을 알려야만 하는 외과 의사에 비유된다. 이 경우, 전택설은 비택자들에게 그들의 유기에 대한 진리를 말해 줄 필요가 있음을 가리킨다. 전택설은 사형 선고에 대해 사형에 해당하는 범죄를 범죄자에게 확신시키도록 알려야 하는 판사와 같다.

그런 의사와 판사는 물론 부드러운 마음을 가지고, 슬픔을 가득 안고, 동정의 마음을 가진 채 그렇게 해야 한다. 그러나 그런 통보는 단지 규정과 방식에 관련되는 것이지 질병이나 범죄의 본질 그 자체에 관련되는 것은 아니다. 마찬가지로 전택설은 유기자들에게는 유기의 진리를 선언하는 것일 뿐이다. 비슷하게 복음의 선언은 택자들에게는 영원부터 이미 존재했던 빛을 비추면서 그들의 영원한 구원을 알게 만드는 것이나 다름없다.

1) 영원 칭의와 직접적 중생

전택설 관점이 보는 바에 따른다면 선택과 칭의는 함께 일어난다.[8] 택자는 시간 안에서가 아니라 영원으로부터 최초로 칭의된다. 예를 들어, 아브라함은 세상의 기초가 놓이기 전에 이미 의롭다 함을 받았다. 그는 시간 안에서는 단지 자기 양심의 법정 앞에서 칭의되었고 자신의 칭의에 대한 개인적 지식을 받았을 뿐이다.

그러므로 이 영원 칭의는 불가분하게 시간 안에서의 성령의 중생을 포함한다. 언약의 실행 아래에 사는 택자들 중에서 중생은 통상적으로 일부 사람들에게 있어서는 매우 어린 시기에 일어난다. 대체로 새 생명의 첫 씨앗은 이미 어머니의 태 안에서 심기거나 출생과 함께 즉각 심긴다. 비록 확신 있게 말할 수는 없지만, 어떤 사람이 태어나는 바로 그 순간에 중생하는 것도 가능한 일이다. 할례와 마찬가지로 세례도 중생의 표지이자 인이다.

비록 성령의 직접적 작용과 매개적 작용을 구분해야 하지만 중생은 출생 이전에 또는 출생 시에 즉각적으로 일어날 수 있다. 이런 구원의 서정을 지지하는 사람들의 판단에 따르면 직접적 작용은 말씀을 떠나서 혹은 말씀 이전에 택자의 마음 내부에 새로운 생명의 씨를 심으시는 성령님께 있다. 이로써 그들은 죽음으로부터 생명으로 전환된다.

---

8 영문 편집자 주: 모든 전택설주의자가 "영원 칭의"를 지지하는 것은 아니라는 점이 지적되어야 한다. 비록 마코비우스와 특정 18세기 개혁파 신학자들을 따라 아브라함 카이퍼와 그의 많은 추종자는 이 교리를 품었지만 말이다. 이 교리는 개혁파 안에서 논쟁되었고, 카이퍼가 형성과 강화에 도움을 준 재활성화된 칼빈주의에 의해 19세기 말에는 '엇갈린' 수용을 낳았다. 카이퍼는 이 교리를 보호했는데, 예를 들면 이런 책이 있다. *The Work of the Holy Spirit*, trans. Henri De Vries; with explanatory notes by Henri De Vries, with an introduction by Benjamin B. Warfield (New York: Funk & Wagnalls, 1900), 367–371. 이 관점에 대한 비평은 다음을 보라. Louis Berkhof, *Systematic Theology*, 4th ed. (Grand Rapids: Eerdmans, 1939, 1941), 517–520.

어떤 사람들은 이런 직접적 중생은 말씀에 선행해야만 한다고 주장한다. 왜냐하면, 귀먹은 사람은 들을 수 없고, 죽은 사람은 일어날 수 없고, 자연인은 믿음과 회개로 부르는 복음을 듣기 위한 귀를 열 수 없기 때문이다.

그러나 만일 택자가 이런 방식으로 중생한다면, 즉 말씀을 떠나서 오직 성령님에 의해 직접 중생한다면 하나님은 그런 사람이 조만간 복음에 친숙해질 것이라는 점을 아실 것이다. 왜냐하면, 그는 중생했고 이제 자신에게 다가오는 복음을 들을 수 있기 때문이다. 그리고 복음의 요청에 순종할 수 있고 믿음과 회개의 능력을 보일 수 있다.

복음을 들을 수 있는 중생한 사람 위에 성령님은 '매개적으로' 일하신다. '설교되는 말씀과 함께 그리고 말씀을 통해' 말이다.

2) 즉각적 회심이 없는 직접적 중생

그러나 출생 이전에 또는 출생 시에 중생한 택자와 관련해 그런 사람이 복음을 듣고 알게 될 때 또한 즉각적으로 믿음 안에서 복음을 받고 참된 마음으로 하나님께로 돌이키는 것은 아니다.

이 관점이 분명하게 가르치는 대로, 중생의 씨는 발아되지 않고 마음에 감추어진 채 남을 수 있다. 그 사람이 삼십, 사십 또는 칠십 세가 될 때까지 말이다. 오랜 기간이 중생과 회심[9] 사이에 지나갈 수 있다. 비록 존재하는 첫 순간에 택자들이 영생으로 중생하더라도 그들은 매우 오랫동안 회심하지 않은 채 믿지 않으면서 지낼 수 있다. 그들은 심지어 끔찍한 죄 가운데 살 수도 있고, 다양한 형태의 불의에 굴복할 수도 있다.

그런데도 하나님의 시간에 주님은 효력 있는 내적 부르심의 수단을 통해 빛을 가져오신다. 그리고 이런 실제가 있기 오래전에 택자의 마음 안에 직접 그리고 말씀과 무관하게 성령님이 일하셨을 것이다.

---

9   영 역자 주: 네덜란드어 'bekeering'은 문맥에 따라 '회개' 혹은 '회심'으로 번역되었다.

3) 중생은 부르심에 선행한다

그러므로 중생은 부르심에 선행한다. 종종 시간 안에서 어떤 경우든 관계없이 이 순서를 따른다. 생명이 없는 곳에는 복음의 초청에 대한 반응 속에서 믿음과 회개의 가능성이 없다. 유효적 부르심은 복음을 들을 귀를 가진 중생자에 대해 하나님의 말씀을 영과 생명이 되게 한다.

그러므로 말씀은 어떤 새로운 것을 창조하지는 않는다. 단지 이미 그곳에 있는 빛으로 인도할 뿐이다. 말씀은 중생자에게 성령님이 그에게 수여하신 새로운 생명을 숙지시킨다. 다른 사람들이 베드로전서 1:23에 의존해 주장하는 것처럼 말씀 그 자체는 중생의 씨가 아니다. 말씀은 단지 중생의 씨, 즉 새 생명의 첫 씨가 성장하게 할 뿐이다.

성령님의 촉촉하게 적시는 이슬 아래에, 말씀은 새로운 생명을 기경해 믿음과 회개의 행위로 나아가게 한다. 그리하여 이 생명을 스스로 인식하게 한다. 그리고 주님 이름의 영광을 위해 열매 맺도록 한다. 말씀은 중생한 사람들이 자신과 다른 사람들에게 자신의 중생을 증거할 수 있도록 섬긴다.

그러므로 인류 가운데 구분선은 신자와 불신자 사이에 있지 않다. 왜냐하면, 많은 중생한 사람이 수년간 불신의 상태에서 살 수 있기 때문이다. 오히려 그 구분선은 중생자와 비중생자 사이에 있다. 여기 이 땅에서 그 구분선은 믿음이 아니다. 오히려 중생이 인류의 택자 부류와 비택자 부류 사이에 정당하게 선을 긋는다.

양편이 뚜렷하게, 나란하게 그리고 서로 맞은편에 존재한다. 중생한 사람들로부터 모든 것에 대한 다른 인식, 다른 통찰, 다른 관점과 평가, 다른 예술과 과학이 나온다.[10] 왜냐하면, 씨로서 중생자 안에 심긴 것은 점차 그들의 의식 안에서 겉으로 드러나기 때문이다. 심지어 믿음과 회개가 중생

10　영문 편집자 주: 예를 들어, 다음을 보라. Abraham Kuyper's *Encyclopedia of Sacred Theology*, trans. J. Hendrik De Vries, with an introduction by Benjamin B. Warfield (New York: Charles Scribner's Sons, 1898), § 49, p. 155–176.

으로부터 발현되는 것처럼, 새로운 생명도 인간의 지식과 활동의 모든 영역 안에서 그것의 정당한 특성과 본성 안에서 그 자체로 점차 나타난다. 중생한 사람은 자신의 의식에 부딪히는 다른 영향을 감지한다. 그는 비중생자와는 다르게 보고, 생각하고, 행한다. 왜냐하면, 그는 다른 유형의 삶을 공유하기 때문이다.

4) 유기체로서의 교회

그러므로 마지막으로 직접적 중생 교리에 대한 이런 표현을 따라서 볼 때, 유기체로서의 교회는 기관으로서의 교회에 우선한다. 유기체로서의 교회는 중생한 사람들로 구성되는데 이들은 가족, 나라 그리고 사회 안에서 또는 과학과 예술 같은 분야 안에서 창조의 전반적이고도 넓은 지형을 통해 그들의 새로운 삶을 드러낸다.

그러므로 기관으로서의 교회는 절대적으로 중생자의 새로운 삶의 전체적 현시가 아니다. 오히려 그것은 모든 면에서 제한된 매우 한정된 장소만을 점유한다. 기관으로서의 교회는 가족, 사회 그리고 국가를 넘어서지 않는다. 오히려 그것들 안에, 그것들과 나란히 선다. 임시적이고, 일시적이고 그리고 분명하게 정의된 임무와 함께 말이다.

기관으로서의 교회는 다음과 같은 임무를 가진다. 기관으로서의 교회는 은혜의 방편과 함께 하나님으로부터 능력을 받아 성령의 역사 아래에서 중생의 생명을 믿음과 회개의 행위로 전환한다. 기관으로서의 교회는 유기체로서의 교회를 전제하는 바 이것이 곧 중생이다. 중생은 마음이 인식하기 이전에, 말씀과는 무관하게 성령님이 행하신 일이므로 이미 세례에 전제된다. 기관으로서의 교회는 이제 말씀을 들을 수 있는 중생자를 믿음과 회개로 부른다.

그러므로 기관으로서의 교회는 중생자에게만 초점을 맞춘다. 사실 비중생자에 대한 외적 부르심이 존재한다. 그러나 외적 부르심은 오직 비중생자들로부터 어떤 변명을 제거하는 일에만 섬길 뿐이다. 내적, 유효적 부르심은 외적 부르심과 쌍을 이루는데 오직 중생자를 향한다. 중생자에게 있어서 그들의 부르심은 구원과 함께 드러난다. 중생자들은 이미 영원으로부터 이 구원에 참여한다. 중생하지 않은 다른 사람들에게 있어서 기관으로서의 교회는 그저 심판을 선언할 뿐이다.

3. 세 가지 핵심 질문

구별하는 것이 배우는 것이다. 직접적 중생 교리의 논의 안에서 이 문구를 진지하게 마음에 취하는 것이 가장 중요하다. 이 문구를 소홀히 하는 사람은 다양한 어려움에 얽히고, 자신의 이해를 명확하게 하기보다는 다른 사람을 혼란으로 인도한다.

이 교리와 연계해, 세 가지 질문이 구별될 필요가 있다.

첫째, 성령님은 어떤 방식으로 사람의 마음 안에서 일하시는가?
성령님은 멀리 떨어져 계시는가?
그리고 성령님은 그저 우리가 다른 사람들과의 관계 안에서 가지는 그런 통상적 진로를 따라서 말과 본보기를 통해 주어지는 이해와 결단의 경로를 따라서 일하시는가 아니면 성령님은 자신과 인간 인격의 내적 존재 사이에 아무것도 설 수 없는 그런 인간의 마음속으로 내려가시는가?
그리고 성령님은 사람 내부에서 직접, 불가항력적으로 일하시는가?

둘째, 만일 후자의 경우라면, 이른바 만일 성령님이 사람 내부에 직접 존재하시고 자신의 사역을 직접 수행하신다면, 이 직접 사역은 수단의 사용을 배제하지 않는가?
마음 안에서의 성령의 사역이 직접적이라면, 수단의 사용은 쓸데없고 무익하다는, 심지어 잘못되고 해로운 것이라는 주장이 일어나지 않겠는가?

셋째, 만일 인간의 마음 안에서의 성령의 직접 사역이 수단의 사용을 쓸데없거나 해로운 것으로 만들지 않는다면 우리는 어떻게 성령의 직접 사역과 수단의 기능 사이에 존재하는 연결을 생각해 낼 수 있겠는가?

첫째 질문에 대한 대답은 주권적 은혜를 고백하는 사람들과 자유 의지를 지지하는 사람들 사이에 경계를 긋는다.

둘째 질문에 대한 대답은 은혜의 방편의 능력을 지지하는 사람들을 은혜의 방편이 쓸데없거나 공허한 표지라고 하면서 그것을 경시하는 이른바 모든 열광주의자로부터 구별시킨다.

셋째 질문에 대한 대답은 한편으로 개혁파, 다른 편으로 로마가톨릭교회, 루터파 그리고 은혜를 말씀 또는 성례의 수단에 제한시키고, 그것을 말씀 또는 성례 내부에 한정시키는 다른 사람들 사이를 구별한다. 삼중적 해답의 조합은 개혁파 신앙의 고백이 기독교 전체의 교회 중에서 독특하고, 특정한 위치에 있음을 확인시킨다.[11]

---

11 영문 편집자 주: 바빙크는 제2부 제1-2장에서 첫째 질문을 상정해 답한다. 둘째 질문은 제3부 제1-9장 그리고 셋째 질문은 제4부 제1-4장에서 다룬다.

제1장 요약

1. 직접적 중생 교리에 대한 반론들을 이해하면서 직접적 중생 교리의 타당성을 논구해 나가는 것이 본서의 전체 목적이다.

2. 전택설의 입장에서 영원 칭의를 바라보면 복음 선포는 택자에게 그들의 영원한 구원을 알게 만드는 것으로만 치부될 것이라는 반론이 제기된다.

3. 영원 칭의와 직접적 중생이 연결될 때 성령의 직접적 중생 사역은 말씀에 선행해야 한다. 그러나 성령님은 말씀을 도구로 중생한 사람으로 하여금 비로소 믿음과 회개를 드러내게 하신다.

4. 직접적으로 중생한 사람이 곧장 믿음으로 복음을 받아들이지 않고 오랜 시간을 보낼 수도 있다. 그러나 하나님은 중생한 사람을 자신의 시간에 내적 부르심으로 인도하실 것이다.

5. 유기체로서의 교회는 중생한 사람들로 구성되어 창조의 넓은 지형 속에서 그들의 삶을 드러내고, 기관으로서의 교회는 은혜의 방편과 하나님의 능력을 통해 믿음과 회개로 사람들을 불러낸다.

핵심 질문

1. 성령님은 사람 내부에서 직접 불가항력적으로 일하시는가?
   (제2부 제1-2장에서 답변)

2. 그렇다면 성령의 직접적 중생 사역은 수단의 사용을 배제하는가?
   (제3부 제1-9장에서 답변)

3. 그렇지 않다면 성령의 직접 사역과 수단의 기능 사이에 존재하는 연결은 어떤 것인가? (제4부 제1-4장에서 답변)

제2부

성령의 직접 사역

제1장 하나님의 은혜에 대한 개념의 차이
제2장 하나님의 은혜에 있어서 항변파에
　　　 대항하는 개혁파의 방어

제1장

하나님의 은혜에 대한 개념의 차이

1. 아우구스티누스 대 펠라기우스

앞 장의 끝에 언급된 첫째 질문은 아우구스티누스와 펠라기우스가 논쟁하는 기간에 기독교 교회 내부에서 일어난 것이다.

펠라기우스는 아담의 범죄가 자신의 후손에게 어떤 영향을 미치지 않았고, 다만 하나의 나쁜 본보기를 제공한 것이라고 가르쳤다. 모든 사람이 죄책과 오염에 종속되어 있는데 이것은 본성적으로가 아니라 그들 자신의 악한 행동에 의한 것이다. 아담의 후손은 죄와 불법에 따라 죽은 상태에 있지 않고 심지어 약해진 것도 아니다. 그들이 원한다면 그들은 공로를 세우기 위해 자신의 능력으로 율법을 지킬 수 있었다.

그러나 사람이 사는 악한 환경이 그들에게 큰 영향을 미쳐 그들의 이해를 어둡게 하고 의지를 약화시켰다. 그래서 외부로부터 주어지는 외적 은혜가 필요했는데 이 은혜는 그들을 도와서 율법을 지키도록 해 주는 것이다. 외적 은혜는 이방인 중에 자연법을, 이스라엘 중에 도덕법을 그리고 기독교인 중에 복음을 설교하는 가운데 존재했다.

그래서 이 은혜는 전적으로 객관적으로 존재했고 그렇게 남아 있었다. 외적 은혜는 전적으로 필요한 것은 아니었고, 사람의 재창조나 갱신 안에 있는 것도 아니었다. 오히려 외적 은혜는 사람들이 율법을 성취하고 구원을 얻는 데 보다 쉽도록 돕기 위해 단지 외부로부터 오는 외적이고 우발적인 도움의 방편일 뿐이었다. 그러므로 펠라기우스의 사상 체계 안에는 내적이고, 중생시키고, 재창조하는 그런 은혜를 위한 자리가 없었다.

그러나 펠라기우스가 그런 가르침을 가지고 나타나기 전에, 아우구스티누스는 이미 은혜와 관련해 전적으로 다른 의견을 가지고 있었다. 자신의 성경 연구를 통해 그리고 자신의 인생 경험과 연계해 말이다. 특별히 고린도전서 4:7에 있는 다음과 같은 바울의 질문은 은혜의 교리와 관련된 길을 그에게 보여 주었다.

> 누가 너를 남달리 구별하였느냐 네게 있는 것 중에 받지 아니한 것이 무엇이냐 (고전 4:7).

아우구스티누스에 따르면 아담의 범죄 결과로서 사람은 죄와 불법 속에서 죽었다. 그러므로 외적이고 돕는 은혜는 사람의 구원을 위해 충분하지 않았다. 아우구스티누스는 외적 은덕을 언급했다. 이 외적 은덕은 '은혜'라는 용어를 가지고 말씀의 선포와 성례의 시행 같은 것을 가리킨 것이다. 그러나 이 은혜로는 충분하지 않다. 다른 내적 은혜, 즉 중생의 은혜가 사람을 중생시키고 믿음으로 나아가도록 함께 주어져야 했다.

그렇다면 이 은혜는 단지 외적으로, 즉 교훈적으로 그리고 훈계적으로 그리스도를 믿고 그분의 명령을 성취하도록 도움과 지지를 우리에게 제공하는 것에 있지 않다. 오히려 이것은 내적 은혜, 즉 하나님이 은밀하게 불어 넣으시는 숨이다. 이는 성령을 통해 믿음과 사랑을 수여하시는 것이며 이해를 조명하고, 의지를 꺾고, 우리 안에 모든 좋은 것을 창조하는 능력을 전달하는 것이다. 내적 은혜는 어떤 공로를 따라 분배되지 않는다.

오히려 순전히 하나님의 자비를 따라, 순전한 은혜로부터 분배된다. 그리고 내적 은혜는 반박할 수 없도록, 확고하게, 불가항력적으로 일한다. 내적 은혜는 모든 선행에 앞서고, 우리 안에서 모든 선행을 준비하고 성취한다. 그리고 우리 안에 능력, 의지를 먼저 창조한 후 순서대로 우리 안에 행함 그 자체를 불러오는 협력하는 은혜로서 주어진다. 내적 은혜는 믿고 사랑할 수 있는 능력을 우리에게 공급한다. 그러나 또한 우리가 실제로 믿고 사랑하게 하기도 한다. 은혜를 통해 이성은 무지를 벗고, 의지는 약함을 벗는다. 이런 방식 안에서 인간의 능력은 은혜를 통해 억압되거나 파괴되지 않으며 오히려 원래의 힘과 순수함을 회복한다.

그리하여 아우구스티누스는 자주 이 은혜를 내적인, 은밀한, 유효한, 창조적인 은혜라고 부른다. 그러나 내가 아는 한, 결코 직접적 은혜라고 부르지는 않는다. 그런데도 그가 죄인의 심령에 직접 일하는 것으로서 은혜의 작용을 생각했음은 의심의 여지가 없다. 그러나 직접적이라는 의미는 항상 정당하게 이해되어야 한다.

아우구스티누스는 절대적으로 이 은혜가 교회라는 기관을 떠나서, 말씀과 성례의 시행을 벗어나서 역사하는 것을 의미하지 않았다. 반대로 그는 은혜의 작용을 하나의, 거룩한, 보편적 교회에 가능한 가까이 결속시켰다. 아우구스티누스에게 있어서 은혜의 작용은 은혜의 방편과 쌍을 이룬 혼합되지 않은 은혜라는 개념 안에서 직접적이다. 그런데도 은혜의 작용은 성령의 사역과 그 사역의 열매인 인간의 마음이 갱신되는 것 사이에 오가는 어떤 것을 떠나서 인간의 마음 내부에 직접 역사한다.

이런 견해는 대체로 하나님의 편재 교리로부터 이미 나타난다. 왜냐하면, 아우구스티누스는 하나님이 하늘나라에 갇혀 있으면서 거기에서 보시고 멀리서 모든 것을 지시하신다는 그런 방법으로 은혜의 작용을 이해한 것은 아니기 때문이다.

오히려 하나님은 모든 피조물 위에 무한히 높으신 분이지만, 자신의 존재와 함께 모든 피조물 안에 직접 임재하신다. 하나님은 전적으로 하늘에 계시고, 전적으로 땅에 계시며, 전적으로 양편 모두에 그리고 존재하는 모든 것 안에 계신다.

하나님은 어떤 것에 한정되거나 어떤 것으로부터 배제되지 않으신다. 하나님 자신은 전적으로 모든 곳에 계신다. 하나님의 존재와 피조물의 존재 사이에는 본질적 차이가 있다. 그런데도 하나님은 모든 것 안에 자신의 전 존재와 함께 직접 임재하신다. 우리는 하나님 안에서 살고 움직이며 우리 자신의 존재를 가진다. 하나님 자신은 모든 것을 자신의 능력의 말씀 때문에 직접 지지하신다.

이와 관련해 아우구스티누스는 영적인 사람의 범주에 대해 이렇게 가르쳤다. 하나님은 성령과 함께 자신이 생명으로 부르신 택자들의 마음 안에 직접 임재하시고 일하신다. 왜냐하면, 죽은 죄인 안으로 생명이 부어지는 통로인 은혜는 외적 은혜의 방편과 병행될 수 있기 때문이다. 은혜 자체는 마음을 뚫고 들어간다. 그리고 인간의 이성적 통찰이나 자유 의지로부터 나오는 인간의 행위에 의존하지 않는다. 오히려 은혜는 반박할 수 없도록 그리고 불가항력적으로 역사한다.

은혜는 설득하는 방식으로 권고한다. 은혜는 하고자 하지 않는 사람에게 와서 하고자 하게끔 만든다. 은혜는 우리를 떠나서 우리의 동의 그리고 의지와 무관하게 역사해 우리는 그렇게 하게끔 된다. 우리가 그렇게 하게끔 은혜가 역사했을 때, 은혜는 우리와 나란히 일하기를 지속해 능력을 행위로 바꾸고 의지를 실행으로 바꾼다.

이 개념을 이해할 때, 직접 일하는 은혜의 교리는 모든 반(反)펠라기우스주의 신학의 독특한 특징임을 알 수 있다. 내적, 불가항력적 은혜에 대한 아우구스티누스의 가르침은 로마가톨릭교회에서 결코 정죄받지 않았으나 점차 약화하고 변경되었다.

2. 세미펠라기우스주의

믿음의 시작과 지속을 인간의 의지에 돌리는 펠라기우스주의에 대조해, 로마가톨릭교회는 우선하는 그리고 선행하는 은혜의 필요를 가르쳤다. 그러나 선행하는 은혜가 무엇으로 이해되어야 할지는 좀처럼 분명하지 않다. 로마가톨릭교회의 신앙고백은 다양한 해석이 가능하도록 모호한 용어를 가지고 말할 뿐이다. 그리고 로마가톨릭교회 신학자들은 이 선행하는 은혜를 묘사하는 일에서 현저하게 분열된다.

어떤 사람은 선행하는 은혜를 복음 안에서 모든 사람에게 주어지는 외적 부르심과 동일시한다. 다른 사람들은 인간의 이해와 의지에 임하는 성령의 내적 사역으로 생각한다. 은혜로운 협력으로서 내적이고 초자연적인 은사로서 선행하는 은혜를 이해하는 사람들도 있다. 이로써 하나님은 이해를 조명하시고, 어떤 사람이 분명히 말하는 대로, 인간의 의지를 움직여 직접 믿게 하신다.

어떤 경우이든 로마가톨릭교회의 공식 교리는 그런 선행하는 은혜는 사람에 의해 수용될 뿐만 아니라 거부되고 거절될 수도 있다는 것을 확고하게 가르친다. 그래서 선행하는 은혜가 믿을 능력을 수여하더라도 그것은 믿음 자체를 부여하지는 않는다. 선행하는 은혜는 하나님의 선한 즐거움을 따르는 의지와 행동 모두에 미치지 않는다. 선행하는 은혜의 사역과 참된 믿음 사이에서 선행하는 은혜는 그것을 받아들이고 협력하는 자유 의지를 인간에게 심는다.

하지만 또한 인간은 선행하는 은혜를 거부하고 거절할 수 있다. 선행하는 은혜는 창조하는, 저항할 수 없는 은혜로서 독립적으로 일하는 은혜가 아니다. 그리고 이런 개념에서 볼 때 선행하는 은혜는 직접적 은혜가 아니다. 선행하는 은혜는 작용의 측면에서 인간의 의지에 의존적이다.

3. 개혁파 대 세미펠라기우스주의

종교개혁은 이런 세미펠라기우스주의를 반대했다. 원래 이런 반대 속에서 종교개혁자들 사이에 이견이 없었다. 그러나 루터파는 후에 그들의 걸음을 돌이켰고 다시 한번, 은혜의 사역을 인간의 의지에 의존시켰다. 왜냐하면, 루터파는 대체로 세례 안에서 언약 자손들 또는 말씀의 선포 아래에서 성인(成人)들이 그리스도 안에서 하나님의 은혜에 저항하지 않기 위한 충분한 능력을 받는다고 주장했기 때문이다.

그러므로 만일 그들이 원한다면 믿게 된다. 만일 그들이 원한다면 율법의 가르침을 통한 회개와 복음의 설교를 통한 중생으로 인도된다. 여기에서 중생은 인간의 의지에, 선행하는 은혜는 인간의 수용 여부에 의존적인 것으로 생각되었다. 그렇다면 은혜는 직접적이지 않고 불가항력적이지 않다.

그러나 개혁파는 다르게 판단했다. 그들은 바울과 아우구스티누스의 가르침으로 돌아갔다. 그리고 모든 반박과 대적에도 불구하고 그런 이해를 보존했다. 구원의 은덕들이 수여되는 순서에 관해 그들은 단도직입적 개념으로부터 전개해 나갔다.

즉, 그리스도의 인격 안에서 이루어지는 교제의 우선성을 떠나면 그리스도의 은덕 안에서 누리는 교제는 없다는 것이다. 은혜 언약의 모든 은덕은 그리스도로부터 택자에게 온다. 회개와 믿음에 대한 예비적 은덕마저도 그러한데 이것은 더 나아가 죄 사함, 성화, 구원 그리고 영화로 인도하는 것이다.[1]

만일 그러하다면 택자에게 그리스도를 주심과 그리스도와 택자 간의 신비한 연합은 다른 모든 은덕의 선물에 선행해야만 한다. 이 점은 칼빈 이후 모든 개혁파가 가르친 것이다. 택자를 그리스도께 주는 것과 그들의 그

---

1 영문 편집자 주: 이것은 바빙크의 저작 가운데 중요한 문구인데, 다음 자료에서도 확인된다. *Reformed Dogmatics*, III, 228–32, 469–70, 494, 510, 580. 그는 주권적 은혜와 하나님의 선택을 은혜 언약의 표준적인 개혁파 교리와 연계해 어떻게 보호하는지를 보여 준다.

리스도와의 연합은 영원으로부터 작정 속에서 이미 일어났다. 그것은 창세기 3:15 이후로부터 복음의 약속 안에서 확인된다.

그리고 우리가 눈으로 보기 전에 그리스도의 성육신, 십자가형 그리고 부활 가운데 역사를 통해 객관적으로 실제화되었다. 왜냐하면, 그때 그리스도께서는 우리의 본성을 취하셨고, 그 자신과 함께 우리를 십자가에 못 박으셨으며, 그 자신과 함께 자신의 모든 교회를 일으키시고 영화롭게 하셨기 때문이다.

그러나 객관적인 그리스도와의 연합은 충분하지 않다. 또한, 주관적으로 주어져야 한다. 구원 자체를 먼저 얻어야 하지만 여전히 그 이후에 반드시 구원의 적용이 따라와야 한다. 그러므로 인간 편에서 그리고 한 인격의 내부라는 측면에서 볼 때, 이런 질문이 부상하게 된다.

언약의 은덕들에 대한 주관적 적용은 어떻게 시작하는가?

그리스도와 택자 사이의 연합은 언제 주관적으로 존재하게 되는가?

우선 개혁파 가운데 이 질문에 대한 견해에서 매우 의미심장한 차이점이 있었다. 구원의 적용 안에서 첫 순간이 꽤 다른 용어로 표현되었다는 점에서 말이다. 모두가 복음을 통한 외적 부르심을 출발점으로 보았다. 그러나 이것은 택자와 유기(遺棄)자에게 똑같이 주어진다. 그리고 구원의 적용이 택자 안에서 언제 그리고 무엇에 의해 시작하는가에 관한 질문에 판결을 내리지 않는다.

그래서 사람들은 언약의 은덕에 대한 이 적용을 내적 부르심과 함께, 회개와 함께, 믿음과 함께, 회심과 함께, 중생과 함께, 유효적 은혜 등과 함께 시작하는 것으로 보았다.

결과적으로 폭넓은 다양성이 획득되었고 말씀의 사용 안에서 구원의 은덕이 적용되는 최초의 출발점이 식별되었다. 그런데도 '본질'과 관련해서는 완전한 동의가 있었다. 모든 개혁파는 시작점이 사람의 인격에 존재할 수 없고 오직 하나님께만 있다고 고백했다. 왜냐하면, 사람은 본성적으로 아무런 선을 행할 능력이 없고 모든 악한 일에 기울어져 있기 때문이다.

인류 가운데의 구별은 인간으로부터 설명될 수 없다. 성경과 경험의 빛 안에서의 구별은 반복적으로 부르심의 열매와 외적 행위를 통해 관찰되었다. 사람들은 그들 자신을 구별시킬 수 없다. 왜냐하면, 그들은 모두 죄와 불법 속에서 죽었기 때문이다. 그러나 하나님은 자신의 영원히 선한 즐거움을 따라서 그리고 자신의 은혜의 능력에 의해 그들 가운데 구별을 두셨다.

하나님은 이런 방식으로 구원의 획득만이 아니라 구원의 적용에 이르기까지 구원의 전체 사역 가운데 창시자로 남으신다. 그리고 인간의 인격은 수용적이자 수동적일 뿐이다. 사람이 능동적으로 활동해 믿고 회개할 수 있지만 이는 하나님의 재창조적, 유효적, 불가항력적 은혜에 의해 사람이 믿음과 회개를 위한 능력을 받아 믿고 회개할 수 있게 되었을 때만 그러하다.

4. 직접적 중생의 타당한 개념

개혁파는 내적, 은밀한, 유효한 은혜에 관한 아우구스티누스의 고백에 동의했다. 비록 그들 모두가 동일한 추론의 선상을 따라간 것은 아니지만 말이다. 택자 중에서 이 은혜는 주님의 시간에 외적 부르심과 병행되고, 마음을 관통해 그곳에 새로운 생명의 원리를 심는다. 여기에서 이 은혜는 믿음과 회개를 일으킨다.

비록 복음 안에서 은혜는 외적 부르심과 연결되어 있지만, 그 은혜는 복음의 말씀에 제한된 것이 아니다. 오히려 인간의 마음을 관통한다. 말하자면, 인간의 가장 은밀한 본질 안에 직접 영향을 미치고 그를 원칙적으로 자신의 지식과 의지를 떠나서 하나님의 형상을 따라서 새롭게 한다. 그 은혜는 절대적으로 사람의 지성에서 비롯된 어떤 동의나 자유 의지의 어떤 행위에 의존하지 않는다.

이 은혜의 작용과 중생한 인간의 인격 사이에는 아무것도 없다. 말씀도, 성례도, 교회나 성직자도, 인식 또는 의지의 행위도 없다. 택자의 마음 내부에서 성령님은 중생의 은혜를(믿음, 회개 또는 이 첫 순간을 사람이 무엇이라고 부르든지) 불가항력적으로만이 아니라 직접적으로 그리고 비매개적으로 주신다.

개혁 신학으로부터 이 점에 대한 증거를 제시하려는 것은 쓸데없는 것으로 간주될 수 있다. 누구든지 각 개혁파 저자 중에서 그리고 각 개혁파 신조 안에서 내적 부르심에 관한 그런 증거를 찾을 수 있기 때문이다. 물론 내적 부르심 또는 중생 또는 믿음의 선물은 좀처럼 직접적이라고 불리지는 않는다. 거의 예외 없이 사람들은 중생을 유효적, 불가항력적 그리고 사실상 부드러운 사역으로 묘사함에 있어서 일치한다.

그런데도 일말의 의심의 여지도 없이 이 은혜는 죄인의 마음 내부에 새로운 생명의 맨 첫 원리를 심는 것인데, '이런 개념에서' 직접적이라고 불린다. 믿음과의 관련성 여부를 떠나 이 은혜가 사람 내부에서 곧장, 매개 없이 그리고 사람의 지적 동의나 자유 의지의 행위에 의존하지 않고 일한다는 점에서 말이다.

칼빈은 이것을 매우 정확하고 아름답게 다음과 같은 방식으로 설명한다.

> 오랜 기간 가르쳤고 믿었던 대로 하나님은 이 영적 원동력에 순종하거나 저항하려는 우리의 선택에 남겨 두시는 그런 방식으로 우리의 의지를 움직이지 않으신다. 오히려 하나님은 유효하게 우리의 의지를 움직이고 굽히는 방식으로 일하시고, 우리 안에 기꺼이 원하는 마음을 주신다.
> 이는 주님께서 성령을 통해 우리의 마음을 이끄시고, 굽히시고, 인도하시며 그러는 중에 자기 자신의 소유인 것처럼 주재권을 실행하시는 것이다. 그러므로 순종 여부를 우리에게 의존하는 것으로 만드는 매개적 작용(*motus medius*)은 견인의 유효한 확립 때문에 배제된다(『기독교 강요』 II. iii.10 참조).

그러므로 카이퍼 박사는 다음과 같은 표현으로 칼빈주의의 원리와 본질을 정의한다.

> 칼빈주의는 이교 사상처럼 피조물 '안에서' 하나님을 찾지 않는다. 칼빈주의는 이슬람처럼 피조물 '로부터' 하나님을 고립시키지도 않는다. 칼빈주의는 로마가톨릭교회처럼 하나님과 피조물 '사이에' 매개적 교제를 두지 않는다. 오히려 칼빈주의는 하나님이 모든 피조물 위에 높이 계시는 하나님이라는 고귀한 사상을 선포한다. 그런데도 하나님은 성령을 통해 그 피조물들과 '직접' 교제를 나누신다.

이 점은 또한 예정에 대해 칼빈주의자가 고백하는 바의 중심과 핵심에 속한다. 영원까지 이르는 하나님과의 교제, 이것은 말하자면 작정에 대한 하나님의 경륜과 함께 속속들이 칼빈주의의 고백 속에 스며들었다.

하나님으로부터 우리에게 직접 오는 것과는 다른 어떤 부류의 은혜는 없다. 그리고 삶의 모든 순간에 있어서 우리의 영적 전(全) 존재는 하나님 자신에 의해 태어난다. 모든 하나님의 자녀는 하나님과 직접 교제를 경험한다. 그리고 하나님을 자신의 전 존재 안에서 섬긴다.

제1장 요약

1. 펠라기우스에게 있어서는 하나님의 내적 은혜를 위한 자리가 없었지만 아우구스티누스에게 있어서 내적인, 은밀한, 유효한 은혜는 필수적이었다. 이런 차이는 인간의 타락 상태에 대한 이해에서 비롯된다.

2. 로마가톨릭교회에서 말하는 선행하는 은혜는 인간의 의지에 따라 수용 여부가 결정되는 인간 의존적 은혜에 불과하다. 이는 세미펠라기우스주의적 사상이다.

3. 개혁파는 언약의 주관적 적용이라는 측면에서 은혜의 출발점이 전적으로 하나님으로부터 시작된다는 점에서 완전한 동의가 있었다.

4. 개혁 신학에서 말하는 내적 부르심 또는 중생은 유효적 또는 불가항력적 은혜라고 불리지만 좀처럼 '직접적'이라고 불리지는 않는다. 그러나 이 은혜가 사람 내부에서 곧장, 매개 없이 그리고 사람의 지적 동의나 자유 의지의 행위에 의존하지 않고 일한다는 점에서 '직접적'이라고 불리는 것은 타당하다.

제2장

하나님의 은혜에 있어서 항변파에 대항하는 개혁파의 방어

1. 개혁파 대 항변파

중생하고 믿음 안에서 그리스도와 그분의 모든 은덕을 받을 수 있도록 죄인의 마음에 성령님이 직접 역사하신다는 교리는 항변파와의 논쟁 속에서 네덜란드 개혁파에 의해 강력하게 지지를 받고 더욱 넓게 발전되었다.[1]

---

1 영문 편집자 주: 물론 바빙크는 여기에서 네덜란드에 맹렬하게 들이닥친 논쟁을 언급하고 있는데, 이로써 도르트 총회(1618-19)가 촉발되었다. 도르트 총회에서 항변파의 다섯 가지 교리적 불만이 판결되었는데, 그것은 이른바, 조건적 선택, 비형벌적 대속, 완화된 인간의 부패, 저항 가능한 은혜 그리고 협력적 견인이다. '항변파'는 알미니우스의 죽음 이후에 그의 신학적 관점을 고수하는 사람들에게 주어진 이름인데, 이 이름은 그들의 관점에 대한 해설과 변호로 1610년에 작성된 '항변서' 또는 불평으로부터 유래한 것이다. 항변서는 얀 아우턴보할트(Jan Uytenbogaert)가 쓴 것이 유력하며 네덜란드 정부에 제출되었다. 논쟁 중인 5개 조항 외에 항변파는 자신의 입장에서 학문적 자유와 신앙고백적 신조에 대한 엄밀한 동의에 의해 규제받지 않는 성경의 자유로운 검토를 탄원했다.

역자 주: 항변서 또는 항의서(1610)의 한글판은 다음 자료에서 볼 수 있다. 마키다 요시카즈, 『도르트총회 기독교 신앙을 정의하다』, 이종전 역 (인천: 아벨서원, 2019), 78-81. 또는 제임스 패커, 『알미니우스주의』, 이스데반 역 (서울: CLC, 2019), 107-112.

1) 세미펠라기우스주의의 부흥

알미니우스와 그의 추종자들은 세미펠라기우스주의의 오류로 다시 떨어졌고 은혜의 작용을 인간의 의지에 의존하도록 만들었다. 알미니우스는 이미 1604년 2월 7일에 출간된 예정에 대한 자신의 주장 가운데 하나님이 의로우신 재판관일 뿐만 아니라 또한 사랑이 많으신 아버지이시며 타락한 인류 안에서 영원부터 다음과 같은 구별을 만드셨다고 가르쳤다.

즉, 자신의 죄로부터 돌아서고 그리스도 안에 믿음을 두는 사람들의 죄를 하나님은 용서하시고 그들에게 영생을 수여하시지만 마음이 굳은 사람들에게는 벌을 내리신다는 구별 말이다. 더 나아가 하나님은 모든 사람이 회심하고, 진리의 지식을 알게 되고, 그렇게 머물기를 기뻐하시지만 아무도 강요하지는 않으신다고 가르쳤다.

항변파는 1611년에 열린 헤이그 회담에서 사람이 자신의 힘이나 자신의 자유 의지의 공덕으로 구원하는 믿음을 획득하는 것이 아니라, 성령을 통해 그리스도 안에서 하나님에 의해 오성, 성향 그리고 의지 가운데 거듭나고 새롭게 될 필요가 있다고 말했다. 그리고 그런 하나님의 은혜는 모든 선한 것의 원리, 진전, 완전함을 조성한다고 말했다.

그러나 항변파는 이 은혜가 일하는 방식이 불가항력적이지 않다고 덧붙이면서 모든 것을 뒤집어엎었다. 그래서 항편파는 어떻게 인간의 의지가 은혜를 따라서 일하지 않는지 그런데도 어떻게 은혜에 의해 능력을 받으며 믿고 회개할 수 있게 되는지 아니면 받은 은혜를 거부하고 거절할 수 있게 되는지에 대해 설명할 것을 요구받았다.

바로 이런 과정을 거치면서 항변파는 도르트 총회에서도 사람을 회심하게 하는 유효적 은혜는 불가항력적이지 않다고 설명했다. 비록 하나님은 말씀의 수단과 성령의 내적 작용 때문에 의지를 움직이시지만, 믿을 능력 또는 필수적인 초자연적 힘을 제공하신다. 그리고 또한 믿도록 사람을 이끄신다. 그런데도 사람은 자신의 힘으로 이 은혜를 경멸할 수 있고, 믿지 않을 수 있으며, 이런 방식을 따라 그는 결과적으로 자기 자신의 잘못을 통해 멸망에 빠질 수 있다.

항변파는 자신의 의견을 다음과 같은 설명을 가지고 더욱 분명하게 했다.

> 비록 하나님의 은혜는 하나님의 전적으로 자유로운 뜻을 따라서 상당히 불공평할 수 있지만, 성령님은 말씀의 설교를 듣는 모든 사람에게 다양한 단계 가운데 회심을 촉진하기에 충분할 정도의 큰 은혜를 주시거나 그렇게 주시고자 준비하신다.
>
> 이런 점에서 하나님이 자신의 절대적 선택의 작정에 따라서 구원하기를 기뻐하신다고 선언하셨던 그런 사람들이 믿음과 회개로의 충분한 은혜를 받을 뿐만 아니라 실제로 회심하지 않은 사람들도 충분한 은혜를 받는 것이다.

이런 설명은 모든 것을 명확하게 한다. 즉, 항변파의 의견에 따르면, 복음 아래에 사는 모든 사람이 믿고 회개하기 위한 충분한 은혜를 받거나 받을 수 있다. 그러나 그들이 결과적으로 믿고 회심할지는 자신의 의지에 의존한다. 그러므로 성령의 은혜는 사람에게 의존적이다. 사람의 동의, 사람의 자유로운 의지의 결정은 은혜와 은혜의 작용 사이에 선다.

그러므로 항변파는 내적, 유효적, 저항할 수 없는, 독립적으로 일하는 성령의 은혜를 부인했다. 다시 말해서 성령님이 직접적이고 비매개적으로 역사하시는 은혜를 부인했다. 그리고 그들은 단지 도덕적이고 권고적인 은혜만을 받아들였다.

이것은 에피스코피우스(Episcopius)의 글을 볼 때 충분하게 확증될 수 있다. 왜냐하면, 여기에서 그는 "직접"이라는 단어를 도입하기 때문이다.[2]

---

[2] 영문 편집자 주: 시몬 에피스코피우스(Simon Episcopius, 1583-1643)는 매우 영향력 있는 알미니우스주의 또는 항변파 신학자였다. 특히 그는 알미니우스주의의 근거를 도르트 총회(1618-19)에 제출했다. 그는 네 권으로 된 알미니우스 신학 전체 강해집인

자신의 46년간의 신학적 논쟁 기간을 결론짓는 질문은 다음과 같다.

인간의 지성이나 의지에 성령의 '직접' 활동이 요구되는 것인가?

아니면 단순히 외적으로 설교되는 말씀의 기초 위에 어떤 사람이 믿을 수 있다고 성경에 약속되어 있는가?

이 질문에 대해 그는 부정적 답을 제공한다. 만일 그런 성령의 직접적 활동이 존재할 수 있다고 하더라도 그것이 요구되는 것은 아니다. 어떤 경우이든지 사람은 그런 성령의 직접적 활동을 거부할 수 있는 자유를 누린다.

2) 항변파의 오류에 대한 도르트의 거부

이런 항변파의 견해는 도르트 총회에서 거부되었다. 그런 주장에 대항해 당시의 개혁파 기독교인들은 다음과 같이 주장했다.

본성적으로 사람은 죄와 불법 속에서 죽어 있으므로, 언약의 은덕들을 적용함에서 하나님은 일차적 행위자가 되셔야 한다. 그래서 하나님은 자신의 은혜에 의해 잠재성만을 일으키시는 것이 아니라 믿음 그 자체도 일으키도록 사람의 내부에서 일하신다.

도르트 총회의 결정은 이 중요한 사안에 대한 개혁파의 가르침을 기록한 것으로 잘 알려져 있는데 우리의 목적을 따라서 그저 간략하게 회상할 필요가 있다.

첫째, 위의 내용과 관련해 도르트의 선조들은 믿음과 회개를 사람에게 귀속시키지 않는다.

믿음과 회개가 마치 사람의 자유 의지의 발휘에 의한 것처럼 어떤 사람이 믿음과 회개를 위해 충분한 은혜를 동일하거나 비슷하게 받은 다른 사

Institutiones theologicae (1650-51)를 저술했다.

람들로부터 그 자신을 구별시킬 수 있는 것처럼 말이다. 오히려 믿음과 회개는 하나님께 귀속된다. 하나님은 영원으로부터 그리스도 안에서 자신의 사람들을 택하셨으므로 하나님은 이 동일한 사람들을 시간 내에 유효하게 부르신다. 그들에게 믿음과 회개를 부여하시고, 그들을 어둠의 권세로부터 끌어내시고, 그들을 하나님의 아들의 나라로 옮기시면서 말이다(도르트 신조 2조 7항).

둘째, 도르트의 선조들은 다음과 같이 고백한다.

하나님은 자신의 선한 즐거움을 택자들 안에 실행하실 때, 그들에게 복음이 설교되고 성령님이 유효하게 그들의 이해를 조명하게 하실 뿐만 아니라 중생케 하시는 동일한 성령의 외적 권능을 통해 사람의 가장 깊은 내부 속으로 침투해 들어가서서, 그들의 닫힌 마음을 여시고, 굳은 것을 부드럽게 하시며, 할례받지 못한 것을 할례받게 하시고, 인간의 의지 안에 새로운 능력을 주입하시고, 죽은 사람들을 살아나게 하시고, 악한 사람들을 선하게 하시고, 거부하는 사람들을 순응적이게 하시고, 완고한 사람들을 순종적이게 하신다(도르트 신조 3-4조 10-11항).

더욱이 그들은 성령의 이런 작용을 중생, 갱신, 새 창조, 죽음으로부터의 부활, 소생과 같은 용어들을 사용해 묘사했다. 그들 또한 하나님은 우리의 능력과는 무관하게 이 모든 것을 우리 내부에서 일으키신다고 선언한다. 왜냐하면, 중생은 도덕적 권고의 수단에 의해 일어나지 않기 때문이다. 이런 권고로 주어지는 것은 중생과 회심의 여부와 관계없이 인간의 능력 안에만 머무를 뿐이다.

오히려 중생은 전적으로 초자연적이고, 전능하다. 그리고 충만하게 친밀하고, 경탄스럽고, 묘사 불가한 작용이다. 중생의 탁월함은 세상의 창조나 죽은 자의 부활보다 더 낮거나 더 작게 평가되지 않는다(도르트 신조 3-4조 12항).

셋째, 이 모든 것으로부터 도르트 총회의 신학자들은 하나님이 그런 기적의 방식으로 사람들의 마음에서 일하실 경우, 각 사람은 분명히 무오류하게 그리고 유효하게 중생하고 실제로 믿는다는 판결을 공식화했다. 이 관점에서 볼 때, 믿음은 하나님의 선물이다. 하나님이 사람의 자유 의지에 제공한 것이 아니라 믿음이 실제로 사람 내부에 수여되고, 불어넣어지고, 주입된다는 점에서 말이다.

더욱이 믿음이 하나님의 선물인 것은 하나님이 단지 믿을 잠재성만을 주시고 이후에 믿음의 수락이나 발현이 사람의 자유 의지에 부합할 것이라는 점에서가 아니다. 오히려 믿음이 하나님의 선물인 것은 하나님이 사람 내부에서 믿을 의지와 믿음 그 자체 둘 다를 활성화하는 방식으로 일하시기 때문이다. 하나님만이 홀로 의지와 행위를 일으키신다. 그러므로 하나님은 모든 것 안에서 모든 것이 되신다(도르트 신조 3-4조 14항).

이것은 도르트 총회가 항변파의 의견에 대항해 제시한 판단이다. 선행하는, 도덕적, 권고적 은혜는 사람이 믿고 회개하는 데는 불충분하다. 하나님의 말씀이 행하시는 능력에 의해 다른, 내적인, 은밀한 성령의 역사가 반드시 나란히 와야 한다. 이런 성령의 역사는 처음으로 믿음과 회개를 위한 잠재성을 제공하고, 그러고 나서 두 번째로 그 잠재성을 믿음과 회개의 행위 안에서 무오류한 확실성과 함께 실제화되도록 촉진한다.

이런 성령의 역사는 도르트 총회에 의해 다양한 외국의 그리고 국내의 대표자들이 판단한 것과 같이 조화를 이루는 방식으로 묘사된다. 그것은 내적인, 숨은, 은밀한, 강력한, 유효한, 초자연적인, 전능한, 난공불락의, 불가항력적인, 은혜로운, 우아한 은혜라고 불린다(도르트 신조 3-4조 12항).

그러나 '직접적 은혜' 또는 '직접적 중생'이라는 어구는 사용되지 않는다. 이런 어구는 우리가 나중에 보게 되는 것처럼, 몇몇 개혁파 신학자에 의해 그렇게 묘사되었다. 정당하게 이해된다면, 이 표현이 거부되어서는 안 된다. 그러나 이 용어는 도르트 총회에 의해 그리고 많은 신학자에 의해 아마도 의도적으로 회피되었을 것이다. 왜냐하면, 이 용어는 쉽게 오해를 야기하고 우리가 나중에 살펴볼 항변파의 반대를 지지하는 것으로 생각될 수 있었기 때문이다.

그런데도 개혁파의 가르침을 따라서 볼 때, 성령님은 은혜의 방편을 통해서만 일하시는 것과는 다른 방식으로 중생과 믿음을 일으키신다는 것이 분명하다(도르트 신조 3-4조 17항).

오히려 성령님은 사람의 마음 가장 깊은 곳으로 침투하시고 닫힌 마음을 여신다. 우리의 능력과는 무관하게 성령님은 우리 안에서 우리를 살리는 방식으로 일하신다. 성령님은 자신의 신적 능력으로 심지어 사람 안에 거하시고 지성, 의지 그리고 기질의 새로운 성향을 주입하시고 어두움, 완고함 그리고 방종을 사라지게 하시고, 밝음, 자원하는 마음 그리고 의로움으로 바꾸신다(도르트 신조 3-4조 11항).

2. 구원의 방식으로서 성령의 내적이며 확고한 은혜

어떤 사람이 오해 없이 성령님이 행하시는 이 중생을 직접 작용이라고 부를 수 있는지에 대한 질문에는 다양한 답변이 제공될 수 있다. 이 사안 자체와 관련해 의견 차이는 없다. 다만, 이 문제는 개혁 신학의 심장, 즉 구원의 적용에 관한 가르침 안에서 성경의 가장 중심부를 건드린다.

비록 사안 자체는 분명하지만, 우리는 성령의 내적이며 확고한 은혜에 관한 개혁파의 가르침에 연루된 깊은 중요성을 지적하기 위해 몇 마디를 언급해 둘 필요가 있다.

우선, 이 문제는 '구원론적 관심'에 연루된다. 이것은 구원의 전체 사역이 구원의 획득과 적용 양편에 있어서 이 은혜의 교리 안에 밀접하게 연루되어 있음을 의미한다. 왜냐하면, 만일 도덕적, 권고적 은혜가 인간의 중생을 위해 충분하다면 죄에 관한 성경 전체의 가르침이 영향을 받는다는 것을 모든 사람이 즉시 알 수 있기 때문이다. 이와 더불어 이런 전체적 구원 교리는 성경을 따라서 볼 때 그리스도에 의해 획득되었고 적용되기 때문이다.

처음에 항변파는 충분히 우호적인 얼굴을 내밀었다. 헤이그 회담에서 그리고 도르트 총회에서 그들이 제출한 세 번째와 네 번째 조항들은 그다지 흠이 없는 것으로 드러난다. 그들은 사람이 자기 스스로 또는 자신의 자유 의지의 공덕에 의해 구원하는 믿음을 소유하는 것은 아니라고 선언했다. 사람은 오성, 성향, 의지 그리고 자신의 모든 능력 안에서 성령을 통해 그리스도 안에서 하나님에 의해 중생되고 갱신되어야 한다. 그리고 하나님의 은혜가 모든 선한 것의 원리, 진전 그리고 완전함이시다.

그러나 독(毒)이 그들의 출발점 내부에 숨은 것으로 드러났다. 넷째 조항의 마지막 부분에서 그들은 이 은혜의 작용은 불가항력적이지 않다고 말했다. 그러므로 항변파는 자신들의 반대가 단지 '불가항력적'이라는 용어에만 적용되는 것처럼 보이도록 그 조항을 꾸몄다.

그러나 이것은 훨씬 더 부정직한 일이었는데. 왜냐하면, 개혁파는 불가항력적이라는 용어를 진정으로 원했던 것은 결코 아니기 때문이다. 그리고 때때로 이 용어는 개혁파에 의해 심지어 거부되었고 오히려 '확고한' 이라는 용어로 바꾸기를 선호했다. 더욱이 예수회로부터 빌려 온 불가항력적이라는 용어를 개혁파 위에 올려놓은 장본인은 바로 항변파였다.

그런데도 항변파가 말하는 개념은 점차 더욱 분명하게 되었다. 항변파의 주장을 따라서 볼 때, 하나님의 은혜는 분명히 필요했다. 그러나 그 은혜는 단지 하나님의 말씀 때문에 제공되는 도덕적 권고안에 존재했다. 헤이그 회담에서 항변파는 다음과 같이 표현했다.

> 우리는 하나님의 말씀에 기초해 성령님이 다른 어떤 능력이 아니라 말씀을 통해(*per verbum*) 회개 가운데 일하신다는 것을 믿는다. 왜냐하면, 말씀은 중생의 유일한 씨앗이기 때문이다.

따라서 죄에 대한 성경 전체의 교리는 위태롭게 되었다. 왜냐하면, 만일 어떤 권고적 은혜가 충분하다면 그리고 만일 어떤 사람이 죄와 불법 속에서 죽어 있지 않다면 또한 만일 그의 이해가 일정 부분만 어두워져 있고 그의 의지가 일정 부분만 약화되어 있다면 복음을 수용하기 위한 사람의 자유와 능력은 부인될 수 없기 때문이다. 항변파는 이 점에 동의했다. 마치 복음을 수용하기 위한 능력이 복음 아래에 사는 모든 사람에게 성령에 의해 제공되고 수여된 것처럼 말이다.

그러나 사실 그 능력은 복음 자체의 설교에 지나지 않는 것으로 드러났다. 그러므로 이후에 항변파는 어떤 특별한 그리고 직접 또는 내적 조명을 떠나 각 사람이 자신의 이성을 도입하기만 하면 구원, 믿음 그리고 행위를 위해 요구되는 성령의 의미를 쉽게 이해할 수 있다고 단도직입적으로 선언했다.

그러나 만일 어떤 사람이 죄와 불법 가운데 죽어 있지 않다면, 구원 사역의 특징은 다음과 같이 전적으로 바뀌어 버린다. 그리스도는 구원의 가능성만을 획득한 것이고, 구원 그 자체는 그리스도의 사역이 아닌 것이 된다. 그리스도의 제사장적 모든 직무는 쓸데없는 것이 되고 사라져 버린다. 그리스도의 희생을 위한 자리는 더 이상 존재하지 않는다. 그리스도는 진리를 선포하셨던 선지자만으로 충분하다. 그 진리의 선포 때문에 사람은 믿음과 회개로 일깨워진다. 결과적으로 이런 경로를 따라서 그 사람 스스로 구원을 획득한다.

많은 사람에게 있어서 이 항변파가 주장하는 경로는 천국으로 가는 구원의 가능성을 창조하는 것처럼 보인다. 그러나 사실 항변파의 주장은 수많은 사람에 대해 이 가능성을 제거해 버린다. 왜냐하면, 만일 헤이그 회담에서 말한 대로, 하나님의 말씀이 유일한 중생의 씨앗이라면 유아기에 죽는 모든 유아, 정신적으로 손상된 모든 사람 그리고 정신적 불능으로 인해 고통당하는 모든 사람이 구원으로부터 배제되기 때문이다.

하나님의 말씀이 유일한 중생의 씨앗이라고 할 때 더욱 잘못된 것은 그리스도가 길이요, 진리요, 생명이므로 아무도 그를 통하지 않고는 아버지께 나올 수 없다는 그리고 예수님의 이름 외에 사람이 구원받을 수 있는 다른 이름이 하늘 아래에 주어지지 않았다는 성경의 단순한 선언에 모순될 수밖에 없다는 사실이다.

3. 성령의 내적 은혜 그리고 하나님과 창조의 관계성

이런 방식으로 항변파의 내적 은혜에 대한 거부는 기독교 진리의 온전한 고백 속으로 깊이 끼어든다. 그러나 두 번째 신학적 관심에 연루된다. 이른바 '하나님과 피조물 사이의 관계성'이 대체로 완전히 바뀌고 만다. 왜냐하면, 만일 성령님이 사람 내부에 거하실 수 없다면 그리고 오히려 반드시 사람 외부에 머물러 있으셔야 한다면 또한 말씀을 통해 외부에서만 사람에게 일할 수 있으시다면 그런 가르침은 원론적으로 세상에 대해 하나님이 관계하시는 방식이 성경에 직접 배치된다는 것을 받아들이는 꼴이기 때문이다.

분명 우리 하나님은 하늘에 거하시고 그분이 기뻐하시는 모든 것을 행하신다. 범신론의 가르침과 달리 하나님은 세상 안에 갇혀 있지도 않으시고, 세상의 본질과 동일하지도 않으시다. 하나님과 그분의 피조 세계 사이에 무한한 거리가 존재한다. 그 거리는 무한한데 양에서가 아니라 질에서 그러하다. 공간의 의미가 아니라 특성과 본질에서 그러하다.

왜냐하면, 비록 하나님은 전적으로 특별한 방식으로 그곳에서 자신을 계시하신다는 점에서는 하늘에 계시지만 지구 위에나 지옥 안에, 사람이나 짐승 안에, 물질이나 영혼 안에 어디에나 현존하시기 때문이다. 하늘의 하늘이라도 하나님을 담지 못한다. 하나님은 모든 것을 자신의 능력의 말씀 때문에 지지하신다. 우리는 하나님 안에서 살고, 움직이고, 존재한다. 하나님은 우리 중 누구로부터도 그렇게 멀리 떨어져 있지 않으시다. 그분의 섭리는 전능하고 어디에나 존재하는 능력이며 이로써 하나님은 모든 것을 유지하고 다스리신다.

이런 성경적 개혁파의 개념 안에서 하나님의 섭리는 내적 은혜를 반대하는 사람들로부터 지지받지 못한다. 내적 은혜를 반대하는 사람들의 하나님은 멀리 떨어져 계신 분이다. 하나님은 세상으로부터 측량할 수 없는, 끝없는 거리를 둔 곳에 사신다. 하나님과 피조물의 가장 내부의 본질 사이에는 항상 무언가가 서 있다. 비록 하나님은 창조주로서 알려지시지만, 이 개념은 세상이 창조되었을 때 하나님은 피조물 그 자체를 그냥 두셨다는 그런 방식으로 해석된다.

하나님은 피조물을 스스로 발전해 나가기에 충분한 능력으로 입히셨다. 단지 본성적 능력만이 아니라, 지적, 도덕적, 종교적, 영적 능력까지도 말이다. 기껏해야 하나님은 세상이 이래저래 엉망이 될 위험에 처할 때마다 바로잡고 정돈하기 위해 가끔 외부로부터 개입할 필요를 가지실 뿐이다. 나머지 상황 속에서, 세상은 기계와 같이 그리고 시계와 같이 작동한다.

이런 관점에서 보면 계시, 예언 그리고 기적은 전적으로 이질적 요소이다. 그래서 이런 것들은 가능한 제한되고 궁극적으로 거부된다. 왜냐하면, 그것들은 전적으로 쓸데없거나 심지어 해를 입히고 하나님에 대해 무가치한 것들이기 때문이다. 이런 식으로 이신론은 합리주의와 도덕주의로 인도한다.

4. 종교적, 언약적 문제로서 성령의 내적 은혜

마지막으로 내적 은혜에 대한 거부 안에서 하나의 깊은 종교적 관심 또한 위험에 처한다. 왜냐하면, 종교는 본질에서 하나님과의 교제 그 이상의 어떤 것이 아니기 때문이다. 신격의 세 위격 간 교제와 그리스도의 두 본성 간 교제에 버금가는 것으로 생각되고 이해될 수 있는 가장 깊고, 내적이며, 다정한 교제 말이다. 이 교제는 언약이라는 아름다운 교리 안에서 성경이 표현하는 것이다.

왜냐하면, 언약은 하나님이 자신의 형상으로서 자신과의 교제 안에 사람을 두시고 그를 자신과의 교제 안에서 지속해서 거하도록 인도하시는 하나님의 행위를 말하기 때문이다. 그 교제는 부부 간의, 포도나무와 가지 사이의, 기초와 그것의 상부 구조 사이의 관계보다 더욱 친밀하고 다정하다.

그러나 은혜가 단지 도덕적이라고 가르치는 관점은 이런 부류의 종교에 대해 아무것도 알지 못한다. 그런 관점에는 언약을 위한 자리가 없으며 단지 주인과 종 사이에 맺는 계약만 있을 뿐이다. 하나님은 명령과 교훈을 주시는 주인이시고 사람은 보수의 관점에서 하나님과 관련이 있는 노예이다. 사람은 자신이 수행하는 일에 비례한 보수를 하나님께 주장한다.

이것은 특별히 자기 의를 내세우고 행위 구원에 잘 어울리는 바리새인들의 종교다. 이 세상의 세리들과 죄인들을 위한, 회개하는 막달라 마리아들을 위한, 통곡하는 베드로들을 위한 위안과 측은함이 없는 그런 종교 말이다. 역사는 종교의 인장을 도르트 신조의 결정에 두었다. 항변파의 교리는 언뜻 보기에는 매우 온건하고 달콤하지만, 모든 종교를 소멸시키고 약화하도록 합리주의와 이신론을 위한 길을 열었다.[3]

결과적으로 항상 모든 교회는 칼빈과 아우구스티누스, 바울과 요한 그리고 성경으로 돌아갔다. 인간의 마음은 하나님을 위해 창조되었고 하나님 아버지의 마음 안에서 쉼을 발견할 때까지는 쉬지 않는다. 멀리 떨어져 거하시는 하나님은 우리 마음의 필요를 만족하게 하시는 하나님이 아니다. 우리는 하나님 안에서 살아야 하고, 움직이고, 존재해야 한다.

---

3 영문 편집자 주: 바빙크는 항변파 입장의 변형과 변질에 대해 언급하고 있다. 아니면 적어도 항변파의 큰 부류가 광교주의자가 되었고, 합리주의와 자유주의에 굴복하는 것을 언급하고 있다. 1618년부터 1632년까지 항변파는 네덜란드에서 예배를 드리는 교회를 가지지 못하도록 금지되었다. 그래서 많은 설교자가 면직되었고 다른 사람들은 추방되었다. 항변파는 자신들의 교회를 조직하면서 1619년에 항변파 개혁주 형제단을 결성했다.

이런 관점은 내적인, 확고한 은혜의 교리 안에서 유지된다. 왜냐하면, 우리는 그런 교리에서 성령과 함께 하나님 자신이 우리 안에 거처를 만들기 위해 오시고, 폐기와 변경이 없는 언약적 교제 안에 우리를 두신다고 고백하기 때문이다.
이는 예수님이 말씀하신 바와 같다.

> 아버지께서 내 안에 내가 아버지 안에 있는 것 같이 그들도 다 하나가 되어 우리 안에 있게 하사 세상으로 아버지께서 나를 보내신 것을 믿게 하옵소서(요 17:21).

5. 하나님의 주권과 인간의 책임

비록 내적 은혜의 교리 안에 비중 있고 종교적 관심사가 연루되어 있지만, 개혁파는 우선 그런 이유로 그리고 그런 고려에 기초해, 내적 은혜를 고백하거나 변호한 것은 아니다. 오히려 개혁파는 성령의 확고한 은혜의 교리가 말씀 안에서 하나님에 의해 계시되었고, 성경에 기반을 두었다는 점을 견고하게 확신했다. 이성과 사상의 인간적 방법이 아니라 하나님의 말씀이 개혁파가 자신들의 신앙고백을 두는 견고한 기초였다. 그 신앙고백은 개혁파가 의존했던 표준이요, 그들의 걸음을 비추었던 빛이다.
성경을 조사하고 진리의 지식을 심화시키면서, 항변파와의 논쟁은 적지 않게 유익했다. 이미 더 이른 시기에 다소 분명한 구별이 만들어졌었다. 언약 자손과 관련해 그리고 재세례파에 대항해 믿음의 잠재성과 믿음의 발현 사이에 수동적 개념에서의 회심과 능동적 개념에서의 회심 사이에 또는 몇몇 경우에는 심지어 중생과 회심 사이에 말이다.
그러나 역사적으로 그 시점에서는 이런 구별이 아직 개혁파의 의식에 통상적으로 침투하지 않았으며, 개혁파 신앙고백과 교의학 안에서 넓게 받아들여진 것도 아니었다. 이런 구별과 관련해 벨기에 신앙고백과 하이델베르크 요리 문답은 단지 희미한 지침만 제공할 뿐이다. 오히려 구원의 은덕의 적용에 대한 묘사는 종종 믿음 또는 회심 교리와 함께 시작되었다.

그러나 17세기 초에 일어난 종교 분쟁과 관련해 이 상황에 변화가 왔다. 예를 들어, 항변파는 헤이그 회담에서 자신들의 입장에 동의하도록 개혁파에 압력을 가했을 때 이 변화를 매우 분명하게 인식했다.

먼저 믿기를 원하지 않고는 아무도 믿을 수 없으므로, 사람은 믿음으로 나아오거나 나아오지 않을 능력을 갖춘다. 왜냐하면, 사람은 여전히 본성적으로 그 능력을 소유하거나 아니면 복음 설교를 통해 그 능력을 받기 때문이다. 어떤 경우이든지 항변파가 특별하게 언급한 대로 사람이 중생을 위해 제공된 성령을 받거나 거부하기 위해 의지는 자유롭게 되어야 했다.

그래서 그 사람의 중생 또는 갱신은 사람의 의지의 동의에서 시작하고 그것에 의존한다. 처음에 믿음이 잠재성으로 주입되는 것이 아니라, 오히려 일로 그리고 행위로 시작한다. 믿음의 성향은 실제 믿음에 선행하는 것이 아니라, 실제 믿음의 열매인데 지속적 믿음의 실행을 통해 획득된다.

항변파는 이런 의견을 지지하기 위해 은혜의 일반적 제공을 말하는 그리고 사람이 믿음과 회개로 부름받는 것을 말하는 성경 구절에 의존했다. 하나님 편에서 하나님은 개인의 구원을 위해 행해야 할 모든 것을 하셨다. 하나님은 그분의 포도원을 디자인하셨고 일구셨다. 돌을 치우셨고, 선택한 포도나무를 심으셨다.

그리고 이제 하나님은 물으신다.

"미완으로 남겨 둔 나의 포도원에 대해 내가 무엇을 더하리요?"(사 5:1-4)

이런 묘사에 따르면, 다음의 것들은 전적으로 사람에게 의존한다. 그가 그리스도에게로 오기를 원할지(요 5:40), 하나님의 말씀을 듣고자 원할지(렘 7:26; 겔 12:2; 슥 7:11; 마 13:14; 행 28:26), 하나님의 명령을 지키고자 할지(시 78:56) 그리고 성령에 저항할지(사 63:10; 행 7:51)에 관해서 말이다. 그러므로 믿음과 불신에 관한 결정은 사람에게 달려 있고 사람의 손에 놓여 있다. 더욱이 성경이 불신에 대한 책임을 하나님이 아니라 각 사람에게 둔다는 것은 의심의 여지가 없다.

도르트에 모인 개혁파 교회들은 이 가르침을 다음과 같이 진심으로 고백했다.

> 복음의 선포 때문에 부름을 받고도, 나아오지 않고 회심하지 않은 많은 사람이 있다. 이에 대한 죄책은 복음에 있지도 않고, 복음 안에서 제공된 그리스도께 있지도 않으며, 심지어 복음으로 부르시고 자신이 부르시는 사람들에게 다양한 은사를 주시는 하나님께 있지도 않다.
>
> 오히려 그런 죄책은 부름을 받은 사람에게 있다. 그들 중 일부는 부주의하게 되고, 생명의 말씀을 받아들이지 못한다. 다른 사람들은 그것을 받아들인다. 그러나 마음을 다해 받지 않는다. 그러므로 일시적인 믿음으로 잠깐 기뻐한 후에 그들의 처음 상태로 돌아간다. 다른 사람들은 근심과 세상의 욕망의 가시로 말씀의 씨앗을 억누른다. 그리고 아무런 열매도 내지 않는다. 이 모든 것은 우리 구주께서 마태복음 13장에서 씨의 비유 안에서 가르치신다(도르트 신조 3-4조 9항).

그러므로 개혁파는 항변파가 의존한 그 성경 구절들에 충분한 정당성을 두어야 하고 진정 그렇게 둘 수 있다. 성경은 그 자체가 표현하는 것과 관련해 우리의 사상 체계에 끼워 맞추기 위해 왜곡되지 않아야 한다. 성경은 외적 부르심 안에서 하나님이 죄인들에게 차별 없이 복음을 제공하시고, 이 부르심을 경멸하는 사람은 자신의 불신과 파멸에 대해 오직 자기 자신에게 잘못이 있다는 점을 의심의 여지 없이 밝힌다.

하나님은 복음의 부르심 안에서 도덕적 경로를 따라 우리에게 오신다. 하나님은 우리를 통나무나 벽돌로 다루지 않으시고, 이성적 피조물로 다루신다(도르트 신조 3-4조 16항). 외적 부르심 안에서 하나님은 사람에 대한 자신의 정당한 요구를 유지하신다. 죄인은 죄를 지음으로 자신이 진실로 자유롭게 되고 하나님을 예배하는 것으로부터 해방되었다고 생각할 수도 있다.

그러나 그것은 사실이 아니다. 하나님이 사람에게 요구하시는 것은 사람이 얼마나 깊이 타락했는지에 관계없이 빼앗길 수 없고 비난할 수 없는 것으로 남는다. 그런 이유로 인해 하나님은 자연과 역사를 통해, 율법과 복음을 통해 지속해서 사람을 부르신다. 그래서 사람은 자신이 당연히 하나님께 속하고, 하나님을 예배하고 영화롭게 하도록 창조되고 설계되었다는 것을 인식하게 된다.

비록 성경은 이 모든 것을 분명하게 가르치지만 그리고 불신의 죄책을 사람에게 두지만, 거기에서 끝나지 않는다. 왜냐하면, 부르심은 사람 중에 꽤 다양한 결과를 낳기 때문이다. 어떤 사람의 경우 그리스도는 타락을 위한 이유가 되지만, 다른 사람의 경우 그리스도는 회복을 위한 이유가 된다. 어떤 사람에게 복음은 사망으로 이끄는 사망의 냄새이지만, 다른 사람에게는 생명으로 이끄는 생명의 향기다.

어디에서 이런 차이가 오는 것인가?

어떻게 많은 사람이 그들 자신을 완고하게 하지만 다른 사람은 그리스도 안에 있는 믿음으로 나와서 그분 안에서 구속을 발견하게 되는가?

성경의 가르침에 따르면, 그 원인은 개인 내부에 존재할 수 없다. 왜냐하면, 본성적으로 모든 사람은 동일하기 때문이다. 사람은 모두 자신의 어머니가 임신한 결과로 죄와 불의 안에서 태어난다. 사람의 마음의 생각은 어릴 때부터 악하다. 그런 마음으로부터 모든 유형의 사악한 생각과 부정이 나온다. 그들의 이해는 어두워져 있고 그래서 그들은 하나님의 나라를 볼 수 없고, 성령께 속한 일들을 이해할 수 없다. 그들의 육신의 생각은 하나님과 대치된다. 이런 육적 생각은 하나님의 율법에 순종적이지 않고 그렇게 될 수도 없다.

그들 모두가 죄에 묶인 종이며 하나님 앞에서 책망받을 만하며 스스로 어떤 선한 것을 생각할 수도 행할 수도 없다. 구스인이 자신의 피부를 바꾸거나 표범이 자신의 반점을 지우거나(렘 13:23), 나쁜 나무가 좋은 열매를 내지 못하는 것처럼 말이다.

그런데 만일 부르심이 다양한 결과를 낸다면, 그 원인은 사람 내부에 있지 않다. 사람은 그들 자신을 차별화시키지 않는다. 하나님만이 자신의 선한 즐거움을 따라서 구별을 만드신다. 하나님은 다음과 같은 방식으로 그렇게 하신다.

이른바 하나님이 영원으로부터 그리스도 안에서 선택하신 사람들을 역사 속에서 유효하게 부르시고, 그들의 이해를 성령에 의해 조명하시고, 동일한 성령의 유효한 역사로 중생시키시고, 그들의 마음 핵심부로 침투하시고, 닫힌 마음을 여시고, 의지 안에 새로운 능력을 주입하시고, 의지를 죽음에서 생명으로 그리고 악에서 선으로 바꾸시고, 그래서 좋은 나무처럼 선행의 열매를 생산할 수 있게 하신다.

그러므로 성경은 우리에게 하나님의 약속을 따라서 말한다. 주님이 육신을 위한 새로운 마음 그리고 새로운 영을 자신의 사람들에게 주실 것이다. 그래서 결과적으로 그들은 주님을 알고, 주님을 전심으로 사랑하고, 주님께로 회심하고, 주님을 경외하고, 그들이 마땅히 행해야 하는 대로 주님의 규례 안에서 행하고, 주님의 정당한 권리를 칭송하면서 주님으로부터 떠나지 않게 된다(신 20:6; 시 51:12; 렘 24:7; 31:33; 32:39-40; 겔 11:19; 36:26 등).

이 모든 것 그리고 성경의 비슷한 구절들은 항변파의 개념에 대항하기 위해 개혁파에 의해 제시되었다. 항변파의 오류는 개혁파가 이런 점에서 이전보다 더욱 깊이 성경을 찾도록 촉진했다. 그리고 개혁파는 자신이 믿었던 진리에 대해 이전보다 더욱 열렬하게 숙고해야 했다.

하나님은 구속 사역 안에서 으뜸가는 행위자이시다. 하나님은 우리 편에서 성취한 어떤 공로나 조건과는 무관하게 순전히 그리고 오직 자신의 선한 즐거움을 따라서 새로운 마음을 주신다. 하나님은 이해를 조명하시고, 의지를 굽히시고, 충동을 다스리시고, 중생시키시고, 일깨우시고, 생기를 주신다. 그리고 하나님은 우리 자신의 행위와는 무관하게 우리 내부에서 그렇게 하신다.

우리 편에서 볼 때 우리의 마음 내부에서 일하시는 성령의 역사와 그 열매 사이에는 아무것도 존재하지 않는다. 이 성령의 역사는 좁은 의미에서 중생 또는 새 창조, 부활, 생동(生動, vivification)으로 불린다. 우리 지성의 동의, 우리 의지의 결정, 우리 마음의 갈망은 성령의 역사와 그 열매 사이에 들어오지 않는다. 하나님은 이 일을 우리 마음 안에서 성령을 통해 성취하신다. 그리고 하나님은 이것을 직접, 내적으로 그리고 확고하게 행하신다.

그러나 어떤 사람이 하나님에 의해 감동되어 지성, 마음 그리고 의지가 갱신될 때 그 사람 또한 일하기 시작한다. 그가 받은 은혜에 의해 그는 믿고, 회심하고, 하나님을 사랑하고, 하나님의 규례를 따라서 행하고 그분의 명령을 지킨다(도르트 신조 3-4조 12항). 성경에 기초해 도르트 신조는 중생과 회심(믿음) 사이에 있는 이런 구별을 개혁교회와 개혁 신학의 통상적 특성으로 만들었다.

제2장 요약

1. 항변파는 복음 아래에 사는 모든 사람이 믿고 회개하기 위한 충분한 은혜를 받을 수 있지만, 결과적으로 믿고 회심할지는 인간의 의지에 달렸다고 보았다. 항변파는 성령님이 직접 비매개적으로 역사하시는 은혜를 부인했고, 도덕적이고 권고적인 은혜만을 받아들였다.

2. 도르트 총회는 믿음과 회개를 하나님께 귀속시켰다. 도르트 총회는 성령의 역사를 중생, 갱신, 새 창조, 죽음으로부터의 부활, 소생과 같은 용어들로 묘사하면서 하나님은 우리 능력과는 무관하게 이 모든 것을 우리 내부에서 일으키신다고 선언했다.

3. 항변파가 말씀이 중생의 유일한 씨앗이라고 할 때, 그들은 권고적 은혜가 충분하다는 점을 염두에 둔다. 이는 죄와 불법 속에 죽어 있는 인간의 본성을 떠나 이성적으로 일깨워지기만 하면 복음을 수용할 수 있는 능력을 인간에게 할당한다. 여기에서 성령의 내적 은혜와 그리스도께서 구원자 되신다는 진리는 크게 훼손된다.

4. 성령의 내적 은혜를 부인하는 것은 이신론과 연결되고 계시, 예언, 기적이 거부되면서 합리주의와 도덕주의로 연결된다. 내적 은혜를 부인하면 하나님과 사람 사이의 언약 관계 안에서 유지되는 친밀한 교제라는 종교의 본질적 측면이 상쇄된다.

5. 항변파는 복음의 외적 부르심에 해당하는 성경 구절들을 활용해 인간의 의지에 자유를 부여하는 방식으로 내적 은혜를 부인하고 불신의 죄책을 사람에게 부여했다.

6. 개혁파는 불신의 죄책을 사람에게 두지만 믿음의 여부가 결정되는 것은 인간의 의지가 아니라 하나님의 내적 은혜에 있음을 성경을 통해 밝혀 냈다. 여기에서 좁은 의미의 중생 개념과 이로부터 나오는 회심 사이에 구별이 이루어졌다.

제3부

성령의 직접 사역과 은혜의 방편

제1장 은혜의 방편에 대해 아우구스티누스와 개혁파의 견해

제2장 도르트 총회의 부르심과 중생에 대한 견해

제3장 다른 개혁파 신학자들의 부르심과 중생에 대한 견해

제4장 은혜 언약과 교회에 대한 개혁파의 개념

제5장 중생의 시점에 대한 다양한 관점

제6장 비중 있는 대항 논증

제7장 구원의 서정 이해에 대한 재세례파와 개혁파의 차이

제8장 언약 안에 있는 성인들의 영적 상태에 대한 성경의 가르침

제9장 부르심과 중생 그리고 설교와의 관련성

제1장

은혜의 방편에 대해 아우구스티누스와 개혁파의 견해

1. 개혁파 대 항변파

우리가 쟁점을 다룸에 있어서 이전에 나온 첫째 질문은 앞 장에서 충분하게 답변이 이루어졌다.[1]

1) 답변한 첫째 질문

하나님의 말씀에 기초해 그리고 아우구스티누스의 노선에 따라, 개혁파는 말씀 단독으로는 죄인을 중생시키고 믿음과 회개로 불러내기에는 불충분하다고 가르쳤다. 말씀은 죄와 불법 가운데 죽은 사람을 다시 살려내기 위해 내적 은혜, 곧 성령의 역사를 수반해야만 한다.

그 은혜는 더욱 다양한 방식으로 묘사되었다. 그 은혜는 내적, 영적, 초자연적, 유효적, 확고한, 불가항력적 은혜라고 명명되었다. 그 은혜는 에베소서 1:19-20 안에 있는 바울의 말을 따라서 하나님의 능력으로 고려되었다. 그 은혜는 하나님이 그리스도를 죽음에서 일으키시고 그리스도를

---

[1] 역자 주: 이전에 나온 첫째 질문은 제1부 제1장 3항에서 제시된 첫째 질문(성령님은 어떤 방식으로 사람의 마음 안에서 일하시는가?)을 말하고, 이는 앞 장인 제2부 제2장에서 답변이 이루어졌다.

하나님 우편에 두셨을 때, 그리스도 안에서 하나님이 이루신 엄청난 능력의 사역에 비유되었다.

때때로 개혁파 신학자들은 이 은혜를 "직접적 은혜"라고 불렀다. 그러나 이 용어는 펠라기우스파와 항변파의 교리에 대항하는 가운데 사용되었는데, 그들은 말씀을 통한 성령의 도덕적 작용만을 받아들였다. 그들은 이 도덕적 작용과 중생 사이에 사람의 의지를 끼워 넣었고 중생을 그 의지의 동의에 의존시켰다. 그래서 항변파의 입장에서 중생은 항상 이런 의미에서 매개적이었다. 즉 중생은 오직 사람이 먼저 동의할 때 일어날 수 있다는 것이다.

이와 대조적으로, 때때로 개혁파는 성령님이 인간의 마음 안에서 직접 일하셨다고 말했다. 성령의 은혜는 말씀에 제한되어 있지 않았고, 단지 말씀을 통해 그 은혜가 작용한 것도 아니었다. 오히려 말씀과 함께, 말씀이 주어지는 곳에 은혜가 역사했다. 성령님은 자신의 신적인 능력과 함께 인간의 마음 가장 깊숙한 곳에 침투하셨다. 그리고 여전히 사람의 개입을 떠나서 그렇게 하시는 동안에 사람의 마음 '안에서' 중생을 성취하셨다.

2) 둘째 질문에 대한 고찰[2]

그러나 개혁파는 결코 직접적 은혜라는 문구와 함께 중생을 연결해 은혜의 방편인 말씀을 배제하려 하지 않았다. 말씀이 배제된다면 중생은 아마 말씀을 통해 매개적으로 일어나는 회개와 믿음에 대항해 잠시 정지 상태에 있게 될 것이다. 이 점은 이제 우리가 앞서 제기된 둘째 질문에 답해 나가면서 우리에게 분명하게 드러나게 될 것이다.

만일 성령님이 직접 임하시고 자신이 중생하기를 원하는 사람 내부에서 자신의 사역을 직접 성취하신다면, 이 직접적 작용은 은혜의 방편의 사용

---

2   영문 편집자 주: 제1부 제1장 각주 11번을 보라.

을 배제하는 것이 아닌가?[3]

만일 인간의 마음 내부에서 일어나는 성령의 역사가 직접적인 특징을 가진다면 은혜의 방편의 사용이 쓸데없고, 무익하고, 심지어 오류이거나 해로운 것이라는 점을 수반하지 않는가?

이 질문 내에 포함된 가정은 중요하다. 이 질문에 주어진 대답은 개혁신학과 다른 모든 신학 사상들 사이의 관계성을 결정한다. 예를 들어, 재세례파는 적어도 죄 가운데 죽은 사람이 하나님을 향해 살아나도록 인도하는 것과 관련짓는다면 은혜의 방편을 쓸데없는 것이나 또는 공허한 표지로 축소한다. 더욱이 이 질문은 현시대와 관련성을 가진다.

왜냐하면, 오늘날 많은 사람이 중생 안에서의 성령의 직접적 작용이 믿음과 회개와 관련해 성령의 매개적 작용과 대조적이라는 관점을 가지고 있기 때문이다.

---

[3] 영문 편집자 주: 은혜의 방편에 대한 개혁파의 개념과 관련해 다음을 보라. Henry Bullinger, *The Decades of Henry Bullinger*, ed. Thomas Harding (1849–52; repr. Grand Rapids: Reformed Heritage Books, 2004), I.2; V.3–10; John Calvin, *Institutes of the Christian Religion*, 2 vols., ed. John C. McNeill, trans. Ford Lewis Battles (Philadelphia: Westminster Press, 1960), vol. 2, book IV, chapters iii, xiv–xvii; Francis Turretin, *Institutes of Elenctic Theology*, ed. James T. Dennison, Jr., trans. George Musgrave Giger (Phillipsburg, New Jersey: P&R Publishing, 1992–1996), vol. 1, topic XIX; Charles Hodge, *Systematic Theology* (New York: Scribner, Armstrong and Co., 1871–72), 3: 466–709; William G. T. Shedd, *Dogmatic Theology*, 3 rd ed., ed. Alan W. Gomes ([1888–89] Phillipsburg, NJ: P&R, 2003), 809–827; Herman Bavinck, *Reformed Dogmatics*, 4:443–585; W. Heyns, *Manual of Reformed Doctrine* (Grand Rapids: Eerdmans, 1926), 188–234; M. J. Bosma, *Exposition of Reformed Doctrine*, 5th ed. (Grand Rapids: Zondervan, 1927), 248–283; Henry Beets, *The Compendium Explained: A Popular Exposition of the Abridgement of the Heidelberg Catechism.*, 4th ed. (Grand Rapids: Eerdmans, 1941), 225–259; and Louis Berkhof, *Systematic Theology*, 604–658.

2. 아우구스티누스와 은혜의 방편

제2부 제1장에서 우리는 내적, 유효적 은혜의 교리가 아우구스티누스에 의해 기독교회 안에서 처음으로 가르쳐졌고 수호되었다는 점을 살펴보았다. 위에서 언급한 신학적 거부의 중량감을 처음으로 감지했고, 특별히 도나투스파에 대항해 은혜와 은혜의 방편 사이에 있는 연결점을 변호하기 위해 빛 가운데로 인도한 사람은 동일한 교부인 아우구스티누스였다.[4]

1) 교회에 대한 아우구스티누스의 교리

아우구스티누스의 교리로부터 파생되었고 이후에 아우구스티누스 자신의 입장에 대항해 적용된 생각은 이러하다.

만일 성령의 은혜에 의해 택자를 무오류한 확실성과 함께 믿음과 회개로 인도하시는 하나님이 구원의 유일한 원인이시라면 후에 로마가톨릭교회가 가르친 것처럼 은혜의 방편과 함께 교회를 위해 남는 자리는 무엇이며 무엇이 구원을 위한 필수불가결한 매개인가?

이런 질문은 이후 교회에 대한 로마가톨릭교회의 개념을 거부했던 개혁파의 경우보다 로마가톨릭교회의 일원이었던 아우구스티누스에게 있어서 더 중요한 것이었다. 왜냐하면, 내적 은혜의 교리는 교회와 은혜의 방편의 절대적 필요성에 대한 로마가톨릭교회의 관점에 직접 대립하는 것으로 드러났기 때문이다.

---

4 영문 편집자 주: 도나투스파는 4세기 북아프리카에 있었던 분리주의자였다. 그들은 박해 기간에 성경을 포기하고 그리스도 안에서 믿음을 철회했던 그리스도인들의 복직을 거부했다. 아우구스티누스는 도나투스의 견해에 강하게 반대했다. 그리고 성례의 유효성은 목회자의 가치에 의존하지 않는다고 주장했다. 그리고 자신의 소유된 백성, 발견되지 않은 위선자들과 섞여 있는 보이는 교회로부터 구별되는 보이지 않는 교회인 택자들을 참되게 아는 것은 하나님의 특권이라고 주장했다. 예를 들어, 벨기에 신앙고백 29항, 제2스위스 신앙고백 IVII.16, IV.3을 보라.

실제로 교회에 대한 아우구스티누스의 교리는 자신의 은혜 교리에 의해 직접 영향받은 요소들을 포함했다. 그런 요소들은 종교개혁의 관점과 상당히 유사하다. 그러므로 그는 오직 택자만을 포함했던 교회의 참되고 순수한 몸 그리고 신자와 불신자의 혼합된 단체로서의 교회 사이를 구별했다. 참된 교회에 속하는 사람들은 비록 그들이 여전히 경건한 삶을 살든지 아니면 불신과 이단에 걸리든지, 하나님에 의해 택함을 받았으므로 적당한 때 하나님께로 인도받을 것이다.

반대로 교회 안에는 택자에 속하지 않는 사람들이 많다. 그리고 그들은 결코 구원을 공유하지 않을 것이다. 곡식 가운데 가라지가 있다. 좋은 물고기들 가운데 나쁜 물고기가 있다. 우리 밖에 많은 양이 있고, 그리스도 교회의 양 우리 안에 이리들이 많이 있다. 성례의 교제에 있어서 교회와 '함께' 있는 많은 사람이 실제로 교회 '안에' 있지는 않다.

2) 은혜와 교회에 대한 아우구스티누스의 입장

아우구스티누스가 이 모든 것을 얼마나 잘 그리고 아름답게 표현했든지 간에 그리고 이후 개신교 신학자들이 위와 같은 구별을 동의하에 종종 사용했다 할지라도, 우리는 아우구스티누스가 자신의 은혜 교리를 가지고 교회와 관련해 당시 보편적이었던 것과는 다른 개념에 도달했을 것이라고 결코 결론지을 수 없다. 아우구스티누스는 자신의 시대에 이미 발전되기 시작했던 교회에 대한 로마가톨릭교회의 사상을 약화하기보다는 오히려 강화하고 확증했다고 말하는 것이 진리에 더 가깝다.

아우구스티누스가 회심하던 때로부터 교회는 은혜의 방편과 구원의 보화들 그리고 광범위한 연합 및 폭넓은 보편성과 함께 아우구스티누스에게 깊은 인상을 주었다. 아우구스티누스가 자신의 진리에 대한 지식과 복음 안에 있는 그의 믿음을 빚지고 있는 것은 교회라는 매개였다. 그래서 나중에 아우구스티누스가 도나투스파에 대항해 로마가톨릭교회의 정당성과 진리를 변호해야 했을 때, 그는 그 지점에서 자신의 은혜 교리와 나란하게 교회에 대한 교리를 서술했다. 여기에서 그는 성령의 처소이자 영역인 교회를 칭송했다.

진실로 아우구스티누스에게 있어서 교회는 더 이상 은혜의 시여자(施與者)가 될 수 없었다. 왜냐하면, 성령의 역사를 통해 내적으로 그리고 은밀하게 구원의 은혜를 수여하시는 분은 하나님이셨기 때문이다. 그런데도 아우구스티누스에게 있어서 교회는 여전히 성령님이 자신의 은혜와 함께 배타적으로 거하셨고 일하셨던 영역일 수 있었고, 사실상 그런 영역이었다. 교회 밖에서는 구원이 없었다. 누구든지 교회를 자신의 어머니로서 거부하는 사람은 하나님을 자신의 아버지로 가질 수 없었다.

교회 밖에 있는 이단자들이 진리의 많은 부분을 여전히 소유할 수 있다는 점에 대해 아우구스티누스가 인정했던 것은 사실이다. 이단자들은 여전히 많은 진리를 믿을 수 있었다. 이단자들은 심지어 세례와 성찬에도 참여할 수 있었다. 그런데도 이단자들은 교회로부터 이 선물들을 격리하고 불법적이고 용인할 수 없는 방식으로 취했다. 이단자들은 그들이 가졌던 권리로서의 어떤 것이 아니라, 그들이 훔친 어떤 것으로서 세례와 성찬을 취한 것이다.

또한, 진리와 세례의 유익들은 이단자들에게 복으로 발생하지 않을 수 있었다. 오히려 이것들은 이단자들에게 그들의 정죄를 깊게 하는 일에만 역사했다. 오직 이단자들은 하나의, 거룩한, 보편 교회로 참회 속에서 돌아왔을 때 무오류하게 구원으로 인도하는 은혜를 공유할 수 있었다.

왜냐하면, 교회는 성령의 전이기 때문이다. 성령님은 자신의 은혜와 함께 교회에 거하신다. 성령님은 오직 교회에서만 사람의 마음에 사랑을 주입하신다. 그 사랑은 믿음을 보완하고 신자를 하나님과 예수 그리스도께 묶는다. 비록 참 믿음과 참 사랑은 결코 교회 안에 있는 모든 사람에게 수여되지는 않지만, 교회 밖에서는 아무도 구원으로 나올 수 없다는 것이 확실하다.

누구든지 구원받는 사람은 주님의 시간 안에서 지구상에 있는 교회로 인도함을 받아, 교회를 통해 하늘의 영광 속으로 수납된다. 아우구스티누스에게 있어서 교회와 성직자와 은혜의 방편은 구원의 무오류한 보증이 아니다. 그런데도 이것들은 구원을 위해 요구되는 필수 조건이다.

그러나 아우구스티누스는 여기에서 이 문제를 내려놓지 않고, 특별히 교회와 관련해 로마가톨릭교회의 사상을 위한 길을 열었다. 아우구스티누스는 도나투스파에 대항하는 가운데 '기관'으로서 교회의 관점으로 점차 돌아갔고, 그곳에서 피난처를 취했다. 도나투스파는 그 당시의 로마가톨릭교회에 대해 수많은 비평을 표명했다. 도나투스파는 교제를 단절하고 로마가톨릭교회와 나란히 또 하나의 교회를 세우는 데까지 나아갔다.

처음에 도나투스파 사상은 폭넓게 수용되었다. 사실 그 당시 교회는 많은 점에서 결함이 있었다. 교리의 많은 점에 있어서 널리 퍼진 분열이 있었을 뿐만 아니라 교회 구성원들, 특별히 성직자들에게 경건한 삶이 더 많이 요구된 채로 남아 있었다.

상황은 이러했지만, 이 점에서 아우구스티누스는 로마가톨릭교회를 방어하기 위해 하나의, 참된, 거룩한, 기독교회로서, 신자의 교제로서 교회를 생각하는 것에서 후퇴했다. 그리고 아우구스티누스는 교회가 은혜의 방편의 관리인이라는 점에 초점을 두었다. 교회의 구성원들이 얼마나 많은 결함과 오류들로 얼룩져 있든지 간에, 교회 그 자체는 전체적으로 구속 기관으로서 흠이나 점이 없는 그리스도의 신부, 그리스도의 유일한 비둘기, 성령의 거처, 구원의 보화들의 보호자 역할을 지속했다.

그러므로 교회로부터 분리되는 것은 절대 허용되지 않았다. 따라서 교회를 떠나는 사람은 누구든지 교만과 불순종의 증거와 자신의 영혼의 구원을 포기한다는 증거를 제공한 셈이었다.

아우구스티누스 이후 내적 은혜의 교리가 세미펠라기우스주의적 개념과 타협했을 때, 그 점에서 로마가톨릭교회의 교회에 대한 개념은 결과적으로 구원을 매개하는 위치로 그리고 모든 사람을 위한 모든 은혜의 보호자요 수여자로서, 인류 전체를 위한 유일한 구원의 방주로서, 그 위치가 격상되었다. 왜냐하면, 그리스도는 교회 안에서 성령을 통해 선지자, 제사장 그리고 왕으로서 계속 사셨고 은혜의 모든 선물을 계속 수여하셨기 때문이다. 그리스도는 성직자와 성례의 수단에 의해 배타적으로 그런 은혜의 선물들을 수여하신다. 기관으로서의 교회라는 매개를 통과하는 것이 바로 그리스도와의 교제와 다름없다.

이는 곧 성례와 함께 은혜를 통제하는 권한을 소유한 사제에게 의존하는 것을 말한다. 왜냐하면, 은혜는 성례 위에 내려오기 때문이다. 은혜는 이래저래 성례와 불가분하게 연결되어 있다. 하나님은 성령의 역사에 따라 내적으로 그리고 은밀하게 자신의 은혜를 주지 않으신다. 오히려 하나님은 은혜를 성직자에게 위탁하신다. 성직자는 성례 안에서 은혜를 부여한다. 이런 이유로 교회 밖에서는 구원이 없는데, 이는 말하자면 성직자를 떠나서는 그리고 성례를 떠나서는 구원이 없다는 말이다.

3. 은혜와 교회에 대한 개혁파의 입장

로마가톨릭교회는 하나님의 은혜와 성례를 베푸는 교회 사이에 성례라는 수단의 접근 밖에 있는 사람들은 구원을 얻을 수 없다는 그런 확고한 연결점을 수립했다.

그러나 이 연결은 개혁파에 의해 끊어졌거나 아니면 적어도 현저하게 개정되었다. 사실 교회 밖에는 구원이 없었다. 그러나 이 교회는 로마가톨릭교회와 부합하는 것이 아니라 오히려 모든 시간과 장소로부터 모든 신자를 포함하는 보편 교회와 동일했다. 구원은 사실 말씀에 묶여 있었지만, 이 말씀은 교회의 모임 안에서 목회자에 의해 선포되었을 때만 역사하는 것은 아니다.

구원을 위한 갈망을 가지고 사람이 그 말씀을 읽고 공부할 때도 말씀은 강력하게 역사한다. 성례는 믿음의 강화를 위한 도구다. 그러나 표지된 것은 표지 안에만 갇혀 있지 않고, 목회자에 의해 부여되는 것이 아니라 하나님에 의해 부여된다. 사람은 자신의 구원을 위해 오직 하나님과 그분의 은혜에만 의존한다. 종교개혁에 있어서 종교는 또다시 하나님과의 직접적인 교제로 여겨졌다.

4. 은혜의 방편이 필요한가?

그러나 이런 관점에서, 다음과 같은 질문이 다시 자연스럽게 떠오른다. 만일 하나님의 은혜가 구원을 위해 유일한 직접 원인이라면, 왜 은혜의 방편, 즉 말씀의 설교와 성례의 시행이 여전히 필요한가?

1) 재세례파의 답변

하나는 다른 하나를 완전하게 배제하기 위해 나타날 뿐이다. 재세례파처럼 그 당시 신비 운동들은 은혜의 방편이 해로운 것이 아니라면 쓸데없거나 무익한 것이라고 즉각 결론지었다. 재세례파는 은혜의 방편을 외적 표지 그리고 상징적 행위로만 보았다. 사람의 눈앞에서 보이는 것만 드러나고, 보이지 않는 것을 존재하도록 할 수 없는 그런 유형으로 말이다.

왜냐하면, 중생의 근거를 우리 안에 있는 그리스도, 성령, 내적 말씀, 내적 빛 또는 무엇이라고 부르든지 하나님만이 사람 안에 새로운 생명 그리고 믿음과 회개의 삶을 일으키기 때문이다. 말씀과 성례는 그런 내적 은혜의 표지와 상징을 제공하는 것 외에는 아무것도 할 수 없었다.

외적으로 설교된 말씀은 단지 영적 사람의 마음에 내적으로 쓰인 것 위에 외적 표현을 제공할 뿐이었다. 그리고 성례는 단지 그리스도께서 성령을 통해 신자들에게 내적으로 수여한 것들을 사람의 눈앞에 보여 줄 뿐이었다.

2) 개혁파의 답변

그러나 개혁파는 이 점에 동의할 수 없었다. 비록 성경이 내적 은혜를 가르치지만 성경은 이 구원을 믿음에 그리고 믿음을 하나님의 말씀의 들음에 가능한 한 단호하게 결속시킨다. 그래서 개혁파는 성경을 따라 그런 재세례파의 견해를 피했다.

따라서 개혁파는 신앙고백 가운데 성령의 역사에 따라 하나님의 말씀을 들음으로 사람 내부에 일으켜진 참된 믿음이 그를 중생시키고 새로운 사람으로 만든다고 선언했다(벨기에 신앙고백 24항).

개혁파 또한 다음과 같이 고백했다.

> 우리는 믿음에 의해 그리스도 안에서 교제를 나누고 성령님에게서 나오는 그리스도의 모든 은덕에 참여하게 된다. 이 성령님은 거룩한 복음 설교를 통해 우리 마음 안에 믿음을 일으키시고, 성례의 사용을 통해 믿음을 강화하신다(하이델베르크 요리 문답, 제25주일).

어떤 사람은 우리의 신앙고백들로부터 나오는 이 두 설명 모두 우리 앞에 있는 문제와 관련해 결코 결정적인 것은 아니라고 반응할 수 있다. 왜냐하면, 우리 중 아무도 말씀과 성례가 '능동적' 개념 안에서의 믿음과 회심 또는 갱신과 성화를 위한 넓은 의미 안에서의 중생을 위한 은혜의 방편임을 부인하지 않기 때문이다.

벨기에 신앙고백 24항이 넓은 개념 안에서의 중생만을 다룬다는 것과 하이델베르크 요리 문답 제25주일 문답이 오직 능동적, 의식적 믿음만을 고려하고 믿음의 잠재성이나 성향을 고려하지 않음에는 의심의 여지가 없다. 그러나 논의 아래 있는 질문은 새로운 생명의 첫 원리의 주입으로서의 중생 그리고 잠재성과 성향으로서의 믿음이 말씀을 떠나서 그리고 말씀 없이 성령에 의해 수반되느냐 아니냐다.

그러나 이런 관심사는 위에서 언급된 표현들의 강력한 유효성으로부터 아무것도 제거하지 않는다. 벨기에 신앙고백서와 하이델베르크 요리 문답이 작성될 당시에는 이후에 일어날 중생과 회심 사이의 구별과 관련된 문제가 아직 알려지지 않았다. 이 구별은 예비적 형태로 이미 존재했으나, 어떤 사람에 의해서도 분명하게 표현되지는 않았다.

신앙고백들과 신학자들의 저술은 회개, 믿음, 회심과 함께 시작하는 것으로서 새로운 생명을 제시했다. 아무도 말씀을 떠나서 오직 성령에 의해 성취되는 어떤 것으로서 새로운 생명의 시작과, 말씀과 함께 성령에 의해 성취되는 어떤 것으로서 새로운 생명의 진행 사이에 분명한 비교를 두지 않았다.

그러므로 벨기에 신앙고백(24항)과 하이델베르크 요리 문답(제25주일)은 이렇게 말한다.

> 참된 믿음은 하나님의 말씀의 들음과 성령의 역사를 통해 사람 안에 일으켜진다.

이 점에서 이 문서들이 믿음과 회개의 행위 안에서 영적 생명의 발전을 생각하고 있을 뿐만 아니라, 새 생명을 전체적으로 그것의 첫 시작으로부터 이 땅에서의 최고조 발전까지의 전 과정을 포함하고 있다는 것은 틀림없이 분명하다. 일반적이며 통상적인 이해는 영적 생명의 가장 첫 시작이 복음의 말씀 사용과 함께 성령에 의해 성취된다는 것이다.

벨기에 신앙고백 35항은 모든 의심을 넘어 이 문제를 다룬다. 거기에서 우리는 구주 예수 그리스도께서 자신이 이미 중생시키시고, 교회인 자신의 가족 안으로 접붙이신 사람들을 양육하고 강화하기 위해 성찬의 성례를 지정하시고 도입하셨다고 고백한다.

중생한 사람들은 자신 안에 이중적 생명을 가진다.

첫째, 물리적, 일시적 생명이다. 중생자는 이것을 첫 출생에서 받는데, 이것은 모든 사람에게 통상적인 것이다.

둘째, 영적인 하늘의 생명이다. 이는 두 번째 출생에서 중생자에게 주어진다. 이 출생은 그리스도의 몸의 교제 안에서 복음의 말씀을 통해 일어난다. 그리고 이 생명은 하나님의 택자들에게만 해당하는 것으로서 통상적이지 않다.

이로부터 보건대, 벨기에 신앙고백은 중생을 말할 때 단지 진행이나 발전만이 아니라, 영적 생명의 시작과 근원까지도 생각하고 있는 것이 분명하다. 왜냐하면, 벨기에 신앙고백은 그런 영적 생명이 둘째 출생 안에서 주어지고 둘째 출생으로부터 얻은 새로운 생명은 단지 그것의 발전만이 아니라 새로운 시작이라고 선언하기 때문이다.

둘째 출생 안에서 새로운 생명의 시작과 관련해 벨기에 신앙고백은 이 새 생명은 복음의 말씀을 통해 존재하는 것으로 인식한다. 이 신앙고백을 따를 경우 복음은 성령의 손안에 있는 은혜의 방편이다. 능동적 개념 안에서 믿음과 회심에 관해서만이 아니라 더 좁은 의미 안에서의 중생과 관련해서, 즉 새로운 생명의 가장 첫 원리의 주입과 관련해서도 말이다.

이 동일한 개념이 하이델베르크 요리 문답 안에서도 표현된다. 제3주일 문답은 성령에 의해 중생하지 않는다면 우리는 어떤 선을 행할 능력이 전혀 없고 모든 악으로 기울어진다고 말한다. 이 문맥 안에서 성령님이 말씀을 사용하느냐의 문제는 언급되어 있지 않다. 그러나 제21주일 문답에서 우리는 "하나님의 아들이 자기 자신을 위해 성령과 말씀을 통해 교회를 모으시고, 보호하시고, 보존하신다"라고 명시적으로 읽는다.

여기에서 성령님이 먼저 언급된 사실이 교회를 모으시는 일은 말씀 없이 오직 성령만을 통해 일어나는 반면, 교회의 보호와 보존은 말씀과의 관련성 안에서 성령을 통해 일어나는 것을 의미하지는 않는다. 왜냐하면, 세 가지 모두(교회의 보호와 보존뿐만 아니라 모으는 것까지) 전체적으로 말씀과 성령을 통해 일어나기 때문이다. 성령님은 여기에서 첫 자리를 차지하신다. 왜냐하면, 성령님은 자신의 도구인 말씀을 사용하시는 분으로서 그리고 말씀과 함께 하나님의 아들을 섬기기 위해 서시는 분으로서 그렇게 활동하시는 인격이시기 때문이다.

이런 이유로 제25주일 문답은 믿음이 우리를 그리스도와 그분의 모든 은덕에 참여하게 한다고 말한다. 그리고 제27주일 문답은 믿음이 그리스도 안에 접붙여지고 그분의 모든 은덕을 받게 하는 수단이라고 묘사한다. 그러고 나서 이 믿음의 원인은 전체로, 즉 수동적 및 능동적 개념 안에서 거룩한 복음의 선포를 통해 우리의 마음 안에서 믿음을 일으키시는 성령님께 있다고 선언한다.

이런 이유로 인해 구원은 오직 하나님과 그분의 은혜에만 의존한다는 개혁파의 주장은 다음의 사실들과 모순되지 않는다.

첫째, 우리의 가장 이른 시기의 각각의 신앙고백들이 구원의 서정에서 부르심을 중생 앞에 두는 것

둘째, 하나님의 말씀을 영적 생명의 성숙을 위해서만이 아니라 영적 생명의 시작을 위한 은혜의 방편으로 이해하는 것

제1장 요약

1. 항변파는 말씀을 통한 성령의 도덕적 작용만 인정했고, 이 도덕적 작용과 중생 사이에 사람의 의지를 끼워 넣어 중생을 사람의 의지에 의존시켰다. 반면, 개혁파는 때때로 성령님이 인간의 마음속에 직접 일하셨다고 말했다.

2. 아우구스티누스에게 있어서 은혜의 시여자는 하나님이셨지만, 교회는 성령님이 역사하시는 독특한 영역으로서 결함 속에서도 구속의 기관으로 이해되었다(이런 점에서 교회 밖에서는 구원이 없다). 이후 내적 은혜의 교리가 세미펠라기우스주의 사상과 타협하면서 로마가톨릭교회는 교회를 구원의 중개적 위치로 격상시켰다. 이 지점에서 하나님은 은혜를 성직자에게 위탁하시고, 성직자는 성례 안에서 은혜를 부여한다는 구도가 정착되었다(이런 점에서 교회 밖에서는 구원이 없다).

3. 재세례파는 말씀과 성례가 내적 은혜의 표지와 상징을 제공할 뿐이므로 무익한 것이라고 보았다.

4. 개혁파는 구원이 오직 하나님과 그분의 은혜에만 의존한다고 주장한다. 그리고 이 입장은 하나님의 말씀을 영적 생명의 성숙을 위해서만이 아니라 또한 영적 생명의 시작을 위한 은혜의 방편으로 이해하는 것과 상충하지 않는다.

제2장

도르트 총회의 부르심과 중생에 대한 견해

1. 말씀의 중심적 위치

　제3부 제1장에서 제시한 내용은 어떤 사람에게는 다음과 같은 결론을 짓도록 인도할 수 있다. 개혁파 신학자들의 후기 세대들의 경우 부르심과 중생 사이의 관계에 대해, 예를 들어, 벨기에 신앙고백과 하이델베르크 요리 문답을 작성했던 초기 개혁파 신학자들과는 다르게 생각했다고 말이다.
　초기에는 좁은 의미에서의 중생과 회심 사이에 구분이 거의 이루어지지 않았음을 고려할 때, 사람들은 그런 식의 세대 간 입장 변화를 기대할 수도 있을 것이다.
　결과적으로 이런 구별이 만들어지고 개혁 신학의 일부가 되자 중생은 성령만을 통해 직접 일어나고 회심은 성령에 의해 매개적으로, 즉 말씀과 함께 그리고 말씀을 통해 성취되는 식으로 둘 사이의 차이점을 묘사하는 것이 자연스러운 것으로 여겨질 수 있게 되었다.
　그러나 이런 기대를 마음속에 품는 사람은 누구든지 후기 개혁 신학을 신중하게 조사할 경우 실망하게 될 것이다. 어떤 개혁파 신학자도 중생과 회심 사이를 그런 방식으로 구별하고 대조한 적이 없기 때문이다. 즉 성령의 사역 안에서 중생은 항상 말씀과 무관하게 일어나고, 반면 회심은 항상 말씀을 통해 일어난다고 말이다.
  더욱더 중요한 것은 다음 사항이다. 개혁파가 내적, 유효적 그리고 불가항력적 은혜 교리를 고백하고 지지했을 때 그들은 반대자들에 의해 비난받았다. 이 교리가 은혜의 방편의 모든 능력을 앗아가고 그 방편들을 쓸데없는 것으로 만든다고 말이다. 그래서 개혁파는 은혜의 방편으로서의 말씀과 중생 및 회심으로 알려진 은혜의 작용 사이 연결을 의도적으로 숙고하도록 그리고 그들의 입장을 분명하게 설명하도록 요구받았다.

2. 항변파의 거부[1]

  항변파는 유효적 은혜와 확고한 은혜 같은 교리에 대항해 다양하고 진지하게 반대를 표명했다. 항변파는 이 가르침에 반대해 성경 안에서 수많은 구절에 의존했을 뿐만 아니라, 그런 교리가 사람을 부주의하게 하고, 사람들로부터 모든 자유와 책임을 제거해 버리고, 물리적 강요와 이교적 운명론을 도입하고, 가장 강도 높은 비평으로서 복음의 설교를 쓸데없이 만들고 은혜의 방편으로서의 모든 능력을 말씀으로부터 앗아간다고 주장했다. 특별히 이 마지막 사항은 여기에서 우리의 관심을 차지한다.
  이 점은 항변파에 의해 다음과 같이 표현되었다.

> 만일 말씀이 회심을 위해 충분하지 않다면 그리고 중생의 유일한 씨가 아니라면, 오히려 특별한, 초자연적인, 전능한, 불가항력적 성령의 능력이 말씀에 수반해야 한다면, 말씀은 전적으로 쓸데없는 것이 되고 쉽게 제외되어 버릴 수 있다. 그러면 말씀의 도덕적 작용은 전적으로 그림자 안에 놓일 뿐이다.

---

1 영문 편집자 주: 항변파와 관련해 제2부 제2장 각주 1번을 보라.

즉, 말씀은 성령의 초자연적 사역을 통해 전적으로 억압되는 것이다. 이 관점에서 볼 때, 심지어 어떤 식으로든 은혜의 방편으로서 말씀의 설교를 주장하는 것조차 불가능해진다. 왜냐하면, 말씀의 도덕적 작용은 분명히 성령의 초자연적 사역과는 전적으로 다른 특성을 가지고, 그런 이유로 말씀의 도덕적 작용은 심지어 수단이나 도구로 기능할 수도 없기 때문이다.

결국, 항변파는 말씀의 도덕적 작용과 성령의 초자연적 사역은 서로 모순된다고 주장했다. 한편으로는 초자연적, 불가항력적 능력을 통해 하나님은 직접 사람의 마음 안에서 중생을 이루어 내시지만 반면 하나님은 중생과 관련해 수단을 도입하시니 말이다. 이것이 모순인 이유는 경우의 본질을 따져 볼 때 직접적 작용은 모든 방편을 배제하기 때문이다(*Immediata enim action medium excludit*).

3. 개혁파의 반응

그렇다면 개혁파가 이 항변파의 거부에 어떻게 반응했는지 이해하는 것이야말로 최고로 중요한 일이 된다. 만일 직접적 중생의 교리가 이런 개념 안에서 인정된다면, 즉 중생이 항상 말씀을 떠나서 그리고 말씀 없이, 단순히 그리고 오직 성령만을 통해 일어난다면 개혁파는 단순한 답변을 제공하는 것으로도 충분했다.

이럴 때 개혁파는 다음과 같이 말할 수 있었다.

첫째, 항변파가 자신들의 입장 가운데 말한 것들이 옳다.
둘째, 중생은 말씀을 떠나서 그리고 말씀 없이 성령의 사역의 직접적 열매로 일어난다.
셋째, 말씀은 믿음과 회심을 위한 도구로서 기능하지만, 새 생명의 근원적 원인을 주입하기 위한 도구로서 기능하는 것은 아니다.

그러나 개혁파는 이런 형식으로 항변파의 거부에 대답하지 않았다. 반대로 개혁파는 말씀 또한 중생의 씨로서 영적 생명의 시작을 위한 은혜의 방편이라는 점을 지지하기 위해 노력했다.

이 점에 대한 출중한 증거는 도르트 총회의 공식적 표현이다. 도르트 신조는 여러 곳에서 과시하지 않는 가운데 부르심이 중생에 선행하며, 말씀은 영적 생명을 유지하고 양육하기 위한 수단일 뿐만 아니라, 또한 영적 생명의 출생과 시작을 위한 수단이기도 하다는 가정에서 나아간다 (예를 들어, 도르트 신조 1조 16항; 3-4조 6, 9, 10, 12항). 그러나 도르트 신조 3-4조 17항에서 이 문제가 결정적으로 그리고 분명하게 표현된다.

도르트 신조는 아무런 의심의 여지도 남기지 않는 어투로 이 문제에 대해 다음과 같이 확실하게 말한다.

> 하나님은 우리의 자연적 생명을 낳고 유지하시는 데에 외적 방편들을 사용하셔서 그의 무한한 지혜와 선함을 따라 그의 주권을 행사하신다. 마찬가지로, 우리를 중생하게 하시는 하나님의 초자연적 역사도 복음의 사용을 배제하거나 전복시키지 아니하고, 오히려 하나님은 자신의 크신 지혜를 따라 복음이 중생의 씨앗이 되고 우리 영혼의 양식이 되게 정하셨다 (도르트 신조 3-4조 17항).

도르트 총회는 이런 표현을 사용해 성령의 초자연적 사역은 은혜의 방편으로서의 말씀을 배제한다는 항변파의 반대를 결정적으로 물리쳤다. 더욱이 도르트 총회는 가장 지혜로우신 하나님이 복음을 영혼의 양식이 될 뿐 아니라 중생의 씨앗이 되도록 지정하셨다고 선언했다. 이는 네덜란드와 다른 나라들 가운데 개혁파 교회들의 교리임을 주장하면서 말이다.

이런 확신은 도르트 총회의 다수파에 의해 채택되었다. 이것은 후택설주의자 대의원들의 특정한 의견이 아니었다. 오히려 이것은 도르트 총회의 모든 구성원의 공동 판단이었다. 이 점에서는 결코 차이점이 존재하지 않았다. 모든 대의원의 판단에 따라서 볼 때, 일반적으로 말씀은 성령에 선행하며 부르심은 중생에 앞선다. 누구든지 여전히 의심하는 사람은 세 번째 및 네 번째 교리와 관련해 다양한 대의원들에 의해 표명된 판단을 신중하게 읽어야 한다.

그런 판단 중 일부는 여기에 묘사해 인용할 수 있다. 네덜란드의 교수들은 믿음의 작용을 위한 일차적 원인은 하나님의 은혜라고 말했다. 하나님은 그 어떤 누구보다 능하시며, 내주하시며 믿음의 덕을 제공하시고, 복음의 선포를 통해 그리고 성령의 유효한 사역을 통해 그 믿음의 덕을 일깨우신다.

헬덜란트(Gelderland)로부터 온 대의원들의 경우 하나님은 자신이 부르기를 기뻐하시는 모든 사람을 통상적으로 말씀의 외적 부르심을 통해 그리고 성령의 내적 작용을 통해 구원으로 부르신다고 믿었다.

남홀란트(South Holland)로부터 온 대의원들은 사람의 중생을 위해 이중적 은혜가 요구된다고 고백했다. 즉, 본성과 성경을 통한 외적 부르심과 성령의 유효하고 확고한 은혜 안에 있는 내적 부르심 말이다.

네덜란드의 모든 대의원이 이런 식으로 표현했다. 이런 주장에는 아무런 차이점도 아무런 예외도 존재하지 않았다. 말씀이 유일하고 충분한 중생의 씨라고 주장했던 항변파의 가르침에 반대해, 의심의 여지 없이 말씀이 중생의 수단이자 씨라는 진리를 그러나 말씀 단독으로 그리고 그 자체로는 불충분하다는 진리를, 말씀은 성령의 강력하고, 확고하고, 내적인 은혜를 반드시 수반해야 한다는 진리를 밝히고자 했다.

외국의 대의원들도 이런 태도를 보이면서 전적으로 동의했다. 잉글랜드의 대의원들은 심지어 중생에 앞서 준비적 은혜를 상정했다. 그리고 하나님은 성령을 통해, 하나님의 말씀의 수단을 사용해 중생시킨다고 말했다. 그런 까닭에 우리는 멸하지 않는 말씀의 씨에 의해 중생한다고 일컬어진다(벧전 1:23).

팔츠로부터 온 대의원들은 복음을 중생의 은혜의 '통상적 수단'이라고 불렀다. 헤스(Hesse)로부터 온 대의원들은 하나님이 어떤 하나의 '통상적 수단'인 말씀을 통해 성령의 은혜와 함께 하나님이 원하시는 사람들의 오성을 내적으로 조명하신다고 말했다.

스위스 신학자들은 믿음은 "하나님의 말씀을 통해 통상적 방식으로" 일으켜진다고 생각했고, 한편 성령님은 오성(悟性)을 내적으로 조명하시고 의지를 새롭게 하신다고 고백했다. 낫소(Nassau)와 베테아우(Wetterau), 제네바(Geneva), 브레멘(Bremen) 그리고 엠던(Emden)에서 온 외국의 대의원들도 동일한 관점을 표현했다.

이 모든 점을 고려해 볼 때 말씀은 성령님이 사람을 중생시키고 갱신시키기 위해 도입하시는 수단 또는 도구이다. 예외 없이 그들은 부르심이 중생에 선행하는 것으로 보았다.

4. 항변파에 대한 개혁파 신학자들의 반박

도르트 총회는 말씀이 성령의 손안에 있는 중생의 수단이라는 점에 관한 고백을 약간의 짧고 강력한 문장으로 표현했다. 그러나 동시에 도르트 총회는 죄인의 마음 안에서 일어나는 성령의 직접 사역이 은혜의 방편, 특별히 말씀의 사용을 쓸데없고 무익하게 만든다는 항변파의 반박에 대해 과도한 논증을 제시하는 입장에 서지도 않았다.

1) 프란키스쿠스 고마루스

하지만 그런 반박은 다양한 개혁파 신학자에 의해 나타났다. 그들 중 한 사람인 고마루스(Gomarus)[2]는 성령의 직접 사역이 말씀의 수단을 제거한다는 항변파의 거부를 반박하기 위한 짧은 논문을 제출했다. 이것은 항변파와 개혁파의 차이점을 매우 분명하게 제시하는 소논문이다. 이 논문은 매우 중요하기 때문에 넓은 관점에서 여기에 포함할 만하다.[3]

고마루스는 항변파의 주장에 대해 이렇게 추론했다. 하나님의 직접 사역은 수단의 사용을 배제한다. 그러면 이 둘 사이의 차이점이 가진 성격은 분명하게 언급되어야 한다.

믿음은 성향과 발현으로 구분될 수 있다. 믿음의 성향과 관련해 우리는 성경에 기초해 그것을 고백한다(엡 1:18-19; 겔 36:26; 요 6:44-45 등). 믿음의 성향은 우리의 능력을 통해 우리에 의해 매개되는 것이 아니라 하나님의 전능한 능력에 의해 발생한다. 그러나 성령님이 사용하시는 그리고 성령님이 홀로 믿음을 심으시는 일에 사용하시는 필수 불가결한 수단으로서 복음의 설교에 반대하는 관점에서 '직접적으로'라는 말이 사용된다면 하나님이 직접적으로 일하신다는 우리의 주장을 역설하는 것은 부정확하다.

---

2 영문 편집자 주: 프란키스쿠스 고마루스(Franciscus Gomarus, 1563-1641)는 알미니우스의 주된 반대자였다. 고마루스는 스트라스부르(Strasbourg), 노이슈타트(Neustadt), 옥스퍼드(Oxford), 케임브리지(Cambridge) 그리고 하이델베르크(Heidelberg)에서 공부했고, 1594년에 라이던대학교의 신학 교수로 임명되었다. 그는 알미니우스가 1609년에 죽은 후에 라이던대학교의 교수직에서 물러났고, 알미니우스 관점의 옹호자인 콘라드 폴스티우스(Conrad Volstius)가 신학 교수진에 임명되었다. 결국, 고마루스는 1618년에 흐로닝언(Groningen)으로 갔으며, 1641년에 죽을 때까지 거기에 머물렀다. 고마루스는 도르트 총회의 대의원이었다. 고마루스의 주된 신학 저작은 『신학 강론』(Disputationes theologicae, 1644)이다. 역자 주: 고마루스는 라틴식 이름이고, 출생 지역인 플랑데어(Flanders) 식의 이름은 프랑수아 호말(François Gomaer)이다. 고마루스에 대한 국내 단행본은 다음을 참조하라. 김지훈, 『고마루스』 (서울: 익투스, 2021).
3 다음을 보라. Gomarus, *Opera theologica omnia* (Amsterdam, J. Jansson, 1644), 1: 104-106.

대조적으로, 믿음의 발현을 고려한다면 이것은 전능한 능력을 통해 직접적으로 일어나는 것이 아니다. 오히려 믿음의 발현은 사람을 통해 매개적으로 일어난다. 그 사람은 믿음의 능력을 수여받고 하나님의 말씀을 통해 그리고 일차적이고 직접적인 원인으로서 성령의 도움을 통해 일깨워진 사람이다. 왜냐하면, 우리는 믿는 당사자가 하나님이시라고 말하는 것은 아니기 때문이다. 오히려 믿는 당사자는 사람이다.

즉, 사람이 믿음의 성향을 받는다. 그러므로 하나님은 말씀을 통해 외적으로 믿음이 발현되도록 사람에게 명령하신다. 한편, 하나님은 성령을 통해 내적으로 그 사람에게 이 성향을 수여하신다. 그래서 하나님은 믿음을 위해 그를 채비시키고, 말씀의 들음을 통해 그리고 하나님 자신의 도움과 함께 실제적으로 믿도록 사람을 일깨우신다.

그러므로 우리가 믿음의 능력 또는 성향을 다룰 때, 하나님은 택자와의 관계 속에서 그런 성향을 요구하시고 동시에 그들 안에 직접적으로 그 성향을 일으키신다고 말하는 것은 진실로 타당하다. 왜냐하면, 믿도록 요구하고 명령하는 것은 하나님에 대한 그들의 채무를 가리키기 때문이다. 그러나 그들이 스스로 수행할 수 있는 그런 채무는 아니다. 그래서 약속은 믿음이 그들에게로 흘러갈 수 있게 하는 근원을 가리킨다.

나사로가 이런 방식이었다. 그가 죽었을 때, 그리스도는 그의 부활을 약속하셨다(요 11:23). 그리고 비록 나사로는 자신의 힘을 통해서는 그리스도의 음성을 들을 수 없었고 일어날 수도 없었다. 왜냐하면, 나사로는 죽었기 때문이다. 그럼에도 불구하고 예수님은 그를 무덤에서 나오라고 외적으로 명령하셨다(43절). 한편, 동시적으로, 내적으로 나사로에게 생명과 능력이 주어졌고, 그래서 그는 들을 수 있고, 무덤에서 나올 수 있었다. 그리고 이런 방식을 통해 예수님의 명령에 순종할 수 있었다(44절).

그리스도께서 동일한 방식으로 중풍병자에게 명령하셨다(마 9:6). 그는 명령을 받은 바로 그 시점에 자기 스스로는 절대적으로 무력했다. 그러나 그리스도께서 그의 침상을 들고 집으로 가라고 명령하셨다. 한편, 동시에 그리스도는 자신의 신적 능력을 통해 건강과 주님의 명령에 순종하기 위해 그에게 힘을 주는 자원들을 내적으로 부여하셨다.

2) 추가적인 거부에 대한 고마루스의 답변

이런 사상들이 고마루스에 의해 다소 더 진전되었다. 다소 다른 형태로 제시된 항편파의 거부에 대해 고마루스가 답변하면서 말이다. 왜냐하면, 항변파는 불가항력적 은혜를 받기 전에 사람이 회심할 수 없다면 그리고 만일 이 은혜를 받을 때 사람이 분명히 그리고 무오류하게 회심한다면 은혜의 방편은 불필요하고 무익한 것이 된다고 말했기 때문이다.

이에 대해 고마루스는 다음과 같이 응수했다.

> 첫 시작부터 논쟁 상황에서는 애매한 표현이 제거되어야 한다. 그리고 그리하기 위해 성향으로서의 회심과 발현으로서의 회심이 다시 구별되는 것이 필요하다. 전자는 성령의 능력에 의해 중생한 사람 안에 존재한다. 후자는 하나님의 말씀과 성령의 도움을 통해 이미 중생해, 실제로 믿고 사랑함으로써 받은 능력을 실행하는 것을 말한다.

복음의 선포는 이 양편 개념 안에서 회심을 위해 통상적으로 요구된다. 성향적 회심의 개념, 즉 중생 안에서의 회심을 위해서는 복음의 선포가 요구된다. 왜냐하면, 비록 정당한 개념에서 볼 때 하나님은 홀로 중생시키시지만 그런데도 말씀의 선포는 통상적으로 그런 중생을 위해 요구되기 때문이다.

복음의 개념을 올바르게 이해하기 위해 선행하는 효과적 수단으로서 그리고 성령님이 사람을 회심시키려는 갈망 속에서 중생의 능력을 택자에게 연결하는 데 사용하는 선행적이며 필수적인 부가 요소로서 말씀의 선포가 요구되는 것이다.

이런 이유로 복음 또한 성령의 사역이라고 불린다(고후 3:8). 택자가 복음을 듣고, 그 의미를 이해하고, 성령님이 그들을 회심시키려고 의도하실 때, 바로 이 지점에서 성령님은 새 언약의 약속을 따라서(렘 31:33 등), 바로 그 복음 안에서 택자들의 마음속에 믿음의 성향을 창조하시기 때문이다.

이는 또한 베드로전서 1:23에서 읽을 수 있다.

> 너희가 거듭난 것은 썩어질 씨로 된 것이 아니요 썩지 아니할 씨로 된 것이니 살아 있고 항상 있는 하나님의 말씀으로 되었느니라(벧전 1:23).

베드로전서 1:25이 가리키는 대로, 하나님의 말씀은 복음이다. 여기에서 말씀은 중생의 수단 또는 통로로 확인된다. 씨는 성령의 능력인데 성령님은 이 능력으로 중생시키신다. 우리는 또한 요한일서 3:9에서도 같은 내용을 읽을 수 있다.

> 하나님께로부터 난 자마다 죄를 짓지 아니하나니 이는 하나님의 씨가 그의 속에 거함이요(요일 3:9).

고마루스가 말한 대로, 잘 알려진 많은 해석자가 베드로가 말하는 이 씨를 복음을 의미하는 것으로 이해하는 것은 맞을지도 모른다. 그러나 이런 이해는 고마루스가 사용하는 표현 방식과는 부합하지 않는 것처럼 보인다. 왜냐하면, 고마루스는 "씨로부터" 그리고 "말씀으로부터" 출생한다고 말하지 않고, 오히려 "씨로부터" 그리고 "말씀을 통해" 출생한다고 각각을 구별하기 때문이다. 그러나 만일 씨가 복음을 의미한다면, 그 표현은 성령의 능력을 의미하는 비유로 해석되어야 한다.

고린도전서 4:15에서 바울이 말하는 것처럼 말이다.

> 내가 복음으로써 너희를 낳았음이라(고전 4:15).

왜냐하면, 이것은 내가 너에게 복음을 선포했고 네가 그것을 들었을 때 성령의 능력에 의해 중생했다는 것을 비유적으로 의미하기 때문이다.

고마루스에 따르면, 우리는 이런 개념 안에서 복음의 설교를 중생의 수단이라고 부르는 신학자들을 이해해야 한다. 그러나 여기에서 복음은 적절한 의미에서 본 수단은 아니다. 왜냐하면, 수단은 적절한 의미에서 볼 때 제1원인에 종속된 제2원인이기 때문이다.

여기에서 복음은 변칙적 개념에서 수단이라 할 수 있는데, 이는 성경의 어법에서 비유적 화법을 수반해 시행된 표지(복음의 설교)에 그 표지하는 것의 활동(성령의 역사)을 할당하는 것과 같다. 이런 화법을 사용하는 까닭은 표지(복음)와 표지되는 것(성령의 능력) 양편 사이에 존재하는 상호관련성 때문이다.

그래서 비록 성향적 회심, 즉 중생이 성령의 전능한 은혜에 의해 이루어질지라도, 하나님의 말씀 선포와 들음은 무익하지 않고 오히려 선행하는 부가 요소로서 필수적이다. 이는 하나님의 지정하심을 따라 중생시키시는 성령의 은혜를 위해 요구되는 것이다.

실제 회심(actual conversion)과 관련해, 하나님의 말씀 선포와 들음은 마찬가지로 필요하다. 이를 통해 중생자들 중에서 믿음의 성향은 믿음의 활동으로 전개될 수 있다. 실제 회심의 경우 설교된 복음의 들음은 중생에서처럼 단순히 선행하는 필수적 부가 요소가 아니다. 오히려 사랑과 믿음의 활동을 일깨우기 위한 효과적 수단이다(롬 10:14-15; 고전 3:5).

3) 고마루스의 보충 설명

그런데도 고마루스의 대적자들은 이 분명한 반응에 직면해 직접 일하는 은혜는 도구를 사용하는 것과 배치된다고 지속해서 주장했다.

고마루스는 더 나아가 다음과 같이 설명했다.

> 불가항력적으로 또는 직접적으로 작용하는 은혜는 이 은혜와 중생 사이에 끼워지는 어떤 것을 배제하는 한편 선택을 위한 인간의 의지의 자유를 완성한다. 이 은혜는 죄인의 마음 안에서 은혜의 작용에 선행하는 것으로서 방편의 사용을 배제하지 않는다.
>
> 하나님은 인간의 마음 안에서 성령의 전능한 능력이 동시적으로 일하도록 말씀을 사용하신다. 중생이라는 열매를 직접 낳으면서 말이다. 그래서 수단으로서의 말씀은 성령의 전능한 능력과 그 능력에 의해 직접 행해진 중생 사이에 위치하지 않는다. 오히려 말씀은 하나님을 위한 수단으로 섬긴다. 그리하여 성령의 능력이 사람 내부에 거하고 행사되게 한다.

고마루스는 이에 대해 결론적으로 다음과 같이 말했다.

> 우리의 대적자들은 우리에게 부당하게 짐을 지운다. 우리가 성향으로서의 믿음이든지 발현으로서의 믿음이든지 믿음은 성령에 의해 복음의 선포 이전에 심겼다고 가르친다고 불평하면서 말이다.
>
> 대적자들이 불평하는 이유는 우리가 성경에 근거해 그들과는 정반대의 개념을 분명하게 가르치기 때문이다. 우리는 믿음이 존재하게 될 때, 성령님은 협력자로서 사람의 인격에 협력하지 않으신다고 고백한다. 왜냐하면, 하나님 홀로 믿음을 일으키는 원인이시기 때문이다.
>
> 그런데도 하나님은 자신이 지정하신 복음의 선포라는 수단이 선행한 후에 이 믿음을 일으키신다. 그러고 나서 하나님은 인간의 인격과 협력하신다.

믿음의 성향을 받은 사람이 그 믿음의 능력을 믿음의 발현으로 한층 더 전개해 나갈 수 있도록 말이다.

5. 직접적 중생의 올바른 개념

고마루스는 위에서 언급한 대로, 직접적 중생과 관련한 대적자들과의 차이점을 분명하게 제시했고 개혁파적 입장에 서서 답변했다.

1) 항변파의 관점

중생은 항변파에 대항해 직접적이라고 말할 수 있다. 항변파는 말씀의 설교 안에서 사람에게 주어지는 성령의 권고적, 도덕적 작용과 인간의 마음 안에서 일어나는 그 작용의 열매로서 중생 사이에 지성의 자유로운 동의와 의지의 자유로운 행위를 삽입했다. 그러므로 항변파와 함께, 중생, 믿음 그리고 회심은 사람에 의해 성취되어야 하는 어떤 조건에 의존하고 묶이게 되었다.

그러므로 항변파는 '말씀과 더불어' 성령의 특별하고도 유효한 작용이 죄인의 마음 안에서 일어나야 한다는 것을 부인한다. 그리고 항변파는 이렇게 주장한다. '말씀 안에서' 그리고 '말씀에 의한' 성령의 도덕적 작용이 회심하기를 그리고 갱신되기를 원하는 사람을 회심시키고 갱신시키기에 충분하다고 말이다.

그러므로 항변파에게 있어서 말씀은 중생의 유일하고 충분한 원인이자 중생의 유일한 씨였다. 항상 사람이 자기 편에서 방해를 제거하고 자신의 내부에서 그리고 그 자신 위에 말씀이 도덕적 작용을 수행하도록 허용하기만 한다면 말이다.

2) 도르트 총회에 파송된 잉글랜드 대의원단

이 항변파의 오류에 반대해 개혁파는 때때로 중생을 "직접적"이라고 말했다. 예를 들어, "직접적"이라는 문구는 고마루스에게만 나타난 것이 아니라 도르트 총회에 참석한 잉글랜드 신학자들에게도 나타난다. 그들은 중생과 관련해 말씀을 배제한다고 고소될 수 없었다. 왜냐하면, 그들은 중생을 위한 갖가지 준비, 즉 교회에 출석하는 것, 하나님의 말씀을 듣는 것 등에 대해 말했기 때문이다.

만일 "직접적"이라는 용어로 어떤 사람이 말씀의 작용을 배제하기를 원했다면, 이 잉글랜드 신학자들은 정확하게 그리고 단호하게 그런 관점을 거부했다. 왜냐하면, 그들은 하나님이 사람을 중생시키시기 위해 사람의 사역 그리고 말씀의 수단(고전 4:15)을 사용하신다고 주장했기 때문이다.

항변파의 논지는 이러하다. 만일 하나님이 사람을 "직접" 중생시키고 의롭게 하기를 원하셨다면 사람이 어떤 지식, 어떤 슬픔, 어떤 갈망, 어떤 죄 용서의 소망을 통해 준비되는 것이 요구되지 않을 것이다.[4]

그런데도 회의록 몇 페이지 뒤에 보면, 잉글랜드 대의원들은 항변파가 사용한 바로 그 용어인 "직접적"을 주저하지 않고 사용했다. 이는 "직접적"이라는 용어가 항변파의 입장에 대항해 논증하는 일에 도움이 된다고 본 까닭이다. 그들은 중생 사역과 연결해 사람은 수동적 위치에 설 뿐이며 그러므로 하나님이 "직접" 중생시키실 때 이 중생 사역은 하나님께 저항하려는 인간 의지의 능력 안에 놓이지 않는다고 단호하게 선언했다.[5]

이 점에서 개혁파는 중생을 성령의 직접 작용이라고 말하기를 달가워했다는 충분한 빛이 발산되었다. 그리고 개혁파는 이 지점에 분명한 선을 그었다.

---

4 *Acta of Handelingen der Nationale Synode*, ed. J. H. Donner and S. A. Van den Hoorn (Leiden: J. H. Donner, n.d.), 470.

5 *Acta of Handelingen der Nationale Synode*, 473.

한편, 개혁파 신학자들의 다양한 저술을 참고해 보면, 마찬가지로 중생을 "직접적"이라고 말했다는 것을 곧장 발견하게 된다.[6] 항변파의 관점에 반대하면서 그리고 항변파와는 다른 관점을 가진 채 말이다. 이제 완전함을 유지하고 어떤 오해를 방지하려는 관심 속에서, 개혁파 신학자들 간의 불일치 역시 간단하게 설명되어야 마땅하다.

3) 존 카메론의 독특한 관점

종교개혁자들의 용감한 세대가 무대 뒤로 사라지자, 하나님의 주권에 대한 견고한 고백이 사람들을 부주의하고 불경건하게 만들것이라는 지배적인 두려움이 개혁교회 안에서 많은 사람의 용기를 약화시키기 시작했다. 그런 이유 때문에, 하나님이 모든 것을 성취하시는 일에 대조해 사람이 스스로 성취하는 일을 주장하고, 이전보다 사람의 도덕적 본성을 더 현저하게 앞세우기 위해 다양한 단계를 밟게 되었다.

---

[6] 역자 주: 이 부분은 본서 제2부 제1장 4항 중에 기록된 내용과 조화를 이루지 않는 것처럼 보인다. "개혁 신학으로부터 이 점에 대한 증거를 제시하려는 것은 쓸데없는 것으로 간주될 수 있다. 누구든지 각 개혁파 저자 중에서 그리고 각 개혁파 신조 안에서 내적 부르심에 관한 그런 증거를 찾을 수 있기 때문이다. 물론 내적 부르심 또는 중생 또는 믿음의 선물은 좀처럼 직접적이라고 불리지는 않는다." 이에 대해 역자는 영문 역자인 클루스터만 박사와 논의한 바, 독자들을 위해 그의 견해를 이곳에 밝힌다.
"제가 믿기로는 당신이 설명한 방식 안에서 바빙크의 글에 '명백한' 모순이 있습니다. 즉, 신조나 신앙고백은 중생과 관련해 '직접적'이라는 용어 사용을 피하기 위해 주의하는 반면 신학자들은 중생을 설명하면서 '직접적'이라는 용어를 사용했다는 것입니다. 이점을 다르게 표현한다면 이러할 것입니다. 교회의 '고백적' 언어는 직접적이라는 용어를 중생과 연결시키기를 피했고, '신학적' 언어는 종종 직접적이라는 용어를 중생과 결합시켰다는 것입니다." (2021년 12월 20일 전자우편 수신).

그런 시도는 존 카메론(John Cameron)[7]에 의해 취해졌는데, 그는 스코틀랜드에서 출생했으며 어릴 적에 프랑스로 이주했다. 카메론은 1624년에 몽투방(Montauban)에서 신학과 교수로 임명되었다. 비록 그는 이듬해 48세의 나이로 죽었지만, 그의 인격과 사역은 프랑스 신학에 지대한 영향을 끼쳤다. 아미로(Amyraut), 플라케우스(Placaeus), 카펠(Cappell) 그리고 파종(Pajon)은 카메론이 열어 놓은 경로를 더 깊이 탐구했다.[8]

---

[7] 영문 편집자 주: 존 카메론(약 1579/80-1625)은 17세기에 프랑스의 가장 영향력 있는 개혁파 신학자 중 한 사람이었다. 그는 "아미랄두스주의"(Amyraldianism)로 알려진 '온건한' 칼빈주의 학파의 설립자였다. 카메론은 글라스고우(Glasgow)에서 출생했고, 1600년도에 프랑스에 갈 때까지 스코틀랜드에서 살았다. 그는 1602년에 세단(Sedan)에서 철학 교수가 되었고, 파리, 제네바 그리고 하이델베르크에서 4년간 신학을 공부했다. 카메론은 1608년에 보르도(Bordeaux)에서 목사가 되었다. 거기에서 그는 1618년까지 큰 성공을 거두면서 설교했고 소뮤어(Saumur)에서 신학 교수가 되었다. 그러나 1621년에 시민 전쟁으로 대학이 분산되면서 그는 글라스고우로 돌아왔다. 거기에서 그는 짧은 기간 가르쳤다. 그 후 카메론은 1624년에 프랑스 몽투방(Montauban)에서 신학 교수로 선발되었다. 그러나 그는 1625년에 여기에서 정치적 폭동 속에서 죽임을 당했다. 카메론의 신학은 수정된 칼빈주의였다. 그는 그리스도의 능동적 의의 전가 그리고 사람의 회심 안에서 하나님의 은혜와 인간의 의지가 협력하지 않음을 부인했다. 또한, 그는 알미니우스로부터 보편적 구속 교리를 채택했다. 비록 의미 있는 방식으로 수정했지만 말이다.

[8] 영문 편집자 주: 이 저술가들은 모두 아미랄두스주의자들이었다. 그리고 프랑스 소뮤어 아카데미에서 가르쳤다. 모이즈 아미로(Moïse Amyraut, 1596-1664)는 프랑스의 개혁파 신학자였는데, 소뮤어 아카데미에서 출중한 스코틀랜드 신학자 존 카메론 문하에 개혁 신학을 공부했고 후에 목회자가 되었다. 1633년에 아미로는 존 다이에(Jean Daillé)의 후임으로 소뮤어 아카데미의 신학 교수로 임명받았다. 아미로와 그의 동료들인 루이 카펠(Louis Cappel)과 조슈아 드 라 플라스(Joshua de la Place)의 지도하에 소뮤어 아카데미는 프랑스에서 지도적인 신학교 중 하나가 되었다. 아미로의 라틴식 이름은 아미랄두스(Amiraldus)였고, 아미랄두스주의(Amyraldianism)는 카메론과 소뮤어 학파 아래서 발전된 신학의 독특하고 특징적인 견해를 의미한다. 아미로는 루터파와의 연합을 추구했다. 비록 루터파는 도르트 신조(1618-1619)를 확고하게 반대했지만 말이다.
특별히 루터파가 반대한 것은 도르트 신조에 나타난 그리스도의 속죄 사역의 범위와 의도에 대한 교리 그리고 선택과 유기에 대한 가르침이었다. 아미로는 가상적 보편주의 또는 가상적 보편 예정의 관점을 제안했다. 이로써 하나님은 믿음의 조건하에서 모든 사람의 구원을 의도한다고 말하게 되었다.
그래서 이상적으로 그리스도의 속죄는 모든 사람을 위해 충분했고, 모든 사람을 위해 조건적으로 의도되었지만, 보편적 인간의 부패 때문에 실제로는 오직 택자들에게만 유

카메론은 실천적 이성의 최종 결론에 의지가 항상 따른다고 가르쳤다. 예를 들어, 술고래는 술을 오용하는 것이 나쁘다는 점을 자신의 '이론적' 이성을 통해 매우 잘 알고 있다. 그러나 음주를 즐기는 기쁨과 관련된 다양한 실천적 고려들은 자신의 '실천적' 이성에 술을 무언가 바람직한 것으로 제시한다. 이제 이 실천적 이성이 술을 마시는 쪽으로 최종 선택을 했을 때, 그 결과로 인간의 의지는 불가분적으로 그리고 필연적으로 따른다.

카메론이 이런 가르침에 도달한 이유는 사람의 도덕적 본성을 유지하고자 했기 때문이다. 사람은 도덕적 존재이다. 그것은 특별히 사람의 의지 안에서 표현되는데 이 의지는 사람 내부에 있는 도덕적, 윤리적 요소라고 불리기에 마땅하다. 그러므로 그 의지는 움직일 수 있고, 이런저런 것을 수행하기 위해 다름 아닌 도덕적, 윤리적 방법으로 나아갈 수 있다. 그러므로 이 방향성은 실천적 이성에 의해 도출된 결론에 의해 나아간다. 이 실천적 이성으로부터 나온 결론이 존재할 때, 의지는 스스로 자유롭게 그리고 필연적으로 오성이 규정하는 방향으로 움직인다.

카메론은 이 목회적 가르침으로부터 중생에 대해 다음과 같이 추론했다. 중생은 의지 안에서 새로운 힘이나 성향의 주입으로 구성될 필요가 없다고 말이다. 만일 하나님이 단지 성령을 통해 유효하게 오성을 조명하신

효한 것이었다. 아미로는 회개와 믿음의 조건하에 모든 사람에게 구원을 제공하는 객관적 은혜와 영혼의 회심 안에서 도덕적으로 작용하는 것으로서 특정적이고 오직 택자에게만 주어지는 주관적 은혜 사이를 구분했다. 도르트 신조와는 다르게 아미로에게 있어서 핵심이 되는 관점은 그리스도의 구속 사역 '이후에' 하나님의 선택을 두는 것이다. 그러므로 하나님의 작정의 순서 안에서 보면 구원의 특정주의적 관점 속에서 아미로는 '구속 후 선택설주의자'(post-redemptionist)가 된다.

아미로의 관점과 그의 동료들의 독특한 관점들은 다른 중요한 주제들에 있어서 다른 많은 개혁파 저술가들에 의해 강하게 반대되었다. 프랑스뿐 아니라 다른 지역에서도 말이다. 아미로는 세 번의 국가 종교회의(1637, 1644 그리고 1659)에서 이단으로 판단되었다. 그러나 각각의 경우에 불기소 처분을 받았다. 스위스 일치 신조(Formula Consensus Helvetica, 1675)가 아미로와 그의 동료들의 소뮤어 신학에 부분적으로 대항하기 위해 스위스 개혁교회에 의해 마련되었다. 그런 저항에도 불구하고 아미로와 소뮤어 학파는 1685년 10월 18일 루이 14세에 의한 낭트 칙령(Edit of Nantes, 1598)의 폐지와 함께 개혁파의 주장이 프랑스에서 분쇄될 때까지 상당한 영향을 발휘했다.

다면 의지는 저절로 따른다. 의지를 부추기는 것은 불필요한데 의지는 스스로 새로운 힘을 가지고 기능을 발휘하기 때문이다. 이런 가르침을 따라볼 때, 중생은 원칙상 지성의 조명 안에 전적으로 존재한다.

카메론은 제자들이 많았다. 그의 영향력 아래에 유명한 소뮤어 학파가 프랑스에 존재하게 되었다. 이곳 네덜란드에서도 카메론의 확신은 몇몇 신학자에 의해 수용되었다. 이미 여러 번 언급된 적이 있는 프라너컬의 교수 요하네스 마코비우스가 그들 중 한 사람이다.

그러나 다수의 개혁파 신학자들은 프랑스 교수였던 카메론의 가르침에 저항했다. 그리고 중생은 단지 지성의 조명만이 아니라, 또한 의지의 갱신 속에서도 존재한다고 지속해서 주장했다. 사실 도르트 총회는 3-4조 11항에서 다음과 같이 분명하게 선언하는데, 카메론의 확신은 이런 가르침과 조화되기는 매우 어렵다.

> 하나님은 성령에 의해 유효하게 택자들의 오성을 조명하실 뿐만 아니라, 또한 중생시키시는 동일한 성령의 유효한 능력에 의해 사람의 중심부에 침투하시고, 닫힌 마음을 여시고, 굳은 마음을 부드럽게 하시고, 할례받지 못한 마음에 할례를 주시고, '의지 속으로 새로운 자질을 주입하시고', 죽은 의지를 살아나게 하시고, 악한 의지를 선하게 하시고, 완고한 의지에 순응하게 하시고, 거역하는 의지를 순종적으로 만드신다.

4) 다른 개혁파 저자들의 관점

카메론의 단편적인 이성주의적 노선과 대조적으로, 마코비우스 및 다른 사람들 그리고 개혁파 신학자들은 때때로 다음과 같은 방식으로 표현했다. 사람의 중생은 지성 내부만이 아니라, 또한 의지 내부에서도 "직접" 그리고 "비매개적으로" 일어나고, 배타적으로 수단하에서 그리고 지성이 조명된 결과로서만 일어나는 것은 아니라고 말이다.

이 점은 우리가 잘 알려진 『순수 신학 개요』(Synopsis purioris theologiae)에서 읽을 수 있다. 이 책은 믿음의 상위 유효한 원인은 성자 안에서 성령에 의해 일하시는 성부 하나님이시라고 언급한다. 성령님은 지성을 조명하시고 하나님으로부터 떠난 의지를 이동시키시고 굽히신다. 하나님은 단순히 상징적 방식으로 그리고 이른바 도덕적 행위를 가지고 이렇게 하시지 않는다.

여기서 도덕적 행위는 지성을 조명함에 의한 것이며, 의지에 실천적 이성의 판단을 제공해 필연적으로 의지가 그 판단에 따라 행하게 하는 것이다. 그러나 하나님 또한 의지에 "직접" 영향을 미치고, 의지의 움직임과 활동으로 들어가는 방식의 사역을 통해 그렇게 하신다.[9]

마스트리히트는 『이론-실천신학』(Theoretical-Practical Theology)에서 일부 개혁파 신학자들이 다음과 같은 점을 받아들였다고 말한다. 하나님은 의지 위에 초자연적으로 역사하시지만 지성의 수단을 통해 그렇게 하시는데, 하나님은 중생 안에서 지성을 매우 강력하게 조명하시고 확신시키셔서 의지가 순응할 수밖에 없도록 하신다는 점 말이다.

그러나 마스트리히트는 이어서 도르트 총회와 다른 개혁파 신학자들은 중생 안에서의 초자연적 작용에 있어서 의지를 포함하는 데까지 나아간다고 말한다. 이것은 직접적 의미에서 그러한데, 하나님은 의지 내부에 새로운 기질을 주입하시는 것이다.[10] 마스트리히트는 이런 주장이 가장 수용할

---

9 Andreas Rivetus, "De Fide et Perseverantia Sanctorum," in *Synopsis purioris theologiae, disputationibus quinquaginta duabus comprehensa ac conscripta per Johannem Polyandrum, Andream Rivetum, Antonium Walaeum, Antonium Thysium* (Leiden, 1625), XXXI.9. 영문 편집자 주: 이 저작은 요하네스 폴리안더(Johannes Polyander), 안드레아스 리베투스(Andreas Rivetus), 안토니우스 발레우스(Antonius Walaeus) 그리고 안토니우스 티시우스(Antonius Thysius)가 공동 저술했다. 이들은 모두 라이던의 신학 교수들이었다. 이 작품은 높이 칭송되었으며 당시에 가장 대중적인 소교의서 중 하나였다. 헤르만 바빙크는 딜크 판 데이크(Dirk van Dijk)가 번역한 현대화된 네덜란드 판을 편집했는데, 두 권으로 1881년에 처음으로 출간되었고 1964년과 1966년에 재판되었다.

10 영문 편집자 주: 다음을 보라. Petrus van Mastricht, *Theoretico-practica theologia* (Utrecht, 1714), VI.3.26. 페트루스 판 마스트리히트(Petrus van Mastricht, 1630-1706)는 뒤스부르크와 우트레흐트에서 공부한 개혁파 신학자였다. 그는 클리버(Cleves)와 글룩슈타

만하다고 판단했다. 대조적으로 투레틴은 항변파와의 논쟁에 더욱 초점을 두었다. 투레틴은 『변증신학 강요』(Elentic Theology)에서 직접적 은혜의 주제를 광범위하게 다룬다.
그는 이 문제에 대해 다음과 같이 언급한다.

> 비록 성령님은 유효적 부르심 안에서 '말씀을 떠나서' 일하시지 않지만, 그럼에도 불구하고 성령님은 단지 '말씀을 통해' 매개적으로 일하시는 것은 아니다. 오히려 성령님은 '말씀과 함께 직접' 영혼 내부에 일하신다. 그래서 성령의 사역은 필연적으로 효력을 일으킨다. 성령님은 말씀을 떠나서 일하시지 않는다. 왜냐하면, 하나님은 우리의 이성적 본성에 상응하는 방식으로 우리를 다루고자 하시기 때문이다. 그러나 말씀의 능력이 어떤 것이든지 간에, 성령님의 '직접' 작용에서 떠나 말씀만으로는 불충분하다.[11]

트(Gluckstadt)에서 목회자로 섬겼고, 1662년에 프랑크푸르트 오더(Frankfurt-on-the-Oder)에서 동방 언어와 실천신학 교수로 부름받았다. 1669년에 그는 뒤스부르크에서 신학 교수로 임명되었고, 1677년에 우트레흐트에서 푸티우스의 후임으로 신학 교수가 되었다. 그의 주요 신학 저술은 『이론-실천신학』(Theoretico-practica theologia, 1714, 신판, 1724) 이다.

11 영문 편집자 주: 다음을 보라. Francis Turretin, *Institutes of Elenctic Theology*, XV.4.23-24. 프란시스 투레틴(또는 투레티니[Francis Turretin(Turrettini), 1623-1687])은 제네바의 높이 존경받는 개혁파 신학자였다. 그는 베네딕트(Benedict)의 아들이자 진 알폰세 투레티니(Jean Alphonse Turrettini)의 아버지였다. 투레틴은 제네바, 라이던, 우트레흐트, 파리, 소뮤어, 몽투방 그리고 니머(Nimes)에서 공부했다. 그는 1648년에 제네바의 이탈리아 회중의 목사로 부름받았다. 그리고 제네바 아카데미 신학 교수로 1653년에 임명되었다. 투레틴은 아미랄두스주의를 반대했던 스위스 일치 신조의 고안자 중 한 명이었다. 그의 주요 신학 저작은 『변증신학 강요』(Institutio theologiae elencticae, 1679-1685)이다. 또한, 그는 자신의 생애 동안 프랑스어로 된 두 권의 설교집과 몇몇 중요한 신학 논문을 저술했다. 역자 주: 투레틴의 책은 1권이 한글판으로 소개되었다. 프란키스쿠스 투레티누스, 『변증신학강요 1』, 박문재 · 한병수 공역 (서울: 부흥과개혁사, 2017). 한글판 전기는 다음과 같다. E. 드 뷔데, 『프랑수아 투레티니 평전』, 권경철, 강금희 역 (군포: 다함, 2021).

알렉산더 콤리(Alexander Comrie)는 동일한 노선을 따라서 표현한다. 콤리는 반복적으로 중생을 성령의 직접 사역이라고 말한다. 콤리는 모든 완전한 펠라기우스주의자와 세미-펠라기우스주의자에 대항해 그렇게 말하는데, 이들은 모두 객관적인 은혜와 도덕적인 권고를 주장할 뿐 말씀과 함께 성령의 전능하며 "직접적인" 능력을 인정하지 않았다.[12]

마지막으로 다른 누구보다도 아 브라컬(à Brakel)은 이 점에서 완전히 동의했다. 부르심의 장을 기술하면서 브라컬은 내적 부르심이 비록 말씀의 수단에 의해 일어난다 할지라도 직접적이고 유효한 하나님의 사역으로서 사람의 지성, 의지 그리고 성향에 영향을 미치고 바꾸는지에 대한 질문을 제기한다.

브라컬은 이런 대답을 내놓는다.

> 사람은 하나님의 초자연적 사역의 방법을 이해하지 못한다. 어떻게 하나님이 말씀과 함께 그리고 말씀을 통해 영혼을 "직접적으로" 만지시는지 말이다. 그런데도 말씀은 하나님이 그렇게 하신다고 우리에게 가르친다. 더욱이 하나님은 말씀을 수단으로 사용하시지만, 이 수단에 연결된 것은 직

---

12 영문 편집자 주: 다음을 보라. Alexander Comrie, *Stellige en praktikale verklaring van den Heidelbergschen Katechismus, volgens de leer en gronden der Hervorming: waarin de waarheden van onzen godsdienst op eene klare en bevindelijke wijze voorgesteld en betoogd worden; de natuurlingen ontdekt; de zoekenden bestuurd; de zwakken vertroost en de sterken tot hunnen pligt, volgens eene evangelische leiding* (Nijkerk, 1856), 145–46; 365–366. 알렉산더 콤리(1706-1774)는 에벤에셀(Ebenezer)과 랄프 어스킨(Ralph Erskine)에게 교리 문답 교육을 받은 스코틀랜드인이었다. 그리고 그는 토마스 보스톤(Thomas Boston)의 저술에 고착했다. 콤리는 호로닝언과 라이던에서 공부했다. 그리고 라이던대학교에서 1734년에 철학 박사 학위를 받았다. 푸티우스처럼 콤리는 전통적인 개혁파 교리, 스콜라적 방법론 그리고 성경적 경건을 연합시키기 위해 노력했다. 그의 가장 잘 알려진 저술은 『믿음의 기초』(*A.B.C. des geloofs*)인데 1739년에 쓴 것이고, 1978년에 영문(*The ABC of Faith*)으로 번역되었다. 그리고 그는 *Verhandeling van eenige eigenschappen des zaligmakende geloofs*라는 제하의 성경적 믿음의 특징에 대한 주요 작품을 저술했다. 그리고 하이델베르크 교리 문답의 첫 일곱 주일에 대한 부분의 주석(1753, 이것은 바빙크가 여기에서 인용하는 저술이다)과 그 밖에 다른 신학적, 변론적 저술들을 썼다.

접적이고 유효한 작용이며, 이 작용은 영혼을 만지고 사람의 지성, 의지 그리고 기질의 상태와 관련해 유효하게 그 영혼을 변화시킨다.[13]

---

13 영문 편집자 주: 다음을 보라. Wilhelmus à Brakel, *The Christian's Reasonable Service in which the Divine Truths concerning the Covenant of Grace are expounded, defended against Opposing parties, and their practice advocated as well as the Administration of this Covenant in the Old and New Testaments*, trans. Bartel Elshout, with a biographical sketch by W. Fieret and an essay on the "Dutch Second Reformation" by Joel Beeke. 4 vols. (Ligonier, PA: Soli Deo Gloria Publications, 1992-95), II: 225-26. 빌헬무스 아 브라컬(Wilhelmus à Brakel, 1635-1711)은 프라너컬에서 공부했고 1659년에 목회에 입문했다. 그러나 우트레흐트에서 푸티우스와 안드레아스 에세니우스 문하에서 더 공부했다. 그는 50년 목회 기간 동안에 다섯 회중을 섬겼다. 브라컬은 다음의 책으로 유명해 졌다. 『영적 생명의 단계』(*De Trappen des Geestelycken Levens* [*The Steps of the Spiritual Life*]). 생에 후반에 그는 자신의 가장 중요한 저작의 저술에 힘을 쏟았다. 『합당한 예배』(*ΛΟΓΙΚΗ ΛΑΤΡΕΙΑ*, 즉 *De Redelijke Godsdienst* [*The Christian's Reasonable Service*]), 1700 (3 vols.), 확장판은 1707년에 출간됨. 이 교의서는 일반 회중을 더욱 겨냥한 것이었고 전통적 개혁파 교의 신학을 경건과 그리스도인의 삶에 대한 강조와 통합시켰다. 역자 주: 한글판은 다음과 같다. 빌헬무스 아 브라켈, 『그리스도인의 합당한 예배』 전4권, 김효남 외 2인 역 (서울: 지평서원, 2019).

제2장 요약

1. 개혁파가 내적, 유효적, 불가항력적 은혜의 교리를 지지했을 때, 항변파는 이 교리가 은혜의 방편을 무용지물로 만든다고 비난했다. 이로부터 개혁파는 은혜의 방편으로서 말씀과 은혜의 작용 사이의 연결을 설명하도록 요구받게 되었다.

2. 도르트 총회는 하나님이 복음을 영혼의 양식이 될 뿐 아니라 중생의 씨앗이 되도록 지정하셨다고 선언했다. 이 점에서 도르트 총회는 부르심이 중생에 선행하는 것으로 보았다.

3. 고마루스의 입장은 이러하다.

    (1) 하나님은 말씀을 통해 외적으로 믿음이 발현되도록 사람에게 명령하신다. 한편, 하나님은 성령을 통해 내적으로 그 사람에게 믿음의 성향을 수여하신다(요 11:43-44; 마 9:6).
    (2) 중생이 성령의 전능한 은혜에 의해 초래될지라도, 하나님의 말씀 선포와 들음은 무익하지 않고 오히려 선행하는 부가 요소로서 필수적이다. 이는 하나님의 지정하심을 따라 중생시키시는 성령님의 은혜를 위해 요구되는 것이다(벧전 1:23; 요 3:9).
    (3) 하나님은 인간의 마음 안에서 성령의 능력이 동시적으로 일하도록 말씀을 사용하시면서 중생이라는 열매를 직접적으로 낳으신다. 말씀은 하나님을 위한 수단으로 섬기며, 그리하여 성령의 능력이 사람 내부에 거하고 행사되게 한다.

4. 항변파는 말씀의 선포 안에서 사람에게 주어지는 성령의 권고적, 도덕

적 작용과 인간의 마음 안에서 일어나는 그 작용의 열매로서의 중생 사이에 지성의 자유로운 동의와 의지의 자유로운 행위를 삽입했다.

5. 도르트 총회에 파송된 잉글랜드 대의원들은 하나님이 중생 사역에서 말씀의 수단을 사용하신다고 주장하면서, 또한 중생의 직접적 성격을 명확하게 유지했다.

6. 카메론은 성령님이 오성을 조명하시면 의지는 스스로 새로운 힘을 가지고 기능을 발휘한다고 보았기 때문에, 결과적으로 중생은 지성의 조명 안에 전적으로 존재하게 된다.

7. 다른 개혁파 저자들의 관점은 다음과 같다.

    (1) 마코비우스는 성령님이 지성을 조명하시고 하나님으로부터 떠난 의지를 이동시키시고 굽히신다고 보았다.
    (2) 마스트리히트는 도르트 총회 및 다른 개혁파 신학자들의 경우 중생 안에서의 초자연적 작용이 직접적 의미에서 의지를 포함하는 데까지 나아갔다고 보았다.
    (3) 투레틴은 항변파와의 논쟁에 집중해 성령님은 말씀과 함께 직접 영혼 내부에 일하신다고 보았다.
    (4) 콤리는 반복적으로 중생을 성령의 직접 사역이라고 말했다.
    (5) 브라컬은 하나님이 말씀을 수단으로 사용하시지만, 이 수단에 연결된 것은 직접적이고 유효한 작용이며, 이 작용은 영혼을 만지고 사람의 지성, 의지 그리고 기질의 상태와 관련해 유효하게 그 영혼을 변화시킨다고 보았다.

제3장

다른 개혁파 신학자들의 부르심과 중생에 대한 견해

우리는 전술한 모든 것이 초기 개혁파가 중생을 성령의 '직접' 사역으로 말했던 것이 어떤 의미인지를 분명하게 보여 준다고 믿는다. 개혁파 신학자들은 중생을 그런 방식으로 표현하면서 이중적 목적을 추구했다.

첫째, 개혁파 신학자들은 중생을 "직접적"이라고 묘사함으로써 중생이 인간 의지의 매개적 결정에 의존한다고 주장했던 펠라기우스주의자와 항변파의 오류를 잘라내기를 원했다.

둘째, 개혁파 신학자들은 이른바 지성의 도구를 통해 인간의 의지 갱신이 단지 매개적 방식으로 일어난다고 가르쳤던 카메론 및 그런 주장에 동조했던 다른 사람들의 입장을 피하고자 했다.

그러나 성령에 의한 중생 사역으로부터 말씀이라는 은혜의 방편을 배제하기 위한 목적으로 "직접적 중생"이라는 표현이 초기 개혁파에 의해 도입된 것은 결코 아니었다. 개혁파에 속한 모든 사람이 구원의 서정을 다룸에 있어서 부르심을 중생 앞에 위치시켰다.

이 점에서 그들은 모두 동의했다. 모든 개혁파 신앙고백과 마찬가지로 모든 개혁파 신학자들이 구원의 서정에 대한 설명을 부르심과 함께 시작하고 나서 더욱 좁은 의미에서 중생으로 이동한다는 사실은 의심의 여지가 없다.

이 점을 설명하기 위해 수많은 그리고 장문의 인용은 필요치 않으며, 누구나 쉽게 이 점을 받아들일 수 있다. 단지 신앙고백서들이나 개혁파 신학자들의 저술을 열어 보기만 한다면 말이다.

이 점에서 우리는 단지 몇 명의 저술가만 예외로 둘 텐데, 그들은 지금까지 많은 사람에 의해 개혁파 원리들의 걸출한 옹호자로 인정됐고 그런 점에서 종종 다른 사람들과 대조된다.

1. 존 칼빈이 말하는 부르심과 중생

칼빈은 우리의 시선을 끄는 첫 사람이다. 전술한 바와 같이 종교개혁 이후 초기에는 구원의 은덕이 적용되는 시작점을 다양한 용어로 표현했다. 그러나 고정된 것은 하나님이 구원의 사역 안에서 개시자였다는 점이다.

그러나 가장 첫 은덕이 사람에게 주어진 것을 회개 또는 믿음, 회심 또는 중생 중에서 어느 것으로 불러야 할지는 의견의 차이가 있었다. 많은 사람이 구원의 은덕에 대한 적용을 다룰 때 믿음과 관련된 논의에서 시작했다. 이는 칼빈이 자신의 『기독교 강요』(*Institution of the Christian Religion*, III. ii)에서 접근한 방식이었다.

여기에서 볼 때, 말씀이 은혜의 방편이라는 사실은 영적 생명의 출발점에서 배제되지 않았다는 것이 분명하다. 즉, 영적 생명의 출발점에서 믿음이 시작한다. 왜냐하면, 믿음은 그 자체로 지식이며 지식, 곧 하나님과 그리스도에 대한 지식을 포함하기 때문이다(III.ii.2). 그런 믿음은 복음이 그 길을 열 때 성경의 옷을 입은 그리스도를 품고, 그리스도께로 나아간다. 믿음은 말씀에 불가분적으로 묶여 있다.

그리고 빛이 해로부터 떨어질 수 없는 것 이상으로 믿음은 말씀으로부터 분리될 수 없다. 말씀을 제거하면 믿음은 더 이상 없다. 말씀은 거울인데 믿음은 그 안에서 하나님을 본다. 하나님은 자신에게로 인도하시기 원하는 사람들에게 자신의 말씀을 통해 자신을 제시하신다(III.ii.6). 믿음은 복음의 약속에 놓여 있고 말씀을 필요로 하며, 이는 열매가 나무의 뿌리를 필요로 하는 것과 같다(III.ii.29, 31).

칼빈은 영적 생명을 믿음과 함께 출발점으로 보았기 때문에 아직 좁은 개념의 중생을 위한 자리를 가지지 않았다. 칼빈은 중생을 언급했다. 그러나 그는 믿음에 선행하는 첫 새로운 생명의 원리를 주입하는 것으로서 중생을 이해하지는 않았다. 오히려 믿음을 통해 존재하게 되는 것으로서 사람의 전체적인 영적 갱신으로서 중생을 이해했다. 그리고 중생 그 자체를 믿음의 열매로 이해했다.

칼빈은 『기독교 강요』 3권 2장에서 믿음을 다룬 후에 "우리는 믿음에 의해 중생한다"는 점을 설명하기 위해 『기독교 강요』 3권 3장으로 나아간다.

2. 칼빈은 성향적 중생과 능동적 중생 사이의 구별을 예상한다

그러나 다양한 상황이 개혁파를 압박했다. 회심으로 알려진 작용과 연결해 믿음의 발현을 중생 뒤에 두도록 말이다. 신자들의 유아기 자녀들은 분명히 아직 믿지 않는 상태다. 그런데도 그들은 세례받을 권한을 가졌다.

자녀가 유아기에 죽었을 때, 성경은 그들이 잃어버린 바 되지 않고 구원받았다고 가르친다. 성인 신자들이 구원받는 것과 마찬가지로 말이다. 성도의 배교라는 비성경적 교리 속으로 빠져들기를 원하지 않는 한, 이런 최종 구원 문제는 능동적 믿음을 실행하지는 않았지만 믿음의 원리를 소유한 상황에서 자주 등장했다.

결국, 사람은 자신의 힘으로 믿음과 회심으로 나올 수 없다. 믿음과 회심은 성령의 전능하신 사역의 열매들이다. 그래서 성령의 사역과 그 사역의 열매 사이에 점차 구별이 생겨난 것이 분명했다. 다르게 말하면 이렇다. 믿음의 성향과 믿음의 발현 사이에, 성향적 개념의 회심과 능동적 개념의 회심 사이에 또는 좁은 의미의 중생과 믿음(회심을 포함해) 사이에 구별이 생긴 것이다.

우리는 칼빈에게서 이런 구별이 명확하게 또는 발전된 방식으로 표현된 것을 발견하지 못한다. 그런데도 이런 구별은 칼빈에게서 원리적으로 그리고 근원적인 형태로 존재한다. 『기독교 강요』에서 믿음에 대한 장(III.ii)은 성령의 은밀한 사역에 대한 장(III.i.)을 앞세웠다.

왜냐하면, 각 시대는 많은 사람이 복음을 받지 않는다는 것을 보여 주었기 때문인데, 칼빈이 말한 대로 우리는 더 높은 곳으로 올라가서 성령의 사역을 고려해야 한다. 성령님은 우리를 그리스도에게 묶으시는 분이다. 성령님은 우리 안에 믿음을 일으키시고, 복음을 통해 우리의 오성을 조명하시는 분이다. 성령님은 실제로 우리 안에 있는 천상의 생명의 뿌리이자 씨앗이시다(III.i.2). 성령님은 택자들에게 믿음의 살아 있는 뿌리를 선사하신다. 그래서 그들은 마지막까지 인내할 수 있게 된다(III.ii.11).

또한, 칼빈은 이런 구별 때문에 유아 안에서 일하시는 성령의 구원 사역을 수용하기 위한 가능성과 유아 세례의 합법성을 보호하기 위한 가능성을 확보한다. 칼빈은 세례 요한의 예를 의존하면서 성령님이 사람의 의식적 인식 때문에 제한되지 않는 것과 믿음 및 회개의 발현을 떠나 영생으로 사람을 중생시킬 수 있음을 보여 준다. 그러나 이것을 더 자세하게 설명하는 것은 우리의 목적에 맞지 않는 일이다.

비록 칼빈은 믿음의 씨와 믿음의 발현 사이의 구별을 원리상으로 인식했고, 신자의 자녀라는 관점을 가지고 믿음의 씨와 믿음의 발현은 일시적으로 분리되는 것을 인정했지만, 이것이 구원의 은덕을 다룸에 있어서 순서를 바꾸는 것은 결코 아니었다. 칼빈의 입장은 항상 일반적으로 구원의 통상적 시행 안에서, 말씀이 선행하고 성령님은 자신의 사역과 함께 말씀을 덧붙이신다는 것이다. 이 말씀의 부르심이 먼저이고 그리고 나서 오성의 조명과 의지의 갱신이 따른다.

그러므로 칼빈은 한 가지 묘사를 통해 이렇게 말한다. 그리스도께서 내적 교사이신 성령에 의해 성부께서 자신에게 주신 자들을 자신에게로 이끌지 않으시면 다른 교사들이 크게 소리쳐도 헛될 뿐이다(III.i.4). 말씀은 우리의 마음을 관통할 수 없다. 내적 교사이신 성령님이 자신의 조명하는 능력에 의해 말씀이 들어갈 입구를 만들지 않는다면 말이다(III.ii.34).

복음의 선포는 그 자체로는 택자들을 이해시키는 증거가 아니다. 그러나 하나님은 자신의 택자들을 유효하게 가르치신다. 그래서 그들을 믿게 하신다(III.xxiv.1). 부르심은 말씀의 선포에만 있는 것이 아니라 성령에 의한 조명에도 있다(III.xxiv.2).

하나님은 이 특별한 부르심을 통상적으로 오직 택자에게만 하사하신다. 이 부르심 속에서 하나님은 성령의 내적 조명을 통해 선포된 말씀이 그들의 마음 내부를 점유하게 하신다. 이 특별한 부르심은 중생하게 하시는 성령을 수반한다(III.xxiv.8). 하나님의 부르심을 통해, 택자들은 그들의 어머니의 태로부터 즉시 또는 모두가 동시에 그리스도의 양 무리 안으로 모여드는 것이 아니다. 오히려 하나님이 자신의 은혜를 그들에게 나눠 주기를 기뻐하시는 그런 방식으로 모여든다(III.xxiv.10).

비록 칼빈이 어린아이들은 말씀을 떠나 중생이 일어날 수 있고, 그래서 믿음은 그들의 경우 들음으로부터 오지 않는다는 것을 인식하지만, 말씀이 성인을 위한 영적 중생의 유일한 씨라는 이 법칙을 견고하게 부여잡는다(IV.xvi.18). 사도 바울이 들음을 믿음을 위한 수단이라고 부를 때, 그는 주님께서 자신의 소유를 부르시는 가운데 익숙하게 추구하시는 통상적 질서와 분배의 관점을 가지고 있다(IV.xvi.10).

이로부터 그리고 다른 곳에서 말하는 것을 볼 때, 신자들의 자녀들을 고려할 경우 칼빈은 복음의 설교와 무관한 유형의 중생을 받아들인다는 것이 분명하고 매우 확실하다. 그러나 칼빈은 일반적 법칙을 가르칠 때 그리고 구원의 은덕들의 순서를 지시할 때, 항상 부르심을 중생 앞에 둔다. 말씀의 설교는 성령의 사역 앞에 있다. 좀 더 잘 표현하자면, 칼빈은 이 둘을 서로 밀접하게 연결된 것으로 두려고 한다.

이 점은 자유 의지와 관련해 피기우스의 의견에 반박하는 칼빈 자신의 논문에 매우 분명하게 표현되어 있다.[1] 칼빈은 택자 안에서 하나님의 이중 사역을 구별했다. 이른바 말씀을 통한 외적 사역과 성령을 통한 내적 사역이다. 피기우스[2]는 그런 칼빈의 관점에 대해 반대를 표명했다.

칼빈의 관점은 말씀의 설교가 성령의 사역에 선행하거나 성령의 사역에 뒤이어 일어난다는 것인데, 피기우스의 반박은 다음과 같다. 후자는 불가능하다. 왜냐하면, 신자는 그들이 이미 받은 중생을 추구하도록 헛되게 권고받을 것이기 때문이다. 전자도 불가능하다. 왜냐하면, 칼빈에 따르면 비중생자는 선을 원할 수도 추구할 수도 없기 때문이다.

이런 반대를 반박하면서, 칼빈은 바울에 의존한다. 바울이 말한 바는 한편으로 믿음이 들음에서 나고, 다른 한편으로 믿음은 하나님의 선물인데, 이 양편은 성령의 사역이 그에게 주어졌다는 사실 안에서 화해된다고 말한다. 바울 사도가 이로부터 의미했던 바를 칼빈은 과장 없이 표현했는데 그는 이렇게 설명한다.

---

[1] 영문 편집자 주: 바빙크의 참고 문헌은 다음과 같다. *Ioanni Calvini noviodunensis Opera omnia, in novem tomos digesta*, 9 vols. (Amsterdam: Johann Jacob Schipper, 1667-71), VIII, 156. 또한, 다음을 보라 John Calvin, *Defensio sanae et orthodoxae doctrinae de servitute et liberatione humani artitrii adversus calumnias Alberti Pighii Campensis* (1543), 영문판은 다음과 같다. *The Bondage and Liberation of the Will: A Defense of the Orthodox Doctrine of Human Choice against Pighius*, ed. A. N. S. Lane, trans. G. I. Davies. Texts and Studies in Reformation and Post-Reformation Thought, ed. Richard A. Muller (Grand Rapids: Baker Academic, 1996), 163-66.

[2] 영문 편집자 주: 알버트 피기우스(Albert Pighius, 약 1490-1542)는 네덜란드의 인문주의자이자 로마가톨릭교회 신학자였는데 네덜란드 캄펀 출신이었다. 그는 루뱅(Louvain)과 파리에서 공부했고 1523년에 하드리안 6세(Hadrian VI)에 의해 로마로 부름받았다. 여기에서 그의 저술은 당대의 주요 이슈들에 대한 저술들 중에 뛰어난 위치를 차지했다. 그의 주요 저술은 『교회의 통치 계급에 대한 진술』(*Hierarchiae Ecclesiasticae Assertio*, 1538)인데, 성경과 조화를 이루는 기독교의 진리와 교회의 계급 구조에 대한 자료로서, 이 둘 모두의 전통을 정교하게 변호하는 것이었다. 그는 마틴 루터와 존 칼빈에 반대하면서 원죄에 대한 믿음을 위태롭게 할 정도까지 인간의 자유 의지를 강조했다. 교황 무오설에 대한 그의 관점 역시 큰 영향을 미쳤다.

하나님은 성령에 의해 사람의 마음 안에 효과적으로 믿음을 심으신다. 믿음을 심으시는 일 이전이나 이후가 아니라, 하나님은 믿음을 심으실 때 그들의 귀에 동시에 말씀하신다. 그러므로 사람들은 말씀 때문에 중생을 추구하도록 일깨워진다.

그렇다면 언제를 말하는 것인가?

성령님이 그들 내부에 바로 그런 갈망을 일으키도록 말씀을 그분 자신의 유효적 수단으로 만드시는 때다. 자기 일에 대한 일정표를 가지시는 하나님에 대해 우리가 무언가를 규정하는 것은 어울리지 않는다. 그런데도 우리는 성령의 은밀한 사역과 사람의 외적 설교 사이에서 바울이 우리에게 제공하는 연결점을 단단히 붙들어야 한다. 왜냐하면, 그때 우리는 모든 어려움으로부터 자유롭게 될 것이기 때문이다.

3. 부르심과 중생에 대한 17세기 개혁파 신학자들의 생각

1) 요하네스 마코비우스

부르심과 중생 사이의 연결에 관한 칼빈의 관점을 고찰했으므로, 우리는 이제 프라너컬의 교수 요하네스 마코비우스[3]의 관점을 고려하고자 한다. 그러나 우리는 칼빈과 마코비우스 사이에 이들 두 사람과 동일한 견해에 속한 것으로 결정지을 수 없는 다른 개혁파 신학자들이 아무도 살지 않았다고 추론해서는 안 된다.

이 프라너컬의 교수가 개혁 신학을 위해 보여 준 성취가 무엇이든지 간에, 근래에 그는 네덜란드에서 더할 나위 없이 칭송된 것이 분명하다. 어떤 사람들은 그를 과학적 개혁 신학의 아버지로 묘사한다. 과학적 신학의

---

3   영문 편집자 주: 제1부 제1장 각주 3번을 보라.

영역 안에서 오랫동안 우세한 성경신학을 일으킨 사람으로서 그리고 스콜라적 방법을 도입하며 거룩한 신학의 실천 안에서 우리가 우리 시대에 따라야 할 경로를 개척한 충성스럽고, 엄격하고, 용감한 칼빈주의자로서 말이다.

조금만 숙고해 본다면 누구나 생각할 수 있는 것처럼 이런 모든 것은 상당히 과장된 것이다. 왜냐하면, 종교개혁 시대에 일어난 가장 초기의 신학자들은 그들이 진리를 제시한 그대로 가능한 한 성경에 근접하게 머물렀기 때문이다. 중세의 스콜라적 신학의 책임은 모두에게 명확했다. 교회의 교리와 삶 속으로 스며들어온 오류들은 스콜라적 신학의 결과로 혹은 적어도 그것과 밀접하게 관련되어 나타났다. 중세 기간에는 믿음에 대한 진리들을 다루는 미묘한 방식이 통상적인 것이었다.

그러므로 종교개혁의 가장 초기 신학자들은 아리스토텔레스의 철학에 반대하려는, 종이 한 장 차이에 불과하며 생소한 스콜라주의의 구별에 반대하려는 그리고 중세의 전체 분위기와 방법에 반대하려는 그런 식의 반응 때문에 어느 정도 동력을 부여받았다. 사람들은 하나님이 계시하시는 그대로의 타협되지 않은 순수한 진리를 회복하기를 원했다. 그러므로 그들은 성경으로 돌아갔다. 멜랑흐톤의 교의학은 실제로 바울의 로마서를 강해한 것이었다. 그리고 칼빈의 『기독교 강요』는 원천적으로 사도신경의 강해였다.

그러나 종교개혁을 지지하는 신학자들이 이 지점에 머무를 수 없었던 것은 매우 분명하다. 무엇보다도 그들 자신의 무리 안에서 그들이 고백했던 진리를 한층 더 발전시켜나가기 위한, 그것의 내적 연결 관계를 분명하게 하기 위한, 사람들이 다른 영역에서 획득한 지식의 총체에 자신이 고백했던 진리를 연관시키기 위한 필요성이 대두된 것이다.

사람들은 로마가톨릭주의자들, 재세례파주의자들, 소키누스주의자들 등과 논쟁하며 그들이 고백했던 교리들의 매우 분명한 설명을 제공하도록 모든 영역에서 이 교리들을 다듬고 완성하도록 짐을 부여받았다.

그들이 이 과업을 시작했을 때, 그들은 논리, 심리학, 철학의 기여가 필요했다. 그래서 그들은 역사를 조사해야 했고, 다양한 오류와 이단에 대한 응답 속에서, 이전 시대 안에서 다른 사람들이 수행한 것들을 수확해야 했다. 아리스토텔레스가 다시 한번 칭송되었다. 그리고 교부와 중세 신학자들의 저술이 종교개혁을 지지하는 사람들에 의해 열렬히 참조되었다.

이런 새로운 접근은 마코비우스와 함께 시작된 것은 아니다. 오히려 종교개혁 이후 가장 이른 시기 동안 이미 나타났다. 멜랑히톤은 매우 빨리 아리스토텔레스와 철학에 대한 자신의 중상(中傷)으로부터 후퇴했다. 칼빈은 아우구스티누스를 공부하는 일에 더해 토마스 아퀴나스 또한 공부했으며, 철학에 대한 자신의 평가 속에서 꽤 온건한 입장을 취했다.

그들 이후에 활동한 신학자들을 참고할 때, 철학과 스콜라주의에 대한 친밀도가 점차로 증가한 것을 빠르게 발견할 수 있다. 예를 들어, 해외의 경우 마터(Martyr), 폴라누스(Polanus), 잔키우스(Zanchius), 피스카토르(Piscator) 그리고 네덜란드의 경우 트렐카티우세스(Trelcatiusses) 부자, 고마루스(Gomarus) 그리고 일부 사람들의 저술들이 이런 주장에 대한 적절한 증명이다.[4]

---

[4] 영문 편집자 주: 피터 마터 베르밀리(Peter Martyr Vermigli, 1500-1562)는 파두아(Padua)와 볼로냐(Bologna)에서 공부했던 개혁파 신학자였다. 1542년에 그는 공개적으로 종교개혁을 지지했으며 이탈리아를 떠나 바젤(Basel)과 스트라스부르(Strasbourg)로 갔다. 1542년 12월에 그는 카피토(Capito)를 이어 스트라스부르에서 신학교수가 되었다. 1547년부터 1553년까지 베르밀리는 옥스퍼드에서 가르쳤다. 메리가 즉위하자 그는 스트라스부르로 돌아갔다(1553-1556). 그러나 그의 활동은 쥬리히(Zürich)에서 끝났다(1556-1562). 그의 잘 알려진 교의서 *Loci communes*는 그의 사후인 1576년에 로버트 메이슨(Robert Masson)에 의해 그의 저술들에서 수집되어 출간되었다.
아만두스 폴라누스 폰 폴란스돌프(Amandus Polanus von Polansdorf)는 튜빙겐(Tübingen), 바젤(Basel) 그리고 제네바(Geneva)에서 교육받은 개혁파 신학자였다. 그는 1596년에 바젤에서 구약 교수로 임명되었다. 그리고 1598년부터 1609년까지 신학부 학장으로 섬겼다. 그의 교의서들은 다음과 같다. *Partitiones theologicae, pars I & II* (1590, 1596), and *Syntagma theologiae christianae* (1609).
제롬 잔키우스(Zerome Zanchius, 1516-1590)는 파두아에서 공부했고 아우구스티누스 수도회 회원이었다. 루카(Lucca)에서 피터 마터 베르밀리와 교제했다. 그의 복음적 설교는 그가 이탈리아를 떠날 수밖에 없도록 만들었다. 그는 스트라스부르에서 구약 교수로 임명되었다. 그는 이 자리를 1563년까지 유지했다. 그는 1568년에 하이델

그러므로 마코비우스는 자신 이전에 다른 사람들이 개척한 길을 단지 여행한 것이었다. 그러나 그의 성격과 기질은 이런 경로를 따라 나아가는 것에 비해 대단하지 못했고, 일정 부분 지혜와 신중함을 잃어버렸다. 하나의 실례를 다음과 같이 나타낼 수 있다.

개혁파는 보통 하나님의 작정적 의지와 교훈적 의지를 구별했다. 그러나 마코비우스는 교훈적 의지는 정당한 개념 속에서 보면 의지가 아니라고 주장하면서 이 점을 거부했다. 그는 다만 작정적 의지만이 유일하고 참된 하나님의 의지라고 주장한 것이다.

결과적으로 죄는 하나님의 경륜 안에 포함되었을 뿐만 아니라, 하나님에 의해 작정된 것이 되고 말았다. 이런 입장은 매우 집요하게 나타났다. 그리고 이와 비슷한 주장에 의해 마코비우스는 엄격한 칼빈주의자라는 평판을 얻었다. 비록 마코비우스의 입장이 부분적 진리를 포함하고 있지만, 자신이 반대하는 하나님의 은밀한 그리고 계시된 의지 사이의 구별을 두는 그런 신학자들보다 조금이라도 더 일관성을 보이지는 않았다.

베르크로 가서 신학부에서 우르시누스의 자리를 이었다. 그는 루터파 선제후 루드비히 6세(Ludwig VI)가 즉위한 1576년에 하이델베르크를 떠나서 노이슈타트(Neustadt)로 갔다. 그리고 그는 거기에서 죽을 때까지 신학 교수로 남았다. 그의 저술들은 개혁 신앙의 방대한 총합의 기원을 포함하는데 다음과 같은 것들이 있다. *Praefatiuncula in locos communes; De tribus Elohim; De natura Dei; De operibus Dei; and De primi hominis lapsu, de peccato et de lege Dei*. 1617년에 이 저술들은 전집으로 출간되었다. 더불어 잔키우스는 확장된 신앙고백서인 *De religione christiana fides* (1585)를 저술했다.
루카스 트렐카티우스(아들 Lucas Trelcatius, 1573-1607)는 라이던에서 교육을 받은 개혁파 신학자였으며 1603년에 거기에서 신학 교수가 되었다. 그는 예정과 기독론에 대해 알미니우스와의 논쟁에 참여했다 그의 주요 저술은 *Scholastica et methodica locorum communium s. theologiae institutio* (1604)이다.
루카스 트렐카티우스(아버지 Lucas Trelcatius, 1542-1602)는 앞서 말한 트렐카티우스의 아버지인데 파리에서 공부했다. 그는 파리와 오를레앙에서 종교개혁의 불씨를 지폈다. 그는 잉글랜드로 도피해 런던에서 동양 언어를 가르쳤다. 1578년부터 1585년까지 그는 네덜란드 남부 레이설(Rihssel) 에 있는 발론(Walloon) 교회에서 목회했다. 그 후 라이던(Leiden)에서 목회자로 섬겼다. 그는 1587년에 라이던에서 교수가 되었고 후에 그곳에서 죽었다. 고마루스에 대해서는 제3부 제2장 각주 2번을 보라.

왜냐하면, 마코비우스가 죄의 교리에 이르렀을 때 하나님의 허용을 말하지 않을 수 없었는데, 하나님의 허용은 교훈적 의지가 일으킬 수 있는 것과 마찬가지의 반대를 낳을 수 있기 때문이다. 도처에서 발견되는 최종 결론은 마코비우스가 어리석은 말장난에 참여하고 있었고, 스콜라적 구별을 통해 그 논의를 전개하지 않았다는 것이다. 이런 이유로 인해 도르트 총회는 그를 호되게 질타하고 더욱 신중하도록 명령했다.

만일 마코비우스가 어떤 특정한 책임, 즉 자신의 삶에서 불신임을 받지 않았다면, 그는 자신의 논쟁 방식과 함께 그렇게 가볍게 일축되지는 않았을 것이다. 그의 삶의 양식은 흠잡을 것이 많았는데, 그리스도인이라고는 도저히 생각할 수 없는 그런 것이 있었다. 사람들은 타당한 근거 위에서 그가 "짐승같은 삶"(*belluina vita*)을 산다고 비난했다.

마코비우스의 교리, 특별히 그의 삶에 대한 혐오 위에서 루베르투스, 에임스 등과 같이 분별력 있고 경건한 사람들이 마코비우스의 교리와 삶 사이의 관련성을 찾으려 한 것은 이상한 일까?

만일 하나님이 죄를 의도하셨다면, 육신의 욕망을 따라 사는 것은 어떨까?

이 모든 것의 결론과 무관하게, 마코비우스는 우리 앞에 놓여 있는 문제에 관해 당대의 대부분 개혁파 신학자들과 유사한 태도를 유지했다.

마코비우스는 구원의 서정 교리 안에서, 말하자면 두 가지 특별한 개념을 두며 자신을 구별시켰다.

우선 그는 구원의 은덕의 적용은 중생이나 믿음이나 회심으로 시작되지 않고, 칭의와 함께 시작된다고 주장했다. 그러나 마코비우스는 영원 칭의를 가르치지는 않았다.

왜냐하면, 그는 분명하게 이 가르침을 거부했기 때문이다. 그렇지만 그는 칭의가 창세기 3:15의 최초 약속과 함께 모든 택자에게 일어났다고 가르쳤고, 이것을 디도서 1:2에 의존해 증명하려 했다. 여기에서 "영원 전부터"라는 문구를 영원을 의미하는 것이 아니라 오래전 시간을 의미하는 것

으로 보면서 말이다.[5]
  우리는 칭의 후에 중생과 함께 시작되는 성화를 가진다. 마코비우스는 잉글랜드의 신학자들을 직접 반대하면서 바로 이 점을 상당히 강조했다. 그리고 여기에서 우리는 말하자면 구원의 서정에 대한 마코비우스 교리의 두 번째 독특한 특징을 발견한다. 즉, 그는 중생 이전에 아무런 준비가 없다는 사실에 주안점을 둔 것이다. 하나가 아니면 다른 하나가 참이다.
  소위 말하는 준비는 필연적으로 중생으로 인도하는 것은 아니다. 그렇다면 그것은 준비가 아닌 셈이다. 아니면 준비는 중생에 뒤이어 나오게 되며, 그렇다면 그것은 중생의 표지이자 열매다. 사람은 먼저 중생하지 않는 한 복음을 '구원적으로' 들을 수 없다.
  비록 마코비우스는 이 점을 폭 넓게 전개시키고 반복적으로 강조했지만, 실제로 새로운 것은 아무것도 가르치지 않았다. 그것은 개혁파의 확신이었고 지금도 여전히 그러하다. 우리 모두가 복음의 '구원적' 들음은 중생을 전제한다는 점을 인정한다.
  그러나 이 사실은 마코비우스가 다른 모든 개혁파 신학자들과 동일한 방식으로 부르심과 중생 사이의 연결을 묘사했다는 주장에 결코 모순되지 않는다. 말씀의 모든 작용이 중생과 관련해 배제되어 왔다는 의미에서 마코비우스가 중생을 직접적인 것으로 묘사한 것은 결코 아니기 때문이다. 그는 하나님이 그분 자신의 말씀을 통해 영적으로 죽은 사람들을 부르신다는 점과 부르실 수 있다는 점을 결코 부인하지 않았다.
  오히려 마코비우스는 에스겔 37:4과 요한복음 11:43의 관점을 가지고 힘주어 말한다. 하나님은 자신의 말씀을 통해 영적으로 죽은 사람들 또한 진짜로 부르신다고 말이다. 하나님은 실로 그렇게 하시고, 그렇게 하실 수 있다. 왜냐하면, 없던 것을 있는 것으로 부르시는 분은 하나님이시며 그런

---

5 Johannes Maccovius, *Loci communes theologici; ex omnibus ejus, quae extant, collegiis, thesibus, per locos comm. disputatis, manuscripts antiquis, recentioribus, undiquaque sollicite conquisitis, collecti, digesti, aucti, indice capitum, rerumque locupletati* (Franeker, 1650), 676.

부르심에 의해 그것들을 존재하게 하시기 때문이다.

예를 들어, 마코비우스는 계속해서 이렇게 말한다.

> 하나님은 비중생자들이 그들의 마음의 포피를 할례할 것을 요구하신다 (렘 4:4; 겔 18:31).

하나님은 비중생자들이 스스로 그렇게 할 수 있어서가 아니라 그들의 무능을 인식하도록 만들려 하시기 때문에 그렇게 요구하신다. 하나님은 뜻을 두고 행하신다. 그런데도 바울은 우리 자신이 두려움과 떨림을 가지고 우리 자신의 구원을 이루라고 권고한다. 우리는 믿을 의무가 있지만 또한 성부께서 이끌지 않으신다면 아무도 그리스도께로 나올 수 없다.

심지어 말씀의 설교는 중생의 선물을 결코 받지 않는 그래서 결코 말씀을 구원적으로 들을 수 없는 사람들에게도 무익하지 않다. 왜냐하면, 하나님은 그들이 은혜의 시대 아래에 사는 한 그들에게 또한 복음이 선포되어야 할 것을 분명하게 뜻하셨기 때문이다.

이로써 그들은 마지막 심판 때에 복음을 듣지 못했다고 변명할 수 없게 된다. 택자이지만, 아직 중생하지 않은 사람들을 고려하면 복음의 설교는 더욱 헛되지 않다. 왜냐하면, 말씀이 그들에게 외적으로 설교될 때 하나님은 루디아에게 하셨던 것처럼 종종 그들의 마음을 여시고 성령에 의해 그들을 내적으로 부르시기 때문이다.

그러므로 마코비우스에 따르면 말씀은 "중생의 씨"라고 불릴 수 있다. 이 씨는 우리가 나중에 보겠지만 물리적이 아니라 도덕적인[6] 능력을 소유했다.

---

6 역자 주: 여기에서 도덕적 능력은 도덕적 권고 혹은 전제의 제시 그리고 마음의 동기 유발에 의해 영향을 미칠 수 있는 능력을 말한다. 이와 반대로 '물리적' 능력은 영적이며 신적인 생명의 주입에 의해 영혼이 자격을 소유하고 힘을 얻어서 자연적 능력과 기능들을 영적 방식 안에서 실행하게 하는 능력을 말한다. 참조: Peter van Mastricht, *A Treatise on Regeneration* (CT: Soli Deo Gloria, 2002), 13-14.

왜냐하면, 하나님은 오직 성령에 의해서만 중생의 창시자가 되시기 때문이다. 그런데도 말씀은 중생의 씨라고 불릴 수 있는데 그것은 두 가지 이유 때문이다.

첫째, 하나님의 말씀은 중생의 선물과 종종 연결되기 때문이다. 하나님은 자신의 말씀을 통해 외적으로 명령하신 것을 성령을 통해 내적으로 완성하신다.

둘째, 하나님은 말씀으로부터 그리고 말씀을 통해 우리가 중생했다는 것을 우리에게 알게 하시기 때문이다. 그리고 이런 방식으로 우리에게 중생을 설명하시기 때문이다.[7] 그래서 마코비우스는 또한 부르심이 대체로(외적 부르심이 그러나 여하튼 내적 부르심까지도) 중생에 앞선다는 교리를 지지했다.

2) 히스벨투스 푸티우스

부르심과 중생 사이의 관계에 관해 마코비우스의 의견보다 더욱 두드러진 것은 푸티우스[8]의 견해였다. 마코비우스는 택자가 중생할 때 그 시점을 특정하지 않았다. 그는 신자들의 자녀들은 세례받아야 한다고 말했다. 왜냐하면, 그들 중 일부는 성령을 가졌기 때문이다. 또한, 신자의 자녀들은 모두 내적인 것이 아니라 분명히 외적 거룩함 또는 언약적 거룩함을 소

---

7   Maccovius, *Loci communes theologici*, 51-54; 606-715; idem, *Collegia theologica quae extant omnia* (Franeker, 1641), 396-408; idem, *Joannes Maccovius redivivus: seu manuscripta eius tertium iam typis exscripta* (Franeker, 1647; Amsterdam, 1659), 108-110.

8   영문 편집자 주: 히스벨투스 푸티우스(Gisbertus Voetius, 1589-1676)는 매우 영향력 있고 많은 저술을 남긴 네덜란드의 개혁파 신학자였다. 그는 라이던대학교에서 고마루스 문하에서 공부했다(1604-11). 그는 1611년과 1634년 사이에 여러 회중을 섬겼고 1618년에 도르트 총회에 파송된 남홀란드의 대표자들 중 한 사람이었다. 1634년에 그는 신설된 우트레흐트 대학의 신학 교수로 부름받았다. 푸티우스는 콕케이우스주의자들과 데카르트주의자들에 대항하는 신랄한 논객이었다. 그리고 개혁파 경건과 실천적 신학의 발전에 중대한 영향을 미쳤다. 그의 주요한 그리고 고도로 스콜라적인 신학 논문들은 다음 자료에서 발견된다. *Selectae disputationes theologicae*, 5 vols. (1648-1669).

유행기 때문이다. 그런 이유 때문에 그는 통상 부르심이 중생에 선행한다고 매우 쉽게 가정할 수 있었다.

그러나 푸티우스는 믿는 부모에게서 태어나는 모든 택자는 세례 이전에 유아기 때 중생한다는 의견을 가졌다. 그는 오랫동안(20대, 40대 또는 60대까지) 죄 가운데 살고 나중에 회심에 이르는 그런 유형의 택자들과 연관지어서 유아기 때 중생한다는 것을 받아들였다. 오히려 그는 생애의 첫 시기에 마음 안에 심겨진 중생의 씨가 토양 아래에 그렇게 오랫동안 잠복해 머무를 수 있음을 인정했다.

그는 이런 개념에 깊이 기울어졌다. 왜냐하면, 성경에 따르면 신자의 자녀는 부모와 함께 하나님의 약속을 공유하는데, 그렇지 않다면 할례와 세례는 공허한 표지로 경시될 수 있기 때문이다. 그리고 오직 이런 이유만이 재세례파에 대항하는 논증을 지지할 수 있기 때문이다.

은혜의 삶 속에서 공유하는 것을 유아기 때부터 보여 주는 그런 자녀들뿐만 아니라, 아브라함, 므낫세, 누가복음 7장에 나오는 죄인, 십자가 위의 강도, 고넬료, 루디아, 아우구스티누스, 루터와 같이 더 늦은 나이에 회심하는 사람들까지도, 푸티우스에 따르면 어릴 때 이미 중생했을 가능성이 있다. 그의 의견에 따르면 택함받은 유아가 잉태 순간에 중생한다는 주장이 쉽게 거절되지 않아야 한다. 비록 이 점에 대해 확정적 판단은 유보되어야 함이 마땅하지만 말이다.[9]

이 모든 점에도 불구하고, 비록 이런 확신의 기초 위에서 푸티우스와는 다르게 생각할 수 있을지라도 푸티우스는 구원의 서정 안에서 부르심이 중생에 선행한다는 것을 믿었다. 그는 신자의 택함받은 자녀들이 외적 부르심을 떠나서 중생된다는 것을 인정했다.[10] 그는 성인의 경우에도 중생이 말씀에 선행하거나 혹은 말씀에 이어지는 식으로 말씀에 의존하지 않고

---

9 Gisbertus Voetius, *Selectae disputationes theologicae*, 5 vols. (Utrecht, 1648-1669), II, 402-468.
10 Voetius, *Selectae disputationes theologicae*, II, 434.

일어날 수 있다는 것까지 수용했다.[11] 그러나 그는 중생과 부르심의 연결 속에서 구원의 은덕들을 놓고 배열했을 때, 부르심을 중생 앞에 두었다.

그러므로 푸티우스는 중생을 다음과 같이 묘사했다. 중생은 하나님이 택함을 받은 죄인 안에서 행하시는 일이며, 이 택함받은 죄인은 그리스도를 통해 구원받고, 능동적 개념에서 칭의를 받고, 부름을 받으며, 이로써 하나님은 그를 죄의 부패로부터 새로운 생명으로 변화시키신다.[12] 객관적 의미에서 자녀로서의 화해, 칭의, 양자 됨은 모두 선행하며, 곧이어 부르심이 뒤따른다. 그리고 나서 중생, 성화 그리고 영화가 온다.[13]

부르심은 하나님이 언약의 보화들을 제시하시고 제공하시는 수단으로서의 은덕이다. 중생은 사람이 그런 보화들을 공유하기에 적합하도록 만든다.[14] 중생의 원인은 이중적이다. 물리적 원인은 하나님의 권능이다. 그러나 도덕적 원인은 부르심인데 도덕적 원인이라고 하는 이유는 첫 지정된 원인에 앞서거나 또는 그것에 연결되기 때문이다.[15]

구원의 서정에서 구원으로 이끄는 유효한 부르심은 중생에 선행한다. 그러나 역사적 시간 안에서의 부르심은 중생과 동시적이거나 그것에 결합되어 있다.[16]

3) 페트루스 판 마스트리히트

페트루스 판 마스트리히트는 푸티우스와 동일한 관점을 가졌다. 마스트리히트는 그런 관점을 개혁파 신학자들의 일반적 의견이라고 말했다. 그 관점은 세례가 택함을 받은 유아들에게 이미 일어난 일로서 중생을 전제

---

11 Voetius, *Selectae disputationes theologicae*, II, 461.
12 Voetius, *Selectae disputationes theologicae*, II, 436.
13 Voetius, *Selectae disputationes theologicae*, II, 433.
14 Voetius, *Selectae disputationes theologicae*, II, 464, 452.
15 Voetius, Selectae disputationes theologicae, II, 449.
16 Voetius, *Selectae disputationes theologicae*, II, 452.

한다는 것이다.[17] 그는 더 나아가 어떤 특별한 경우에, 하나님은 말씀과 무관하게 내적으로 부르실 수 있다는 점을 인정했다.[18] 그러나 구원의 서정을 논했을 때 그는 다시 부르심을 중생 앞에 위치시켰다.

마스트리히트는 자신의 교의서에서 그리스도의 인격과 사역을 논한 후, 구원의 은덕들의 적용 교리로 옮겨 갔다. 그는 이런 문맥 안에서 이 적용의 성격에 대해 처음으로 말했는데, 여러 다른 것 중에서 이 적용의 도구는 말씀의 사역이라고 했다.[19]

그런 후 그는 부르심을 논했다. 그 점에서 그는 특별한 부르심을 언급했는데, 그것은 오직 택자들에 의해서만 공유되는 것이며, 무엇보다도 중생에 선행한다. 그 점에서 부르심은 택자들에게 아무것도 전제하지 않는다. 다음으로 중생이 뒤따르며 그리하여 중생자들을 믿음과 회심으로 일깨운다.[20]

다음 장에서 그는 중생을 논했는데, 중생은 성령의 행위이며 택정되고 구원받으며 '부르심을 받는' 사람들 안에 최초의 생명 원리를 주입해서 그들이 구주를 받아들일 수 있도록 하는 것이라고 묘사했다.[21]

4) 알렉산더 콤리

마지막으로 알렉산더 콤리가 부르심과 중생을 배열한 순서에 대해서는 의심의 여지가 없다. 하이델베르크 요리 문답 강해 속에서,[22] 그는 우리를 중생시키고 새로운 피조물로 만드는 참된 구원하는 믿음의 활성화 및 주입과 관련해 이를 준비하는 것으로서 어떤 기존의 능력, 자질 그리고 성취

17　Mastricht, *Theoretico-practica theologia*, VI 3, 31.
18　Mastricht, *Theoretico-practica theologia*, VI 2, 19.
19　Mastricht, *Theoretico-practica theologia*, VI 1, 18.
20　Mastricht, *Theoretico-practica theologia*, VI 2, 17.
21　Mastricht, *Theoretico-practica theologia*, VI 3, 6.
22　Comrie, *Stellige en praktikale verklaring van den Heidelbergschen Katechismus*, 358–359.

가 우리 편에서 선행되어야 하는지에 대한 질문을 심도 있게 논했다.

비록 콤리는 펠라기우스 또는 항변파 식의 개념 안에서 이해된, 중생을 위한 모든 실제적 준비를 직설적으로 거부했지만 정당한 개념에서 볼 때 중생을 위한 어떤 준비에 대해 말할 수 있다는 것을 믿었다. 이는 잉글랜드 신학자들이 말했던 그런 개념에서 본 준비를 말한다.

왜냐하면, 성령님이 먼저 율법을 사용해 죄인들에게 강력한 영향을 미친다는 것은 더할 나위 없이 분명하기 때문이다. 이는 성령님이 복음을 사용해 그를 살아나게 만드시기 전에 그리고 그렇게 할 때까지 율법이 말하는 동일한 요구와 저주를 양심에 가하는 것이며, 죄인을 억누르고 위협하기 위한 것이며, 그 자신 안에 있는 무언가를 통해 은혜로 다가올 수 있다는 그 어떤 소망도 제거하는 것이다.[23]

이로부터 우리는 콤리의 견해를 가장 분명하게 본다. 그는 한층 더 나아가 이 점을 설명하기 위해 착수한다. 사람을 중생시키는 것은 말씀 그 자체가 아니다. 하나님의 직접적 능력이 그 자체로 영혼에 영향을 미치고 중생시키는 것이다.[24] 성령님은 말씀을 통해 잘 직조된 믿음을 일으키시고 그리고 나서 믿음의 행위로 그것을 일깨우신다.[25]

당연히 이것은 콤리에 따르면 성인의 경우에만 적용된다. 또한, 그는 성인의 경우에도 그들의 양심에 율법을 사용한 다음 복음을 통해 살아나게 만드는 것이 하나님의 통상적 방법이었음을 믿었다.[26]

---

23 Comrie, *Stellige en praktikale verklaring*, 367.
24 Comrie, *Stellige en praktikale verklaring*, 165.
25 Comrie, *Stellige en praktikale verklaring*, 398.
26 Comrie, *Stellige en praktikale verklaring*, 370-371.

4. 웨스트민스터 신앙고백

더 많은 저술가를 인용하는 것은 불필요하고 그렇게 수고할 이유가 없다. 다만 유아 세례에 관한 논쟁 이후에 그리고 중생과 회심 사이의 구별이 개혁 신학 안에서 일반적으로 받아들여진 이후에 개혁교회 안에서 형성된 신앙고백 하나를 더 언급하고자 한다.

우리는 1645년에 작성된 웨스트민스터 신앙고백을 참조하고자 한다. 이 고백서의 10장은 유효적 부르심을 논하면서 부르심이 중생에 선행하는 것을 분명하게 보여 준다.

그 내용은 다음과 같다.

> 하나님이 생명으로 예정하신 모든 사람, 오직 그들만을 하나님은 자신이 지정하시고 인정하신 때에 유효적으로 부르시기를 기뻐하신다. 이는 하나님의 말씀과 성령에 의해 본성적으로 처해진 죄와 죽음의 상태로부터 예수 그리스도로 말미암은 은혜와 구원으로의 부르심인데, 하나님의 일들을 이해하도록 그들의 마음을 영적으로 그리고 구원에 이르도록 조명하시고, 돌 같은 마음을 제하시고 살 같은 마음을 주시며(이하 생략).

이 부르심의 유효성은 하나님의 값없고 특별한 은혜에만 기인한다. 그리고 사람 안에 있는 미리 내다본 어떤 선(善)에 의존하지 않는다. 왜냐하면, 이 부르심에 있어서 사람은 전적으로 수동적이기 때문인데 성령에 의해 사람이 살아나고, 새롭게 되고, 그 부르심에 반응하고, 제공된 은혜를 받을 수 있도록 준비될 때까지 그러하다.

이것은 말하자면 웨스트민스터 신앙고백이 부르심에 관해 제시하는 법칙이다. 같은 장 후반부는 유아기에 죽은 택함받은 유아들의 경우 자신이 기뻐하시는 때와 장소, 방법으로 일하시는 성령을 통해 그리스도에 의해 중생하고 구원받는다는 점을 인정한다. 또한, 말씀의 사역에 의해 외적으로 부르심을 받을 능력이 없는 다른 모든 택함받은 사람들도 마찬가지다.

바로 이 점에서 웨스트민스터 신앙고백은 부르심과 중생 사이의 연결에 관해 개혁교회와 개혁 신학을 주도하는 관점을 재생산하고 있다고 주장할 수 있다. 개혁파 진영은 신자의 자녀들과 몇몇 특별한 경우, 성령님은 말씀과 무관하게 그들을 중생시킬 수 있고 실제로 중생시켜왔다는 점을 기꺼이 인정했다.

그러나 구원의 서정은 이런 예외에 의해 결정되지 않았다. 그런 예외들이 얼마나 많든지 간에, 그것들은 예외로 취급되었다. 법칙은 먼저 부름을 받고 나서 중생한 성인들의 유형으로부터 취해졌다. 그러므로 부르심에 대한 교리적-신학적 논의는 대체로 중생의 논의에 선행했다.

제3장 요약

1. 초기 개혁파 신학자들이 중생을 '직접' 사역이라고 말했던 것은 두 가지 목적을 가진다.

    (1) 중생이 인간 의지의 매개적 결정에 의존한다고 보았던 펠라기우스 주의자와 항변파의 오류를 잘라 내고자 했다.
    (2) 지성의 도구를 통해 인간의 의지 갱신이 단지 매개적 방식으로 일어난다고 가르쳤던 카메론과 같은 사람들의 입장을 피하고자 했다.

2. 개혁파는 구원의 서정을 다룸에 있어서 모두 부르심을 중생 앞에 위치시켰다.

3. 칼빈은 일반적 법칙을 가리킬 때 그리고 구원의 은덕들의 순서를 지시할 때, 항상 부르심을 중생 앞에 둔다. 말씀의 설교는 성령의 사역 앞에 있다. 좀 더 잘 표현하자면 칼빈은 이 둘을 서로 밀접하게 연결된 것으로 두려고 한다.

4. 마코비우스의 입장에서 두 가지 이유를 볼 때 말씀은 "중생의 씨"라고 불릴 수 있다.

    (1) 하나님은 말씀을 통해 외적으로 명령하신 것을 성령을 통해 내적으로 완성하신다.
    (2) 하나님은 말씀으로부터 그리고 말씀을 통해 우리가 중생했다는 것을 알게 하신다. 결론적으로, 마코비우스는 부르심이 중생에 앞선다는 교리를 지지했다.

5. 푸티우스는 다음과 같은 입장을 가졌다.

(1) 신자의 자녀들은 세례 이전 유아기 때 중생한다.
(2) 생애의 첫 시기에 심긴 중생의 씨가 오랫동안 잠복해 지낼 수 있다.
(3) 택함을 받은 유아가 잉태 순간에 중생한다는 주장이 즉각적으로 거부되어서는 안 된다.
(4) 구원의 서정에서 구원으로 이끄는 유효한 부르심은 중생에 선행한다. 그러나 역사적 시간 안에서 부르심은 중생과 동시적이거나 그것에 결합해 있다.

6. 마스트리히트는 푸티우스와 같은 입장을 가졌다. 그는 중생을 성령의 행위로서 택정되고 구원받으며 부르심을 받는 사람들 안에 최초의 생명 원리를 주입하셔서 그들이 구주를 받아들일 수 있도록 하는 것이라고 묘사했다.

7. 콤리는 성령님이 말씀을 통해 잘 직조된 믿음을 일으키시고, 그것을 믿음의 행위로 일깨우신다고 보았다.

8. 개혁파 진영은 신자의 자녀들과 몇몇 특별한 경우 성령님이 말씀과 무관하게 중생시킬 수 있고 실제로 중생시켜 왔다는 점을 예외로서 기꺼이 인정했다. 그러나 구원의 서정은 먼저 부름을 받고 나서 중생한 성인들의 유형으로부터 취해졌다.

제4장

은혜 언약과 교회에 대한 개혁파의 개념

예외 없이, 개혁파 교회에서 사용하게 된 모든 신앙고백과 교리적 지침서들은 부르심을 중생 앞에 배치했다. 이 사실에 대해서는 의견의 차이가 없다. 심지어 가장 피상적인 연구의 기초 위에서조차 이 주장이 타당하다는 것을 누구든지 분명하게 볼 수 있다. 중생과 회심 사이의 구별이 명확해지고 일반적으로 수용된 후에도 이런 배열에 아무런 변화가 없었다.

교리를 다룸에 있어서 그 누구라도 부르심과 중생 사이의 관계를 바꾸기 위한 일말(一抹)의 성향도 가지지 않았다. 비록 사람들이 수많은 경우에 중생이 말씀과 무관하게, 단순히 그리고 오직 성령의 유효한 역사를 통해 일어났다는 것을 기꺼이 그리고 공개적으로 인정했음에도 불구하고 말이다.

개혁파는 이런 오래된 믿을 수 있고 검증된 입장을 견고하게 유지하기 위해 마땅한 근거를 가져야 했다. 우리는 그런 근거를 멀리서 찾을 필요가 없으며, 여기에서 그 근거 중 일부를 간략하게 언급하고자 한다.

1. 로마가톨릭교회와 재세례파에 반대되는 언약

첫째 근거는 언약에 관한 깊고 영광스러운 개념에 놓여 있다. 언약 개념은 개혁파 교리 속에서 매우 중요한 자리를 차지한다. 개혁파 이외의 다른 교회들은 이 개념에 대해 아무것도 알지 못한다. 아니면 언약 개념을 단지 하위의 가치를 가지는 것으로 여긴다. 그러나 이 언약 교리를 떠나서는 개혁파 신앙고백과 개혁 신학을 전혀 이해할 수 없다.

개혁파는 성경의 조명하에서 그리고 매우 초기부터 한편으로는 로마가톨릭교회에 대항해, 다른 한편으로는 재세례파에 대항해 그들이 응대해야 하는 반대 세력의 영향 아래에서 이 언약 교리에 이르게 되었다.

1) 로마가톨릭교회의 관점

로마가톨릭교회의 가르침은 처음부터 끝까지 구원을 얻는 것은 성례에 묶여 있다는 개념으로 오랫동안 잠식되어 있었다. 비록 기독교의 범주 안에 있는 신앙인 부모에게서 태어난 자녀라 할지라도, 하나님은 이런 현실과 어떤 거룩하게 하는 은혜를 연결하지는 않으셨다.

믿는 부모들에게서 태어난 자녀는 이방 부모들에게서 태어난 자녀들과 전적으로 동등하다. 다만 다른 점은 사제의 손으로부터 세례받을 기회를 가진다는 이익이 있는데, 이 세례는 처음으로, 거룩하게 하는 은혜 즉, 중생의 은혜를 자녀에게 부여하는 것이다.

그러므로 중생은 세례에 선행하지 않으며 세례에 의해 전제되지 않는다. 왜냐하면, 하나님은 이 은혜를 사제와 성례를 떠나 교회의 조직체를 벗어나서는 주시지 않기 때문이다. 오히려 중생은 세례 속에서, 세례를 통해 어떤 긍정적인 것을 전제하지 않고, 오직 수행된 행위 덕분에(*ex opere operato*) 주어진다. 마치 불이 그 내적 힘을 통해 불에 접촉하는 사람은 누구에게든지 따뜻함을 일으키는 것처럼, 세례의 성례도 세례를 받는 일에 어떤 장애를 두지 않고 세례를 받는 사람이라면 누구에게든지 중생의 은혜를 수여한다.

왜냐하면, 성례는 단지 은혜를 묘사하는 것이 아니라 그 자체 안에 은혜를 포함하기 때문이다. 성례는 은혜를 붙들고 있는 컨테이너이며, 은혜를 흘러가게 하는 파이프다. 세례를 받는 사람은 바로 그 순간에 중생하며, 그리스도의 몸인 교회 속으로 접붙여지며, 자연적 생명의 상태로부터 영적 생명의 상태로 옮겨진다.

그러므로 세례 또한 구원을 위해 절대적으로 필요하다. 교회는 성례와 사제로 이루어지는 하나의 조직체로서 하나님과 사람의 영혼 사이에 선다. 사제의 사역을 통하지 않고는 하나님과의 어떤 교제도 존재하지 않는다.

2) 재세례파의 관점

이것이 로마가톨릭교회의 입장이었다. 이 점에 직접 반대하는 세력은 재세례파였다. 자연과 은혜 사이의 정반대 개념으로 모든 사고를 전적으로 그리고 완전하게 지배당한 재세례파는 외적이고, 감각적이고, 물질적인 표지가 소위 성례들인데 이런 것들이 내적이고 영적인 은혜를 실제로 전달한다고는 인정할 수 없었다. 일반적으로 은혜는 그리고 특별히 중생은 성령에 의해 비매개적으로 그리고 직접 사람의 마음 내부에 역사하는 것으로 인식한 것이다.

성례는 그저 하나님이 이전에 주신 은혜를 표시할 수 있을 뿐이다. 그러므로 성례는 믿음을 분명하게 드러낼 수 있는 사람들에게만 집례될 수 있다. 세례는 개인적 고백에만 따라올 수 있으므로 어린아이들에게는 집례될 수 없다. 어린아이들은 믿음을 고백할 수 없으므로 중생과 믿음을 소유한다고 말할 수는 없다.

3) 개혁파의 관점과 그 유익

이들 양 입장 사이에서 개혁파는 그들 나름의 노선을 취했다. 개혁파는 성경으로부터 언약 개념을 취했고 그렇게 하면서 두 가지 중요한 이점을 즉시 획득할 수 있었다. 언약 개념을 가진 개혁파는 은혜의 모든 교류가 교회의 조직체에, 성례에 그리고 사제에 묶여 있다고 주장하는 로마가톨릭교회에 저항하는 강경한 입장에 있었다.

왜냐하면, 언약은 믿는 부모들에게서 태어난 자녀들이 교회의 조직체, 성례 그리고 사제와의 접촉에 이르기 전에 이미 성령을 통해 중생의 은혜를 받았다는 것을 믿을 권리와 자유를 제공했기 때문이다. 물론 이 관점은 믿는 부모들에게서 태어났기 때문에 자녀들이 이런 혜택을 받았다는 주장을 수반하지는 않았다. 마치 그들의 출생이 무언가 공로적인 것이었고, 그들에게 그런 은덕에 대한 권리나 자격을 준 것처럼 말이다.

그러나 하나님의 말씀이 계시하는 바에 따르면, 하나님은 선택 안에서 그리고 은혜의 분배 안에서 매우 선하시다. 그래서 하나님은 출생의 노선을 따르시고 부모와 그들의 후손 양편 모두를 자신의 언약 속으로 받으신다. 따라서 신자의 자녀들은 거룩한 것으로 드러나는데, 이는 자연적으로가 아니라 은혜 언약의 은덕을 통해 그러하다. 자녀들은 그들의 부모들과 함께 하나님의 계획을 따라서 이 언약 안에 포함된다.

그러므로 이런 측면에서 볼 때, 세례는 교회의 자녀들을 거룩하게 만들기 위해, 거룩하게 하는 은혜의 수여자가 되게 하도록 집례되는 것이 아니다. 오히려 그들은 그리스도 안에서 성별된 존재이므로 그리스도의 교회의 지체로서 세례받아야 마땅한 것이다. 세례는 수세자에게 은혜가 흘러가게 하는 통로가 아니라 오히려 이미 받은 언약적 은혜의 표지이자 인이다. 이 언약 안에 자녀는 부모와 함께 포함된다.

그러므로 세례는 구원을 위해 절대적으로 필요한 것이 아니다. 긴급 세례의 시행을 위한 어떤 근거도 더 이상 존재하지 않는다. 왜냐하면, 세례는 세례와 무관하게 성령님이 세례 이전에 수여할 수 없는 어떤 특별한 은혜를 수여하지 않기 때문이다. 하나님은 은혜를 나누어 줌에 있어서 교회의 어떤 제도에, 어떤 성례나 사제에 묶여 있지 않다. 하나님은 아직 인지하지 못하고, 말씀을 들을 수 없고, 이런저런 적당한 구실 때문에 성례에서 제외되는 어린 아기들에게 자신의 은혜를 영화롭게 함에 있어서 자유로우시고 전능하시다.

대적자들과 함께 일어난 논쟁에 직면해 개혁파 초기에 이런 입장에 도달하고 그 입장을 지속해서 유지하기는 쉽지 않은 일이었다. 그런데도 언약 개념은 처음부터 개혁파 신앙고백의 독특한 요소였다. 츠빙글리는 성경으로부터 언약 개념을 연역해 내고 그것을 방어한 첫 인물로서 다른 사람들과 함께 재세례파에 반대했다. 칼빈 또한 언약 교리를 개시했고 더욱 명료하게 전개했다.

하나님이 말씀에 계시하신 이 언약 교리에 기초해 우리는 확신과 감사를 가지고 다음과 같이 고백할 수 있다. 비록 우리의 자녀들이 언약 교리를 이해하지 못하더라도 세례로부터 배제되지 않아야 하는데, 왜냐하면 그들은 알지 못하는 중에 아담의 저주 안에 참여하는 자가 되고 역시 알지 못하는 중에 그리스도 안에서 은혜를 수여받기 때문이라고 말이다.[1]

그래서 개혁파의 입장은 말씀을 통한 외적 부르심, 세례의 시행 그리고 교회 조직체의 사역에 앞서는 중생을 위한 자리를 가진다. 이 자리는 유아기에 이 세상으로부터 하나님이 불러 가신 언약 자손들 그리고 그들의 선

---

[1] 영문 편집자 주: 여기에서 바빙크는 "성례의 집행을 위한 규범"(De Formulieren om de Heilige Sacramenten te bedienen [The Forms for the Administration of the Holy Sacraments])이라는 말을 사용한다. 이는 당시 네덜란드의 개혁교회 안에서 사용된 "자녀들에게 거룩한 세례의 집례를 위한 규범"(Om den Heiligen Doop aan de kinderen te bedienen [The Form for the Administration of Holy Baptism to Children])을 말한다. 이것은 다음의 영역본에서 발견된다. *Psalter Hymnal*, Centennial edition, Doctrinal Standards and Liturgy of the Christian Reformed Church (Grand Rapids: Publication Committee of the Christian Reformed Church, Inc., 1959), 부록 페이지 85–87; 그리고 *Book of Praise: Anglo-Genevan Psalter*, revised ed. (Winnipeg, Manitoba: Premier Printing Ltd., 1984), 584–587.

택과 구원을 경건한 부모들이 의심하지 않아야 한다는 고려와 연결된다(도르트 신조 1조 17항을 보라).

그 자리는 농아인들처럼 말씀의 사역을 통해 외적 부르심을 받을 능력이 없는 모든 택자에 연결된다. 마지막으로 그 자리는 의식적 인식 이전에 중생되는 택함을 받은 언약 자손들에게도 연결된다. 그러나 이 모든 것은 교리적 논의 속에서 개혁파가 항상 중생을 부르심 이후에 두었다는 주장과 모순되지 않는다.

언약 교리 안에서 그런 배치를 위한 논거는 특별히 재세례파에 대항해 유지되었다. 마찬가지로 개혁파는 언약 교리에 있어서 로마가톨릭교회에 대항해 이점을 유지했는데, 사제와 성례에 의존하지 않고 일어나는 은혜의 부여를 확정할 수 있었기 때문이었다. 언약 교리는 개혁파에게 재세례파에 대항해 말씀과 성령 사이에, 부르심과 중생 사이에 연결을 유지할 수 있게 해 주었다.

2. 재세례파의 오류에 대한 더 나아간 반박

언약 교리는 로마가톨릭교회가 구원의 중개자로서 교회를 바라보는 관점에 대항해 중요한 이점을 개혁파에게 전달해 주었다. 그러나 성경 속에서 우리에게 주어지는 하나님의 말씀으로부터 성령의 사역을 완전하게 그리고 전적으로 분리해 버린 재세례파에 대항하는 개혁파의 투쟁도 그만큼 중요했다.

1) 재세례파의 특징

우리가 이미 관찰한 대로, 종교개혁의 시대 속에서 등장한 이 급진적 부류의 모든 생각과 실천은 자연과 은혜를 서로 대립하게 했던 날카로운 대조에 의해 지배되었다. 재세례파의 확신에 따르면, 자연과 은혜 둘 사이에서는 어떤 연결점도 존재하지 않고 존재할 수도 없다. 자연과 은혜는 빛과 어둠, 낮과 밤, 하늘과 땅, 창조주와 피조물처럼 서로 반대편에 서 있었다. 그런 이유로 결과적으로 자연과 은혜 사이에 급진적 분리가 일어나야 했다. 교리 속에서만이 아니라, 이론과 실천 양면에서 말이다.

그런 대립과 분리로 인해 재세례파는 첫 사람 아담이 땅의 먼지로부터 왔기 때문에 하나님의 참된 형상이 될 수 없었고, 참된 지식과 의를 공유할 수 없었다고 가르쳤다. 둘째 사람 그리스도는 동정녀 마리아로부터 그분의 인성을 받을 수 없었고, 오히려 그리스도는 하늘로부터 자신과 함께 인성을 가져와야 했다고 가르쳤다.

위에 계신 하나님으로부터 나서, 중생 속에서 새롭고 천상적인 본질을 받은 신자들은 단지 갱신된 것이 아니라, 기원과 본질에서 새로운 천상적 사람으로서 드러났다. 이 사람들은 이제 세상과는 대립하는 위치에 있고, 세상과는 아무런 관련이 없게 된 사람들이다.

이런 관점은 그리스도인의 삶의 실천 속에서 다양한 방식 가운데 분명해졌다. 재세례파는 신자들이 여전히 몸을 가졌다는 것과 여전히 음식과 음료와 의복이 필요하다는 것 그리고 여전히 땅과 세상 속에서 산다는 것을 부인할 수 없었다. 비록 현실은 매우 강력했음에도 불구하고, 모든 초영성적 사람들의 경우와 마찬가지로, 재세례파는 시민 정부 속에서 어떤 직무를 유지하는 것, 어떤 서약을 하는 것, 어떤 군사적 봉사를 하는 것을 신자들에게 금지시켰다.

그들은 많은 세부 사항 가운데 신자들이 자신을 세상과 구분시키도록 요구했다. 머리 모양, 입는 옷의 색깔과 스타일, 예절과 상호 소통하는 형태, 심지어 얼굴 표정의 처신과 모양 가운데 말이다. 교회는 경건한 사람들의 분리된 그룹으로 구성되어야 했다. 주(州) 안에서의 주, 해양 속에서의 섬, 물속에서의 한 방울 기름처럼 말이다.

그들은 혁신적 방식으로 그들 자신이 딛고 있는 이 땅에서 하나님의 나라를 깨닫기 위해 노력해야 했다. 뮌스터에서 일어난 대로 그런 시도가 작동하지 않는 경우, 재세례파는 미래에 대한 소망을 바라보면서 고요한 수동성 속에서 그리스도의 재림을 기다려야 했다.

2) 자연에 대항하는 은혜와 말씀에 대항하는 성령

분명히 이런 입장은 은혜의 방편을 위한 자리를 갖지 않는다. 이런 수단들의 경우, 예를 들어, 말씀을 위한 인간의 언어, 성례를 위한 빵과 포도주 그리고 물은 모두 자연으로부터 취해진 것이기 때문이다. 비록 그것들은 우리 개혁파의 교리에 따르면 신적 은혜를 위해 유용하게 되지만, 재세례파 입장에서는 이런 질문이 나온다.

자연으로부터 취해진 어떤 것, 즉 하나님의 창조물로부터 나온 어떤 요소가 은혜를 위해 유용한 것이 될 수 있는가?

여기에서 은혜는 갱신을 요구하는 것이 아니라 자연을 몰아낼 것을 요구한다. 자연은 은혜의 담지자 혹은 전달자가 되기에는 전적으로 부적합하다. 자연을 몰아내야 한다는 개념은 성례에만 적용되는 것이 아닌데, 재세례파에 따르면 성례는 단지 외적이고, 감각적이고, 드러내기 위한 표지일 뿐이다. 은혜가 자연에 대항한다는 개념은 교회의 모든 직무와 사역과 함께 교회의 전체 제도에도 적용된다. 이 개념은 심지어 하나님의 말씀에도 적용되는데, 이 말씀은 성경에 있는 것이다.

쓰라린 경험으로부터 가르침 받은 대로 재세례파가 이후에 그들의 급진적 원리들을 개선했다는 것은 진실이다. 그러나 그들의 전체 활동에 활력을 주고 그들을 인도한 원리는 분명하게 인식할 수 있다. 성례뿐만 아니라 말씀도 은혜에 대항해 외적이고 감각적인 표지로서 은혜의 방편으로서는 결코 기능할 수 없는 것으로 취급되었다.

성례와 말씀은 주관적이거나 객관적이거나 간에 구원을 위한 역사적 매개 역할을 할 수 있는 어떤 가능성도 없다. 중생은 말씀을 통해 일어날 수 없다. 개혁파가 기쁘게 고백한 대로 말씀은 인간의 내부에서 성령의 직접적이고, 유효하고, 불가항력적인 작용을 수반해야 한다는 의미에서 중생은 직접적이다.

또한, 재세례파의 경우 어떤 방법으로든지 말씀이 은혜의 방편으로 섬길 수 없다는 의미에서 중생은 직접적이다. 성경은 말씀이 중생의 "씨"라고 한다(참조. 벧전 1:23). 그러나 그것은 단지 비유적 표현일 뿐이다. 중생의 유일한 씨는 성령을 통한 하나님 자신이시다. 그러나 사람이 중생될 때 말씀은 종속적 측면에서 그가 중생했다는 것을 그에게 알려 주게 되고, 그 사람은 자신이 중생한 것으로 인식하게 된다.

따라서 말씀은 종속적 중요성을 소유한다. 이런 중요성은 차후에 온다. 말씀은 단지 이미 내적으로 존재하는 것을 확증할 뿐이다. 말씀은 단지 성령을 통해 그 사람 내부에 수행된 것을 드러나게 할 뿐이다. 말씀은 단지 이미 인간의 마음에 기록된 것을 나타낼 뿐이다.

그러므로 은혜의 자리에 대한 자랑은 말씀이 아니라 성령께 속한다. 성령님은 말씀 이전에, 말씀 밖에서, 말씀과 무관하게 우리의 심령 내부에 내적 빛을 점화시키신다. 그래서 우리를 말씀의 외적 빛을 통해 인도하신다. 내적 말씀은 우리를 구원하는 것이다. 반면, 외적 말씀은 단지 그 구원을 우리에게 더욱 분명하게 해 줄 뿐이다. 그래서 양편 모두, 즉 외적, 내적 말씀은 영혼과 몸, 삶과 죽음, 하늘과 땅, 영과 육, 낟알과 껍질, 은과 불순물, 진리와 상징, 칼과 칼집, 빛과 등, 그리스도와 구유, 하나님과 자연, 창조주와 피조물처럼 상호 간에 관련된다.

외적 말씀의 지식은 그 스스로는 아무것도 제공하지 않고, 우리를 그저 차갑고 죽은 채로 남겨 둘 뿐이다. 참된 이해를 얻기 위해 내적 말씀은 필수적이다. 우리가 내용을 알고 있을 때만 말은 우리에게 무언가를 가르칠 수 있는 것처럼, 마찬가지로 성경은 그리스도께서 이미 우리 마음속에 거하실 때 그리고 성령을 통해 우리를 가르쳐 오셨을 때만 우리를 가르칠 수 있다. 외적 말씀은 단지 표지, 그림자, 상징, 영적 생명과 영적 지식의 기호일 뿐이다.

말씀은 그 자체로는 어떤 가치도 가지지 않는다. 성령과 무관하게 그리고 성령 밖에서, 말씀은 죽은 문자이며, 종이 교황이며, 닫힌 책이며, 모순의 가득함이며, 그 구절들로부터 각 이단자는 자신의 이단 사상을 끌어오며, 이로부터 사람은 각 구절의 문맥에서 찢겨 나온 몇몇 고립된 구절들만 가질 뿐 아무것도 증명하지 못한다.

그러나 내적 말씀은 영이자 생명이며, 진리이자 능력이다. 이 내적 말씀은 재세례파와 그들과 연관된 운동들 때문에 꽤 다양한 용어로 설명되었다. 그들은 내적 말씀과 더불어 내적 빛, 즉 영적 빛, 중생, 즉 우리 안에서 역사하시는 하나님의 창조, 우리 안에 계신 그리스도, 성령 등에 대해 말했다. 그들은 이런 것들로부터 신비주의로 기울어졌다.

우리는 특별히 이런 용어들 가운데 매우 필요한 선명하고 분명한 구별을 기대할 필요가 없다. 오히려 어떤 용어가 쓰이든지 새로운 하늘의 생명이 위로부터 직접 온다는 것으로, 말씀과 무관하게 갑자기 그리고 직접 인간 내부에 성령님이 불어넣으신 그 생명을 언급하는 것으로 이해되었다. 심지어 종종 범신론적 유형 속에서 그 생명은 그리스도와 함께 또는 하나님과 함께 또는 신적 본성과 함께 결부되었다.

3) 신비주의의 길

이것은 간단히 말해서 내적 말씀과 성경과의 관계에 관한 재세례파의 교리였다. 종교개혁 시대에 이런 재세례파의 교리가 전적으로 새로운 어떤 것은 아니었으며, 종교개혁 초기에는 널리 퍼뜨려지지 않았다. 중세 기간에 그리고 기독교 교회의 이른 시기 동안 내적 말씀과 성경과의 관계가 이미 많은 분파와 그룹들에 의해 표현됐다.

내적 말씀의 근본적 개념은 비록 기독교 진영 안에서 기독교식으로 개선되었다 할지라도, 모든 신비주의에서 필수적이다. 이건 신비주의가 나타날 때마다 그러했다. 인도든지, 그리스든지, 페르시아든지, 이집트든지 관계없이 말이다.

간단히 말해서 내적 말씀은 다음과 같은 개념이다. 진리 또는 생명 또는 구원을 발견하기 위해, 요컨대 하나님을 발견하기 위해 사람은 그 자신 밖으로 나갈 필요가 없고 오직 자기 자신에게로 내려갈 필요만 있을 뿐이다. 하나님은 사람 내부에 거하시는데 자연을 통해서든지 아니면 사람 속으로 특별한, 초자연적 하강을 통해서든지 사람 내부에 자신의 거처를 마련하신다.

결국, 종교는 교리 혹은 활동, 생각이나 행함에는 관여하지 않으며 하나님 안에 사는 것, 하나님과의 연합과 교통에 연루될 뿐이다. 이는 사람의 영혼 깊은 곳에서만, 사람의 의식 직관 속에서만 향유될 수 있다.

우리가 이 근본적 개념을 이처럼 일반적 방식으로 표현할 때 그리고 다양한 경향성과 함께 드러나는 특정한 유형들을 제거해 버릴 때, 누구든지 쉽게 초기나 후기의 다양한 철학적 그리고 종교적 체제 속에서 내적 말씀에 대한 개념을 떠올릴 수 있다. 요즘은 내적 말씀에 대한 개념이 헤겔(Hegel)의 철학 안에서, 슐라이어마허(Schleiermacher)의 신학 안에서, 스홀턴(Scholten)의 현대적 경향 속에서, 드 라 사우세이에(De la Saussaye, Sr)의 윤리 신학 안에서 재부상하는 것을 발견한다.[2]

---

2 영문 편집자 주: 여기에서 바빙크는 다양한 철학적 그리고 신학적 운동들을 언급한다. 그리고 이것이 초래한 다양화된 신학적 풍토로 접근하는데 이런 풍토 속에서 바빙크는 신학을 연구했다. 짧게 말해서, 헤겔(Hegel, 1770-1831)은 기독교를 역사적 성취의 절정으로 정의하려고 했다. 그러나 이런 주목할 만한 융합은 결과적으로 전개되는 역사와 함께 그저 다른 명제가 되어야 했다. 그리고 하나님은 하나의 여분이 되었다.
그러므로 헤겔의 사상은 신학 안에서 범신론과 상대주의로 나아갔다. 그리고 그의 좌익 추종자들의 손안에서 그것은 무신론으로 나아갔다. 반면, 슐라이어마허(Schleiermacher, 1768-1834)는 신학은 아래에서 나아가야 한다고 주장했다. 인간과 함께 그리고 절대 의존의 감정 속에서 신적 감각과 함께 출발하면서 말이다. 그의 사상은 신비주

어떤 사람은 심지어 이런 내적 말씀의 개념을 생득적 개념에 대한 플라톤의 교리 안에서 발견하기도 한다. 내적 말씀의 개념에 의하면 사람은 주위 세상으로부터가 아니라 자기 자신으로부터 진리의 지식을 끌어낸다.

더욱이 사람은 쉽게 내적 말씀의 개념이 함축하고 있는 바가 인도하는 곳이 어디인지를 알 수 있다. 작든, 크든 어떤 그룹 안에서 따뜻하고 열정적 동의를 발견하며 깊은 진지함과 견고한 확신을 가진 사람에 의해 역사 속 어떤 시대에 내적 말씀의 개념이 표현될 때, 그것은 자주 활력, 용기, 열정 그리고 깊고 영광스러운 신비주의를 낳는다.

이에 대한 첫 사례 또한 재세례파였다. 그 당시 재세례파 중에는 올바른 신자들, 즉 참된 하나님의 자녀들이 많이 있었다. 어떤 사람이 재세례파에 대해 무슨 말을 하든지 간에, 그들은 수많은 사람이 주목할 만한 믿음의 용

의와 주관주의로 나아갔다. 그러나 불가지론으로부터 그리고 합리주의와 무신론으로 인도하는 지성의 우위로부터 그의 시대의 지성적 문화를 전달하도록 지향되었다.

슐라이어마허의 관점은 특별히 흐로닝언 신학으로 알려지게 되면서 네덜란드에 수용되었다. 이 신학은 기독교 인문주의의 형태로 특징지어질 수 있는데 기독론에서 아리안주의화되고, 인류학에서 펠라기우스주의화되고, 성경에 접근함에서 합리주의적이고 비평적이게 되었다. 스홀턴(J. H. Scholten, 1811-1885)은 네덜란드에서 현대 신학의 시기에 최고의 대표자였다. 현대주의자들은 과거와 관련을 두지 않기를 원했고, 성경과 관련해 현대과학의 업적과 역사적 비평주의의 발견에 특별하게 두드러진 동시대적, 현대 시기를 위한 새로운 신학을 세우기 위해 관심을 기울였다.

그들은 인류의 진전 속에 있는 확신을 자유롭게 풀어 놓았다. 스홀턴의 신학은 주관주의적이고, 신비주의적이고, 범신론적이었다. 윤리신학은 베이츠(N. Beets, 1814, 1903), 후닝(J. H. Gunning, 1829-1905), 샨터피 드 라 사우세이에(D. Chantepie de la Saussaye, 1818-1874) 그리고 판 토우레넌벨헌(J. J. van Toorenenbergen, 1821-1903)과 같은 사람들에 의해 대변되었는데, 독일의 중재신학("Vermittlungstheologie", mediating theology)의 네덜란드 버전이었고 합리주의 지성주의에 반대하는 기독교의 강한 경험주의적 형태와 교의 신학과 구별되는 도덕적 삶에 비중을 둘 것을 주장했다.

더욱이 윤리신학은 비록 정통 고백적 신학에 동정을 가지면서도 성경에 대한 비평적 접근을 포용했다. 그리고 슐라이어마허와 현대 독일 철학에 의해 강하게 영향을 받았다. 본질적으로 "윤리" 학파는 기독교에 있어서 전통적 정통과 합리주의적 비평을 경건한 경험과 윤리적 관점에 초점을 두면서 추구했다. 윤리주의자들은 배분과 설득에 의해 사회적 책임 그리고 신학적, 교회적 논쟁에 대한 평화적 접근을 증진시켰다. 그러나 그들은 19세기 후반에 네덜란드 국가 개혁교회 안에서 일어난 아브라함 카이퍼의 교회에 관한 개혁에 강하게 반대했다.

기를 가지고 그들의 소유와 피를 주님을 위해 희생했다는 것을 결코 잊어서는 안 된다.

그러나 신비주의적 원리는 곧장 잘못된 결과를 드러냈다.

첫째, 사람들은 오직 내적 말씀으로만 만족하게 되었다. 성경과 교회, 직무와 성례를 경멸하면서, 개인적 계시에 의존하면서, 다양한 유형의 과도함에 대해 책임져야 하는 가운데 말이다.

둘째, 초기의 활력이 지나갔을 때, 이성과 양심의 자연적 빛을 점점 더 지지하게 된 결과로 내적 말씀은 점차 특별하고 초자연적 성격을 강탈당했다.

그리고 추상적 초자연주의가 합리주의의 뒤를 이었다. 사람들은 말씀을 경멸했기 때문에 자연과 은혜 사이를 타당하게 구별하게 해 주는 유일한 기준을 포기했다. 예리한 대조가 사라져 버린 것이다. 사람들이 오직 특별한, 내적 계시만을 통해 배웠다고 초기에 생각했던 것은 나중에 이성 안에서 하나님의 계시의 매우 좋은 열매로 나타날 수 있었다.

그러나 예를 들어, 퀘이커 교도들의 경우처럼, 내적 빛은 점차 자연의 빛과 동일시되었다. 그러나 재세례파와 퀘이커 교도 양편 모두의 경우, 성경은 사람이 성령으로부터 이미 배운 것 외에는 아무것도 담지 않은 것으로 간주했다.

이런 경향에 반대해, 개혁교회와 개혁 신학은 로마가톨릭교회에 대항해 그들이 수용한 대로의 단호한 입장을 선택했다. 개혁파는 말씀과 성령 사이에, 부르심과 중생 사이에 있는 연결을 견고하게 붙들었다. 그들은 은혜 언약 교리를 수단으로 해 그렇게 할 수 있었다.

3. 은혜 언약과 교회

    은혜 언약 교리에 의해 개혁파는 재세례파에 대항해 말씀과 성령 사이에, 부르심과 중생 사이에 연결을 유지하는 입장에 있었다.

    만일 로마가톨릭교회의 가르침에 반대되게 재세례파가 고백한 대로 세례가 유아들 가운데 중생을 성취하지 않고 오히려 중생을 전제하는 것이라면, 개혁파가 교회와 직무, 말씀과 성례에 어떤 구원하는 가치가 있음을 부인하는 점에서 재세례파와 일치했을 것이라는 점은 타당하게 보인다. 아니면 적어도 개혁파는 이런 것들이 은혜의 방편으로서 길을 안내할 수 없고 오히려 이미 경험한 은혜의 표지와 증거로서 그저 은혜 이후에 올 수 있다는 점에는 동의했을 것이다.

    그러나 개혁파는 이런 분명하게 논리적인 이성적 추론 때문에 그들 자신이 꼬드김을 당하도록 허락하지 않았다. 그런 추론은 불가능하고, 허용할 수 없고 심지어 불필요한 것이었다. 왜냐하면, 개혁파는 은혜 언약과 교회 사이를 구분했기 때문이다.

1) 은혜 언약과 교회의 일치성

    어떤 의미에서 그리고 일정한 범위에서 볼 때, 은혜 언약과 교회 사이에 그리 대단한 차이점은 없다. 시행과 분배라는 측면에서 은혜 언약은 교회와 일치한다. 즉, 시행과 분배의 영역은 양편에 있어서 동일하다. 또한, 은혜 언약과 교회 양편 안에서 수여되고 향유되는 유익과 은덕에서도 일치가 있다. 교회가 해석하고 해설하며, 설교하고 적용하는 성경은 언약의 책이다.

    성례는 교회 때문에 언약의 표이자 인으로서 집례된다. 신자들의 모임으로서 교회 때문에 향유되는 은덕들, 즉 중생과 회심, 죄 사함과 성화는 언약에 속한 필수 요소다. 마지막으로 교회가 교회의 제도로서 배타적으로 보이지 않고 또한 유기체로서 보일 때 역시 은혜 언약과 큰 동일성이 있다.

(1) 조직체로서의 교회와 유기체로서의 교회

그러나 이 마지막 관찰은 은혜 언약과 교회 사이에 존재하는 중요한 구별을 가리킨다. 교회에 관해서라면, 얼마간 우리는 눈에 드러나는 기관이라는 측면에서 생각하지 않을 수 있다. 그러나 이것은 실제 속에서 나타나지 않는 비실제적 관념에 지나지 않는다. 어떤 제도적 정체성으로부터 떠날 때 역사적으로 교회는 결코 존재할 수도 없었다.

하나님은 땅 위에 교회를 세우셨고, 바로 이날까지 교회를 보존하셨다. 그저 단순히 그리고 배타적으로 하나의 기관으로서가 아니라, 그 기관과 함께 말이다. 족장 시대 안에서, 신구약의 세대 안에서, 계속해서 기관은 다른 모양을 가졌다. 그러나 하나의 기관, 어떤 특정한 배열과 기구는 온당하게 항상 교회에 속했다.

그러므로 유기체로서의 교회와 조직체로서의 교회를 서로 반대되게 두는 것, 전자를 후자보다 더 높은 자리에 두는 것, 전자가 후자와 대항하게 하는 것은 전적으로 잘못된 것이다. 특별히 조직체는 이른바 유기체로서의 교회를 떠받치는 데 필요하며, 없어서는 안 되는 기구다. 유기체로서의 교회는 조직체로서의 기관이 분명하게 가진 명칭과 같은 그런 특정한 명칭을 가지지 않는다. 유기체로서의 교회는 인간이 고안한 사회나 협의체 안에서가 아니라 하나님이 주신 조직체 안에서 드러나게 된다.

그러나 정확히 그런 이유로, 우리는 항상 교회의 인식 안에 조직체의 개념을 포함한다. 우리의 사고 안에서 우리는 논리적으로 그리고 잠정적으로 유기체로서의 교회와 조직체로서의 교회 사이를 구별한다. 그리고 우리는 온당하게 사고하기 위해 그렇게 해야 한다.

왜냐하면, 잘 구별하는 사람만이 잘 가르칠 수 있기 때문이다. 그러나 이것은 실제와 사고 안에서 이들 둘이 가장 밀접하게 연결되었다는 사실을 조금도 감소시키지 않는다. 심지어 우리가 신자들의 모임으로 교회를 묘사할 때도 우리는 그 묘사 안에 교회의 조직체적 성격을 즉각적으로 포함한다. 왜냐하면, 우선 모임은 기구와 조직 같은 것을 떠나서는 생각할 수 없기 때문이다.

다음으로 이 묘사 안에서 사용된 '모임'이라는 단어는 그저 수동적 개념만이 아니라 능동적 개념도 소유한다. 교회는 모인 신자들 안에서의 교제뿐만 아니라, 신자들을 지속해서 모으도록 특별하게 부름받은 기구다.

그런 정확한 교회에 대한 이해 없이는 로마가톨릭교회를 따르는 위험에 노출된다. 로마가톨릭교회의 주장은 교회는 견고하게 존재하면서 그 안에 항상 조직체를 포함하기 때문에, 구원은 교회, 사제 그리고 성례의 조직체에 의존한다는 것이다. 이 위험에 노출되지 않는다면 재세례파의 위험에 직면한다. 이들은 최종적으로 교회를 순결하게 유지하려고 한다. 그래서 결정적으로 말씀과 성례로부터 은혜의 모든 작용을 잘라 버린다.

(2) 개혁파의 치유책

이들 양극단은 개혁파에 의해 피할 수 있었다. 왜냐하면, 그들은 성경으로부터 은혜 언약이라는 영광스러운 교리를 연역했기 때문이다. 은혜 언약은 두 가지 요소를 포함했다. 물론 이 요소들은 교회를 신자들의 구성으로 이해하는 가운데 포함된 것인데, 그런데도 전면에 나타나지 않는 요소들이다.

두 가지 요소는 다음과 같다.

첫째, 은혜 언약이 하나님과 사람 사이에 있다는 것이다.

교회는 구원과 구속을 위해 그리스도를 바라보는 신자들의 모임이다. 그러나 동시에 공통적으로 하나의 회중, 하나의 종교 단체, 하나의 몸을 구성한다. 그러나 은혜 언약은 사람과 하나님의 관계를 선두에 그리고 은혜로운 관계로 둔다. 은혜 언약 안에서, 하나님은 처음이자 마지막이시고, 시작이자 끝이시다.

구원의 총체는 하나님의 사역인데, 구원의 처음부터 전체적으로 완성될 때까지 그러하다. 하나님은 사람을 찾으시고 부르시고 그를 자신과의 교제 안으로 데려오시는 바로 그 한 분이며, 오직 하나님 홀로 그렇게 하신다. 하나님은 사람에게 나타나시고 은혜로서 모든 은덕을 그에게 나눠 주신다.

둘째, 은혜 언약 안에 포함된 이 언약이 세대를 거쳐 지속된다는 것이다.

하나님이 자신을 우리의 하나님 되심에 묶으실 때, 동시에 하나님은 자신을 우리 자손의 하나님 되심에 묶으신다. 하나님은 자신의 은혜와 함께 세대의 노선을 따라가신다. 하나님은 언약의 경로와 길을 따라서 선택을 성취하신다. 모든 것의 아버지로서 자신이 그려 놓으신 그 길을 하나님은 모든 자비의 아버지로서 걸어가신다.

2) 은혜 언약과 교회 사이의 차이점

그러므로 은혜 언약은 유기체로서 그리고 조직체로서 함께 드러나는 교회에 선행한다. 사실 신자들의 자녀들이 교회의 교제 속에서 태어난다고 말하는 것은 정확한 표현이다. 왜냐하면, 교회는 그 자체의 정의 속에서 모든 택자, 모든 신자, 믿음의 능력을 갖춘 사람들과 실제로 믿는 사람들 양편을 포함하기 때문이다. 그러나 개혁 신학 안에서는 통상적으로 구별이 있다.

예를 들어, 네덜란드 개혁교회 세례 규범은 우리 자녀들이 복음에 대한 지식이 없지만, 하나님이 은혜를 주신다고 말한다. 그들은 하나님 나라와 하나님 언약의 상속자들이다. 그리고 그들은 그리스도 안에서 거룩하게 된다.[3] 도르트 신조는 우리 자녀들이 본성적으로가 아니라 은혜 언약의 덕택으로 "거룩하다"고 말한다.

신자의 자녀들은 부모들과 함께 은혜 언약 안에 포함된다.[4] 그런 까닭에, 신자의 자녀들은 세례받아야 하고, 세례를 통해 '교회' 안으로 접붙여지게 된다. 왜냐하면, 하나님은 순전한 은혜로부터 은혜 언약 안에서 부모

---

[3] 영문 편집자 주: 이 규범의 영역본과 관련해 제3부 제4장 각주 1번을 보라.
[4] 영문 편집자 주: 도르트 신조 1조 17항을 보라.

들과 함께 자녀들을 받으시고 그 언약에 포함하셨기 때문이다.

그러므로 교회는 하나님으로부터 세례를 통해 신자의 자녀들을 교회의 교제 안으로 접붙이기 위한 권리와 권위를 받는다. 어떤 면에서 교회는 믿음의 열매다. 즉 교회는 수동적 개념에서 보면 모여들게 된 신자들의 모임이 되지만, 능동적 개념에서 보면 신자들을 모으는 조직체가 되고 하나님이 정하신대로 그렇게 되어야 마땅하다.

그러나 은혜 언약은 믿음에 선행한다. 믿음은 언약에 '이르는' 하나의 조건이 아니다. 오히려 언약 '안에서' 하나의 조건이다. 그 언약의 다른 모든 유익을 공유하고 향유하기 위해 뒤따르는 수단이 바로 믿음이다. 그러나 믿음은 그 자체로 이미 하나의 열매로서 그 언약의 은덕이며, 하나님의 은혜의 선물이다. 그러므로 믿음은 하나님이 자신의 언약 안에서 우리를 받으셨다는 증거다. 왜냐하면, 하나님은 그 언약의 경로를 따라 그리고 그 경로 안에서 은혜의 모든 선물을 수여하시기 때문이다.[5]

여전히, 은혜 언약은 은혜의 선물들과 성령의 사역에 선행할 뿐만 아니라, 심지어 그리스도의 인격, 이른바 그분의 성육신 및 속죄에도 선행한다. 은혜 언약은 하나님 자신의 보증자로서 그리스도와 함께 영원 속에서 이미 세워졌다.[6] 그것은 역사 안에서 처음으로 존재하게 된 것이 아니다.

은혜 언약은 영원 속에 뿌리를 두고 있다. 그 점에서 은혜 언약은 다른 모든 것이 작정이라는 개념 안에서 영원 속에 존재했다고 말할 수 있는 것처럼 단순히 작정 안에 존재한 것이 아니다. 오히려 언약은 성부와 성자 사이에서 진리와 실체 안에 존재했다. 그러므로 은혜 언약은 타락 이후 사람에게 즉시 알려질 수 있었고 사람과 함께 세워질 수 있었다.

따라서 은혜 언약은 영원부터 영원까지 존재하며, 역사 안에서 모든 구속의 도구로서 기능한다. 그 경로를 따라서 하나님은 자신의 모든 은혜로

5　영문 편집자 주: 이 문장은 은혜 언약에 관한 현대의 논의와 매우 밀접한 관련이 있다.
6　영문 편집자 주: 여기에서 바빙크는 화평의 협의 혹은 구원 협약(*pactum salutis*)을 언급하고 있다. 그는 이 교리를 자신의 『개혁 교의학』 3권에서 해설한다.

운 은덕들을 사람에게 전달한다. 그러므로 개혁파 교의학 안에서 언약을 다루는 장은 항상 구원의 서정 교리의 처음에 위치하거나 혹은 그리스도의 인격과 사역의 논의 앞에 이미 등장하는 것이다.

제4장 요약

1. 개혁파 교회는 신앙고백서들 안에서 부르심을 중생 앞에 배치했다. 그런데도 중생이 말씀과 무관하게 성령의 유효한 역사를 통해 일어난다는 점을 기꺼이 인정했다.

2. 로마가톨릭교회의 관점은 이러하다.

    (1) 세례를 받는 사람은 바로 그 순간에 중생하며 그리스도의 몸인 교회 속으로 접붙여지며, 자연적 생명의 상태로부터 영적 생명의 상태로 옮겨진다.
    (2) 그러므로 세례는 구원을 위해 절대적으로 필요하다.
    (3) 교회는 성례와 사제로 이루어지는 하나의 조직체로서 하나님과 사람의 영혼 사이에 선다. 사제의 사역을 통하지 않고는 하나님과의 어떤 교제도 존재하지 않는다.

3. 재세례파의 관점은 이러하다.

    (1) 중생은 성령에 의해 비매개적으로 그리고 직접 사람의 마음 내부에 역사한다.
    (2) 성례는 그저 하나님이 이전에 주신 은혜를 표시할 수 있을 뿐이다. 그러므로 성례는 믿음을 분명하게 드러낼 수 있는 사람에게만 집례될 수 있다.
    (3) 어린아이들은 믿음을 고백할 수 없으므로 중생과 믿음을 소유한다고 말할 수 없다.

4. 개혁파의 입장은 이러하다.

 (1) 하나님은 출생의 노선을 따르시고 부모와 그들의 후손 양편 모두를 은혜 언약 속으로 받으신다.
 (2) 신자의 자녀들은 거룩한 것으로 드러나는데, 이는 자연적으로가 아니라 은혜 언약의 은덕을 통해 그러하다.
 (3) 신자의 자녀들은 그리스도 안에서 성별되므로 교회의 지체로서 세례받아야 마땅하다. 세례는 수세자에게 은혜가 흘러가도록 하는 통로가 아니라 오히려 이미 받은 언약적 은혜의 표지이자 인이다.
 (4) 개혁파 입장은 말씀을 통한 외적 부르심, 세례의 시행 그리고 교회 조직체의 사역에 앞서는 중생을 위한 자리를 가진다.

5. 재세례파는 은혜가 자연에 대항한다는 개념을 가졌는데 교회의 모든 직무와 사역과 함께 교회의 전체 제도에도 적용된다. 그것은 심지어 하나님의 말씀에도 적용되는데, 이 말씀은 성경에 있는 것이다. 이런 정황 속에서 재세례파는 '내적 빛'과 같은 개념을 가졌고, 이로부터 신비주의와 범신론적 경향으로 빠져들었다.

6. 재세례파에게 있어서 신비주의는 '내적 말씀'이라는 개념이 핵심 위치에 있다. 이것의 기본 개념은 구원을 발견하기 위해 사람은 자신 밖으로 나갈 필요가 없고 자기 자신에게로 내려갈 필요만 있을 뿐이라 것이다. 이것은 오류를 생산했다.

(1) 사람들은 성경과 교회, 직무와 성례를 경멸하면서 개인적 계시에만 의존하게 되었다.
(2) 초기의 활력이 지나간 이후 내적 말씀은 초자연적 성격을 잃어버리고, 합리주의와 추상적 초자연주의 속으로 들어갔다.

7. 로마가톨릭교회는 교회의 견고한 존재 안에 항상 조직체가 있으므로 구원은 교회, 사제 그리고 성례의 조직체에 의존한다고 본다. 재세례파는 교회의 순결성을 목표로, 결정적으로 말씀과 성례로부터 은혜의 작용을 잘라버린다. 개혁파는 신자들의 구성으로 교회를 이해한다.

(1) 로마가톨릭교회에 대항해, 은혜 언약이 하나님과 사람 사이에 있음을 주목한다. 즉 하나님은 사람을 찾으시고 부르시고 그를 자신과의 교제 안으로 데려오시는 바로 그 한 분이며, 오직 하나님 홀로 그렇게 하신다.
(2) 재세례파에 대항해, 은혜 언약이 세대를 거쳐 지속한다고 보았다. 이는 말씀과 성례의 시행으로부터 전달되는 은혜의 연속성을 담지한다.

제5장

중생의 시점에 대한 다양한 관점

은혜 언약은 하나님이 죄인들을 측은히 여기시면서 수여하시는 위대한 선물이다. 그리고 하나님은 은혜 언약의 유익들을 신자들에게 주시는데, 신자들은 공동체 속에서 함께 교회의 본질을 구성한다. 그와 동시에 언약은 복음을 소유하는데, 이 복음은 언약과 분리할 수 없다.

율법 안에서 행위 언약이 선포되는 것처럼 그리고 율법을 떠나서는 행위 언약이 존재할 수 없는 것처럼, 은혜 언약은 복음 안에서 드러나고 알려지는데, 이 복음은 중심부에 그리스도의 인격을 가진다.

은혜 언약과 복음은 서로 분리할 수 없도록 연결되어 있다. 복음이 알려지지 않은 곳에서 은혜 언약은 존재하지 않는다. 그러나 또한 복음이 들어가는 곳마다 하나님은 자신의 언약을 세우시고 자신의 은혜를 영광스럽게 하신다는 것도 사실이다.

위의 사실로부터 복음이 전해지는 어딘 가에서 아무도 믿음으로 복음을 받아들이지 않는 것을 가정해 볼 수 있다. 그러나 실제로 그런 일은 일어나지 않는다. 왜냐하면, 하나님은 자신을 성령과 묶으셔서 자신의 말씀이 선포되는 곳이라면 어디서든지 일하시기 때문이다. 하나님의 말씀은 헛되게 돌아오지 않는다. 오히려 말씀은 하나님을 기쁘시게 하는 모든 것을 성취하고 하나님이 보내신 모든 일 가운데 번성한다(사 55:11).

하나님의 말씀은 항상 생명에서 생명으로 혹은 사망에서 사망으로 이르게 하는 냄새다(고후 2:16). 하나님이 말씀하시는 곳에 하나님 자신이 계신다. 하나님이 말씀하시는 곳에 성령님이 일하시며, 그곳에 하나님은 자신의 언약을 세우시며, 그곳에 하나님은 자신의 교회를 심으신다.

하나님 자신의 약속의 기초 위에서 우리가 믿을 수 있는 것은 루터가 말한 대로 하나님의 사람은 하나님의 말씀을 떠나 존재할 수 없고 하나님의 말씀은 하나님의 사람을 떠나 존재할 수 없다는 점이다. 그들의 숫자는 비록 적고 그들의 명성은 사람 중에 알려지지 않을지라도 신자들은 복음이 번져 나간 곳이라면 어디든지 전 지구적으로 퍼져 있다.

1. 재세례파의 오류에 대한 개혁파의 치유책

재세례파가 말씀으로부터 성령을 분리한 것은 잘못이다. 왜냐하면, 그들은 하나님이 오직 성령만을 통해, 내적 말씀을 통해, 성경 말씀이 유효하게 적용되는 것과 무관하게 중생시킨다고 가르쳤기 때문이다. 오직 성령만이 참된 중생의 씨앗이다.

그러므로 그들은 또한 하나님의 은혜가 통상적이라는 것과 이방인들 가운데서도 역사한다는 것을 받아들여야 했다. 성경과 분리된 내적 말씀은 어디든지 발견될 수 있다. 은혜의 시대에 살았던 사람들뿐만 아니라 복음을 결코 듣지 못한 사람들 가운데서도 말이다. 성경 말씀은 그저 이방인과 그리스도인들의 마음 내부에서 내적 말씀을 통해 하나님이 성취하신 것을 알려 주고 선포할 뿐이었다.

개혁파는 말씀만으로는 중생과 회심을 위해 불충분하다는 것을 전심으로 고백했다. 또한 특별하고 전능하며 직접적인 성령의 역사가 반드시 말씀에 수반되어야만 죄인을 사망에서 생명으로 인도할 수 있다는 점도 고백했다. 그러나 이 설명은 결코 말씀으로부터 전적으로 성령의 사역을 분리하는 방식으로 개혁파가 재세례파에 연합되도록 인도하지는 못했다.

개혁파는 성경을 붙들었고 사람들이 유지해야 할 그 이상으로 더 현명해지기를 달가워하지 않았다. 그러므로 그들은 일반적으로 말씀이 중생의 씨앗, 즉 은혜의 방편이라는 점을 지지했다. 성경에 근거한 개혁파의 확신에 따르면, 성령님은 오직 복음의 인지(認知)에 의해 그려진 경계와 더불어 일하신다.

비록 개혁파 중에서 이교도들 가운데 선택과 중생의 가능성을 인정했던 소수의 사람이 있었지만, 그들은 그 가능성을 단지 가능성으로 남겨 두었다. 그리고 이런 점에서 볼 때 그런 가능성이 개혁파의 가르침을 조정하지는 않았다. 오히려 개혁파는 자신들의 고백과 함께 성경의 규범을 붙들었다.

2. 로마가톨릭교회의 오류에 대한 개혁파의 치유책

은혜 언약과 복음 사이의 이런 수렴으로부터 따라 나오는 것은 다음과 같다. 로마가톨릭교회에서 주장하는 것처럼 은혜는 조직체로서의 교회, 사제 그리고 성례에 의존하지 않는다는 것이다. 개신교도들은 성경과 교회 사이의 관계를 로마가톨릭교회와는 전적으로 다르게 해석한다.

로마가톨릭에 따르면, 교회는 성경에 앞선다. 교회는 성경 위에 세워지지 않았고 오히려 성경이 교회로부터 뻗어 나왔다. 그러므로 교회는 본질과 존재의 측면에서 성경을 필요로 하지 않는다. 오히려 성경이 기원과 수집과 보존과 해석을 위해 교회를 필요로 한다.

개혁파는 교회를 성경의 기초 위에 두고 성경을 교회 위에 높이며 그 관계를 뒤집었다. 교회가 아니라 오히려 하나님의 말씀으로서 성경이 '탁월한' 은혜의 방편이 되었다. 심지어 성례는 말씀에 종속되었고 말씀을 떠나서 성례는 의미나 능력을 갖추지 않는다. 그러나 그 말씀은 또한 교회의 경계를 넘어서 일할 수 있고 그렇게 일했다.

하나님이 말씀을 자신의 교회에 위임하신 것은 사실이다. 그래서 말씀은 교회 때문에 해석되고, 설교되고, 방어될 수 있다. 그러나 말씀은 교회를 넘어서 존재할 수 없거나 그 힘을 발휘할 수 없는 그런 방식으로 교회에 수여되지는 않았다. 반대로 말씀은 모든 사람에게 길을 안내한다. 말씀은 삶의 모든 상황 속에서 그리고 모든 영역을 위해 가치를 가진다.

더욱이 신자들의 모임이라는 정황 속에서 어떤 공적 임무를 가진 사람에 의해 설교되는 것으로부터만 말씀의 능력과 작용이 전적으로 기인하지는 않는다. 또한, 집에서 읽고 공부할 때, 부모와 교사들이 가르칠 때, 이런저런 형식으로 말씀이 알려질 때 말씀은 그 직무를 감당한다.

그가 누구이며, 무슨 일을 어디에서 하든지, 말씀을 수용하는 모든 사람은 하나님의 약속 안에, 그리스도 안에 있는 하나님의 은혜 안에, 실로 구원의 모든 것 안에 확실하게 참여한다. 그 점에서 그는 어떤 교회, 어떤 목회자 또는 어떤 성례를 기다리고 있을 필요가 없다. 누구든지 믿는 사람은 영생을 가지는 것이다.

이런 식으로 개별 그리스도인은 개혁파에 의해 사제의 주재권으로부터 구출되었다. 외적 말씀과 무관하게 그리스도 안에서 하나님의 은혜에 참여할 수 있다는 개념 속에서 자신의 상황과 자신의 모든 역사적 과거로부터 해방된 것은 아니다. 오히려 구원에 있어서 개별 그리스도인은 더 이상 교회의 조직에 의존하지 않는다는 점에서 해방된 것이다. 교회의 목회자는 그에게 구원을 수여하는 어떤 사람이 아니다.

그리고 성례는 더 이상 그에게 필수불가결한 것이 아니다. 오히려 하나님은 직무나 성례의 어떤 매개적 수단으로부터 벗어난다는 그런 특정한 개념 안에서 개별 그리스도인에게 구원을 직접적으로, 개인적으로 수여하신다.

그러므로 하나님과 신자의 영혼 사이에 그 어떤 것도 중개자로 서지 못한다. 그러나 이 모든 것이 하나님이 자신의 증언에 따라서 그 은혜를 오직 언약의 경로를 따라 주신다는 확신을 결코 전복시키는 것은 아니다.

3. 은혜의 사역과 언약 자손들

그러므로 은혜 언약과 복음 사이의 관련성에서 볼 때 이 둘은 항상 성령의 사역에 앞서고 그리스도의 인격 및 그분의 모든 은덕 안에 신자들이 참여하는 것에도 앞선다는 사실을 알 수 있다.

어린 자녀들에게 은혜의 은덕들이 수여되는 것은 성인들과는 다른 방식으로 일어나는 것처럼 보인다. 이것은 어느 정도 사실이다. 왜냐하면, 모든 개혁파는 하나님이 어떤 도구에 제한받지 않으시고, 복음의 외적 설교에서 벗어나 어린 자녀들의 마음속에 영적 생명의 원리를 심으실 수 있다는 점을 감사한 마음을 가지고 만장일치로 고백하기 때문이다. 우리 중 아무도 그것을 의심하지 않는다. 성경은 예레미야와 세례 요한의 예를 가지고 그 점을 증명한다.

그러나 우리는 이런 식으로 은혜가 부어지는 것이 오직 언약 자손들에게만 적용된다는 관점을 결코 잃지 않는다. 언약 자손들은 복음의 제공 아래 태어났고, 하나님이 은혜 안에서 부모들과 함께 받아들인 사람들이다. 하나님은 말씀의 수단에서 벗어나 언약 자손들에게 자신의 은덕을 제공하실 수 있다. 그리고 하나님은 신자들의 어린 자녀들에게 실제로 그렇게 하신다.

그러나 하나님은 항상 교회에 쏟아부으신 성령의 내적 부르심을 통해 그렇게 하신다. 하나님은 교회의 교통 안에서 이 일을 행하신다. 교회는 모든 사람에게 복음을 전하도록 하나님이 위임하신 곳이다. 하나님은 언약의 내용물인 복음과 언약의 표지이자 인으로서의 성례를 받아들인 언약의 경로를 따라서 이 일을 행하신다.

그래서 비록 신자의 자녀들이 세례를 통해 처음으로 교회에 접붙여진 경우라 할지라도, 그 일이 일어나기 이전에 이미 심지어 그들이 태어나기도 전에, 언약 자손들은 그들의 부모들과 함께 은혜 언약 안에 포함되었다. 그 언약은 복음에 의해 드러나며 복음에 선행하고, 중생을 포함해 구원의 은덕으로 주시는 선물들에도 선행한다.

이런 이유로 개혁파는 진리의 가르침을 해설할 경우 구원의 서정에서 부르심이 첫 자리를 차지하는 순서에 충실하게 머물렀다. 개혁파는 그렇게 하지 않을 때 재세례파의 오류가 스며들어올 것을 우려했다. 재세례파는 성령을 말씀으로부터, 중생을 부르심으로부터 그리고 은혜의 수여를 복음의 제공으로부터 분리시켰다.

그러나 개혁파는 이 순서를 유지할 수 있었다. 왜냐하면, 개혁파는 구원의 서정을 개인으로부터가 아니라, 즉 이런저런 개인이 회심으로 나아왔던 방식으로부터가 아니라, 하나님이 말씀 안에 두신 그리고 역사 안에서 하나님이 자신을 묶으신 객관적 관계로부터 추론했기 때문이다.

개인적 측면에서 볼 때, 어린 자녀들의 경우 구원의 서정은 마치 중생이 부르심에 그리고 성령님이 말씀에 선행하는 것처럼 보일 수 있다. 네덜란드 개혁교회 세례 규범은 신자의 어린 자녀들은 복음 안에서 선포되고 세례 안에서 봉인된 그 모든 것을 이해할 수 없다고 정확하게 언급한다. 그러나 언약 자손들이 이런 이유로 세례로부터 제외될 수는 없다.

왜냐하면, 언약 자손들은 "그들의 지식과 무관하게" 아담이 받은 정죄를 공유하는 것처럼, 마찬가지로 언약 자손들은 "그들의 지식과 무관하게" 은혜 안에서 하나님께 받아들여진다. 그래서 신자 부모의 유아들의 경우, 마치 중생이 부르심에 앞서는 것처럼 그들의 중생은 복음의 말씀과 관계없이 외부에서 일어난다는 의미에서 직접적인 것처럼 드러난다.

그러나 이런 판단은 부정확하다. 만일 언약 자손들이 그들의 지식과 무관하게 하나님에 의해 은혜 안에서 받아들여지고 중생한다면, 이것은 복음 안에서 선포되었고 객관적으로 그리고 역사적으로 이미 존재했던 은혜 언약을 복음과 함께 항상 전제하는 것이다.

　하나님의 주권 안에서 하나님이 세우신 그리고 하나님이 자신의 은혜의 은덕들을 수여하실 때 염두에 두시는 순서를 따를 경우, 그들이 언약 자손으로서 출생하지 않았다면 중생에 참여할 수 없다. 정확하게 말해서 그들은 언약 자손들로서 하나님에 의해 부름을 받는다. 비록 그들 자신은 복음을 이해하지 못함에도 불구하고 그들의 부모들과 함께 그리고 부모들 안에서 부르심을 받는 것이다.

　신자들의 자녀들로서 그들의 부모들과 함께 그들에게 주어지는 것은 약속이다. 그것은 복음의 약속인데 오직 복음 안에서 알려지고 제공된 약속이다. 언약 자손들은 그리스도인 부모들의 후손으로서 말씀의 공급으로부터 분리되지 않고 오히려 말씀의 공급에 연결된 가운데 내적으로 성령에 의해 부름을 받아 그리스도의 중생 속으로 접붙여진다.

　자녀가 이런 정황으로부터 고립될 때, 즉 여기에서는 은혜 언약으로부터 고립될 때, 중생은 부르심에 선행하는 것으로 나타난다. 그렇다면 또한 어린 자녀들이 구원받음에 있어서 믿어야 할 이유가 사라진 것을 의미하는 셈이 된다.

　그러나 만일 우리가 하나님이 은혜의 은덕들을 수여하시기 위해 세우신 순서를 주의하면서 그 문제를 객관적으로 그리고 역사적으로 본다면, 부르심은 중생에 선행한다. 그리고 복음의 제공은 성령의 사역에 선행한다. 이는 더 나아가 신자들의 유아들에게 있어서 언약 자손으로서 그리고 하나님 나라의 상속자로서 그들이 세례받을 권리를 가진다는 사실에 의해 확증된다.

　세례는 신자들을 위해 그리스도께서 정하신 두 개의 성례 중 하나다. 성례는 말씀으로부터 떨어지면 더 이상 성례가 아니며 아무것도 의미하지 않는다. 성례는 말씀에 수반되는 말씀의 봉인이며 말씀과 불가분하게 연결되어 있다. 그러므로 유아 세례는 말씀을 앞세우지 않고, 말씀을 표지화하고 봉인하기 위해 말씀에 수반되지 않는다면 결코 아무런 능력도 갖지 않으며 성례일 수 없다.

세례가 말씀의 봉인인 것처럼 중생도 그러하다. 중생 안에서 신자들의 유아들은 약속의 성취라는 유형에 참여한다. 이 약속은 오직 복음 안에서 우리에게 오는 것이며, 이 복음에 따르는 약속은 신자들만이 아니라 신자들 안에서 그리고 신자들과 함께 그들의 자녀들에게도 적용되는 것이다.

4. 유아기에 죽는 언약 자손들

은혜 언약 교리는 왜 개혁파가 재세례파에 반대해 성령에 앞서는 말씀, 중생에 앞서는 부르심의 순서를 유지할 수 있는지에 대한 이유였다. 그러나 이것이 유일한 이유는 아니었다. 또 다른 이유는 그리스도의 교회가 지속적으로 여기 이 땅에 거하는 실제 상황으로부터 추론되었다.

개혁파는 유아기에 죽는 언약 자손들의 경우 복음에 대한 지식 없이 외적 부르심으로부터 무관하게 성령에 의해 중생하고 천국으로 받아들여진다고 만장일치로 고백했다.

도르트 총회는 경건한 부모들은 하나님이 유아기에 생명을 취해 가시는 그들의 자녀들의 선택과 구원을 의심하지 않아야 한다고 말하며 개혁파의 통일된 확신을 표현했다. 그러나 그런 통일된 고백은 유아기에 죽은 언약 자손들과 관련해 확신이라는 측면에서는 개혁파 가운데 항상 약간의 차이점이 존재했다는 사실을 부인하지 않았다.

이런 유아 중에서뿐만 아니라 이미 택함받은 사람들과 그렇지 않은 사람들 사이를 구별해야 한다는 의견들이 있었다. 언약의 체제 안에 포함되는 것이 그 자체로 그 사람의 선택의 증거가 될 수는 없다.

수없이 많은 자녀가 신자 부모들에게서 태어나 나중에 배교자가 되었고 넓은 길을 따라 걸어가지 않았던가?

더욱이 성경은 어디에서도 유아기에 죽는 것이 언약 안에서 태어나는 자녀들에게 있어서 자동으로 그들의 선택과 구원의 표지라고 가르치지 않는다. 그러므로 개혁파 중에서 이런 식으로 추론하는 사람들은 유아기에 죽은 언약 자손 중에서 택자들은 성령에 의해 그들의 죽음 이전에 중생하고 천국으로 받아들여진다고 인식했다.

그러나 하나님의 말씀은 어떤 분명한 선언을 하지 않기 때문에, 개혁파는 유아기에 죽는 모든 언약 자손이 예외 없이 택자에 속한다고 감히 충만한 확신을 가진 채 믿으려 하지는 않았다.

다른 사람들은 다소 더 넓은 태도를 보였다. 그들은 하나님의 약속으로부터 출발했다.

하나님은 한때 신자들의 아버지인 아브라함에게 이렇게 선언하셨다.

> 내가 내 언약을 나와 너 및 네 대대 후손 사이에 세워서 영원한 언약으로 삼고 너와 네 후손의 하나님이 되리라(창 17:7).

하나님의 말씀에 따르면 약속은 부모님에게만이 아니라, 그들의 자녀들에게도 해당한다(행 2:39). 이 점에서 우리는 반대 현상이 나타날 때까지는 이 약속을 굳게 붙들어야 한다. 아직 살아갈 날이 남은 언약 자손들은 나중에 말과 행동 가운데 그들이 언약의 길 안에서 걷기를 갈망하는지를 드러내게 된다.

만일 그렇지 않으면 그들은 교회의 권징을 통해 교회의 무리로부터 제거된다. 그러나 인생의 이른 시기에 죽음을 겪은 언약 자손들에게 그런 증거는 드러날 수 없다. 그러므로 그들은 말로나 행위로나 그들이 언약 자손이라는 사실에 반대되는 증거를 제시할 수 없다. 이런 이유로, 우리는 그런 자녀를 은혜 안에서 하나님에 의해 받아들여진 것으로 그리고 죽을 때 구원의 참여자가 된 것으로 고려해야 한다.

우리가 어떤 사람이 유죄라는 사실이 판명될 때까지는 그 사람이 결백하다고 가정하는 것처럼, 마찬가지로 우리는 언약 자손들을 선택된 자로 보아야 한다. 그러므로 유아기에 죽는 어떤 언약 자손들은 선택되었고 반면 다른 언약 자손들은 선택되지 않았다고 고려할 근거는 없다. 도르트 총회는 이런 온화한 입장을 채택했다. 그러나 도르트 총회가 이 입장을 매우 미묘한 방식으로 묘사했다는 사실이 언급되어야 한다.

도르트 총회는 이 사실을 객관적으로 고정된 어떤 교의처럼 선언하지 않았다. 오히려 도르트 총회는 부모가 유아기에 죽는 자녀들의 선택과 구원을 의심하지 않아야 한다고 말하며 주관적 방식으로 말했다.

총회는 이런 위안을 부모에게 일반적으로 확장하지 않고 오히려 경건한 부모들에게로 제한했다. 결국, 부모들은 그 자신이 그들 자신의 선택과 구원에 대해 관심이 있지 않다면, 그들의 자녀들의 운명에 대해 참되게 관심을 기울일 수 없다. 그리고 그런 위안을 향유할 필요도 없고, 향유할 수도 없다. 우리의 죽은 유아들이 구원을 누린다고 참되게 믿기 위해, 우리 자신이 올바른 믿음을 가지고 언약의 은덕들을 수납해야 하고 우리 자신의 선택과 구원을 확신해야 한다.

우리의 목적상 이 사안을 진전시키는 것은 불필요하므로 더 이상 언급하지는 않는다. 도르트 총회가 표현한 겸손한 자비의 판단을 제시하는 것 이상으로, 우리 자신의 추론만을 가지고 더 나아갈 수는 없기 때문이다. 더욱이 우리는 다른 입장을 지지하는 사람들에 의해 제기된 모든 반대를 결코 제거할 수도 없다.

비록 많은 언약 자손이 유아기에 죽지만 그리고 이 숫자는 비록 통계 자료의 부족으로 인해 이른 세대의 사람들이 추정하는 것보다 분명 훨씬 더 많지만, 그런데도 지각 있는 나이에 이르는 수많은 사람이 있다. 그러므로 그들은 그리스도를 따르느냐 아니면 세상을 섬기느냐의 선택 앞에 개인적으로 서게 된다. 이들 언약 자손들에게 있어서, 즉 생명이 연장되고 나중에 믿음의 고백 위에 성찬을 받게 되는 이들에게 있어서 질문이 부상한다.

즉, 이들 언약 자손 모두가 사실상 택자에 속하고, 어느 시점에 오류 없이 분명하게 천상적 구원의 수여자가 되느냐 아니냐라는 질문이다. 우리가 이 질문에 답하기 위해 길게 지체할 이유는 없다. 그러나 사려 깊은 숙고를 한다면 그리고 성경을 통해 본다면, 아무도 이 질문에 확증적 대답을 할 수 있거나 감히 하려고 하지 못한다.

그리스도의 교회를 '신자들'의 모임으로 간주해야 한다는 성경적 가르침 위에서, 어떤 한 사람이 교회의 개별 구성원 모두가 참으로 신실한 신자라고 추론한다면 그런 추론은 간단한 설명과 경고로 해결할 수 있는 하나의 오해에 해당될 뿐이다.

왜냐하면, 성경은 이스라엘로부터 나온 모든 사람이 이스라엘에 속한 것은 아니라고 상당히 명확하게 가르치기 때문이다(롬 9:6). 그리고 이스라엘에 속한 것은 육(肉)의 자녀가 아니라 약속의 자녀이며 약속의 자녀가 씨로 간주되어야 한다. 모든 교회의 모든 신앙고백이 이 점에 동의한다. 그리고 매일의 경험은 이 점에 봉인을 둔다.

왜냐하면, 경험은 교회 안에 위선자들이 신실한 신자들과 섞여 있다고 반복적으로 드러내기 때문이다. 비록 몸을 따라서 볼 때 위선자는 교회 안에 있지만, 그들은 교회에 속하는 것은 아니다. 가장 가혹한 그리고 가장 엄격한 교회 권징도 알곡에서 가라지를 분리할 수 없다. 왜냐하면, 교회는 마음을 판단할 수 없고 신앙고백과 행위만을 다루어야 하기 때문이다.

또한, 의심의 여지 없이 역사의 다양한 시기 동안 교회의 순수성 관점에서 다양성이 있었다. 사도들이 팔레스타인 안과 밖으로 복음을 전파하고 교회를 세웠을 때, 올바른 마음으로부터 나온 믿음을 소유하지 않고 교회에 많은 사람이 가입할 위험은 아주 작았다. 그리스도의 제자들이 세상으로부터 기대했던 경멸과 핍박은 신실하지 않은 사람들을 몰아냈다.

종교개혁 시기에, 그리스도를 고백하는 것은 장작더미 위에서 화형을 당하거나 교수형으로 죽을 위험에 스스로를 노출시켰다. 그리고 입술의 고백의 기저에는 대부분의 경우 참되고 진심어린 믿음이 있었다.

대조적으로, 핍박을 면제 받고, 문화 안에서 중요한 힘을 행사하고, 권징을 소홀히 하는 교회 안에서는 그저 외적으로만 신앙을 고백하는 사람들의 수가 대개 증가한다.

그러나 이 모든 것은 단지 정도의 차이일 뿐이다. 절대적으로 순수한 교회, 참된 개념 안에서 모든 구성원이 신자인 그런 교회는 이 땅에 존재하지 않는다. 이런 이유로 씨는 항상 육신의 자녀가 아니라 약속의 자녀만이라고 간주되어야 한다.

5. 푸티우스의 견해: 유아기로부터의 중생

또 다른 질문은 언제 어느 순간에, 여전히 살아 있는 택자에 속한 언약 자손들이 그들의 부모들과 함께 은혜 언약 안에서 그들에게 전달된 약속 안으로 개인적으로 참여하게 될 것인가이다. 이 문제와 관련해 의견의 차이가 개혁파 교회 가운데 항상 존재해 왔다.[1] 푸티우스의 의견은 우리가 이전에 언급한 대로 다음과 같이 전개된다.

언약 안에서 신자 부모들에게서 태어난 모든 택자는 세례 전 유아기에 중생한다. 푸티우스는 이 입장을 취하는 것이 수년간 죄 가운데 살고 삼십 대, 오십 대, 칠십 대가 되어 회심에 이르는 그런 택자들과 관련해 반대할 만한 것임을 알아차렸다. 그러나 푸티우스는 인생의 가장 이른 시기에 심긴 중생의 씨가 그렇게 오랫동안 잠복한 채 남을 수 있다는 가능성을 받아들였다.

---

1 영문 편집자 주: 이 질문에 대한 개혁파 신학자들 간의 각기 다른 관점을 탐구하기에 유용한 소논문은 다음과 같다. Herman Witsius, *Disquisitio Modesta et Placida de Efficacia et Utilitate Baptismi in Electis foederatorum Parentum Infantibus* (Utrecht, 1693), 다음 페이지를 보라. xxiv-lv; 영문판은 다음과 같다. William Marshall, edited and revised translation, with an introduction by J. Mark Beach, "On the Efficacy and Utility of Baptism in the Case of Elect Infants Whose Parents Are under the Covenant of Grace," *Mid-America Journal of Theology* 17 (2006): 121-190; 특별히 다음 부분을 보라. 142-168.

푸티우스는 이런 관점이 선호될 만하다는 것을 발견했다. 성경에 따르면, 신자들의 자녀들은 그들의 부모들과 함께 하나님의 약속을 공유하기 때문이다. 그렇지 않으면 할례와 세례는 공허한 표지로 축소되어 버릴 것이다. 그리고 오직 이런 관점에서만 재세례파와 유사한 부류에 대항해 그 논증이 힘을 유지할 수 있을 것이기 때문이다.

푸티우스에 따르면 은혜의 생명에 참여하는 자임을 어린 시기에 보여주는 그런 자녀들만 아니라, 아브라함, 므낫세, 누가복음 7장의 죄인, 십자가의 살인자, 고넬료, 루디아, 아우구스티누스, 루터와 같이 생의 후반기에 회심한 모든 사람이 어린 시기에 이미 중생했을 가능성이 크다. 푸티우스는 심지어 비록 확고하게 판단하는 것을 자제하는 것이 낫겠지만, 택함받은 유아가 잉태 바로 그 순간에 중생하는 것을 확신하는 일이 완전히 무시되지는 않아야 한다고 생각했다.

푸티우스가 이 관점을 지지하는 유일한 사람은 아니었다. 푸티우스 이전과 이후에, 다양한 신학자가 폭넓은 윤곽에서 동일한 관점을 지지했다. 또한, 오늘날에도 푸티우스의 관점은 많은 사람 가운데 공감을 불러 왔다.

이 관점은 들을 수 없는 청각 장애자에 대한 한층 더 나아간 관찰과 함께 보호되었다. 이런 이유로 푸티우스와 같은 사람들의 입장을 따라서 볼 때, 중생은 말씀을 통한 부르심에 반드시 선행해야 한다. 택함을 받은 사람은 말씀을 떠나서 우선 성령에 의해 직접 중생한다.

그러나 조만간 복음에 친숙해지고 복음에 의해 믿음과 회심으로 부름을 받는다. 말씀의 제공은 마음 내부에 새로운 생명을 심는 일에 참여하지는 않으며, 오히려 말씀과 무관하게 이미 존재하는 새로운 생명을 믿음과 회심의 행위 안에서 증거하게 한다.

반면, 비중생자의 경우 말씀의 제공은 그에게 있는 모든 변명을 제거하게 만든다. 다른 사람들은 다른 관점을 지지했거나 지지하지만, 그들의 의견에 친숙해지기 위한 우리의 수고는 가치 있는 일이다.

6. 푸티우스 관점에 반대하는 사람들

1) 예사이아스 힐레니우스

푸티우스의 관점에 반대하는 사람들의 의견은 드라흐턴(Drachten)의 목회자 예사이아스 힐레니우스(Jesaias Hillenius, 1700-1759)에 의해 매우 분명하게 제시되었다. 그는 1751년과 1752년에 『비참, 은혜 그리고 영광의 상태 안에서 본 인간』(*De Mensch beshouwt in de staat der elende, der genade en der heerlijkheit*)을 출간했다. 이 저술의 둘째 부분에서 그는 다음과 같은 질문을 제기했다.

모든 택함받은 사람 안에 생명의 바로 그 첫 순간부터, 지정된 시간에 발아할 중생의 씨가 존재하는가?

그는 이 질문에 다음과 같이 답했다.[2]

> 택자가 유기된 사람에 비해 중생에 있어서 여러 가지 이점을 가진다는 것은 분명하다. 사실 하나님은 자기 아들이 택자들을 위해 속죄했고, 생명의 권리를 획득했다고 간주하신다. 하나님은 구원받을 자들을 자신의 택자로 간주하시고, 특정한 시간에 그들을 유효하게 변화시킬 목적을 가지고 구원의 방편들을 제공하신다. 그러므로 하나님은 성령께 대항해 용서받을 수 없는 죄를 범하게 되지 않도록 그리고 그 결과로 고통당하지 않도록 택자들을 보존하신다.
>
> 일부 택함받은 사람들은 이성을 사용하기 전에 하나님의 전능한 능력을 통해 중생된다. 우리는 이 점에 이의를 제기하지 않을 것이다. 그러나 모든 택함받은 사람이 생의 첫 순간에 중생의 씨를 소유해야 한다면, 우리는

2　Jesaias Hillenius, *De mensch beschouwt in de staat der elende, der genade, en der heerlikheit: of, Een uitvoerige verhandeling van eenige voorname leerstukken, welke die driederley staat des menschen vertonen . . .* (Leeuwarden: Pieter Koumans, 1751), 705.

그런 것은 하나님의 말씀이 가르치지 않는다고 오히려 그와 반대된다고 판단한다.

정리하면 다음과 같다.

첫째, 성경은 분명하게 그들은 죄와 허물로 죽어 있다고 우리에게 가르친다. 심지어 바울은 회심한 에베소 교인들을 고려하면서 이렇게 말한다.

> 그는 허물과 죄로 죽었던 너희를 살리셨도다 그 때에 너희는 그 가운데서 행하여 이 세상 풍조를 따르고 공중의 권세 잡은 자를 따랐으니 곧 지금 불순종의 아들들 가운데서 역사하는 영이라 전에는 우리도 다 그 가운데서 우리 육체의 욕심을 따라 지내며 육체와 마음의 원하는 것을 하여 다른 이들과 같이 본질상 진노의 자녀이었더니 (엡 2:1-3)

그렇다면 그들 안에 중생의 씨가 존재하는 것이 어떻게 가능하겠는가? 바울 또한 회심한 고린도 교회 교인들에 대해 이렇게 말한다. 즉 앞선 구절에서 말한 대로 너희 중 일부는 성적으로 부도덕하고, 우상 숭배자요, 간음한 자였다고 말이다. 그러나 바울은 이어서 말한다.

> 너희 중에 이와 같은 자들이 있더니 주 예수 그리스도의 이름과 우리 하나님의 성령 안에서 씻음과 거룩함과 의롭다 하심을 받았느니라 (고전 6:11).

디도서 3:3 또한 그렇다.

> 우리도 전에는 어리석은 자요 순종하지 아니한 자요 속은 자요 여러 가지 정욕과 행락에 종 노릇 한 자요 악독과 투기를 일삼은 자요 가증스러운 자요 피차 미워한 자였으나 (딛 3:3).

어떻게 그런 사람들이 중생의 씨를 소유했다고 말할 수 있겠는가?

둘째, 만일 모든 사람이 생의 첫 순간부터 중생의 씨를 소유하고 있다면, 그들 중 일부의 사람들에 관해 시간이 경과한 이후에 처음으로 중생했다고 말할 수 없게 된다(벧전 1:23; 약 1:18). 그러므로 영적 생명의 초기 원동력은 중생을 통해 수여되는 것이다.

셋째, 이 중생의 씨가 영적 생명의 원리 외에 어떤 것으로 구성될 수 있는가?

이 경우에 우리는 이성을 사용할 능력이 아직 없는 자녀들이 이성과 무관하게 작용하는 그들의 잠재력 때문에 생명의 원리를 소유할 수 있다는 점에 동의한다. 왜냐하면, 고유한 부패성 또는 부패한 생명의 원리가 이성을 사용하기 이전의 유아 안에 존재할 수 있다면, 마찬가지로 영적 생명 또한 유아 내에 존재할 수 있다는 것이 합당하기 때문이다.

그러나 부패한 생명의 원리는 자녀가 이성을 사용하기 시작할 때 자기 자신 안에서 그 자체를 드러내는 것처럼 또한 유비적으로 영적 생명의 원리도 그 자체를 드러낼 것이다. 만일 생명의 원리가 그 자녀 안에 존재한다면 말이다. 이런 선한 원리가 유혹적 육신의 욕심 아래 묻혀서 수년간 작동하지 않은 채 남을 수 있다는 것은 이해할 수 없다.

경험은 우리에게 이렇게 가르친다. 오랫동안 매우 불경한 삶을 살아온 사람들, 죄 가운데 수년간 살아온 후에 심지어 경건을 욕하는 데까지 나아가 경건한 사람들로부터 적대시되는 그런 사람들이 변화되고 회심할 수 있다고 말이다.

그러나 부패의 지배 능력 아래에서 그렇게 오랫동안 살아온 그리고 하나님과 경건한 사람들을 혐오한 그런 사람 안에 중생의 씨가 존재해 왔다고 할 수 있겠는가?

사도 요한은 하나님으로부터 난 자는 죄를 범하지 않는다고 말한다. 왜냐하면, 하나님의 씨가 그 사람 안에 머물러 있기 때문이다. 그리고 그는 죄를 범할 수 없다. 왜냐하면, 그는 하나님으로부터 났기 때문이다(요일 3:9).

하나님과 그분의 진리를 미워하는 가운데 사는 사람 안에 하나님을 사랑하는 기질이 존재할 수 있는가?

하나님의 씨와 마귀의 씨가 같은 장소에 존재할 수 있는가?

그리고 그런 방식 안에서 하나님의 씨가 은밀하게 숨어서 조용하게 남을 수 있는가? 반면, 마귀의 씨는 그것의 능력을 드러내고 완전하게 그 사람을 통치하는데 말이다.

결국, 중생의 씨란 무엇인가?

만일 그것이 잠재력이라면, 어떻게 이 잠재력이 영혼 안에 어떤 활동도 없이 밋밋한 영적 실체로서 거할 수 있는가?

우리는 위대한 칼빈이 말한 것을 인정한다.

> 출생 시부터 그들의 마음속에 심긴 어떤 씨가 있어서 그 힘으로 그들이 경건과 하나님을 경외하는 경향을 보인다고 꿈꾸는 사람들은 성경의 권위에 의해 지지받지 못하며 오히려 경험 때문에 반박된다(『기독교 강요』 III.24.10).

그러나 사람들은 바울이 다음과 같이 가르친다고 대답한다.

> 누구든지 그리스도의 영이 없으면 그리스도의 사람이 아니라(롬 8:9).

이제 택자들이 그리스도께 속한다는 것은 부인할 수 없다. 또한, 이로부터 택자들이 그리스도의 영을 가진다고 추론해야 한다. 우리는 택자들이 그리스도께 속한다는 것은 의심할 수 없는 실제라고 말하며 응답한다. 왜냐하면, 그들은 그리스도를 통해 구원받기 위해 그리스도 안에서 선택되었기 때문이다(엡 1:4).

택자들은 성부에 의해 그리스도께 주어진 바 되었다(요 17:6). 그래서 이들은 이미 영원으로부터 그리스도께 속한다. 택자들은 그리스도께 속한다. 왜냐하면, 그리스도께서 그들을 값으로 샀기 때문이다(행 20:23).

그래서 당연히 그때로부터 계속 택자들은 그리스도께서 획득하시고 값으로 산 소유로서 그리스도께 속한다. 그러므로 택자들은 태어나기 전에 그리스도께 속한다. 그러나 택자들은 태어나기 전에 그리스도의 영을 소유할 수는 없다. 왜냐하면, 그들은 아직 존재하지 않기 때문이다. 이점에 대해 아무도 반대할 수 없다는 것은 확실하다.

그러나 더 나아가 이런 점을 주목해야 한다. 바울 사도가 여기에서 그리스도의 영을 가진다고 말하는 것은 당사자가 그리스도 안에서 생명을 공유한다는 사실을 누군가에게 알리는 표지로서 제시한다는 점 말이다. 왜냐하면, 여기에서 그리스도의 영을 가진다는 것은 육신 안에 거하는 것과 대조되고, 육신 안에 거하는 것에 뒤이어 일어나는 어떤 것으로서 이해되기 때문이다.

육신 안에 거하는 것은 물론 사람이 죄의 강력한 지배 아래에 있고 회심하지 않은 것을 가리킨다. 육신 안에 여전히 머물러 있는 사람이 누구일지라도 유기자로서, 즉 그리스도께서 위해 속죄하지 않은 그런 사람으로서 즉시 단정하면 안 된다. 왜냐하면, 하나님의 말씀과 경험은 매우 육신적 삶을 지속적으로 살아온 사람도 회심할 수 있다고 가르치기 때문이다.

그러나 비록 그리스도께서 위해 죽으신 택자일지라도 육신을 따라서 지속적으로 사는 사람은 로마서 8:9로부터 자신이 회심하게 될 것이라는 아무런 보장도 받지 않는다. 왜냐하면, 육신을 따라 사는 사람은 성령을 따라 살지 않는데, 하나님의 영이 그 사람 안에 거하지 않기 때문이다.

그러면 바울이 그리스도의 영을 가진다는 이 실제를 로마 신자들이 그리스도의 은덕에 참여하는 자라는 것과 그들이 그분께 속했다는 것을 알 수 있게 하는 분명한 표지로서 인정하고 있음이 더할 나위 없이 분명하지 않는가?

그러나 사람 내부에 잠잠하게 그리고 활동하지 않은 채 놓여 있는 중생의 씨로부터 이 사실을 어떻게 알 수 있겠는가?

그런 상태의 중생의 씨와 관련해 바울이 말한 구절로부터는 결코 아무런 증거도 추론될 수 없다는 것이 충분히 명백하다. 더욱이 바울이 말한 그런 류(類)의 표지들은 어른들을 위한 것이거나 아니면 적어도 이성을 사용할 수 있는 그런 부류의 사람들을 위한 것이다. 아직 이성을 사용할 수 없는 유아들을 위한 것은 아닌 셈이다.

더 나아가 사람이 그리스도께 속하는 것은 그리스도께 유효하게 연합되는 것과 그리스도와 교통하는 것을 포함하는 것으로 볼 수 있다. 그러나 비록 그리스도께서 인정하시고 값으로 사심으로 마땅한 자격을 가진다 할지라도, 그리스도의 영이 없다면 아무도 유효하게 그리스도와 연합하지 못한다. 왜냐하면, 그리스도와의 교통은 영적인 것이며, 성령을 통하지 않고는 영적 교통은 없기 때문이다.

성령님은 사람을 중생시키시는 분이고, 사람 내부에 믿음을 일으키시는 분이다. 그래서 사람은 그리스도와 연합된다.

다른 사람들의 의견을 반박한 후에, 힐레니우스는 중생의 시점에 대한 자신의 이해를 이렇게 설명한다.

> 중생의 시점에 관해서 볼 때 관점들이 꽤 다양하다. 교황주의자들은 중생이 세례 시에 일어난다고 가르친다. 왜냐하면, 교황주의자들은 세례 자체가 수행될 때 그 행위의 힘으로 중생이 이뤄지기를 갈망하기 때문이다. 그러나 우리는 그런 잘못된 관점을 반박하는 데 주저하지 않을 것이다. 아우구스부르크 신앙고백을 작성한 신학자들은 통상적으로 오직 세례의 집례 중에만 자녀들에게 중생이 수여된다는 의견을 가졌다.
> 그래서 중생의 은혜는 세례에 매우 긴밀하게 연결되었고 유아기에 세례받는 각 사람은 동일한 순간에 중생되는 것으로 보았다. 비록 그들은 세례의

물에 중생시키는 힘을 할당하지는 않지만 말이다.[3]

2) 힐레니우스 식 관점의 타당성

개혁파 중 일부의 사람도 세례의 집례 중에 중생한다는 관점으로 기울어 진다. 개혁파 중 다른 사람들은 택함받은 유아들이 세례 전 유아기에 중생 된다고 믿기를 원한다. 비록 중생의 씨가 표면 아래 숨은 채 있지만 말이다.

또 다른 사람들은 하나님이 택자들을 다양한 시기에 중생시키신다고 판단한다. 택자들 중 일부는 유아기에 세례받기 전이나 세례받는 중이나 또는 이성의 사용을 획득한 시기 중 세례받는 후에 중생한다. 어떤 사람들은 청소년기에, 또 다른 어떤 사람들은 성인기에, 어떤 사람들은 노년기에, 일부는 심지어 죽음의 침상 위에서 그리고 이를테면 죽음의 문턱 바로 직전에 즉각적으로 중생한다.

우리는 이런 관점에도 기울어진다. 하나님은 단지 자신의 즐거움을 따라서 특정한 사람들을 구원으로 선택하셨다는 것을 고려하면서 또한 전적으로 자신이 기뻐하시는 어떤 때이든지 택자들을 중생시키기에 자유로우시다는 관점 말이다.

우리가 살펴본 것처럼 심지어 중생의 씨가 추정적으로 생이 시작하는 순간부터 각 택자 안에 놓여져 있다고 주장하는 신학자들의 관점은 어떤 적절한 근거에 의해 지지받지 못한다. 그렇게 본다면 택자들이 통상적으로 세례 전 유아기에 중생하는 것으로 가정할 수 없다.

중생의 순간을 사람이 세례받는 순간에 일치시키는 관점은 성경이 우리에게 가르치지 않는 주장이다. 오히려 성경은 바울(행 9:11, 17-18)과 고넬료(행 10:47)의 경우처럼 세례 전에 이미 중생한 몇몇 사람에 대해 우리에게 가르친다.

---

3 Hillenius, *De Mensch*, 727.

만일 하나님이 통상적으로 세례 중에 사람을 중생시키신다면, 부모들이 자녀들의 중생을 재촉하거나 연기시킬 수 있다. 자녀들 중에 택함받은 자가 있다면 세례를 빨리 혹은 천천히 받도록 부모가 선택함으로써 말이다. 그러므로 자녀의 중생을 부모에게 의존시키게 되는데 이것은 누구나 터무니없는 것으로 인식할 수 있는 사안이다.

더욱이 경험은 이렇게 가르친다. 많은 사람이 청소년기에 처음으로 변화되거나 혹은 성인기에 변화되고 일부는 앞선 시기들을 죄와 불경건 속에서 소비해 버린 후 심지어 노년기에 변화된다고 말이다.

그러므로 이들 동일한 사람들이 죄의 종으로서 그렇게 오랜 기간 동안 살아왔다면, 어떻게 유아기에 이미 변화되었다고 주장할 수 있다는 말인가?

우리가 앞에서 살펴본 대로 중생의 씨가 그런 오랜 기간 동안 표면 아래 감추어진 채 남아 있을 수 있다는 주장은 개연성이 없다.

3) 힐레니우스 식 관점에 대한 개혁파의 계보

힐레니우스만 이런 관점을 주장한 것은 아니다. 중생의 시기와 관련된 동일한 의견은 칼빈, 무스쿨루스, 베자, 우르시누스, 알스테드, 드 브레, 알팅, 아크로니우스, 고마루스, 발레우스, 마코비우스, 클로펜부르크, 콤리 그리고 많은 사람 가운데 발견된다. 이들 모두는 개혁교회와 개혁 신학 안에서 명망 있는 사람들이다. 이들은 하나님의 약속의 성취와 관련해 그리고 성령의 사역 안에서 하나님의 말씀이 특정하지 않는 어떤 시간에 하나님을 묶어 버리는 것을 반대했다.

그러므로 그들은 세례를 모든 택자 유아 안에서 이미 중생이 일어난 표지와 증거로서가 아니라 오히려 신자들과 그들의 후손에 대한 하나님의 약속의 봉인으로 보았다. 그 약속은 하나님이 하나님 자신의 시간에 그들 모두를 향해 분명히 성취시키신다. 그러므로 칼빈은 사람이 어린 시절에 받은 세례는 성장해 가는 시기에 먼저 그 자신에게 유익하게 된다고 선언했다. 세례에 주어진 약속은 모호하거나 통상적이거나 조건적인 선언이 아니다.

오히려 그 약속은 하나님이 신자들과 그들의 자녀들의 하나님이 되실 것이라는 진리 이외에 다른 것을 포함하지 않는다. 그러나 그런 약속은 신자들의 택함받은 후손을 위해 성취될 특정한 시간을 담고 있지 않다. 하나님은 이 점에 있어서 자신의 경로를 계획하신다.

그리고 자신의 아들을 통해 다음과 같이 우리에게 말씀하신다.

> 바람이 임의로 불매 네가 그 소리는 들어도 어디서 와서 어디로 가는지 알지 못하나니 성령으로 난 사람도 다 그러하니라 (요 3:8).

7. '전제적 중생' 관점이 가진 문제들

그래서 유아기 이후 살아남고, 택자 가운데 속하고, 은혜의 약속이 부모들 안에서, 부모들과 함께 주어진 그런 언약 자손들을 위해 하나님이 언약을 성취하시는 때와 관련된 의견의 차이는 개혁교회 중에 항상 존재했다.

그러나 사람들은 이단이라고 서로 고소하지 않았다. 그리고 교회 앞에서 공적으로 덜 개혁파적이라고 서로를 비방하는 것도 결코 생각하지 않았다. 의견의 차이는 형제애를 손상하지 않고 그 자체로 다양성 안에서 일치를 추구하는 신앙고백의 경계 내에 존재했다.

중생의 시점에 대한 양편의 의견들을 존중하기 위한 더 큰 이유는 나중에 우리가 간단히 짚어 보겠지만, 성경이 실제로 중생의 시점과 관련해 어둠 속에 우리를 남겨 두기 때문이다. 그래서 성경을 떠나면 우리는 더욱 추측과 망설임에 속에 남겨질 뿐이다.

앞서 우리는 택함받은 모든 사람이 세례 전에 이미 중생한다는 주장을 들었는데, 심지어 이미 중생한 채 세상에 등장하기도 하고, 더 나아가 잉태 순간에 중생하기도 한다. 특별히 영혼 창조론[4]의 관점은 영혼이 창조되어 몸과 결합될 때 중생이 일어난다는 개념과 잘 들어맞는다.

1) '전제적 중생'의 추정적 성격

그러나 누구나 인지하는 바는 여기에서 우리가 어림짐작의 지형, 즉 성경이 전적으로 내버려 둔 그런 지형을 통해 여행하고 있다는 점이다. 그래서 우리는 다양한 오류에 매 순간 노출된다. 모든 그리스도인과 마찬가지로 신학자들에게도 권장되는 교훈은 우리가 그러해야 하는 것 이상으로 더 현명해지지 않아야 한다는 점이다. 그리고 우리는 하나님이 자신의 말씀 속에서 계시한 것 이상으로 알려고 갈망하지 않아야 한다.

그러므로 푸티우스는 "잉태의 순간에 어떤 사람들이 중생하는가"라는 질문에 봉착했을 때 고정된 판단을 세우려 하지 않았다. 택함받은 언약 자손들 모두가 생애의 바로 그 첫 순간에 중생한다고 생각하는 것은 순전한 어림짐작일 뿐이다. 중생의 시점을 특정화시키는 일은 우리에게는 주어지지 않았다.

이것은 통상 모든 택함받은 언약 자손들에게 적용된다. 그들이 일찍 죽든지 계속 살든지 말이다. 그러나 후자의 상황에서 이론은 자주 현실과 슬픈 방식으로 충돌한다. 푸티우스는 생의 첫 시기에 중생된 그런 택함받은 언약 자손들이 후에 다양한 죄 가운데 빠지고 30대, 50대, 70대에 처음으로 회심에 이른다는 주장을 수용하면서 반대에 직면할 수밖에 없었다.

푸티우스는 중생의 씨가 그렇게 오랫동안 사람의 마음속에 휴면 상태로 존재할 가능성을 지지했던 것이다. 이것이 가능성이라는 테두리 안에 있는 한, 어디에 있는 어떤 개혁파 사람일지라도 푸티우스의 의견에 동의했다.

---

[4] 역자 주: 하나님이 영혼을 창조해 인간의 육신에 넣어주신다는 사상. 자세한 내용은 다음을 참조하라. 헤르만 바빙크, 『개혁 교의학 2권』, 박태현 역 (서울: 부흥과개혁사, 2011), 723-730.

누가 하나님의 전능한 능력과 성령의 사역에 정지선과 한계를 그리고자 한단 말인가?

하지만 교회의 신앙고백은 가능성으로 작성될 수는 없다. 오히려 분명하게 하나님의 말씀에 기반해 세워진 진리를 담아야 한다. 그러므로 어떤 사람이 신앙고백의 경계 지점에서 푸티우스의 견해를 허용할 수도 있겠지만, 예를 들어, 힐레니우스가 제기한 것처럼 푸티우스의 관점에 반대하는 의견을 아무도 가볍게 여기지는 않을 것이다.

삶은 논리가 요구하는 것처럼 그런 규칙성을 가지고 나아가지 않는다. 삶은 종종 모든 체계를 조롱한다. 삶은 가장 심오한 사상가가 자신의 모든 지혜 속에서 상상할 수 있는 것보다 더욱 풍성하고 더욱 충만하다.

2) 교회 안에서 드러나지 않은 위선자들의 문제

심지어 권징이 교회 안에서 매우 순수하고 엄격하게 유지되는 때에도 추측성은 남는다. 만일 교회의 권징만 유지한다면 세례 전 중생 교리가 실천적일 것이라고 간혹 제시된다.

그러나 이 결론은 지나치게 낙관적이다. 가장 순수한 교회 내에도 교회가 드러내거나 반대할 수 없는 그런 위선자들이 있다. 경험은 반복적으로 이렇게 가르친다. 많은 언약 자손이 후일에 불경한 교리 또는 무례한 삶에 대한 죄책을 지는 것을 떠나서, 심지어 조금도 죄책을 느끼지 않으며, 조금도 그리스도께로 이끌리지 않는다고 말이다.

물론 교회는 그런 사람들을 교회의 교제로부터 배제시킬 수도 없고 배제시키려 해서도 안 된다. 교회는 반드시 공적으로 그런 회원들에 관해 그들이 '교리에 있어서 올바르고 행함에 결함이 없는지'를 입증해야 한다. 교회는 심지어 그들을 자비의 판단을 따라서 신자들이라고 간주해야 한다. 신자라고 볼 수 없는 명백한 반대 현상이 분명하게 드러날 때까지는 말이다.

그러나 이 모든 것이 "알곡 중에 가라지가 존재하고 이스라엘로부터 난 모든 사람이 모두 이스라엘에 속하지 않는다"(롬 9:6)는 실제에 모순되지 않는다. 실천은 이론과 상충하는 바, 공적으로 중생한 것으로 간주되어야 하는 사람들의 수는 참되게 중생한 사람들의 수보다 훨씬 많다.

이론적으로 세례는 중생에 대한 추정을 포함할 수 있지만 이 추정은 삶을 규정하지 않는다. 현실은 꽤 자주 중생이 항상 세례에 선행하지 않음을 우리 모두에게 가르친다. 중생의 씨가 사악한 갈망 아래 숨은 채 존재할 수 있고 수년간 휴면 상태로 황무할 수 있다는 가정 안에서 안식을 취하지 않는다면 말이다.

3) 실제 유익이 없음

전제적 중생의 관점에 대항해 힐레니우스와 다른 사람들이 제기했던 영적 삶의 특징으로부터 추론된 반대 이외에, 전제적 중생의 관점은 실제로 아무런 유익이 없다는 것이 분명하다. 왜냐하면, 모든 택함받은 언약 자손들이 세례 전에 중생한다고 전제하든 아니든 언약 자손들 모두가 동일한 순간에 믿음과 회심으로 나아오지 않는다는 사실은 반박의 여지가 없고 아무도 부인하지 않기 때문이다.

그러므로 믿음과 회심을 위한 설교는 신자들의 모임 안에서 지속적으로 말씀을 제공하기 위한 필수불가결한 요소가 된다. 왜냐하면, 복음 아래에 사는 모든 사람에게 다음의 성경 말씀이 적용되기 때문이다.

아들을 '믿는' 자는 누구든지 영생을 가지나, 아들에게 순종하지 않는 사람은 누구든지 생명을 얻지 못할 것이고 오히려 하나님의 진노가 그 위에 머무른다. '믿는' 사람은 누구든지 구원받을 것이고, '믿지 않는' 사람은 누구라 할지라도 정죄받을 것이다. 심지어 비록 그가 교회 안에서 태어나고 세례받고 성찬에 참여하도록 허락될지라도 말이다.

만일 믿음과 회심 안에서 새 생명을 드러내지 않는다면, 세례 전에 일어날 수 있는 어떤 전제적 중생으로부터 그 누구라 할지라도 아무런 유익을 취하지 못한다.

4) 세례 전 중생 관점이 가진 실제 해악

세례 전 중생 교리는 믿음과 회심이 아직 존재하지 않는 경우 실제로 아무런 이점도 가지지 않는다. 오히려 그런 가르침은 다른 부류의 영적 해악을 가져올 수 있다. 세례 전 중생 교리는 영적 해악을 끼칠 필요도 없고 그렇게 해서도 안 되지만 쉽게 그렇게 할 수 있다.

첫째, 세례 전 중생 교리는 천국에 이르고 있다고 상상하는 잃어버린 바 된 많은 사람에게 그럴싸한 근거를 제공할 수 있다.

믿음으로부터 중생으로 강조가 이동할 때, 사람은 어린 시절에 중생하며 그런 새로운 생명은 머지않아 믿음과 회심 가운데 그 생명을 드러낼 것이라는 생각을 가지고 스스로를 위로할 수 있다. 심지어 새 생명이 그 자체를 드러내지 않아도 그것은 결정적이지 않은데, 왜냐하면, 중생은 충분하며 오류 없이 영생으로 인도하기 때문이다.

이런 방식에 갇힌 사람은 결국 로마가톨릭교회와 루터파 교회들 가운데 만연한 동일한 유형의 영적 피상성 속에 빠지게 된다. 대체적으로 말해, 교회의 회원이며 세례받는 사람은 누구든지 구원받는다. 왜냐하면, 중생이 세례 이전이나 세례 중에 일어나는 것은 아무런 차이가 없기 때문이다.

사실 로마가톨릭교회나 루터파의 입장보다 개혁파 입장의 관점에서 거짓 확신을 줄 수 있는 기회가 여전히 더 많다. 왜냐하면, 전자는 세례 시에 수여되는 중생의 은혜는 잃어버릴 수 있으나 개혁교회는 그런 은혜는 잃어버릴 수 없다고 보기 때문이다.

그런 거짓 확신을 염려하는 까닭에 개혁파 설교는 항상 정직한 자기 점검을 위한 진지한 권고에 의해 다른 설교들과 구별된다. 의심의 여지 없이 개혁파 설교는 자기 점검을 강조하는 방향으로 기울어져 불균형을 이루어 왔다. 이른바 설교의 적용은 종종 사람의 영적 배경 속으로 성경 구절을 설명해 밀어 넣는 식이 되었다. 그리고 중생자와 비중생자의 상태를 특징 짓는 표지를 강해하는 일에 지나치게 많은 주의, 심지어 집중된 주의를 기울였다.

그렇지만 개혁파 설교는 모든 세대 가운데 인간의 마음을 신중하게 드러내는 일에 탁월했다. 불신과 세속성의 모든 변명을 폭로함으로써 그리고 하나님의 은혜의 지극히 작고 가장 온화한 특징들까지 꿰뚫어 조사함으로써 말이다. 우리 선조들의 모든 인쇄된 설교 속에서 관찰할 수 있는 이런 귀한 요소는 여하튼 간에 우리 시대에도 부족하지 않아야 한다.

둘째, 세례 전 중생 교리는 쉽게 말씀 사역자가 오직 중생자만을 대상으로 믿음과 회개 초청을 할 필요가 있다는 개념을 일으킬 수 있다.

그러므로 이런 가르침에 따라 일반 법칙으로서 택함받은 자는 세례 전 유아기에 중생하기 때문에, 복음 설교는 오직 택함받은 자들에게만 적용하고, 다른 사람들에 대해서는 유기의 선포 외에는 아무것도 남겨 두지 않는다는 가정이 세워진다.

우리는 이 문제에 대한 일부의 의견으로서 이전에 제시했던 강조점[5]에 지나치게 무게를 두지 않기 바란다. 부적당한 표현이 어떤 사람들의 입이나 펜으로부터 흘러나올 수 있다. 그러나 이해심 많은 청자나 독자는 어구만이 아니라 그 어구 뒤에 놓여 있는 의도에도 주의를 기울일 것이다.

이 모든 점에도 불구하고, 택함받은 사람들이 통상 세례 전에 중생한다는 가르침은 믿음과 회심으로의 초청은 오직 중생자에게만 향할 필요가 있다는 견해를 쉽게 촉발한다. 택함받지 않은 다른 사람들은 귀가 멀거나

---

5 역자 주: 문맥상 제3부 제5장 5항에 해당하는 내용을 의미한다.

심지어 들을 수 없다. 결국, 그들은 영적으로 죽어 있고 깨어 일어날 수 없다. 그들에게 있어서 복음의 설교는 모든 변명을 제거하고, 유기의 진리를 알리는 것 이외의 다른 목적은 가지지 않는다.

그러나 이런 견해는 복음 설교의 진지함과 능력을 강탈하는 것이다. 왜냐하면, 실제로 각 사람의 영원한 운명은 죽음에서가 아니라 출생에서 이미 결정되어 버리기 때문이다. 물론 우리는 하나님의 전망으로부터 무언가를 보려는 것이 아니다. 사람의 구원과 정죄를 포함해 모든 것이 하나님의 작정 속에서 영원부터 결정되었으나, 우리는 여기에서 인간의 관점에 대해 말하고 있다.

인간의 전망에서 볼 때, 선택의 덕분으로 이미 생의 가장 이른 시기에 중생한 택자들은 비록 죽음의 순간에 궁극적으로 그렇게 될지라도 확실하고 무오하게 믿음과 회심으로 나올 것이고, 다른 사람의 경우 구원의 소망은 전적으로 잘려 나간 것과 같다. 결국, 택자에게나 유기된 자에게나, 오직 중생자들에게만 향할 수 있고 그렇게 될지도 모르는 유형의 설교는 잘못된 수동성만 가져올 뿐이다.

셋째, 세례 전 중생 교리는 복음의 선포를 성경과 신앙고백에 반대되는 방식으로 제한시킨다.

개혁교회 안에서 '은혜의 제공'과 관련해 거대한 논쟁이 이어져 왔지만 궁극적으로 은혜의 제공에 대한 일반 특징은 항상 유지되어 왔다.

십자가에 달리신 그리스도를 믿는 사람은 누구나 멸망하지 않고 영생을 얻을 것이라는 복음의 약속은 반드시 도르트 총회(도르트 신조 2조 5항)에 따라, 하나님께서 자신의 선한 즐거움 속에서 복음 및 이에 따르는 회심과 믿음의 명령을 내보내시는 대상이 되는 모든 민족과 사람에게 차별 없이 선포되고 제시되어야 한다.

복음에 의해 부르심을 받는 사람들은 모두 진지하게 부름받는다. 왜냐하면, 하나님은 자신에게 오도록 부름받는 사람들에게 하나님 자신이 받으실 만한 것이 무엇인지를 말씀 안에서 진지하고 참되게 보이시기 때문이다. 또한, 하나님은 자신에게 와서 믿는 사람들에게 매우 진지하게 영혼의 안식과 영생을 약속하신다(도르트 신조 3-4조 8항).

　우리가 이런 통상적 은혜의 제공을 특정적 구속의 교리와 조화시킬 수 있는지는 또 다른 문제다. 그러나 복음이 모든 사람에게 선포되어야 한다는 점에서 성경은 의심을 남겨 두지 않는다. 우리에게 있어서 이 명령은 대꾸할 여지가 없는 것이다. 하나님의 말씀을 제공함에 있어서도 우리의 행위를 위한 법칙은 오직 하나님의 계시된 뜻뿐이다.

제5장 요약

1. 재세례파는 말씀으로부터 성령을 분리시켜서 말씀의 유효한 적용과는 무관하게 오직 성령님이 사람을 중생시키신다고 보았다. 개혁파는 말씀 홀로는 중생과 회심을 위해 불충분하지만, 말씀이 은혜의 방편이라는 점을 지지했다.

2. 로마가톨릭교회에 따르면 성경이 기원과 수집과 보존과 해석을 위해 교회를 필요로 한다. 개혁파는 성경을 교회 위에 높이면서 그 관계를 뒤집었다. 말씀은 교회를 넘어서 존재할 수 없거나 그 힘을 발휘할 수 없는 그런 방식으로 교회에 수여되지 않았다. 따라서 은혜는 조직체로서의 교회, 사제 그리고 성례에 의존하지 않는다. 그러므로 하나님과 신자의 영혼 사이에 그 어떤 것도 중개자로 서지 못한다.

3. 만일 언약 자손들이 그들의 지식과 무관하게 하나님에 의해 은혜 안에서 받아들여지고 중생한다면, 이는 복음 안에서 선포되었고 객관적으로나 역사적으로 이미 존재했던 은혜 언약을 복음과 함께 항상 전제하는 것이다. 중생 안에서 신자들의 유아들은 약속의 성취라는 유형에 참여한다. 이 약속은 오직 복음 안에서 우리에게 오는 것이며, 이 복음에 따르는 약속은 신자들만이 아니라 신자들 안에서 그리고 신자들과 함께 그들의 자녀들에게도 적용되는 것이다.

4. 개혁파는 유아기에 죽는 모든 언약 자손이 예외 없이 택자에 속한다고 감히 충만한 확신을 가진 채 믿으려 하지는 않았다. 성장해 믿음의 고백 위에서 성찬을 받게 되는 언약 자손들의 경우도 모두가 택자가 아니며 약속의 자녀만이 택자라고 생각했다.

그렇다면, 이들 약속의 자녀들은 언제 개인적 구원을 경험하게 되는가?

(1) 푸티우스는 세례 전에 유아기에 중생한다고 보았다. 그리고 잉태 순간에 중생하는 일도 불가능하지 않다고 보았다.
(2) 힐레니우스는 다양한 시점에 중생하는 것으로 보았다. 많은 사람이 청소년기 이후에 변화되는 것을 볼 때, 유아기에 모든 택자가 중생한다는 주장은 동의할 수 없다.
(3) 푸티우스는 중생의 씨가 오랫동안 휴면 상태로 존재할 가능성을 지지했고, 가능성이라는 점에서는 개혁파의 그 어떤 사람이라도 반대하지 않았다. 그러나 푸티우스의 관점에 반대하는 힐레니우스의 주장도 새겨들을 가치가 있다.

5. 전제적 중생 교리는 몇 가지 단점이 있다

(1) 추정적 성격을 가진다.
(2) 교회 안에 있는 위선자들의 존재를 다룰 수 없다.
(3) 실제로 믿음과 회심으로 드러나지 않는 한 실제적 유익이 없다.

6. 세례 전 중생 교리는 문제점을 가지고 있다.

(1) 구원받았다고 상상하지만 실제로 구원받지 못한 사람들에게 잘못된 확신을 줄 수 있다.
(2) 중생자들만 복음 선포의 대상으로 삼으려는 경향이 생길 수 있

다. 이외의 사람들에게는 유기의 사실을 알리는 것 외에 다른 의미가 없다.

(3) 결론적으로, 중생을 전제한 사람과 그렇지 않은 사람 모두에게 세례 전 중생 교리가 미치는 설교의 영향은 수동성을 가져올 뿐이라는 점이다. 전자는 이미 중생했으니 언젠가는 믿게 될 것이라는 수동성을, 그렇지 않은 사람에게는 멸망밖에 기대할 것이 없다는 수동성을 각각 가져온다.

(4) 이는 결국 복음이 누구에게나 선포되어야 한다는 성경의 교훈에 배치된다.

제6장

비중 있는 대항 논증

1. 반대 의견

개혁파가 일반적으로 제시하는 대로 부르심이 중생에 선행한다는 의견에 대항해, 별도로 논할 가치가 있는 어떤 비중 있는 반대가 등장할 수 있다.

이 반대는 다음과 같다. 부르심은 중생에 선행할 수 없다. 왜냐하면, 귀먹은 사람은 들을 수 없고 죽은 사람은 살아날 수 없기 때문이다. 하나님의 말씀을 참되게 믿기 위해 중생의 새 생명은 반드시 이미 인간의 마음속에 먼저 심겨 있어야 한다. 그리고 그 새로운 생명 안에 믿기 위한 잠재성이 이미 창조되어 있어야 한다.

구원받도록 복음을 듣는 것은 중생을 전제한다. 행위가 잠재성을 항상 전제하는 것과 마찬가지로 말이다. 그러므로 중생은 부르심에 선행한다. 시간 안에서가 아니라면 틀림없이 구원의 서정 안에서는 항상 그러하다.

2. 개혁파의 대답

우리는 이 반대 의견에 충분한 비중을 둘 수 있다. 이 반대의 논리나 사람들이 이 반대로부터 끌어낸 결과를 반드시 수용하지 않고도 말이다. 그리고 이 반대 의견을 모든 사람을 위해 명확히 밝히는 일에 그리 많은 노력이 요구되는 것은 아니다.

'구원받도록' 복음을 듣는 것이 중생을 전제한다는 가르침은 개혁교회 안에서 항상 고백되었다. 아무도 이것을 의심하거나 이에 대해 논쟁을 벌이려 하지 않는다. 오늘날에도 이 관점에 대해 다른 의견을 일으키는 사람은 개혁교회 중에는 아무도 없다. 모든 개혁파는 항상 올바른 믿음으로 복음을 받아들이는 사람은 누구든지 중생을 통해 그 믿음을 위한 잠재성을 받았어야 한다는 확신을 유지해 왔다. 시간적인 차원이 아니라면 분명히 논리적인 차원에서 말이다.

우리는 심지어 개혁파의 관점 안에서는 이 문제에 대해 아무런 차이도 존재하지 않는다는 사실을 여기에 덧붙일 수 있다. 왜냐하면, 이 고백은 죄와 영적 무능력의 교리에 밀접하게 관련되어 있기 때문이다.

1) 도르트 총회에서의 잉글랜드 신학자들

그러나 분명히 이 고백은 당시 일부 잉글랜드 신학자들이 제시한 구원의 서정에 대한 해석과 함께 도르트 총회에서 분쟁으로 들어갔다. 잉글랜드에서 온 신학자들은 도르트 총회에서 이렇게 주장했다. 신조의 셋째 및 넷째 장과 관련해, 타락한 사람의 의지는 무죄의 상태에서 수여된 초자연적이고 구원으로 인도하는 은사들을 상실했다. 그리고 더 나아가 그 의지는 은혜의 능력을 떠나서는 어떤 종류의 영적 노력도 할 수 없다.[1]

---

1 *Acta of Handelingen der Nationale Synode*, 469.

그런데도 그들은 늦은 나이에 중생하고 회심한 사람들에게 있어서 다양한 것이 중생에 선행했다는 점을 수용했다. 교회에 가는 것, 복음 설교를 듣는 것, 하나님의 뜻을 배우는 것, 이와 함께 죄에 대한 확신, 형벌에 대한 두려움, 구원에 대한 인식 그리고 용서에 대한 소망과 같은 것들 말이다.

잉글랜드의 대표자들은 이렇게 가르쳤다. 통상적으로 하나님의 은혜가 사람을 칭의의 상태로 이끌게 되는 것은 갑작스러운 신적 영감에 의해서가 아니라 많은 준비 행위에 의해서인데, 이로써 사람은 말씀의 사역을 통해 중생을 위해 유순해지고 준비된다. 이는 베드로의 설교를 듣고 죄의 짐을 체험해 두려워하고 슬퍼하며 구원을 갈망하고 사죄의 유일한 소망을 받았던 사람들에게서 볼 수 있다(행 2:37).

이는 사건의 성격에 의해 증명된다. 자연적 출생에서도 선행하는 절차들이 많이 있는 것처럼, 영적으로 중생하는 사람에게도 선행하는 은혜의 행위들이 많이 있다. 이는 하나님이 사람을 중생시키기 위해 도입하는 수단들로부터도 나타난다. 왜냐하면, 하나님은 사람의 사역과 말씀의 도구를 그런 목적을 위해 사용하시기 때문이다(고전 4:15).

그러나 말씀의 권능과 성령을 통해 인간의 마음 내부에서 수행되는 이런 선행하는 작용들은 무오류하게 그리고 불가분하게 중생과 연결되지는 않는다. 이는 잉글랜드의 신학자들이 가르친 것이다. 거역하는 의지가 가진 범죄할 능력을 통해 이런 작용들은 억압될 수 있고 때때로 소멸할 수 있다.

양심에 약간의 진리에 대한 지식과 약간의 죄에 대한 슬픔과 약간의 구원받으려는 갈망이 작용했던 사람 중 일부는 그런데도 진리를 전적으로 거부하고 미워하며 그들 자신을 욕망에 복종시키고 죄 가운데 그들 자신을 굳어지게 한다(마 13:19; 벧후 2:4; 히 6:4).

그러나 택자는 중생에 선행하는 이런 작용들에 대한 반응 가운데 자신의 태만과 거역 때문에 하나님으로부터 버림받을지도 모르는 그런 방식으로는 절대 행하지 않는다. 오히려 택자에 대한 하나님의 특별한 자비는 다음과 같은 성격을 가진다. 비록 일깨우고 조명하는 은혜가 일정 기간 저항

받고 억압될 수 있다 하더라도, 하나님은 항상 어떤 기간까지 택자를 자극하고 촉진해 하나님의 은혜의 지배 아래로 인도하시고 자신의 중생한 자녀들의 무리 안에 세우신다.

2) 에임스의 가르침

모든 사람이 잉글랜드 신학자들의 이런 가르침을 다음과 같이 느낀다. 비록 그 자체로는 틀리지 않지만, 쉽게 오해될 수 있고, 긍정적이든 부정적이든 타당한 의미에서 준비적 은혜가 중생에 선행한다는 개념을 일으킬 수 있다고 말이다.

이런 개념은 윌리엄 에임스와 함께 등장했다. 그는 1576년 잉글랜드에서 태어나서 케임브리지에서 윌리엄 퍼킨스의 제자가 되었으며, 1610년에 네덜란드로 건너가 1622년에 프라너컬에서 교수로 임명받았다.

에임스는 성인의 중생에 선행하는 다양한 절차가 있는데, 이로 말미암아 객체는 중생에 참여하는 일에 있어서 더욱 수용적이게 된다고 가르쳤다. 나무는 건조할 때 불에 더 잘 타는 것처럼 죄인의 준비는 나중에 생명의 횃불에 불을 붙이는 일을 더 수월하게 한다.

진리에 대한 지식은 무지를 항복으로 이끈다. 죄에 대한 비탄은 죄를 맛보는 데서 오는 즐거움을 제거한다. 두려움은 범죄로 이끄는 대담성을 멸절시킨다. 다른 측면에서 이런 준비들은 회심에 있어서 매우 중요한 것들, 이른바 조명, 죄에 대한 혐오 그리고 구원을 위한 갈망을 수여한다.[2]

---

[2] 관련하여 다음의 자료들을 참조하라. 조엘 비키·마크 존스, 『청교도 신학의 모든 것』, 김귀탁 역 (서울: 부흥과개혁사, 2015), 512-533. 조엘 비키·폴 스몰리, 『은혜로 말미암은 준비』(인천: 마르투스, 2018), 105-128, 383-394. 바빙크의 견해는 다음과 같다. "물론 선행 은혜(prevenient grace)가 있으나, 그렇다고 해서 외적 소명이 아무런 변화 없이 내적 소명으로 옮겨간다거나, 자연인이 점점 자라나 하나님의 자녀가 되는 일은 결코 없다. 자연의 경우나 은혜의 경우나 마찬가지로, 사망에서 생명으로나 어둠에서 빛으로 점점 전환되는 일은 없는 것이다. 선행 은혜 혹은 예비적 은혜(preparatory

3) 마코비우스의 교정적 반론

마코비우스는 이 문제를 그런 식으로 제시하는 것을 반대했다. 만일 마코비우스가 반대자들의 의도에 더 많은 공감을 나타낼 수 있었다면, 분명히 반대자들을 그렇게 혹독하게 다루지는 않았을 것이다. 왜냐하면, 에임스는 의심의 여지 없이 자신의 스승 윌리엄 퍼킨스와 도르트 총회의 잉글랜드 대표진이 가르친 것 이상은 아무것도 가르치지 않고자 했기 때문이다. 그러나 에임스가 문제들을 항상 적절하게 표현하지 않았음은 부인될 수 없다. 보통 그런 것처럼, 논쟁은 일을 개선하지 않았다. 그리고 마코비우스는 처음부터 피하기를 원했던 한 모퉁이로 돌아갔다.

마코비우스는 에임스에 대한 자신의 반대에 있어서 다음과 같은 수준에서는 전적으로 옳았다. 죽음과 생명 사이에, 비중생과 중생 사이에는 어떤 상태도 없다. 비중생자는 어떤 영적 선도 행할 수 없는, 육체의 일을 따르는 그리고 죄의 지배 아래에 사는 자연인이다. 중생으로 인도하는 준비적 절차들은 실제로는 중생을 위한 준비가 아니며, 중생을 위한 원인은 더욱 아니다.

왜냐하면, 중생은 직접적이고, 전능하고, 불가항력적인 하나님의 일이며 그 아래에서 사람은 전적으로 수동적이기 때문이다. 이른바 절차들과 사역들이 영적 성격을 가진다면, 그것들은 중생의 열매이자 증거다.

그리고 만일 그런 절차들과 사역들이 영적 특징을 가지지 않으면 그것들은 자연적인 것으로 남게 되고, 일반 은총 아래에 속할 뿐이고, 중생으로 인도하지도 않으며, 중생을 위해 준비시키지도 않고, 중생과 불가분하

grace)라는 것이 있으나, 그것은 모든 은혜를 베푸시는 분이신 하나님께서 또한 자연의 창조주가 되시며, 그가 자연과 은혜를 서로 끈으로 연결시키고 그 이후로 그 연결을 항상 지속시키신다는 뜻이다. 구원의 경륜을 시행함에 있어서 하나님은 그 자신이 창조와 섭리의 일에서 그어 놓으신 선을 그대로 따르신다." 헤르만 바빙크, 「개혁 교의학 개요」, 원광연 역 (고양: 크리스쳔 다이제스트, 2017), 517.

게 연결되어 있지도 않다.

비록 이런 표현이 전적으로 옳더라도, 마코비우스이든지 어떤 다른 개혁파 신학자이든지 성인에게 있어서 말씀을 통한 외적 부르심은 다양한 부가적 경험들과 함께 중생에 선행한다는 것을 부인하지 않았다. 실상 이것은 누구도 부인할 수 없다. 성경은 이것을 가르치고 경험은 이것을 확증한다. 만일 어떤 사람이 모든 택자가 예외 없이 생의 첫 시기에 중생한다는 관점에만 머문다면, 누군가는 실제적 의미에서 이에 대항해 논쟁을 벌일 수 있을 것이다.

4) 푸티우스, 콤리 그리고 다른 사람들의 견해

그러나 마코비우스는 모든 택함받은 사람이 예외 없이 생의 첫 시기에 중생한다는 관점을 지지하지 않았고 다른 개혁파 신학자들도 마찬가지였다. 푸티우스는 어린아이들의 중생과 성인의 중생 사이를 구별한다. 그리고 성인 중생의 경우 말씀을 통한 외적 부르심이 중생에 선행한다고 이해한다. 콤리는 다른 많은 신학자와 함께 준비적 은혜와 같은 그런 것들이 존재하는지에 대해 광범위한 질문을 다룬다.

이에 대한 대답을 총괄하면 다음과 같다.

> 이런저런 점에서 중생을 위해 자격을 갖추도록 하는 준비적 은혜는 존재하지 않는다. 중생은 창조처럼 절대적 시작에 해당한다. 그러나 성인들에게 있어서 다양한 활동이 중생에 선행할 수 있다. 교회 출석, 하나님의 말씀을 듣는 것, 형벌에 대해 두려워하는 것, 구원에 대한 어떤 갈망과 같은 것들 말이다. 이런 작용들과 경험들은 그 자체로는 중생을 포함하지 않는다. 그런데도 하나님의 인도하심을 따라서 그것들은 종종 중생에 선행한다. 그래서 준비적 작용이 아니라 '선행하는' 작용에 해당한다.

그러므로 이 모든 경우에 있어서 율법과 복음 양쪽에 의해 부르심은 중생에 앞선다. 이 부르심은 아무것도 전제하지 않으며, 전제하는 것을 요구하지도 않는다. 예수님의 명령에 따르면, 이 부르심은 차별 없이 모든 사람에게로 향한다. 왜냐하면, 모든 사람은 죄인이며 그리스도 안에서 구원을 필요로 하기 때문이다.

사실, 어떤 의심의 여지도 없이 사람이 중생하지 않는다면 그리고 믿음의 잠재성을 받지 않는다면 아무도 '구원받도록' 복음을 듣지 않는 것이 분명하다. 말하자면 아무도 타당하게 복음을 믿을 수 없다.

그러나 그렇다고 해서 중생이 반드시 외적 부르심 이전에 일어나며 항상 설교의 말씀으로부터 떨어져서 그리고 설교의 말씀 밖에서 일어난다는 사실이 따라 나오는 것은 결코 아니다. 사실 복음을 선포하는 사람은 누가 택함을 받은 사람인지 아니면 유기된 사람인지, 어떤 사람이 중생했는지 아닌지 이런 것과는 아무런 관련이 없다.

복음의 선포자는 반드시 그리스도의 명령을 견고하게 붙들어야 하고 모든 사람에게 복음을 전해야 한다. 그러면 하나님은 자신의 말씀이 공허하게 돌아오지 않고, 자신에게 기쁨이 되도록 모든 것이 성취되는 것을 보실 것이다.

5) 고마루스의 의견

그런 이유로, 고마루스 또한 이렇게 주장했다.

> 하나님은 외적으로 말씀을 통해 사람이 믿음의 발현을 수행하도록 명하시는 한편 성령을 통해 내적으로 사람에게 믿음의 잠재성을 주시고, 이런 방식을 통해 사람이 믿도록 채비를 갖추게 하신다. 그러면 믿음의 명령은 하나님으로부터 하달되어 인간이 수행해야 할 의무를 가리키지만, 그가 할 수 있는 무언가를 가리키는 것은 아니며, 약속은 믿음의 명령으로부터 당사자에게 믿음이 흘러가는 것을 가리킨다.

이것이 바로 나사로가 죽었을 때 일어난 일이다. 비록 나사로는 죽었기 때문에 그 자신의 힘으로는 들을 수도 없고 일어날 수도 없었지만, 그리스도는 나사로의 부활을 약속하셨다. 그리스도는 불능 상태의 나사로에게 그가 나와야 한다고 외적으로 명령하셨다. 그리고 동시적으로 그에게 내적 생명과 능력을 부여하셨다. 그래서 나사로는 듣고, 일어나서 예수님의 명령에 순종할 수 있었다.

마코비우스는 이와 비슷하게 주장했다. 비록 '구원받도록' 말씀을 듣는 것은 중생을 전제한다는 점을 주장하면서도, 에스겔 37:4과 요한복음 11:43의 관점 속에서 하나님은 실로 영적으로 죽은 그런 부류의 사람들을 부르신다고 말이다. 하나님은 그렇게 부르시고, 그렇게 부르실 수 있다. 왜냐하면, 하나님은 존재하지 않는 것들을 존재하는 것처럼 부르시고, 특별히 하나님은 이런 부르심의 수단을 통해 존재하지 않는 것들을 존재하게 하시기 때문이다.

이것이야말로 개혁교회 전체와 모든 개혁 신학의 통상적 의견이다. 청각 장애인은 들을 수 없다. 그러나 하나님은 외적 부르심 아래서 그리고 그것과 연결된 가운데, 그들을 듣게 하실 수 있다.

죽은 사람들은 일어날 수 없다. 그러나 말씀의 수단에 의해 하나님은 생명의 씨를 그들의 마음속에 뿌리실 수 있다. 그래서 그들은 탕자와 함께 일어나서 아버지께 돌아온다. 이런 모든 경우에서 보는 대로 중생과 부르심 사이의 연결은 유지된다. 성령의 사역과 말씀의 제공 사이에 있는 연결처럼 말이다.

제6장 요약

1. 개혁파는 대체로 부르심(복음의 선포)이 중생에 선행한다고 보았으나, 이에 대한 주된 반대는 구원받도록 복음을 듣는 것은 중생이 전제되어야 한다는 생각이다. 그러나 이런 생각 역시 개혁파가 항상 동의한 관점이다.

2. 도르트 총회에 파송된 잉글랜드의 신학자들은 이렇게 주장했다. 자연적 출생에서도 많은 선행하는 절차들이 있는 것처럼 영적으로 중생하는 사람에게도 많은 선행하는 은혜의 행위가 따른다.

3. 윌리엄 에임스로부터 긍정적이든 부정적이든 타당한 의미에서 준비적 은혜가 중생에 선행한다는 개념이 등장했다.

4. 마코비우스는 중생으로 인도하는 준비적 절차들은 실제로 중생을 위한 준비가 아니며, 중생을 위한 원인도 아니라고 주장했다. 그런데도 마코비우스든지 다른 개혁파 신학자든지 성인에게 있어서 말씀을 통한 외적 부르심은 다양한 부가적 경험들과 함께 중생에 "선행한다"는 것을 부인하지 않았다.

5. 푸티우스는 성인의 경우 외적 부르심이 중생에 선행한다고 이해한다. 콤리는 중생을 위해 자격을 갖추도록 하는 준비적 은혜는 존재하지 않는다고 보았고, 중생에 앞서 일어나는 작용들과 경험들을 준비적 작용이 아니라 "선행하는" 작용으로 이해했다.

6. 종합해 보면 중생하지 않으면 복음을 타당하게 믿을 수 없는 것은 확실하지만, 이로부터 중생이 반드시 외적 부르심 이전에 일어난다거나 항상 설교와 동떨어진 채 일어난다고 말할 수는 없다. 하나님은 외적 부르심 아래서 그리고 그것과 연결된 가운데 내적으로 생명을 부여한다는 것이 개혁교회 전체와 모든 개혁 신학의 통상적 의견이다.

제7장

구원의 서정 이해에 대한 재세례파와 개혁파의 차이

1. 개혁파 내의 일치

　은혜 언약 교리와 중생 시점의 불확정성으로부터 추론되는 이유에 더해, 개혁파가 구원의 서정을 이해함에서 부르심이 첫 자리를 차지하는 세 번째 이유가 있다. 이 이유는 구원의 서정을 이해하면서 재세례파와 개혁파 사이에 존재하는 원론적 차이 속에 놓여 있다.

　개혁교회 내에는 푸티우스와 더불어 언약 안에서 출생하는 택자의 중생이 통상 세례 전에 일어난다고 가르친 사람들이 많았다. 다른 사람들은 그런 경우가 일어날 가능성을 인정했다. 예를 들어, 유아기에 죽는 언약 자손들의 경우처럼 중생은 종종 생의 첫 시기에 일어난다는 점에도 동의했다. 그러나 개혁파 신학자들은 그 밖의 것들에는 더 이상 시점을 특정화시키기를 자제했다.

　모든 사람이 이것은 원리상의 차이점이 아니라 단지 정도의 문제라는 것을 즉각 인지한다. 왜냐하면, 양쪽 입장 모두 중생이 종종 말씀을 떠나 종종 말씀과 함께 일어난다는 주장을 수용하기 때문이다.

　단순하게 보면 이렇다.

한쪽 사람들은 말씀을 떠나서 일어나는 중생이 택함받은 언약 자손들을 지배하는 법칙을 묘사한다고 생각한다.

다른 쪽 사람들은 주의를 기울이기 위해 그리고 경험의 관점을 통해 생존 기간이 남은 택함받은 언약 자손들이 중생하는 순간을 더 이상 규정하지 않기를 선호한다.

나머지 경우에 대해 구원의 서정은 모든 사람에 의해 동일한 방식으로 구성되었다. 구원의 서정에 속하는 은덕을 다룸에 있어서 사람들은 보통 부르심을 중생 앞 첫 단계에 할당했다. 이 점을 제외한 나머지 부분에 있어서 여기저기 존재하는 개혁교회 내 의견의 차이점은 관대함과 존중심을 가지고 다루어졌다.

2. 주장과 변호

1) 재세례파

만일 언약 자손들에게 중생이 통상적으로 말씀을 떠나서 일어난다는 관점에 기초해, 중생이 항상 그렇게 말씀의 수단으로부터 배제되고, 외적 그리고 내적 부르심에 특징적으로 선행한다는 주장이 나온다면 상황은 달라질 것이다. 개혁교회 안에서는 아무도 이런 입장을 변호한 적이 없다. 오히려 특별히 이런 교리를 선포한 것은 재세례파였고 개혁파는 이 점에 격렬하게 반대했다.

개혁파가 보통 말하는 대로 중생은 직접적인 것으로 특징지어질 수 있다. 외적 부르심을 통해서도 아니고 인간 의지의 매개적 작용을 통해서도 아니고 오직 비매개적이고, 유효적이고, 저항할 수 없는 성령의 사역을 통해 중생이 존재한다는 점에서 그러하다.

그러나 중생이 본질적으로 항상 어디서든지 부르심을 배제하고, 시간적으로만이 아니라 논리적 개념 안에서도 말씀의 적용에 선행한다는 점에서 중생을 직접적이라고 말하는 것은 아니다.

만일 그런 경우라면 모든 은혜의 방편이 좁은 의미에서든 넓은 의미에서든 즉시 그 중요성과 가치를 잃어버린다. 만일 중생의 은혜가 말씀의 제공에 반대되는 무언가를 구성한다면, 말씀의 제공은 중생의 은혜와는 아무런 관련이 있을 수 없게 된다. 그렇다면 모든 은혜는 각각의 수단을 배제하고 어떤 가시적 표지와도 결코 결부될 수 없다는 것이 분명해진다.

앞서 설명한 대로, 이것이 재세례파가 추론한 방법이다. 재세례파는 종교개혁에 헌신했던 사람 중 급진적 부류다. 재세례파는 한쪽 극단을 피하고자 사실상 저돌적으로 다른 쪽 극단으로 빠져들었다. 재세례파는 자연을 오해했고 절대 선과는 구별되는 상대적 선의 가치를 이해하지 못했다. 자연은 은혜가 아니므로 재세례파는 자연을 경시했다. 성례는 그 자체 안에 은혜를 포함하지 않으므로 은혜를 나눠 줄 수 없기 때문에, 재세례파는 성례에 어떤 능력도 할당하지 않았다.

교회는 구원의 중보자가 아니므로, 재세례파는 모든 조직 교회를 경시했다. 말씀의 사역자들은 어떤 특별한 사제 계급을 구성하지 않기 때문에, 재세례파는 모든 직무 및 직무를 위한 모든 교육을 거부했다. 그리고 말씀 홀로는 중생의 역사를 일으키지 않기 때문에, 재세례파는 말씀을 죽은 문자로 제쳐 두었고 성령을 중생의 유일한 씨라고 말했다.

2) 개혁파

그러나 개혁파는 다른 관점을 유지했다. 왜냐하면, 그들은 하나님을 은혜의 나라 안에서 재창조자로만이 아니라, 자연의 나라에서 창조주로서 경배했기 때문이다. 자연과 은혜는 분명히 구별된다. 그러나 그것들은 모두 동일한 하나님에게서 나오기 때문에 서로 상충할 수 없다. 오히려 자연은 하나님의 전능한 능력을 통해 은혜를 섬길 수 있게 된다.

말씀이 은혜를 산출하지는 못한다. 그런데도 말씀은 성령님이 사람의 마음에 믿음을 일으키고 강화하는 데 사용하시는 수단이다. 그리고 비록 사람이 중생해 믿을 잠재력을 받지 않는다면 아무도 구원받도록 복음의 말씀을 들을 수 없다는 것이 절대 진리이지만, 그런데도 말씀의 외적 들음은 그런 이유로 공허하고 무익하게 되지는 않는다.

우리는 중생하지 않았고 구원받도록 복음을 들을 수 없는 사람들이 육신적 귀를 가지고 들을 수 있다는 것을 반드시 명심해야 한다. 그들은 은혜의 방편을 사용할 수 있다. 그리고 율법과 복음의 설교로부터 깊은 감동을 받을 수 있다. 그들은 영적 생명을 위한 준비도 아니요 결과로 그런 생명을 낳지도 않는 다양한 접촉과 경험을 체험할 수 있다.

그런데도 그런 것들은 하나님의 인도하심에 따라 종종 영적 생명에 앞서고 따라서 무가치하거나 중요성이 떨어지지 않는다. 하나님의 작정 안에서 수단과 목적은 서로 연결되어 있다. 하나님의 주권 안에서 하나님은 자신의 은혜를 나눠 주시는 일에 스스로 묶여 있다. 우리가 수단을 쓰기 때문에 그런 것이 아니라 하나님이 우리를 위해 규정하신 수단의 경로를 따라서 그러하다.

재세례파의 입장은 그리스도를 위한 여지를 남겨 두지 않는다는 것이 모두에게 분명하다. 만일 은혜가 수여됨에 있어서 모든 수단을 배제하는 특징을 가진다면, 은혜를 획득하는 일에도 그리되어야 하는 것 또한 마땅하다. 그런 경우, 은혜는 중보자를 통해 획득될 수 없다.

만일 중생이 외적 및 내적 부르심 모두로부터, 다시 말해 말씀으로부터 전적으로 그리고 완전하게 분리되어 있다면 은혜 또한 그리스도의 인격과 사역으로부터 독립적인 것이 된다. 왜냐하면, 말씀은 결국 그리스도의 복음 외의 다른 것이 아니기 때문이다. 그리스도는 복음의 내용이고 그리스도는 자신이 획득한 은덕들을 자신의 교회에 수여하기 위해 하나의 수단으로 복음 자체를 사용하신다.

3) 재세례파

그러나 만일 중생이 재세례파의 개념 안에서 말씀을 통한 부르심에 선행한다면, 중생의 본성 때문에 중생은 그리스도의 인격과 사역에도 선행한다. 그러면 중생의 기원과 본질 안에서 영적 생명은 그리스도의 공로의 열매가 될 수 없다. 오히려 영적 생명은 하나님의 선물, 성령의 사역으로서 인간의 마음속에 직접 그리고 매개 없이 놓인 것이다. 말씀을 떠나서 그리고 그리스도의 역사적으로 의미심장한 중보 사역을 떠난 채 말이다.

왜 타락 이후 하나님은 택함받은 사람들을 단순히 그리고 오직 성령을 통해 중생시키지 않으시고 또한 그리스도를 보내셔서 그분을 죽음에서 일으키시고 말씀 및 성례와 함께 교회를 세우셨는가?

성령의 직접 사역을 통해 이미 내적으로 존재한 것을 세상 속에 외적으로 그리고 가시적으로 드러내 보이시고자 하나님이 원하셨다는 것 이외의 가능한 답은 없다. 재세례파에 따르면 그리스도와 그분의 사역 또한 직무와 사역을 가진 교회와 마찬가지로, 은밀하게 심긴 영적 생명을 세상과 교회의 눈에 보이도록 해 줄 뿐이다.

다시 말해 성령님이 마음속에 쓰신 표현할 수 없는 단어에 그저 소리를, 즉 세상이 이해할 수 있는 소리를 제공할 뿐이다. 이처럼 은혜에 직접적이고 절대적인 특징을 할당하는 것은 구원의 은덕만이 아니라 그리스도의 인격과 사역이 제공하는 은덕의 순서마저도 뒤집을 수 있다.

4) 개혁파

다시 한번 개혁파 신앙고백은 이런 관점에 정면으로 반대한다. 개혁파 신앙고백은 그리스도를 다음과 같이 높인다. 성부를 드러내는 선지자로서 그리고 성부의 교회를 통치하는 왕으로서만이 아니라, 십자가 위에서 자신의 완벽한 희생을 통해 모든 은덕을 획득하신 제사장으로서 말이다. 그 은덕들은 죄인들이 완전한 구원을 위해 필요로 하는 것이다.

그리스도는 고난과 죽음을 통해 성령을 얻으셨다. 성령만이 중생시키시고 새롭게 하고 모든 진리로 인도하실 수 있다. 성령님은 모든 것을 그리스도로부터 받으신다. 성령님은 그리스도를 영화롭게 하시기 위해 오셨다. 성자께서 성부를 영화롭게 하시기 위해 이 땅에 오신 것처럼 말이다.

성령님이 인간의 마음에 심으신 영적 생명은 그리스도의 공로의 완전함으로부터 취하신 것이다. 논리적 개념으로 볼 때, 중생은 그리스도의 인격과 사역에 선행하지 않으며, 그리스도를 떠나서는 존재할 수 없는데, 이는 나중에 그리스도에 의해 드러나기 위함이다. 오히려 중생은 그리스도의 사역의 열매이며 성령님이 그리스도로부터 취하신 것이다.

그러므로 중생은 그리스도에게서 나오는 복음의 말씀과 함께 연결된 상태에서만 성령에 의해 존재하게 된다. 그러므로 역사적으로 의미심장한 기독교의 범주에서 볼 때, 중생은 은혜 언약의 영역 안에서 일어난다. 성령의 역사는 말씀이 전파되는 데까지 나아가는 것이다.

5) 재세례파

마지막으로 만일 재세례파가 수단의 경로를 따라서 수여될 수 없는 것이 은혜의 특징이라고 생각한다면, 이는 영과 물질 사이에, 하나님과 세상 사이에, 창조와 재창조 사이에, 신자와 불신자 사이에 있는 전적으로 잘못된 대조이다. 이런 사상은 재세례파의 기독론 안에서 가장 분명하게 드러난다. 재세례파의 기독론은 그리스도께서 인성을 마리아의 혈과 육으로부터 받지 않았고 하늘로부터 가져왔다고 말한다.

이런 개념은 재세례파의 '도피' 교리에서도 표현된다. 이 교리에 따르면 신자들은 반드시 세상으로부터 자신을 분리시켜야 한다. 영적 부분만이 아니라, 옷, 교제, 상호 작용 등 외적 부분에서도 말이다.

6) 개혁파

이 원리적 문제에서 개혁파는 재세례파에 정면으로 반대되는 입장을 취했다. 왜냐하면, 개혁파는 재세례파가 중세로부터 취한 물질과 영의 물리적 대조를 죄와 은혜의 대조로 바꾸었기 때문이다. 창조와 자연과 물질은 그 자체로 죄가 되거나 악하지는 않다. 오히려 그것들은 성부 하나님, 천지를 만드신 전능하신 창조주의 작품이다. 그리고 그것들은 단지 인간의 죄로 말미암아 손상되고 파괴되었을 뿐이다.

정확하게 바로 이 이유로, 그리스도는 어디에서건 마귀의 일을 멸하려고 오셨으며, 동시에 삶의 모든 영역에서 하나님의 작품을 복구시키려고 오셨다. 그리하여 창조를 통해 영광과 존귀 안에서 주님의 이름을 다시 한번 칭송하도록 말이다.

그러므로 그리스도의 인성은 성령에 의해 잉태되었지만, 마리아 자신의 혈과 육을 통해 받았고 위격적 연합 안에서 신성과 연결되었다. 신자들은 중생하고 갱신되었다. 그러나 그들은 동일한 인성을 가진 인간이며 그렇게 머무른다.

은혜는 자연을 파괴하지 않는다. 오히려 자연으로 하여금 봉사하게 하고 자연을 복구시킨다. 은혜의 수여는 하나님의 즐거움에 따라서 자연으로부터 취한 도구에 결부된다. 그러나 그 도구는 하나님을 섬기기 위해 성별된다. 그러므로 목회자들이 나아가 설교할 때 주님은 그들이 선포한 말씀과 함께 일하시고 확증하신다.

3. 언약 자손들의 영적인 상태에 대한 성경의 언급

만일 여기까지 소수의 참고 구절만이 성경의 언급에서 나온다면, 우리는 인간의 추론 때문에 제공되는 자료들을 사용해 성경을 떠나서 어떤 유형의 틀을 건설하려고 해서는 안 된다.

반면, 성경에 분명한 참고 구절이 없다 하더라도, 성경은 모든 논증이 의지하는 기초를 제공한다. 이것은 논증의 범위보다는 몇몇 중요한 논증의 가닥에서 나타난다.

1) 언약 자손들의 영적인 상태에 대한 성경적인 자료의 결핍

언급할 만한 첫 번째 관찰은 성경이 자녀들의 영적 상태에 대해 매우 조금만 말한다는 것이다. 그렇지만 실로 성경은 자녀들의 영적 상태에 대해 충분하게 말하고 있다. 왜냐하면, 하나님은 신자뿐만 아니라, 그들의 후손의 하나님이시라고 성경이 가르치기 때문이다. 신자의 자녀들은 은혜 언약 안에서 부모들과 함께 포함되는 것이다.

그러므로 신자의 자녀들은 할례 또는 세례의 성례에 대한 권리를 가지며, 언약 자손으로서 주님을 경외하도록 양육되어야 한다. 그러나 이 모든 것은 언약 자손을 포함한 유아 자녀들의 상태 및 운명과 관련된 많은 문제에 대한 결정적 해답을 성경이 제공하지 않는다는 사실을 제거하지 않는다.

특별히 언약의 범주 밖에 있는 자녀들에 대해서는 더욱 그러하다. 이것은 이미 동일한 신앙고백을 지지하는 신학자들 사이에서 이런 문제의 확신에 대한 중요한 차이점이 항상 존재했다는 사실로부터 볼 때 충분히 명백해진다.

2) 예레미야

심지어 예레미야와 세례 요한이라는 두 실례가 종종 개혁 신학 안에서 유아들이 말씀과는 별개로 오직 성령에 의해서 중생할 수 있다는 주장의 증거로 사용되지만, 유효한 증거로써 모든 의심을 배제하지는 못한다.

예레미야 1:5에 따르면 주님은 요시야 통치 제13년에 예레미야에게 말씀하셨다. 그때 주님은 예레미야가 선지자로 섬기기를 원하셨다.

> 내가 너를 모태에 짓기 전에 너를 알았고 네가 배에서 나오기 전에 너를 성별하였고 너를 여러 나라의 선지자로 세웠노라 (렘 1:5).

예레미야는 여기에서 분명히 선지자가 되는 부르심을 말하고 있다. 주님께서 요시야의 통치 제13년에 선지자로서 그를 지명하기 원하셨을 때 그리고 예레미야가 자신 안에서 이 부르심에 저항하는 많은 반대가 일어나는 것을 느꼈을 때, 주님은 예레미야가 태어나기 전에 이미 선지자로서 그를 지명하셨다고 말씀하심으로 그를 격려했다.

여기 이 문구에서 중생이나 영적 갱신에 대해서는 언급되지 않는다. 오히려 예레미야가 모친의 태에 조성되기 전에 그리고 그가 태어나기 전에 이미 선지자로서 예레미야가 임명된 것에 대해 말하고 있을 뿐이다.

예레미야의 선지자 직분은 하나님의 작정 위에 기초하고 있다. 이 작정은 예레미야의 잉태나 출생 이전에 이미 세워진 것이다. 하나님은 우리가 어떤 사람이 될지만 아니라 우리가 무슨 일을 할지도 작정하신다. 하나님은 그것을 우리가 태어나기 전에 결정하신다. 하나님은 모든 사람에 대해 그것을 결정하신다. 하나님은 특별히 하나님 나라에서 중요한 섬김으로 부름을 받는 사람들을 위해 그것을 결정하신다.

그러므로 주님의 천사는 마노아의 아내에게 말했다. 그녀가 출생 시부터 하나님의 나실인이 될 아들을 임신하고 낳게 될 것을 말이다 (삿 13:5).

그러므로 바울은 하나님이 그를 출생하기 전에 구별하셨고 은혜에 의해 그를 부르셨다는 것을 나중에 진술했다. 다시 말해서 권위 있는 네덜란드 주석의 설명을 따르면, 보편 대중으로부터 바울을 구별하기로 의도하시고 결정하셔서 하나님 자신의 시간에 그를 불러 사도가 되게 하신 것이다 (갈 1:15; 사 1:5; 44:2; 24:49).

예레미야는 자신의 선지자 직분으로의 부르심에 대해 동일한 방식으로 말한다. 예레미야는 그저 자신의 잉태와 출생의 순간에 하나님이 하신 일에 대해 말하는 것이 아니다. 오히려 예레미야는 훨씬 더 높이 올라가서 이렇게 고백한다. 주님께서 그를 아셨고 그를 성별하셨고, 그를 임명하셔서 그가 모친의 태에서 조성되기도 전에, 그가 태어나기도 전에 이미 선지자가 되게 하셨다고 말이다.

칼빈은 예레미야 1:5을 다음과 같은 방식으로 다르게 바꾸어 올바르게 해석한다.

> 내가 너를 너의 모친의 태 안에서 조성하기 전에, 내가 너를 이 사역으로 정해 두었다. 그래서 네가 내 백성 중에서 선생으로서 섬기도록 말이다. 나는 너를 너의 모친의 태 안에서 인간으로 조성했을 뿐만 아니라, 동시에 이 특정한 사역을 위해 너를 지명했다. 선지자직을 위해 어떤 자질을 부여하는 것은 네 능력 안에 있지 않기 때문에, 나는 너를 사람으로서만이 아니라 선지자로서도 조성했다.
>
> 그러나 예레미야 선지자가 실제로 모친의 태에서부터 성별되고 갱신되었다고 생각하는 사람들은 이 구절을 너무 단순하게 보는 것이다. 왜냐하면, 예레미야는 오직 바울이 갈라디아서 1장에서 말하는 것, 즉 자신이 태어나기 전에 하나님이 아셨다는 점을 스스로 고백하고 있기 때문이다.
>
> 그러므로 예레미야는 그의 어머니의 태 안에서 유효하게 성별된 것이 아니라, 오히려 하나님의 예정과 감춰진 경륜 안에서 성별된 것이다. 왜냐하면 주님은 예정 속에서 이미 그를 선지자가 되도록 선택하셨기 때문이다.

그러므로 예레미야는 그의 어머니의 태 안에서 유효하게 성별된 것이 아니라, 오히려 하나님의 예정과 감추어진 경륜 안에서 성별된 것이다. 왜냐하면, 주님은 예정 속에서 이미 그를 선지자가 되도록 선택하셨기 때문이다(예레미야 1:5에 대한 칼빈의 주석).

권위 있는 네덜란드 주석들의 해설은 칼빈의 이런 설명에 동의한다.

3) 세례 요한

우리는 누가복음 1:15로부터 좀 더 추론할 수 있다. 여기에서 천사는 사가랴에게 말한다. 사가랴의 아내 엘리사벳이 낳을 아들이 모태로부터 성령으로 충만할 것이라고 말이다. 여기에서도 중생은 많은 단어로 논해지지 않는다. 왜냐하면, 직무의 은사와 구원의 은사 사이에는 본질적 차이가 있기 때문이다. 이런 이유로 칼빈은 이렇게 말한다.

> 이 구절에서 우리는 다음과 같이 듣는다. 요한은 출생 시부터 미래의 위대함에 대한 소망을 붙드는 그런 성품을 드러내고, 부름을 받은 직무의 탁월함에 부합한다.

그러나 아무튼 그런 은사들 중에 중생도 포함되었다는 가능성은 부인될 수 없다. 더 중요한 것은, 본문은 의심의 여지 없이 성령님이 아직 태어나지 않은 자녀에게 자신의 은사를 통해 접근할 수 있다는 점을 확고하게 한다는 점이다. 칼빈이 말한 대로 태중에서부터 마지막 날까지 사람 안에서 일하시는 성령의 사역은 자유롭다. 성령님은 자신의 은사를 자신이 뜻하시는 때에 뜻하시는 만큼 수여하신다.

4) 거룩한 자녀들

마지막으로 우리는 고린도전서 7:14을 첨가한다. 왜냐하면, 항상 이 구절에 대한 해석이 상당한 차이점을 불러왔기 때문이다. 고린도 교회 내에 혼합 결혼이 있었다. 한쪽 배우자가 신자가 된 사실 때문에, 다른 편 배우자는 복음을 거부하고 이교도로 충직하게 남아 있었다.

그런데 믿는 배우자는 그런 이유로 불신 배우자와 함께 사는 것을 거부했다. 그러나 바울은 그런 저항을 상쇄시켰다. 불신 남편 또는 아내가 믿는 아내 혹은 남편에 의해 거룩하게 되고 그런 이유로 그들의 결혼은 모든 사람 중에 존귀하며 결코 깨어질 필요가 없다고 함으로써 말이다.

어떤 사람은 믿는 배우자에 의해 불신 배우자가 거룩하게 되는 것을 성적 관계의 실천에 제한시켰다. 이런 성적 결합이 믿는 배우자의 기도 때문에 거룩하게 된다고 보면서 말이다. 그러나 바울은 결혼 생활 전체에 대해 일상적 용어로 말하고 있다. 믿는 배우자는 불신 배우자와 함께 살 수 있다.

왜냐하면, 결혼은 그 자체로 이미 하나님이 정하신 제도이고 성적 부도덕의 삶을 사는 것과는 본질에서 다른데(고전 6:15), 한쪽 배우자의 믿음에 의해 다른 쪽 배우자를 포함하는 결혼을 충분하게 거룩하게 하기 때문이다. 불신 배우자는 스스로가 아니라 매개적으로 즉 믿는 배우자와의 결혼의 교통을 통해 거룩하게 된다. 더 높은 것이 더 낮은 것을 다스린다. 즉 배우자 중에 한 편이 신자일 때, 우리는 그리스도인의 결혼 생활과 그리스도인의 가정을 다루게 되는 것이다.

이것이 바울이 다음 구절에서 말하는 바다.

> 그렇지 아니하면 너희 자녀도 깨끗하지 못하니라 그러나 이제 거룩하니라 (고전 7:14).

이것은 교회 안에서 확고한 진리로서 기능한다. 이른바, 신자 부모의 자녀들은 부정하지 않고 거룩하다는 것이다.

만일 한쪽 배우자가 불신자인 결혼 안에 있는 자녀들이 거룩하다고 간주되었다면, 이는 그 신자와 해당 불신 배우자 사이의 결혼이 기독교적 결혼이었다는 증거가 된다. 왜냐하면, 기독교적 결혼에 의해서만 기독교적 자녀들이 태어나기 때문이다. 그런 결혼 내에 태어난 자녀들의 거룩한 또는 기독교적 특징의 특정한 성격은 사도 바울에 의해 더 이상 구체화되지 않는다.

바울은 단지 혼합 결혼 내에 태어난 자녀들이 부정하지 않고 거룩하다고 언급할 뿐이다. 그런 까닭에 일부 사람들은 자녀들의 그런 거룩함이 주관적이고 영적인 갱신을 구성한다고 생각했다. 반면, 다른 사람들은 그 거룩함이 객관적인 언약적 관계성을 말한다고 생각했다.

5) 이 거룩함의 의미

다음과 같은 이유로 우리의 관점에서는 언약적 관계성이라는 후자의 의견이 선호되어야 한다.

첫째, 사도 바울은 신자의 자녀들이 그리스도 안에서 거룩하게 된다고 말하지 않는다.

이는 다른 기초에서는 잘 확립될 수 있지만, 이 문맥에서는 지지를 받지 못한다. 여기에서 바울은 그들이 거룩하며 부정하지 않다고만 말하고 있을 뿐이다. 속된 것은 무엇이든지 부정하다(행 10:28; 11:8).

신정주의 개념으로 볼 때 율법적으로 깨끗하지 않은 것은 무엇이든지 부정하다. 또한, 하나님의 언약 영역 안에 속하지 않은 것은 무엇이든지 부정하다. 대조적으로, 언약에 속한 것은 무엇이든지, 계시와 관련해 취한 것은 무엇이든지, 하나님과의 특정한 관계 속에 있는 것은 무엇이든지 거룩하다. 이런 개념에서 신약은 종종 거룩한 것들에 대해 말한다.

우리는 거룩한 도시, 거룩한 장소, 거룩한 언약, 거룩한 땅, 거룩한 저술, 거룩한 산, 거룩한 선지자 그리고 거룩한 희생에 대해 듣는다. 그리스도와 관련해 우리는 그분이 자신을 거룩하게 하셨다고 듣는다. 왜냐하면, 그리스도께서 죽음으로 하나님께 대해 자신을 희생 제물로 드리셨기 때문이다.

신자들은 성도, 즉 거룩한 사람들이라고 불린다. 왜냐하면, 신자들은 부르심을 통해 하나님을 향한 특별한 관계 안에 놓였고, 지금은 고대 이스라엘을 대신해 선택된 민족으로, 왕 같은 제사장으로, 하나님의 거룩하고 구속받은 백성으로 간주되기 때문이다.

로마서 9:11에서 불신과 완고함에도 불구하고 이스라엘의 모든 자녀가 거룩하다고 불린다. 왜냐하면, 그들은 하나님이 자신의 거룩한 언약을 세우신 선조들로부터 태어났기 때문이다.

둘째, 자녀들이 거룩하게 되는 것과 관련해, 이것을 바울이 불신 배우자가 믿는 배우자에 의해 거룩하게 된다고 말했을 때와 다르게 이해하는 것은 어렵다.

비록 바울이 자녀들에 대해서는 그들이 거룩하다(holy)고 말하고, 불신 남편들에 대해서는 믿는 아내에 의해 구별된다(sanctified, 개역개정은 "거룩하게 된다"라고 번역함)고 말할지라도, 근본적 헬라어 단어는 두 경우에 있어서 동일하다. 즉, 양편에 서로 다른 의미를 부여할 아무런 이유가 없다.

사실, 논증의 논리 자체는 다음과 같은 경우에 모순으로 드러난다. 만일 여기에서 바울이 말하는 바가 신자의 자녀들이 중생했고 갱신되었다는 의미에서 거룩하다는 것이라면 불신 남편도 믿는 아내에 의해 동일한 의미에서 거룩하게 된다고, 즉 중생하고 갱신된 것이라고 말하는 셈이기 때문이다. 양편에 대해 같은 의미를 말하지 않는다면 이 논리는 무효하고 그 논증은 힘을 상실할 것이다.

셋째, 바울은 여기에서 신자 자녀는 모두 구별 없이 거룩하다고 말한다. 그가 로마서 11:6에서 이스라엘의 모든 자녀에 관해 증언한 대로 말이다. 그러나 분명히 바울은 이스라엘에서 나온 모든 자손이 이스라엘에 속하지는 않는다고 가르친다. 그리고 씨로 간주되는 사람은 육의 자녀들이 아니라 약속의 자녀라고 가르친다. 그러므로 바울이 여기에서 신자의 자녀에게 할당하는 거룩함은 나중에 많은 사람이 이탈해서 중생의 은혜를 받은 사람이 아님을 보여 줄 것을 배제하지 않는다.

그러므로 권위 있는 네덜란드 주석들의 설명은 신자 자녀들의 거룩함은 하나님의 외적 언약 안에 포함된 것으로서 하나님의 은혜의 표지와 인봉에 접촉 기회를 가지는 것으로 요약한다. 이것이 칼빈과 대부분의 개혁파 신학자들이 고린도전서 7:14을 이해한 방식이다. 신자의 자녀는 유대인의 자녀와 마찬가지로 언약의 상속자이고 우상 숭배자의 불순한 씨로부터 구별되기 때문에 거룩하다고 불린다.[1]

또는 페트루스 판 마스트리히트가 표현한 대로 보면 이렇다.

> 신자의 자녀는 언약적 거룩함을 통해 거룩하다. 이런 측면에서 이전 시대에는 전 유대인 백성이 거룩하다고 말했다. 그리고 지금 신자의 자녀는 거룩하다고 말한다. 왜냐하면, 그들은 부모들과 함께 동일한 교회적 특권에 참여하기 때문이다.[2]

4. 요약

그러나 이 모든 논증은 많은 언약 자손이 유년기에 중생하고 심지어 세례 전에 중생한다는 진리와 모순되는 것은 아니다.

또한, 하나님이 자녀들을 유아기에 취하시는 경우 경건한 부모들은 자녀들의 선택과 구원을 의심하지 않아야 한다는 위안을 부인하지도 않는

---

1 Calvin, *Institutes*, IV.xvi.6, 31; 그리고 그의 고린도전서 7:14의 주해.
2 Mastricht, *Theoretico-practica theologia*, IV.2.34.

다. 왜냐하면, 누가복음 1:15이 명백하게 그런 이른 시기의 중생의 가능성을 포함한다는 사실에 더해, 이 진리와 이 위안은 하나님이 신자들 및 그들의 자손과 함께 설립하신 은혜 언약의 약속에 기초하기 때문이다.

그러나 사실 이 모든 논증은 성경이 자녀들의 영적 상태에 대해 명백하게는 매우 조금만 말한다는 것을 증명한다. 이 모든 논증은 푸티우스가 택함받은 자녀들과 관련된 몇몇 질문에 대해 어디에선가 대답한 것을 확증한다.

푸티우스(Voetius)는 자신의 저술 『논박』(Disputations)에서 택함을 받은 자녀들의 죽음이 모든 경우에 있어서 동등하게 중대한지, 출생과 중생 사이에 경과하는 시간이 그들 모두에게 있어서 같은지 그리고 그들 안에 심긴 중생의 씨가 모든 유아 가운데 같은지에 대한 질문을 제기했다.

이 질문들에 대한 그의 대답은 이러했다. 타당한 개념 안에서 성인에 대한 설명을 제공하는 성경이 자녀들의 상태에 관해는 조금만 언급하기 때문에 그리고 유아들은 자신의 영적 상태에 대해 아무것도 소통할 능력이 없으므로 그리고 다른 사람들은 유아들의 마음속을 들여다볼 수 없으므로, 우리는 이 점에서 우리의 무지를 고백해야만 한다.[3]

성경은 물론 여러 해 동안 자기 분별력을 가진 성인들의 상태에 대한 설명은 제공하지만, 자녀들의 상태에 대해서는 거의 다루지 않는다. 또한, 우리의 호기심으로부터 나오는 모든 부류의 질문에 답을 발견하려는 목적으로 우리에게 성경이 주어진 것도 아니다.

그러므로 하나님이 자신의 주권 안에서 유아들과 함께 움직이는 경로는 더 말할 것 없이 하나님이 성인들을 대하는 방식을 위한 본보기와 법칙으로 고정될 수 없다. 그러나 하나님이 성인들을 대하는 방식과 관련된 것이라면, 우리는 목적의식을 가지고 성경을 연구해야 한다.

---

3 Voetius, *Selectae disputationes theologicae*, II.461.

제7장 요약

1. 개혁파 중에서 많은 사람이 택함받은 사람의 중생이 통상 세례 전에 일어난다고 가르치거나, 이런 가능성을 인정하거나, 유아기에 죽는 언약 자손의 경우처럼 생의 첫 시기에 중생이 일어난다는 점에 동의했다.

2. 그러나 언약 자손들에 대한 이런 관점으로부터 중생이 말씀의 수단으로부터 배제되고, 부르심에 선행한다고 주장하지는 않았다. 이런 주장은 재세례파의 관점이었다. 이들의 관점에 따르면 은혜의 방편은 가치를 상실해 버린다. 개혁파는 말씀이 은혜를 산출하지는 못하지만, 성령님이 사람의 믿음을 일으키고 강화하는 데 사용하는 수단이라고 보았다.

3. 만일 중생이 말씀으로부터 전적으로 분리되어 있다면, 은혜도 그리스도의 인격과 사역으로부터 독립적인 것이 된다. 말씀은 곧 복음이기 때문이다. 그렇다면 영적 생명은 그리스도의 공로의 열매가 될 수 없다.

4. 개혁파의 입장에서 볼 때, 중생은 그리스도에게서 나오는 복음의 말씀과 함께 연결된 상태에서만 성령에 의해 존재하게 된다. 그러므로 중생은 은혜 언약의 영역 안에서 일어난다.

5. 재세례파는 은혜가 수단의 경로를 따라서 수여될 수 없는 특징을 가진다고 보았다. 그러나 개혁파는 은혜의 수여가 하나님의 즐거움에 따라서 자연으로부터 취한 그러나 하나님을 섬기기 위해 구별된 수단에 결부된다고 보았다.

6. 신자의 자녀들은 은혜 언약 안에서 부모들과 함께 포함된다. 그러므로 신자의 자녀들은 할례 또는 세례의 성례에 대한 권리를 가지며, 언약 자손으로서 주님을 경외하도록 양육되어야 한다. 그렇지만 성경은 언약 자손들을 포함한 유아 자녀들의 운명에 대한 결정적 답을 제공하지 않는다.

7. 누가복음 1:15이 이른 시기의 중생 가능성을 포함한다는 사실과 하나님이 신자들 및 그들의 후손과 함께 설립하신 은혜 언약의 약속에 기초할 때, 많은 언약 자손이 유년기에 혹은 세례 전에 중생한다는 진리 그리고 하나님이 경건한 부모들로부터 자녀들을 유아기에 취해 가실 때 이들의 선택과 구원을 의심하지 않아야 한다는 위안은 부인되지 않는다.

제8장

언약 안에 있는 성인들의 영적 상태에 대한 성경의 가르침

1. 이방을 향한 선교적 설교

우리는 성경이 성인을 영적인 것들과 관련해 어떻게 보고 다루는지 조사할 때, 타락 이후에 하나님이 사람들과 맺으신 은혜 언약의 경계 밖에 사는 사람들과 그 경계 안에 사는 사람들 사이를 예리하게 구별해야 한다.

이미 구약에서 그런 구별은 분명하게 드러난다. 우리는 이미 구약에서 원리적으로 이방인을 향한 설교와 이스라엘 백성을 향한 설교 사이에 있는 중요한 차이점을 발견한다.

구약 시대에는 국외 선교, 엄밀한 의미에서 이방인 선교가 없었다는 것은 사실이다. 우리는 이 점에 있어서 어느 정도는 이스라엘 종교가 특정주의적이라고 말할 수 있다. 하나님의 뜻에 따라 당시에는 은혜 언약의 체제가 민족적 성격을 가질 필요가 있었고, 그 점에서 이방인들을 포함할 수 없었다.

다만 신약 시대에 와서 유대인과 이방인이 그리스도 예수 안에서 새사람이 되었을 때 분할의 중앙 벽이 무너졌다. 이때로부터 이후로 누구든지, 어느 나라 사람이든지 하나님을 경외하고 의로움 가운데 행하는 사람은 하나님이 받아들이신다(엡 2:14-21).

그러나 이스라엘 종교의 이런 특수성은 이스라엘이 인류와 무관한 것이 아니라 정확하게 인류의 은덕을 위해 선택되었다는 중요한 사실을 무시하도록 우리를 인도하지 않는다. 창세기 3:15의 은혜 언약의 원(源) 약속은 아담의 자손들에게 주어졌다.

멜기세덱 및 욥의 예와 여러 나라의 증거가 풍성하게 보여 주듯이 에덴동산의 전승은 인류 가운데 오랫동안 존속했다. 아브라함과 그로부터 발생한 민족의 역사는 사람들이 많은 민족으로 분열되었다고 전해지는 인류의 역사 그 이후에 시작되었다. 이스라엘 자체와 그 종교는 하나님이 이미 오래전에 세우신 기초 위에 있었다.

그런 이유로 이스라엘 백성은 그들의 구별 됨에도 불구하고 오랫동안 모든 나라와 생동감 있는 교류를 계속해 왔다. 다른 민족에 속한 사람들은 어떤 때이든지 할례를 통해 이스라엘과 함께 하나님의 언약 안으로 수납될 수 있었다. 아브라함 자신의 가족들과 함께 할례를 받은 아브라함의 종들로부터 시작해 수 세기 내내 항상 이만저만한 수의 개종자들, 즉 이스라엘 백성 안으로 접붙여지고 은혜 언약의 약속들을 공유한 사람들이 있었다.

그러나 여전히 더 중요한 것은 애초부터 이스라엘 가운데 주어진 예언이 그 범위에 있어서 모든 이방인을 포함했고, 이스라엘에 부여한 구원이 전 인류를 위해 정해진 은덕으로 더욱 명확하게 확인되었다는 사실이다. 아브라함에게 주어진 약속은 구약의 예언 전체, 즉 아브라함의 씨 안에서 땅의 모든 족속이 복을 받으리라는 예언을 관통한다.

그러므로 우리는 구약에서 풍성하고 영광스러운 선교 개념을 발견한다. 그리고 심지어 어느 정도는 요나의 이야기가 특별히 보여 주는 것처럼 '선교적 설교'를 발견하게 된다.

그러나 이 선교적 설교는 본질에서 하나님의 백성 중에 그리고 주님의 교회 안에서 수행하는 설교와는 다르다. 왜냐하면, 이방인들은 주님의 백성이 아니기 때문이다. 그들은 그들 자신의 길을 따라 걸었다. 그들의 신은 존재하지 않으며 단지 거짓되고 공허한 우상들이었다. 이방 세상이 특별 계시를 벗어나 사는 상태는 성경에서 어두움, 무지, 자기 지혜 그리고 큰 불의로 묘사된다.

그러므로 이런 것들을 언급하는 설교는 어두움으로부터 나와 빛으로 들어가라는 부름이다. 이는 우상으로부터 돌이켜 살아 계시고 참되신 하나님을 섬기라는 초청이다.

2. 교회를 향한 설교

대조적으로, 구약 시대만 말한다면 교회 안에서 행해지는 설교는 전적으로 다른 성격을 가졌다. 우리는 창세기 4:26에서 그런 설교의 시작을 발견한다. 이 구절은 셋의 아들 에노스 시대에 사람들이 주님의 이름을 부르기 시작했다고 말한다. 그렇게 된 계기는 가인의 후손 중에 배교가 비약적으로 증가한 것이었다. 그들은 점점 더 멸망의 넓은 길로 갔으며 모든 힘과 재능을 가지고 세상을 섬기는 일에 자신을 바쳤다.

그들과는 반대로 우리는 에노스 시대에 공동체로 나타나는 경건한 사람들을 발견한다. 그들은 자신을 세상으로부터 분리시키고 함께 연합해 주님의 이름을 부르기 시작했다. 그리고 주님의 이름을 고백하는 가운데 자신을 교회로써 조직화했다.

그들은 가인의 후손으로부터 구별되고 대조되면서 주님의 완전하심을 입증했다. 그들은 주님의 이름을 변호했고 그 이름을 전파하고 영화롭게 했다. 그 교회 안에서의 첫 설교는 주님의 이름을 부르고, 고백하고, 선포하고, 찬양하고, 감사하는 것으로 구성되었다.

이 요소들은 이어지는 구약 예배 안에서 지속적으로 보존되었다. 그것은 감사 제물, 기도와 감사 그리고 구약의 시편과 노래로 나타났다. 이스라엘의 경건한 예배자들은 이렇게 노래했다.

나는 주님의 이름을 형제들에게 말할 것이다. 나는 회중 가운데 주님을 찬양할 것이다. 큰 회중 가운데 나의 기쁨은 주님에게서 나온다.

심지어 설교는 좁은 의미에서, 즉 이스라엘 백성의 선지자들이 행한 설교로 볼 때, 항상 이스라엘이 주님의 백성이었고 그러므로 언약의 길로 행해야 했다는 기본 개념으로부터 전달되었다. 이스라엘은 주님의 백성, 밭, 양 무리, 포도원, 신부였다.

모든 예언적 설교는 이 실제로부터 전달되었고, 이 실제를 향해 항상 돌아왔다. 현대 비평은 때때로 언약의 하나님 야훼를 섬기는 야훼이즘이 선지자들에 의해 처음으로 이스라엘에 소개되었다는 관점을 나타냈다. 그러나 이 의견은 전혀 지지될 수 없다.

선지자들은 새로운 종교를 선포하지 않았다. 선지자들은 이스라엘 백성을 들어 올려서 그들이 원래 차지하고 있는 위치와 다른 더 높은 위치로 끌어올리려 하지 않았다. 오히려 선지자들은 자신들과 함께 모든 백성이 주님의 언약 안에 포함되었다는 실제로부터 나아갔다. 이스라엘 백성은 하나님, 오직 하나님만을 섬기기 위해 존재했다. 그리고 다른 신을 섬기는 것은 배교, 부정한 행위, 언약의 파기 그리고 영적인 간음과 매춘을 범하는 것으로 여겨졌다.

이 사실은 선지자적 설교의 힘을 부분적으로 설명한다. 이스라엘은 자신의 선택 안에서 자유롭지 않았다. 주님은 은혜 안에서 이스라엘을 수용하셨고 이스라엘은 주님의 큰 사랑을 통해 사랑 가운데 화답할 책임을 받았다.

이스라엘이 율법을 따라 살도록 율법의 출발점에는 이렇게 쓰여 있었다.

나는 너를 애굽 땅, 종 되었던 집에서 인도해 낸 네 하나님 여호와라(신 5:6).

비참으로부터의 구원은 주님을 섬기고 충성과 강직함을 지닌 채 하나님의 면전에서 행동하기 위한 이스라엘의 동기가 되었다. 희생 제사, 제사장직, 구약 전체의 예배, 모든 규례, 왕권, 선지자의 기능, 이 모든 것은 이스라엘이 찬송하면서 하나님의 문으로 들어가 하나님의 이름을 찬양하도록 부름받은 하나님의 백성이자 하나님의 목장의 양이라는 위대한 전제 위에 세워졌다.

오직 이스라엘이 깊이 타락하고, 그렇게 멀리 이탈하고 난 후에야, 선지자들은 회개 설교를 하면서 하나님의 은덕, 즉 하나님이 이스라엘을 은혜 안에서 수납하셨고 땅의 모든 나라 가운데 이스라엘을 택하셨다는 은덕을 반복해서 선포하곤 했다.

선지자들이 모든 백성과 함께 선 언약의 기초에 이토록 강하게 고착한 것과 더불어 긴박하고 위급한 회개 및 회심으로의 소환 그리고 배교와 형벌의 선언이 있었다. 우리는 여기에서 느슨한 연결을 가지지 않으며, 예리한 대조는 더더욱 가지지 않는다. 정확하게 말해서, 선지자들은 얼마나 깊이 타락했는지 관계없이 지속해서 이스라엘을 하나님의 선택된 백성으로 보았기 때문에, 그들의 설교는 그토록 혹독하고 강력했다.

이스라엘의 죄는 율법을 몰랐던 이방인들이 죄에 대해 가지는 어떤 특정한 개념에서 말할 수 있는 것과 같은 무지의 죄가 아니었다. 오히려 이스라엘의 죄는 끔찍한 배교, 낙원에 있던 아담의 죄에 견줄 만한 범죄, 고의적이고 교만한 불순종의 행위였다.

3. 하나님의 은덕과 회개로의 초청은 항상 존재한다

그러므로 구약의 설교 안에서 이들 두 요소, 즉 하나님의 은덕과 회개로의 초청은 항상 서로 밀접한 관련을 맺는다. 하나님의 백성으로서 전체 백성의 하나 됨을 견고하게 유지할 뿐만 아니라 동시에 그 한 백성 안에서 주님을 섬기는 사람들과 주님을 섬기지 않는 사람들 사이를 구별시키면서 말이다. 하나님의 은덕에 대한 것만이 아니라, 회개로의 초청도 구약 시대 예언의 틀림없는 요소들을 구성한다.

하나님의 계시된 뜻에 따르면 육신의 관점에서 볼 때 이스라엘의 후손 중 일부가 이스라엘에 속하지 않는 경우로 가정될 수 없었다. 그런데도 그것은 매일 현실을 보여 주는 사실이었다. 즉, 이스라엘의 역사는 배교와 부정함의 역사였다. 때때로 마치 주님의 백성 전체가 타락해 다른 신을 따라 매춘하는 것처럼 보였다. 엘리야는 자신의 시대에 자기가 유일하게 남은 자라고 생각했다. 비록 바알에게 무릎 꿇지 않은 칠천 명이 여전히 있었지만 말이다.

이들은 전체 백성 수와 비교하면 얼마나 보잘것없는 숫자인가!

나라 전체가 주님으로부터 벗어나 매춘한다고, 주님께서 자신의 백성과 싸우신다고, 이스라엘이 주님을 떠나 거룩하신 자를 모독하고 그분의 율법을 범하고 그분의 언약을 깨뜨린 사악한 백성이라고, 하나님을 아는 지식도 충성스러움도 이웃 사랑도 이 땅에 더 이상 없다고 선지자들이 때때로 불평한 것이 어찌 이상한 일이겠는가?

시편 기자들도 동일하게 말했다. 시대를 통틀어 어떤 백성도 이스라엘만큼 그렇게 강하고 많은 수의 적을 가지지 않았다. 이스라엘은 모든 이방 나라들에 둘러싸여 홀로 대항했다. 블레셋, 에돔, 가나안, 앗수르, 바벨론, 애굽 등이 이스라엘을 위협하며 대적했다. 그리고 하나님의 택하신 백성들을 대적함으로써 그들은 천지의 하나님 그분 자신을 대적했다. 이방 나라들의 투쟁은 시편 2편에 주님과 그분의 기름 부음 받은 자를 대적하는 것으로 묘사된다.

그들이 이스라엘을 대항하는 적들의 전부도 아니었고 가장 악한 적들도 아니었다. 그들은 이스라엘 가운데 살았다. 수많은 이스라엘 백성이 미신과 불신에 자신을 굴복시켰다. 수많은 첩자, 핍박자, 적, 원수, 적대자, 경멸하는 사람, 불의한 사람, 하나님을 믿지 않는 사람 또는 시편 기자가 다른 무엇으로 부르든지 그런 부류의 사람들이 야곱의 하나님께 믿음을 두는 소수의 신실하고, 억압받고, 가련한 사람들을 대적했다.

하나님이 없다고 믿는 사람들은 거짓을 말했다. 그들은 서로 아첨했다. 그들은 평화를 즐겼고 세상과의 관계를 증폭시켰다. 그리고 그들은 다른 사람들처럼 고통을 당하지도 않았고 다른 사람들이 겪는 괴로움을 겪지도 않았다. 그러므로 교만이 그들의 목걸이였고 강포가 옷처럼 그들을 덮었다(시 73:6). 그들은 가난한 사람들, 순전하고 경건한 사람들을 높은 곳에서 내려다보았다. 그리고 그들의 비참에 대해 기뻐 뛰었다.

사실 그들은 그들의 입을 하늘을 대항해 고정했고 그들의 혀를 땅에 두루 다니게 했다(시 73:9). 그들은 물었다.

"하나님이 우리에게 구원을 보이시는가, 지극히 높으신 분에 대한 무슨 지식이 존재한다는 말인가?"

그들은 비아냥거리며 경건한 사람들을 조롱했다.

"네가 의지하며 도움을 구하는 주 너의 하나님은 지금 어디에 계신가?"

그들은 하나님의 율법에 대해 신경 쓰지 않았다. 그들은 하나님의 백성을 산산이 부수고 하나님의 유산을 억압하며 말했다.

"주님은 이것을 보지 않으신다!

야곱의 하나님은 이 일에 관심을 두지 않으신다!"

이런 구별이 이스라엘 가운데 존재했다. 선지자들의 설교는 이런 차이점을 고려했다. 선지자들은 주님의 양 무리를 지키는 파수꾼으로 임명되었는데, 양들의 피는 그들의 손으로부터 요구될 것이었다. 그러므로 선지자들은 배교자와 불충한 사람들을 소환해 그들의 죄책을 고백하고 회개하게 했다.

선지자들은 모든 백성에게 차별 없이 경고해 주님께로 돌아와 새로운 마음을 구하도록 했다. 왜냐하면, 하나님은 죄인의 죽음에서 아무런 즐거움도 취하지 않으시고 오히려 그들이 돌이켜 살기를 바라시기 때문이다. 선지자들은 의로운 자들에게 잘 될 것이라고 선포하는 순간에도 하나님을 믿지 않는 자들에게는 잘되지 않을 것을 또한 선포했다. 선지자들은 불경한 자들이 멸하고, 하나님이 거룩하게 해 영원까지 보존하실 가난하고 불쌍한 남은 자들이 지속해서 주님을 섬길 미래의 심판 날을 예견했다.

그래서 주님의 이름 안에서 이스라엘 백성들을 향한 구약 시대의 설교는 모든 백성이 속해 있는 언약의 기초에 의존했다. 그런데도 오히려 정확하게 말해서 언약의 기초에 의존한 것 때문에 그런 설교는 언약 안에 있는 참된 참여자들과 거짓된 참여자들 사이를 엄격하게 구별시켰다.

이미 하나님의 말씀은 일부에게는 생명으로 이끄는 생명의 냄새요, 다른 사람들에게 있어서는 사망으로 이끄는 사망의 냄새였다. 이는 이방인에 대한 경우만이 아니라 이스라엘 백성으로서 언약 안에 포함된 사람들에 대한 경우이기도 했다.

4. 세례 요한과 예수님의 설교

신약 안에서 '선교적 설교' 및 '회중적 설교'와 관련해 우리가 맞닥뜨리는 전망은 우리가 구약의 책들 안에서 원론적으로 발견한 것과 다르지 않다.

세례 요한과 나중에 예수 그리스도께서 이스라엘 백성들 가운데 나타나셨을 때, 그들은 한편으로는 이스라엘 백성들이 주님께서 은혜 안에서 자신의 상속자로 선택하시고 받아들인 언약 백성이라는 개념으로부터 나아갔다. 사가랴는 자기 아들 요한의 출생 안에서 하나님이 자신의 백성을 방문하시고, 하나님이 자신의 거룩한 언약과 아브라함에게 맹세하신 맹세에 대해 유념하신다는 하나의 실증을 보았다.

그리고 사가랴는 자기 아들을 그리스도의 길을 준비하기 위해 그리고 그리스도의 백성에게 구원의 지식을 제공하기 위해 주님 앞에서 행할 지극히 높으신 분의 선지자로 불렀다. 예수님에 관해서는 하나님께로 와서 그의 아버지 다윗의 왕좌를 하나님께 받을 분으로서 지극히 높으신 분의 아들이라 불릴 것이며 영원히 야곱의 집 위에 왕이 될 것이라고 했다.

이 모든 것에도 불구하고, 세례 요한과 예수님은 사람 중에 믿음과 회심을 설교하면서 등장했고, 결코 모든 사람이 중생했다는 가정으로부터 나아가지 않았다. 이스라엘 백성 가운데 속하고 그들과 함께 하나님의 언약 안에 포함되는 많은 바리새인과 사두개인이 요한에게 왔을 때, 예수님은 그들에게 선포하셨다.

> 독사의 자식들아 누가 너희에게 일러 장차 올 진노를 피하라 하더냐 그러므로 회개에 합당한 열매를 맺고 속으로 아브라함이 우리 조상이라 말하지 말라 내가 너희에게 이르노니 하나님이 능히 이 돌들로도 아브라함의 자손이 되게 하시리라 (눅 3:7-8).

비록 예수님은 특별히 그 땅의 순전한 사람 중에 많은 사람이 메시아를 조용히 기다리며, 자신이 등장했을 때 자신을 그리스도로 인식한 것을 발견했지만, 그런데도 예수님은 그 땅을 순회하면서 하나님 나라의 복음을 설교하고 사람들을 믿음과 회개로 나오도록 부르셨다.

예수님은 의로운 자들을 부르지 않으셨고 죄인을 회개하도록 부르셨다. 예수님은 이스라엘 집의 잃어버린 양들에게 보내심을 받았다. 암탉이 병아리를 모으듯 그들을 모으시기 위해서 말이다.

예수님은 이렇게 설교하러 오셨다.

> 진실로 진실로 네게 이르노니 사람이 거듭나지 아니하면 하나님의 나라를 볼 수 없느니라 (요 3:3).

사실, 요한 및 예수님과 함께 온 세례는 하나님의 언약 안으로 받아들여지고 할례로 그 표지를 받은 이스라엘 백성들이 그것만으로 충분하지 않다는 하나의 증거다. 왜냐하면, 그 세례는 모든 특권에도 불구하고 유대인들이 죄를 범해 부정함으로 하나님 나라에 들어가기 위해 전적 갱신이 필요하다는 점을 수반하기 때문이다.

하나님이 이미 요한과 함께 제정하신 세례는 그 시대의 유대주의에 대한 정죄였으며, 외적 할례가 그 자체로 아무런 유익이 없다고 선언하는, 즉 참 유대인은 육적, 외적 유대인이 아니라 내적으로 마음의 할례에 참여한 유대인이라고 선언하는, 널리 울려 퍼지는 하나의 설교였던 것이다.

5. 이 설교의 열매

요한과 예수님의 이런 설교는 풍성한 열매를 맺었다. 이스라엘 가운데 뿌려진 씨 또한 좋은 땅에 떨어져 열매를 맺었다. 어떤 것은 백 배, 어떤 것은 육십 배, 어떤 것은 삼십 배의 열매를 맺었다. 그런데도 이스라엘 백성들은 전체적으로 예수님의 복음을 거부했다. 일정 부분 그런 완고함은 증가했고, 복음의 설교는 심판의 선포로 바뀌었다. 이스라엘이 비록 주님의 백성이었지만, 결국 끔찍한 저주가 예수님의 입술로부터 모든 백성에게 선언되었다.

"주여, 주여"를 부르지만, 천국에 들어가지 못할 위선자들을 향한 저주, 맹인을 인도하는 맹인 인도자였던 그리고 동료 유대인들을 그 자신들이 정죄받은 것보다 두 배 더 지옥의 자녀가 되도록 가르친 바리새인들과 사두개인들을 향한 저주, 심판 날에 니느웨와 두로 그리고 시돈에 의해 정죄받을 고라신, 벳세다, 가버나움 그리고 예루살렘을 향한 저주, 마음이 살쪄서 그들의 입술로는 하나님을 공경하나 그들의 마음은 하나님에게서 멀어진 모든 백성을 향한 저주 말이다. 그들은 천국을 빼앗길 것이고 천국의 열매를 맺는 사람에게 천국이 주어질 것이다.

바로 이런 일들이 일어나게 된 것이다. 이미 예수님은 자신의 지상 사역 기간 자신 주위로 남녀 제자들의 무리를 모았다. 예수님은 그들을 교회로 언급하셨다. 구약 시대에 이스라엘 백성은 주님이 모으신 회집된 하나님의 백성들로서 그 이름에 의해 특징지어졌다.

이제 신약 시대에 이스라엘은 메시아를 죽게 함으로써 자신을 하나님의 백성 가운데서 스스로 추방했다. 그래서 신약 교회는 이스라엘의 자리를 차지하기 위해 일어났다. 이제 교회는 실제적이며, 하나님의 참된 백성이다.

주님이 이미 호세아를 통해 말씀하신 대로 말이다.

> 긍휼히 여김을 받지 못하였던 자를 긍휼히 여기며 내 백성 아니었던 자에게 향해 이르기를 너는 내 백성이라 하리니 (호 2:23).

가장 이른 시기 중 이 신약 교회는 대부분 이방인으로 구성되었다. 이런 이유로 선교적 설교는 신약 안에서 우선적인 자리를 점유한다. 예수님은 떠나시기 전에 제자들에게 자신의 증인이 될 것을 명령하셨다. 우선 예루살렘, 유다 그리고 사마리아에서 그 후에 땅끝까지, 모든 나라를 복음의 설교와 세례의 집례를 통해 자신의 제자로 만들기 위해서 말이다.

이 선교적 설교는 이스라엘 민족으로부터 소외되고 그리스도 없이 지내던 사람들, 세상에서 소망도 없고 하나님도 없이 지내던 약속의 언약에 낯선 사람들, 그러므로 어둠에서 빛 가운데로, 말 못 하는 우상을 섬기다가 살아 계신 하나님을 섬기도록 불러냄을 받은 사람들을 향해 선포되었다.

그러나 이 선교적 설교와 함께 회중적 설교 또한 신약 안에서 등장한다. 예수님은 하나님 나라의 복음을 제자 가운데 아직 속하지 않았던 사람들에게만 설교했을 뿐만 아니라, 제자들의 그룹 안에서도 자신의 교훈을 제시했다. 그리고 그들에게 하나님 나라의 비밀을 이해하도록 가르치셨다.

예수님이 승천 이전에 자신의 사도들에게 설교와 세례를 통해 모든 나라를 자신의 제자로 만들도록 명령하셨을 때, 예수님은 자신의 제자들이 된 모든 사람을 가르쳐서 사도들에게 명령하신 모든 것을 지키도록 덧붙이셨다.

그러므로 회중적 설교는 그 설교의 본질적 특징 가운데 제시되었고, 선교적 설교로부터 구별되었다. 선교적 설교가 시작한 것을 회중적 설교가 지속했다. 회중적 설교는 선교적 설교 안에 세워진 기초를 더욱 공고히 한다. 따라서 우리는 사도들이 그리스도의 복음에 여전히 친숙하지 않은 불신 유대인들과 이방인들을, 믿음을 통해 복음을 받아들이고 교리와 삶을 통해 그 복음을 고백한 회중의 구성원들을 다루는 방식과는 매우 다르게 취급하는 것을 본다.

6. 하나님의 택자로서의 교회

복음을 받아들이고 고백한 사람들에게 쓴 사도적인 서신들을 따라, 그리스도의 교회들은 하나님의 사랑받는 사람, 하나님의 택자, 성도, 신자, 그리스도 예수 안에서 형제로 부름을 받은 사람들로 구성된다. 그리고 그들은 그렇게 언급될 뿐만 아니라, 그렇게 드러나고 그렇게 대우받는다. 모든 사도는 이전에 미신과 불신의 어둠 안에 행하던 교회의 구성원들이 이제는 어둠에서 하나님의 놀라운 빛으로 불러냄을 받았다는 그런 관점을 가지고 나아갔다.

사도들은 이들 교회 구성원들이 주 예수의 이름 안에서 그리고 우리 하나님의 성령에 의해 씻음 받고, 성화되고, 의롭다 함을 받은 것으로 그리고 하나님의 능력 안에서 천국의 구원을 얻기까지 보존될 사람들로 보았다.

그러므로 사도들의 편지 안에는 더 확장된 진리의 제시, 다양한 종류의 거짓 교리에 대한 경고, 부르심에 합당한 행함과 선을 행함에 있어서 분발할 것에 대한 권고가 있다. 그러나 정당하게 말해서, 선지자들, 세례 요한 그리고 예수님에게서 본 것과 같은 믿음과 회개에 대한 설교가 없음을 확인한다. 왜냐하면, 회중의 구성원들은 하나님께로 회심했고 그들은 신자들이고 성령의 기름 부음을 향유하기 때문이다. 그래서 그들은 그들을 가르칠 사람이 필요하지 않다.

이 모든 것을 어떻게 정의하든지 간에, 신약은 덧붙여 가르친다. 교회의 확장 가운데 기독교회 안에 점차 스며든 다양한 유형의 오류, 이단 그리고 불의에 대해 동일한 확고함과 명확함을 가진 채 말이다. 사도 중에는 유다가 있었다. 우리는 예루살렘 교회 안에서 아나니아와 삽비라를 만난다. 사마리아에서 믿고 세례를 받았던 시몬의 마음이 하나님 앞에 바르지 않다는 것이 폭로되었다.

일반적으로 신약의 저술은 알곡 중에 쭉정이가 있음을, 낟알 가운데 가라지가 있음을, 그물 안에 나쁜 물고기들이 있음을, 부름을 받은 사람 중에 택함을 받지 않은 사람이 있음을, 포도나무에 나쁜 가지가 있음을, 귀하게 쓸 그릇만이 아니라 천하게 쓸 그릇이 있음을, 교회에서 떠난 사람 중에 교회에 속하지 않은 사람이 있음을 가르친다.

그런 모든 사람은 교회의 본질을 구성하지 않는다. 왜냐하면, 교회는 그 본질에 따라서 신자들의 모임이며 그리스도의 몸이자 신부이며, 하나님의 집이자 성전이기 때문이다. 그런데도 그런 사람들은 교회 안에 존재한다. 여기 이 땅에서 나타나는 그대로 말이다. 그러므로 회중을 향하는 설교는 항상 자신을 점검하고 시험하라는 권고를 위한 여지를 가진다.

바울 사도가 고린도후서 13:5에서 이 권고를 고린도 교인들에게 주었을 때, 그는 그런 자기 점검을 하고 그들이 믿음 안에 있는지, 그리스도 예수께서 그들 안에 사시는지를 발견하리라는 가정으로부터 나아갔다. 그런데도, 바울은 고린도 교인들이 다소간 책망받을 만하다고 여겼다.

교회가 성장하거나 핍박과 괴로움에서 벗어나고 신자들이 자녀와 손주들을 가진 만큼 그런 권고를 위한 더 많은 정당성과 이유가 존재했다. 그런 정황 속에서는 이스라엘에서 발생한 것처럼 다양한 상황이 일어날 수 있는데, 믿음과 회개로의 부르심을 설교 안에 포함하기 위한 요구는 더욱 긴급해진다.

왜냐하면, 외적 언약 안에 포함되는 것, 교회의 구성원이 되는 것, 세례와 성찬을 받는 것 그리고 다양한 교회적 특권을 누리는 것이 하나님 나라에 입장할 권리 자체를 제공하는 것은 아니기 때문이다. 그런 권리는 오직 물과 성령에 의한 중생을 통해, 마음으로부터의 올바른 믿음을 통해 그리고 하나님을 향한 참된 회개를 통해 주어진다.

우리는 사도 시대에 기독교회에서 이미 비슷한 상황이 일어난 것을 본다. 사도들의 편지 안에서 권고와 경고는 그것들이 얼마나 늦게 기록되었느냐에 따라서 증폭된다. 우리는 단지 디모데와 디도에게 보낸 바울의 편지, 유다서 그리고 베드로후서만 읽으면 된다. 권고와 경고라는 점에서 다른 어떤 것보다 더 나은 가르침은 영화롭게 된 구주께서 사도 요한을 통해 소아시아 일곱 교회에 보낸 편지들이다.

이 모든 교회는 그리스도께서 자신의 교회로 부르셨다. 그 교회들은 인자이신 그리스도께서 그 가운데 거니시는 일곱 촛대다. 예수님은 또한 그 교회들 가운데 칭찬할 만한 모든 것을 충분히 칭찬하셨다. 예수님은 그 교회들의 믿음과 행위와 고통을 아신다. 그리고 예수님은 언젠가 이것들에 대해 그 교회들에 보상하실 것이다.

이 모든 것에도 불구하고 예수님은 에베소 교회를 회개하도록 부르신다. 왜냐하면, 에베소 교회는 자신의 첫사랑을 버렸기 때문이다. 회개하지 않으면 예수님은 에베소 교회의 촛대를 그 자리로부터 제거하실 것이다.

예수님은 버가모 교회가 회개하도록 부르신다. 왜냐하면, 버가모 교회는 니골라당의 가르침을 지지하는 사람들을 관용하기 때문이다. 회개하지 않으면 예수님은 속히 오셔서 버가모 교회를 심판하실 것이다.

두아디라 교회에 대해 그리스도께서는 그들이 회개하지 않으면, 거짓 선지자들의 가르침에 타협해 간음을 범한 모든 사람을 내칠 것이라고 경고하신다.

사데 교회에 대해서는 그들이 살았다는 이름은 가졌으나 죽은 자라고 선언하신다.

라오디게아 교회에 대해서는 차지도 덥지도 않다고 불평하신다. 비록 라오디게아교회 자신은 부유하다고 생각하지만, 실상은 비참하고, 가엾고, 가난하고, 눈멀고, 벌거벗었으므로 라오디게아교회가 회개하지 않으면 예수님의 입으로부터 토해 내침을 당할 것이다.

이들 편지는 원래 그리스도께서 소아시아 일곱 교회를 향해 보내신 것이었다. 그러나 그 편지들은 지역을 넘어 전달되고 모든 시대의 교회를 위해 고려된다. 일곱 교회 안에서 일어난 상황들은 기독교회 안에서 그리고 기독교회의 각 부분에서 반복적으로 재부상한다. 이들 편지로부터 우리는 그리스도의 교회는 정로에서 벗어나 오류와 불의의 다양한 유형에 항복할 수 있으며, 그런데도 여전히 그리스도께서 자신의 교회로 인식하신다는 것을 본다.

그러나 우리는 또한 정확하게 그 이유로 그리스도께서 교회를 더욱 진지하게 꾸짖어 믿고 회개하게 하시고, 더욱 끔찍한 심판으로 교회에 경고하신다는 점을 이 편지들로부터 배운다.

제8장 요약

1. 우리는 구약에서도 풍성하고 영광스러운 선교 개념을 발견할 수 있고, 요나의 경우처럼 선교적 설교를 보게 된다. 선교적 설교는 우상으로부터 돌이켜 살아 계시고 참되신 하나님을 섬기라는 초청이다.

2. 구약 시대 선지자들의 설교는 지속해서 이스라엘을 하나님의 선택된 백성으로 전제했고, 이 때문에 혹독하고 강력하게 죄를 드러내고 심판을 선포했다.

3. 이스라엘 백성들을 향한 구약 시대의 설교는 언약의 기초에 의존했고, 이 때문에 언약 안에 참되게 참여한 사람들과 거짓되게 참여한 사람들 사이를 엄격하게 구별했다.

4. 세례 요한과 예수님은 사람 중에 믿음과 회심을 설교하면서 등장했고, 모든 사람이 중생했다는 가정을 가지고 나아가지 않았다. 가장 이른 시기의 신약 교회는 대부분 이방인으로 구성되었다. 그러므로 선교적 설교는 신약에서 우선적 위치에 있다.

5. 또한, 회중적 설교도 등장한다. 예수님은 제자들의 그룹 안에서도 자신의 교훈을 제시하신 것이다. 회중을 위한 설교는 항상 자신을 점검하고 시험하라는 권고를 위한 여지를 가진다.

제9장

부르심과 중생 그리고 설교와의 관련성

1. 설교에 있어서 경건주의적[1] 또는 복음 전도적 방법

그리스도의 교회 안에서 성경을 이해하는 관점의 다양한 방식이 설교의 이론과 실천에 영향을 미친다. 이 점에서 매우 특징적인 두 방법이 서로 반대 위치에 선다.

한편으로는 믿음과 회심으로 초청하면서 끝맺는 설교 방법이 있다. 이런 설교 방법은 무엇이 선행되는지 또는 무엇이 따라와야 하는지는 고려하지 않는다. 이런 설교는 일반 은총이 없고, 자연적 삶 가운데 하나님의 섭리를 통한 인도가 없으며, 천지의 창조주이신 전능하신 하나님에 의한 통치가 없는 것처럼 전달된다.

이런 설교는 은혜 언약 속에서 태어나 그 가운데 포함되는 사람에 대해, 삼위일체 하나님의 이름 안에서 세례받는 것에 대해, 보이는 교회의 지체가 되는 것에 대해, 하나님께로 향하는 진정한 회심에 앞설 수 있는 경험

---

1 역자 주: 영문으로는 'Methodistic'이라고 되어 있는데, 이는 개인적 회심을 강조하는 경건주의의 한 부류로 사용된 것이다. 본서에서는 '경건주의적'이라고 번역했다. 이 부류에서는 개인의 경건, 개인과 사회의 거룩성, 그리고 교회 바깥에 있는 사람들을 전도하는 것을 강조한다. 다음을 참조하라. 후스토 루이 곤잘레스, 『신학 용어 사전』, 정원래 외 2인 역 (서울: 그리심, 2014), 174.

과 작용들에는 아무런 가치도 부여하지 않는다. 그리고 이런 설교는 적당한 때에 싹트고, 자라고, 믿음과 회개의 열매를 맺는 중생의 씨가 있을 수 있다는 가능성을 부인한다.

심지어 이런 설교는 회심에 무엇이 선행할 수 있는지를 고려하지 않는다. 그러므로 믿음을 가지게 된 사람이 은혜와 주 예수 그리스도를 아는 지식 안에서 성장해 첫 원리로부터 성숙함에 이르는 것을 보는 일에도 신경 쓰지 않는다. 회심자가 부름을 받는 유일한 일은 다른 사람을 회심시키기 위해 즉각 나서는 것이다.

다른 모든 일은 이런 실천에 자리를 내주어야 한다. 복음 전도와 선교는 가족과 경력, 국가와 사회, 과학과 예술 안에 있는 어떤 다른 과업을 훨씬 초월하는 가치를 가진다. 모든 그리스도인은 구원의 군대 안에 등록된 군사가 되어야 한다. 이 군대는 십자가 아래에 세상을 정복하고 진입하기 위한 소망으로 전진한다.

설교에 대한 이런 식의 접근은 그리스도의 교회가 세상과의 투쟁에서 드러난 성공에 매료된 시기에 일어났다. 일이 이렇게 되자 교회는 자신의 광채를 강탈당했고, 말씀과 성례의 제공은 신자들의 자각을 위한 모든 힘과 그런 자각에 부합하는 관련성을 상실하게 되었다.

잉글랜드에서 발생한 이런 일이 미국으로 이식되었고, 이들 나라로부터 발생한 이런 경향은 점차 유럽 대륙 전반에 걸쳐 영향력을 얻었다. 결과적으로 세속화된 국가에 의해 공식적으로 특권을 부여받은 교회에서만 아니라 개신교 안에서 점차 독립적으로 존재하게 된 자유 교회와 종파들 가운데서도 더욱 이런 경향이 두드러졌다.

심지어 설교학 교사들도 설교에 있어서 이런 접근을 선호하게 되었고, 이런 접근을 성경적 기초 위에서 유일하게 정당한 방법인 양 변호하려고 했다. 그들은 구약과 신약 안에서 설교는 항상 회심하지 않은 사람들에 해당하는 부류를 지향한다고 말했다. 만일 중생이 실제로 한순간에 일어난다면 그리고 동시에 전인이 실제로 믿음에 의해 거룩하게 된다면 사람은 더 이상 설교를 필요로 하지 않을 것이다.

그러나 이런 일은 일어나지 않으므로, 사람 안에 있는 옛 본성은 반드시 지속해서 공격받고 진압되어야 한다. 설교는 처음부터 지속적으로 그런 목적을 위해 필요했다. 그러나 설교는 항상 복음 전도적 설교, 믿음과 회개로 초청하는 설교가 되어야 한다.

이는 그 자체로 불균형적이지만 이런 접근은 무시될 수 없는 어떤 유용한 것을 포함한다. 배교의 시기에, 깊은 침체의 영이 그리스도의 교회를 갑자기 덮칠 때, 주님의 백성들을 흔들어 잠자는 상태에서 일깨우기 위해 회개로 소환하는 세례 요한과 같은 설교자들이 필요하다.

그런 설교자들은 강력한 목소리를 가지고 마음과 양심을 꿰뚫는다. 그들은 깊은 수렁에 빠진 수많은 군중을 향해 이렇게 부르짖는다. 하나님 나라에 들어갈 문을 여는 것은 아브라함을 아버지로 가지는 것이 아니고, "주여, 주여"라고 말하는 것도 아니고, 외적 세례와 고백도 아니고, 오직 구원하는 믿음과 참된 회개라고 말이다.

설교에 대한 경건주의적 접근이 제공한 그리고 지속해서 제공하고 있는 탁월한 봉사를 기쁘고 감사하게 인정하면서도, 우리는 이런 설교를 특징짓는 어두운 면 또는 이런 설교가 범하기 쉬운 위험들에 대해 알고 있어야 한다. 우리는 이런 설교가 사람들을 수렁에 던져 넣고 참된 회개로 그들을 소환한다는 이유로 비난하지는 않는다.

그러나 경건주의적 설교는 실수를 범한다. 통상적으로 중생의 순간에 선행하는 그리고 중생에 수반해 나와야 하는 하나님의 사역을 오해할 때 그러하다. 회심에 초점을 두는 경건주의적 접근은 이방인과 그리스도인 사이에 지속해서 항상 존재한 구별을 삭제해 버린다.

이런 식의 접근은 교회를 직무와 사역으로 오인하고, 통상적 그리고 준비적 은혜라는 용어로 불리는 모든 것을 부인하며, 복음적 설교와 회중적 설교 사이의 어떤 구별을 무시한다. 주님이 주시는 복 가운데 이런 방법이 누군가를 회심으로 나아오게 했을 때, 경건주의적 설교는 하나님이 그 회심자를 둔 환경으로부터 그 회심자를 분리한다. 그리고 이런 식의 접근은 회심 이후 각 사람이 자신에게 위임된 부르심에 머물러야 한다는 사도적 권고에 관심을 두지 않는다.

경건주의적 접근은 예수님의 말씀의 첫 부분을 인식한다.

> 너희는 가서 모든 민족을 제자로 삼아 아버지와 아들과 성령의 이름으로 세례를 베풀고(마 28:19).

그러나 둘째 부분을 등한시한다.

> 내가 너희에게 분부한 모든 것을 가르쳐 지키게 하라(마 28:20).

이런 방법은 사실 기초를 놓기는 한다. 그러나 그 기초 위에 세우기를 지속하지는 않는다. 그러므로 불안정한 재료를 가지고 약간의 노력으로 지어진 전체 구조가 나중에 불신과 미신의 폭풍에 의해 휩쓸려 버리는 위험을 안고 있다.

2. 설교의 교화적 또는 윤리적 방법

다른 유형의 접근은 회심에 초점을 두는 접근과 정반대에 서 있다. 이 방법은 구별적 설교를 요구하지 않으며 오직 교화적 설교만을 요구할 뿐이다. 이것이 변호되는 이유는 교회가 오직 신자들로 이루어진다는 생각 때문이다. 그들은 모두 그리스도인들이고 본질에서 이방인들과는 구별된다.

그들은 기독교회 안에서 태어났고, 세례를 받았고, 기독교의 진리 안에서 양육되었으므로 그들의 지각, 영혼 그리고 양심에 기독교의 진리가 형성되었다. 따라서 교회 앞에 선 설교자는 불신자들의 무리 앞에 선 것처럼 행하지 않아야 한다. 그는 청자들과 동일한 입장에 서서 같은 인식을 하고 회중과 이야기해야 한다.

그러므로 그의 설교는 선교적 설교가 아니라 회중적 설교이며 전적으로 혹은 부분적으로 청자들의 마음속에 잠재적으로 살아 있는 것을 말로 표현하는 것이다. 이런 설교는 모든 사람 안에 살아 있는 기독교 신앙의 공식적 강해이며, 그들의 종교적 인식을 강화하기 위해 의도된 것이다.

이런 설교의 목표는 좁은 의미에서 회개와 회심이 아니라, 단지 격려와 교화일 뿐이다. 프리드리히 슐라이어마허는 한때 이점을 회중에게 다음과 같이 말했다. 자신은 형제가 형제들에게 하는 것처럼 말하기를 원했으며 회중의 의식 속에 새로운 것은 아무것도 도입하지 않기를 갈망했고, 오히려 단지 회중 안에 이미 존재하는 기독교 의식을 개발시켜서 회중을 위해 그것을 정화하고 확증하고 명료하게 만들기를 원했다고 말이다.

또한, 우리는 이런 접근 안에서 진리의 요소들을 발견하는데, 이는 성경 자체가 그것을 인식하도록 내몬다. 구약과 신약의 교회가 얼마나 깊이 타락해 왔는지 관계없이 선지자들과 사도들의 설교는 항상 그들이 하나님의 백성이었다는 확신으로부터 나아갔다.

그들은 결코 이스라엘과 이방인, 교회와 세상 사이의 경계를 없애지 않았다. 그들은 항상 이방인과는 구별되게 하나님의 백성에게 하나님이 수여하신 것에 대해 확고한 연결점을 유지했다. 이것이 우리가 보기에 그다지 많은 것을 의미하지 않는 작은 것에 불과할지도 모르고, 구원을 위해 전적으로 불충분한 것일 수도 있다.

그런데도 주님은 자신의 말씀 안에서 우리가 그 작은 것을 경멸하지 않도록 우리에게 요구하신다. 왜냐하면, 하나님의 백성을 이방인과 구별하는 것이 작은 것으로 보여도 이것이 하나님의 모든 사역 이후에 최종적으로 남는 것이고, 그런 구별은 아마도 하나님의 복을 포함하기 때문이다. 선지자적 그리고 사도적 설교는 하나님의 백성을 구별하는 점에서 볼 때 회개로 소환하기 위해 의도되지 않았거나 적어도 그것만을 위해 의도되지는 않았고, 오히려 그것을 넘어서서 이미 놓인 기초 위에 한층 더 일으켜 세우는 것을 목표로 했다.

주 예수 그리스도의 은혜와 지식 안에서 듣는 자들을 성숙하게 하는 것, 믿음에 덕을, 덕에 지식을, 지식에 절제를, 절제에 인내를, 인내에 경건을, 경건에 형제 사랑을 그리고 형제 사랑에 모두를 향한 사랑을 더 하는 것을 목표로 한 것이다.

그러므로 복음적 설교와 회중적 설교가 본질에서 다르다는 것에는 의심의 여지가 없다. 그리고 이런 차이는 결코 시야에서 사라지지 않을 것이다. 그렇다고 해서 이것이 윤리적 접근에 대한 심각한 반대가 없다는 것을 의미하지는 않는다.

윤리적 접근이 받는 반대는 이런 것이다. 윤리적 접근은 사도들이 서신에서 교회를 말할 때 신약성경에서 사용된 주제에 배타적으로 호소하지만, 이들 교회가 점유했던 장소, 즉 많은 측면에서 각별했던 장소를 고려하지 못한다. 이스라엘 백성들 가운데 일어났던, 그리고 사도적 교회들 안에서 빠르게 부상했던 그리고 후에 기독교회 안에서 반복적으로 일어났던 오류와 죄의 정황들을 적절하게 고려하지도 않는다. 윤리적 접근은 이상(理想)으로부터 출발해 현실을 오인하고, 성경 안에서 그리고 그것을 넘어 우리에게 제공된 역사의 교훈을 도외시한다.

설교에 대한 이런 식의 윤리적 접근은 고백을 믿는 것과 고백하는 믿음을 점차 혼동하게 하고, 교리에 대한 지적인 승인을 하고 만족하는 그리고 마음의 성향과 삶의 순결함에 거의 관여하지 않는 죽은 정통이라는 상황을 산출한다.

왜 이런 마음과 삶의 문제들이 조금이라도 관심사가 되어야 할까? 윤리적 접근은 다음과 같은 식으로 생각하고 말하도록 교회 구성원들을 가르치는 까닭이다.

우리는 교회의 구성원이 아닌가?

우리는 어릴 때 세례를 받지 않았는가?

우리는 믿음을 고백했고 언약의 만찬에 참여하지 않았던가?

이스라엘이 아브라함의 후손인 것 때문에 그리고 이스라엘 가운데 있는 주님의 성전 때문에 그 자신을 높인 것처럼, 매우 많은 신약 교회 구성원들이 종종 그들의 영원에 대한 소망을 그들이 공유하는 외적인 교회의 특권에 걸어 둔다.

그리고 그들은 거짓된 보장에 그들 자신을 내맡긴다. 그러나 주님의 말씀은 이 모든 것에 반대되게 증언한다. "주여, 주여"하는 사람이 아니라 아버지의 뜻을 행하는 사람이 하나님 나라에 들어갈 것이다.

3. 두 방법의 조합

경건주의적 그리고 윤리적 설교법이 한쪽 면에 치우쳤지만, 훌륭한 말씀의 전달은 항상 두 요소를 조합하는데, 이 두 요소는 성경에서도 항상 조합된다. 이들 요소는 언약으로부터 나오고 믿음과 회개를 촉구한다.

설교에서 이들 요소 모두를 포함하는 것과 그것들을 균형 있게 다루는 어려움은 자신의 역량에 따라 말씀의 모든 사역자가 인식하는 점이다. 심지어 회중 안의 통상적 구성원들도 진리의 한 구성 부분이 다른 하나 때문에 희생될 때 즉시 부조화를 감지한다. 비록 그들 자신이나 다른 구성원들이 스스로 느끼는 불편을 설명할 수는 없더라도 말이다.

왜냐하면, 이 점과 관련해 개혁파 신앙을 고백하는 교회들은 한쪽에 치우치거나 지나치게 강조하는 예들 가운데 존재해 왔기 때문이다. 비록 이 점에서 개혁파 교회들이 직접 경건주의적 혹은 윤리적 극단 속으로 떨어지지는 않았지만 말이다.

1) 전제적 중생의 치우침

한편으로는 다음과 같은 식으로 이유를 말하는 사람들이 항상 존재했다. 회중은 오직 신자들로만 구성되고 구성원 모두는 중생한 것으로 간주된다. 심지어 은혜 언약에 참여하고 세례를 받는 모든 자녀도 예외 없이 말이다. 따라서 그들은 진리 가운데로 인도함을 받고, 적절한 검증과 공적인 믿음의 고백 이후에 성찬에 참여할 기회를 수여받았다.

아니면 때때로 예외가 일어나는데, 이로써 이단적 가르침이나 공격적 행위의 죄책을 가진 사람이 반복적 훈계 이후에, 교회적 권징의 수단에 의해 회중으로부터 분리된다. 왜냐하면, 권징은 선한 것으로부터 악한 요소들을 제거하기 위해 그리고 교회가 발전하고 성장함에 따라 올바르게 행하도록 교회 안에서 권위를 가진 것이기 때문이다.

2) 전제적 비중생의 치우침

그러나 다른 사람들은 상황의 현실을 좀 더 바라본다. 그리고 세례받는 각 자녀와 회중의 개별 구성원이 모두 택함을 받고 중생했다고 믿지는 않는다. 경험은 전적으로 반대로 가르친다. 그리고 실제는 매일 이 이론에 모순된다.

비록 분명히 아무도 다른 사람의 마음을 아는 체할 수는 없지만, 교회 구성원을 심방하는 교회 지도자들은 회중 가운데 많은 구성원이 영적 삶의 아무런 증거도 드러내지 않으며, 죄책에 대한 어떤 개념도 가지지 않고, 그들의 영혼을 위해 구원자가 필요하다고 느끼지 않는다는 것을 발견한다는 점에서 논쟁의 여지가 없다.

만일 한순간이라도 이 점을 옹호하는 사람들 스스로가 세례받는 언약 자손들이 모두 중생했다고 믿도록 그들 자신에게 강요했다면, 그들은 결과적으로 세례받는 많은 수의 자녀들이 자라서 세속을 사랑하고, 죄를 섬기고, 불신 가운데 죽는 것을 보면서 실망하게 될 것이다. 이런 관점은 회중의 모든 구성원이, 심지어 교회의 권징 아래에 있는 사람들까지도 택함을 받고 성령에 의해 중생했다는 점을 진지하게 주장하려는 목적으로 고안된 강요되고 날조된 믿음의 유형을 드러낸다.

이런 사고 방식으로부터 나오는 어떤 분쟁의 경로, 즉 교리와 삶, 이론과 실천 사이의 분쟁을 정돈하기 위해 교리에 의해 삶이 지배되도록 기꺼이 허용하려는 사람들이 있다. 그리고 다른 사람들은 삶에 적합하도록 교리를 끼워 맞춘다.

전자는 교회의 거룩성을 위해 교회의 보편성을 희생시킨다. 그들은 영적 삶의 어떤 표지도 보이지 않는 모든 것에 저항하고 배제하기 위해 권징을 견고하게 시행하고, 이런 방식 안에서 오직 성도로만 구성되는 땅에서의 교회를 설립하고 재생산할 수 있다는 소망을 둔다.

후자는 교회의 거룩성을 대가로 교회의 보편성을 붙든다. 그리고 그들은 교회 안에 있는 모든 사람에게 세례를 베푸는 국가 교회를 옹호한다. 단지 외적 언약 안에 포함된 것으로 성례에 참여할 권리를 세워 두면서 말이다.

전자는 교회의 보이지 않는 부분으로부터 나아가 그 보이지 않는 영역을 조직적 형식, 즉 설립된 교회의 기구로 편성시키는 데 실패한다. 결국, 그들은 종파주의에 빠져서 모임을 수없이 많은 제멋대로의 개별 그룹들로 해산시켜 버린다.

후자는 교회의 보이는 측면에서 나아가 교회의 외적 기구, 즉 교회의 규정과 법규 안에서 교회의 본질을 추구한다. 그리하여 그들이 붙들고 있는 규정과 법규로부터 교회의 본질이 실제로 무엇인지를 잃게 될 위험을 무릅쓴다. 그리하여 그들은 교회를 그들의 생명이 흘러나온 원천으로 만들어 버린다.

이런 것들이 주님의 방법을 버리고, 교회의 교리와 삶 사이에 있는 여기 이 땅에서 항상 존재하게 될 어려움을 해결하기 위해 자기 자신의 추론을 추구할 때 마주치게 되는 결과들이다. 왜냐하면, 하나님은 자신의 말씀 안에서 우리가 이런 어려움을 해소할 것을 명하시지 않기 때문이다.

오히려 하나님이 확실히 갈망하시는 바는 우리가 그런 어려움을 수용해 이론과 실천 양자 속에서 우리 자신과 다른 사람들에게 열매를 낳는 것이다. 진리는 전체적 중생이나 전체적 비중생의 한쪽에서 배타적으로 발견되지 않는다. 오히려 진리는 우리가 성경 '전체'를 받아들이고, 우리의 개인적 그리고 교회적 삶을 통치하도록 허용할 때만 가장 충만하게 높여진다.

이 문제는 하나님의 불변하는 경륜에 대한 고백과 인간의 자유 및 책임의 관계와 유사하다. 이 점에서 하나의 진리를 희생하고 다른 하나의 진리를 유지하려는 사람은 아무것도 남기지 못하고 둘 다 잃는다.

인간의 자유를 수호하기 위해 하나님의 경륜을 부인하는 사람은 그 자유마저도 잃고 그 자유를 인간의 무작위식 또는 잔인한 자연의 힘의 손에 내맡긴다. 그리고 하나님의 불변성을 숭앙하기 위해 인간의 자유를 부인하는 사람은 이 경륜의 지혜를 운명의 어리석은 잔인함과 바꿔 버린다.

하나의 진리는 다른 하나의 진리를 분명하게 전제하고 요구한다. 그리고 다른 하나의 진리가 없다면 그 진리는 그 자체의 독특한 성격을 강탈당한다. 성경이 말하는 대로 인간의 자유는 하나님의 경륜 안에 포함된다. 인간의 자유는 하나님의 전지하시고 불변하시는 경륜으로부터 떠나 존재할 수 없다.

4. 양쪽 방법 안에서 진리를 유지하기

그러므로 교회의 삶 속에서 우리는 양쪽 진리를 유지해야 한다. 이른바 교회는 참된 기독교 신자들의 모임이라는 것, 그런데도 믿음과 회심을 위한 호소는 교회의 중심부에서 지속해서 울려 나와야 한다는 것이다.

우리는 말과 행동에서 하나의 거룩하고 보편적인 교회를 고백해야 한다. 그리고 교회가 일으키는 모든 어려움에도 불구하고 그 고백을 유지해야 한다. 교회의 거룩성은 그것의 보편성을 위해 희생되지 않아야 한다. 그리고 교회의 보편성은 그것의 거룩성을 지지하기 위해 굴복되지 않아야 한다. 어느 한쪽을 부인함으로써 우리는 둘 다를 잃기 때문이다. 두 속성은 본래 하나의 기독교회를 특징짓는다.

1) 언약에 천착함

한편, 우리는 언약으로부터 나아가야 하고 가능한 대로 언약을 지속해서 주장해야 한다. 주님이 언약을 우리 자신의 교회 안에서 설립하셨기 때문만이 아니라, 사람이 세례받고 그리스도의 이름을 지니는 한, 주님은 자신의 섭리의 인도 아래에서 세대를 걸쳐 인류 가운데 언약이 지속됨을 보아 오셨기 때문이다.

재세례주의와 경건주의 그리고 그것들과 관련된 운동들은 언약을 오해하며 교회, 세례, 기독교의 양육에 아무런 가치도 할당하지 않는다. 왜냐하면, 이것들은 전부가 아니며 그들의 눈에는 실상 아무것도 의미하지 않기 때문이다.

그러나 주님의 말씀은 우리에게 그렇게 가르치지 않는다. 선지자들의 설교는 이스라엘이 주님의 백성이었다는 가정으로부터 전개되었다. 그리고 그리스도 자신은 소아시아 교회들을 자신의 회중들로 보았다. 비록 그들이 이미 타락했음에도 불구하고 말이다.

바울 사도 자신은 여전히 이스라엘에 대해 다음과 같이 고백했다. 이스라엘이 메시아를 거부한 후에도 이스라엘은 하나님으로부터 거부당하지 않았고, 오히려 조상들 때문에 지속해서 사랑받았다고 말이다. 그리고 바울 사도는 자신처럼 이스라엘의 혈족으로 출생한 사람들이 여전히 지속해서 교회에 첨가되고 있다고 지적함으로써 이 점을 드러냈다.

언약에 기초한 전개 방법은 설교와 모든 개인적 대화 속에서 강력한 요소가 된다. 기독교회 안에서 태어나는 것, 삼위일체 하나님의 이름 안에서 세례받는 것, 기독교 가정에서 양육 받는 것, 이 모든 것이 온당한 개념 안에서 이해되는 한 그것들은 복음의 설교를 위한 접촉 지점이 된다.

이런 모든 실제는 당사자에게 정당한 자격을 배속시킨다. 그것들은 말씀의 사역을 위해 교회 구성원의 양심을 민감하게 한다. 그것들은 주님을 섬기기 위해 교회 구성원을 차출하기 위한 권리를 복음의 사역자에게 제공한다. 그리스도인들이 얼마나 멀리 빗나가 있든지 관계없이 그들은 결코 이방인과 동일한 입장에 있지 않다. 출발점의 시각에서 볼 때 회중적 설교는 항상 선교적 설교와는 본질적으로 구별된다.

2) 언약과 보편성

성경은 우리가 진리의 모든 요소에 대한 기초를 인식하고 그 위에서 나아가기를 원한다. 우리는 반드시 교회의 보편성을 존중해야 한다. 심지어 하나님의 의도에 따라 보편성이 부패한 형태로 인류 가운데 번져 나갔을지라도 말이다. 총체적으로 볼 때, 세계만방의 기독교인들은 신약 시대 안에서 이스라엘의 자리를 차지한 하나님의 백성들이다.

따라서 성경은 원칙을 지나치게 강조하고 일치를 갈망하면서, 그리스도라는 이름을 가졌으나 오히려 성경의 그리스도를 부정하고 순전히 일치에만 관심을 두면서 기독교라는 이름을 내주고 이교주의로 돌아가려는 사람들을 정면으로 반대한다.

'필연적 결과'라는 빗자루를 가지고 윤리학자들을 모더니스트들 속으로, 모더니스트들을 사회주의자들 속으로, 사회주의자들을 허무주의자들과 무정부주의자들 속으로 쓸어버리는 일에 기쁨을 맛보려는 사람들이 있다. 그러나 복음 사역자의 부르심은 여전히 구조할 수 있는 것을 구조해 내고, 사람의 다중적 불일치를 복이자 하나님의 제어하시는 은혜의 표현으로 보는 것이다.

3) 언약과 거룩

한편으로 우리는 반드시 교회의 보편성을 유지해야 함에도, 다른 한편으로 우리는 반드시 교회의 거룩성을 고백해야 한다. 우리는 실용주의의 기초 위에서 교회의 본질을 하나님의 말씀의 진리 안에 존재하는 것과는 다르게 정의하지 않아야 한다.

교회는 참되게 그리스도를 믿는 사람들의 모임이고 그렇게 남는다. 심지어 이 땅 위에 있는 모든 교회가 타락하고 퇴보하더라도 말이다. 교회의 존재는 진심 어린 믿음에 의해 결정된다.

따라서 성례는 참된 신자들을 위해서만 도입됐다. 하나님의 말씀의 기초 위에서 우리는 다른 어떤 것을 고백하지 않아야 한다. 심지어 성례가 참된 신자 가운데 속하지 않은 사람들에게 백만 번 집례되더라도 성례의 본질은 그런 이유로 변하지도 않으며 변할 수도 없다.

그러므로 참된 기독교의 세례는 목회자가 수행하는 표지의 집례를 그리스도께서 하늘로부터 성령의 사역과 결합하시고, 수세자가 표지된 것을 받고 향유할 때만 적용된다.

4) 믿음과 회개로의 언약적 소환

이런 이유로 회중적 설교는 결코 믿음과 회개로의 진지한 초청을 빠뜨려서는 안 된다. 언약의 기초 위에서 나아간다고 해 설교자로부터 믿음과 회개로의 초청을 면제시키지 않는다. 오히려 그런 초청을 하도록 설교자에게 의무를 지우는 것은 정확히 바로 이 언약의 기초 위에서 나아가는 것이다.

믿음과 회개로 초청하는 의무는 우선 모든 택자가 이미 자신이 태어난 첫날에 심지어 세례도 받기 전에 중생했다는 가정으로부터 연유되는 것이 아니다.

그리고 이 의무는 그들의 어린 시절에 추정적으로 중생한 사람들과 관련해서만 적용되는 것이 아니다. 오히려 이 의무는 은혜 언약 안에 기초하는데, 이 언약은 하나님의 인도하심 아래 역사적으로 인류 가운데 널리 퍼져 왔다. 그리고 이 의무는 모든 그리스도인과 그들의 자녀들을 포함하며, 그들이 이미 어린 시절에 중생했는지와 관계없이 모두에게 적용된다.

왜냐하면, 우리가 나면서부터 언약 안에 포함되고, 그리스도인 부모에게서 태어나 기독교회 안에 속하고, 거룩한 세례를 받고, 기독교 가정 안에서 양육될 때에도, 하나님은 우리에게 이미 베푸신 복이 얼마나 측량할 수 없이 크든지 간에 이런 모든 복은 여전히 충분하지 않기 때문이다.

각 사람은 개인적, 구원하는 믿음의 의무에 직면한다. 아들을 믿는 사람만이 영생을 가진다. 교회가 이미 모든 구성원을 신자라고 생각하든지 아니면 인간의 마음을 판단할 수 없든지, 교회는 반드시 외적 고백과 행위에 만족해야 하고, 이것들을 교회의 반응을 위한 기초로 삼아야 한다.

이 모든 것은 진리를 조금도 손상하지 않는다. 각 사람은 반드시 그 자신을 살피고 점검해야 하고 교회 안에 있든지 밖에 있든지 간에 어떤 사람도 물과 성령으로 나지 않으면 하나님 나라에 들어갈 수 없다는 진리 말이다. 교회도, 말씀의 사역자도 아니라 오직 하늘에 계신 하나님만이 구원을 주신다.

5) 회중적 설교

그러므로 양 요소, 즉 언약적 요소와 믿음과 회개로 초청하는 요소가 함께 회중적 설교 안에 속한다. 설교자의 설교는 하나님이 앞서 행하신 사역들, 곧 하나님이 자신의 언약 안에서, 자신의 말씀 안에서 그리고 자신의 세례 안에서 수여하신 선물과 복에 연결되어야 한다. 설교는 하나님 자신이 세워 놓으신 기초 위에 지속해서 세워져야 한다.

그러나 또한 자기 점검을 위해 요구되는 경고도 지속되어야 한다. 그래서 사람들이 영원에 대해 그들 자신을 속이지 않도록 말이다. 성경적 설교는 처음만 아니라 계속해서 교회 구성원들을 믿음과 회심으로 진지하게 소환한다. 왜냐하면, 오직 믿는 자만이 구원을 얻을 것이기 때문이다.

구별적 자기 점검의 요소이든지 언약의 토대 위에 지속해서 세우는 요소이든지 이 요소 중 어느 것도 회중을 향한 설교로부터 제외되지 않아야 한다. 주어진 회중 안에서 그리고 주어진 시간에 이들 중 어느 것이 우선순위를 가져야 하는지 묘사할 수는 없다. 이는 시간과 상황에, 회중의 정황과 특수성에 의존한다.

예언적 설교 안에서는 회심으로의 소환이 가장 크게 울려 퍼진다. 사도적 권고 안에서는 그리스도에 대한 지식과 은혜 안에서 자라는 것에 강조가 주어진다. 반면, 높아지신 구주께서 일곱 교회에 보낸 편지 안에서는 경고와 위협이 위안 및 약속과 교차한다.

우리 시대의 교회 안에서 말씀의 사역자는 어떤 성구집 체계에 묶이지 않으며 설교 본문을 선택함에 있어서 자유롭다. 그러나 그 선택은 무작위적이지 않다. 설교 본문을 선택하는 것은 착하고 충성스러운 목자로서 양 떼와 각 양에 대해 말씀의 사역자가 가진 지식에 의해 결정되어야 한다. 또한, 하나님의 전체 경륜을 설교하기 위해 부분이 아니라 말씀 전체를 가르치도록 그에게 위임된 부르심에 의해 조정되어야 한다.

실천적인 점에 있어서 회중적 설교의 이중적 성격은 성만찬의 시행과 관련해서 매우 분명하게 드러난다.

한편으로 신앙을 고백하는 회중의 모든 구성원은 예외 없이 주님의 죽음을 선포하도록 하나님으로부터 의무를 부여받는다.

다른 한편으로 참된 마음을 가지고 하나님께 마음이 향해 있는 사람만이 주님의 만찬에 참여할 수 있다. 실제는 지속해서 '당위'와 '허락' 사이에, 의무와 허용 사이에 고통스러운 분쟁이 많다.

어떤 인간적 추론은 이 분쟁을 풀지 못한다. 우리의 모든 이론에도 불구하고 이 분쟁은 존재하고 계속 존재할 것이다.

한편, 주님의 만찬을 기념하기 위한 의무가 신앙을 고백하는 교회의 각 구성원 모두에게 그리고 수년간 성찬 참여의 재량권을 가졌던 세례받은 각 구성원 모두에게 주어지지 않아야 한다고 주장한다면, 이는 올바르지 않다.
다른 한편, 회중의 구성원들이지만 구원하는 믿음이 결핍된 모든 사람이 주님의 만찬에 자유롭게 접근하고 취할 권리를 가지는 것도 사실이나 마찬가지다.

그러므로 설교는 지속해서 '당위'의 의무와 '허락'의 권리 양자를 함께 유지해야 한다. 하나님은 자신의 말씀 안에서 우리에게 그것을 요구하신다. 하나님은 우리가 이 분쟁이 존재하는 것을 허용하고, 인간적 추론을 통해 이 문제를 제거하려고 시도하지 않기를 원하신다.
그러나 하나님 자신은 이 분쟁을 해결하신다. 그들의 필요 가운데 하나님을 바라보는 사람들에게 은혜를 수여하심으로써 그리고 그분의 부르심에 저항하는 모든 용서할 수 없는 사람들에게 은혜를 보류하심으로써 말이다. 따라서 언약은 주님께서 자신의 작정을 수행하시는 경로가 되는 것이다.

제9장 요약

1. 설교에 있어서 경건주의적 또는 복음 전도적 접근은 회심을 강조하는 점에서 장점이 있지만, 회심 이후의 신자들이 견고하게 성장하고 자신의 부르심에 따라 합당하게 머무르도록 인도하는 점에 있어서 약점이 있다.

2. 설교에 있어서 교화적 또는 윤리적 방법은 교회가 오직 신자들로 이루어진다는 생각에 기초한다. 이런 설교는 신자들의 종교적 인식을 강화하기 위해 의도되어 격려와 교화에 치중한다. 훌륭한 말씀의 전달은 항상 복음 전도적 접근과 윤리적 접근을 조합한다.

3. 전제적 중생에 치우친 사람들은 회중이 오직 신자들로만 구성되고 구성원 모두는 중생한 것으로 간주한다. 여기에는 유아 세례에 참여하는 자녀들까지도 포함된다.

4. 교리에 의해 삶이 지배되는 것을 허용하는 사람들은 교회의 거룩성을 위해 보편성을 희생시킨다. 반면, 삶에 적합하도록 교리를 끼워 맞추는 사람들은 교회의 보편성을 붙들기 위해 거룩성을 내어놓는다. 그러나 우리는 교회의 거룩성과 함께 보편성을 유지해야 한다.

5. 회중적 설교는 언약적 요소와 믿음과 회개로 초청하는 요소가 공존한다. 이는 성찬에서 당위(또는 의무)와 허락(또는 권리)의 이중적 성격으로 드러난다. 하나님은 우리가 이 분쟁이 존재하는 것을 허용하고, 인간적 추론을 통해 이 문제를 제거하려고 시도하지 않기를 원하신다. 왜냐하면 이런 해결은 하나님께서 완전하게 수행하시기 때문이다.

제4부

성령의 직접 사역과 은혜의 방편 사이의 관계

제1장 은혜의 방편에 대한 일반 사항
제2장 은혜의 방편으로서의 말씀
제3장 중생, 믿음, 회심에 있어서 하나님의 말
씀의 작용
제4장 중생 교리와 관련된 논쟁의 해결책

제1장

은혜의 방편에 대한 일반 사항

1. 독특한 질문들에 대한 검토

직접적 중생에 대해 말하는 바를 분명하게 파악하기 위해 결론에 이르면서 더 명확히 해야 할 부분이 있다. 직접적 중생의 문제를 다루면서 초기에 언급한 바는 우리가 직접적 중생 교리를 논할 때 분명하고 타당하게 구별하는 것이 가장 중요하다는 점이었다.

그렇게 하려면 세 가지 질문이 구별되어야 하는데, 먼저 두 질문을 살펴보겠다.

첫째, 성령님이 인간의 마음속에서 어떤 방식으로 일하시는가?

성령님은 밖에서 일정한 거리를 두고 계시면서 말씀과 본보기를 수단으로 해 그저 우리가 다른 사람을 대할 때 묶여 있는 지성과 의지의 통상적인 경로를 따라 사람에게 일하시는가?

아니면 성령님이 인간의 마음속으로 내려오셔서, 성령과 사람의 내적 존재 사이에 아무것도 존재하지 않게 되고 그 사람 안에서 성령님이 직접적이고 불가항력적으로 일하시게 되는가?

이 첫 질문에 답하는 가운데 성경의 기초 위에서 그리고 아우구스티누스의 인도를 따라 우리는 개혁파가 후자의 관점에 동의했다는 것을 발견했다. 성령님은 자신의 사역을 말씀에 연결하신다. 그러나 자신의 사역을 말씀 안에 묶어 두지는 않으신다. 그래서 성령님은 자신의 전능한 능력으로 인간의 마음을 관통하시고, 존재의 가장 깊은 부분 속에서 직접 그 사람을 만지신다. 그래서 그를 새롭게 하셔서 그 사람의 지식과 의지와는 무관하게 원리적으로 하나님의 형상을 따라 부합되게 하신다.

그러므로 중생에서 성령의 사역은 지성의 동의나 자유 의지의 행위로부터 절대적으로 독립적이다. 중생 그 자체와 중생한 사람 사이에는 아무것도 존재하지 않는다. 말씀이나 성례도, 교회나 사제도, 지성이나 의지의 행위도 존재하지 않는다. 성령님은 택함받은 사람의 마음 내부에 직접, 불가항력적으로 중생의 은혜를 주신다. 그리고 이런 점에서 중생은 '직접적'이다.

둘째, 만일 성령님이 직접 사람 내부에 거하시고 자신의 사역을 직접 수행하신다면, 이 직접 사역은 방편의 사용을 배제하는 것인가?

만일 사람의 마음 안에서의 성령의 사역이 직접적이라면, 방편의 사용은 불필요하고 무익하고, 심지어 잘못되고 해롭다는 견해를 수반하지 않는가?

이 질문에 대해 우리가 연구한 바는 다음과 같은 답으로 이끌었다. 개혁파는 중생이 내적이고, 확고하고, 불가항력적이라고 보았으며 그리고 이런 개념 안에서 중생을 성령의 직접 사역이라고 불렀다. 이와 대조적으로 항변파 교리는 중생을 이에 관련되는 사람의 자유로운 동의에 의존적인 것으로 만든다.

이에 더해 우리는 다음과 같이 배웠다. 개혁파는 결코 중생을 성령님이 자신의 사역을 결합하는 은혜의 방편으로서의 말씀에 대조되고 배제하는 방식으로 "직접적"이라고 부르지 않았다고 말이다. 오히려 다양한 신비주의적 그룹에 대한 반응으로 개혁파는 지속적으로 말씀과 성령 사이의 연결을 지지했다. 개혁파가 일관되게 가르친 바는 대체로 그리고 통상적으로 성령님은 말씀의 설교를 수단으로 해 사람을 중생시킨다는 것이다.

그러므로 모든 개혁파는 교의적 취급을 할 때 차별없이 중생에 앞서서 부르심을 먼저 논했다.

2. 세 번째 질문[1]

1) 성령의 직접 사역과 은혜의 방편 사이의 관계는 무엇인가?

이 두 질문을 논함에 따라서, 셋째이자 마지막 질문이 떠오른다.

만일 사람의 마음속에서 성령의 사역이 방편의 사용을 불필요하거나 유해한 것으로 만들지 않는다면, 우리는 성령의 직접 사역과 방편의 작용들 사이에 존재하는 관계를 어떻게 보아야 하는가?

모든 사람이 즉각적으로 이 질문의 무게와 어려움을 감지한다.

도르트 신조는 중생과 관련해 이렇게 고백했다.

> 분명히 중생은 단지 외적 가르침에 의해 아니면 도덕적 설득에 의해 일어나는 것은 아니다. 오히려 중생은 전적으로 초자연적이고, 가장 강력하고, 가장 즐거운 사역이며, 동시에 기묘하고, 은밀하고, 형언할 수 없는 일이다. 이생에서 신자들은 이 사역의 방식을 온전하게 이해할 수 없다. 그런데도 신자들은 다음과 같은 사실 안에서 안식한다. 그들은 하나님의 은혜에 의해 마음으로부터 믿고 그들의 구주를 사랑한다는 것을 알고 경험한다는 사실 말이다(도르트 신조 3-4조 12-13항).

중생 안에서 성령의 사역과 은혜의 방편으로서 말씀 사이의 관계를 조사할 때, 우리는 이 아름다운 고백의 기초 위에서 나아갈 수 있다. 이 관계를 조사하는 마지막 단계에서 우리에게 분명해질 것은 우리가 겸손함을 가지고 위의 고백으로 돌아갈 필요가 있을 것이라는 점이다.

---

1 편집주: 제1부 제1장 각주 11번을 보라.

2) 방편의 능력에 대한 일반 사항

우리가 은혜의 방편을 논하면서 결론지을 때 잠시 고려하고자 하는 위의 질문은 모든 사람이 즉시 인식하는 대로, 일반적으로 은혜의 방편의 중요성과 능력에 연루된다. 중생은 언약의 경로를 따라서 자신의 택자들에게 하나님이 부여하시는 많은 은덕 중 하나일 뿐이다.

이런 모든 은덕은 하나님이 직접적 방식 안에서가 아니라 오히려 말씀과 성례의 방편과 관련지어 주신다. 이를 위해 말씀과 성례는 하나님이 자신의 주권과 호의 안에서 지정하시고 도입하신 것이다. 성령님은 거룩한 복음의 선포에 의해 우리의 마음 안에 믿음을 일으키시고 성례의 사용을 통해 믿음을 강화하신다.

더욱이 은혜의 방편에 대해 사람들이 할당하는 중요성과 능력은 사람들이 창조, 보존, 세상의 통치 안에 있는 하나님의 매개적 사역을 이해하는 것과 밀접하게 관련된다. 일반적으로 세상에 대한 하나님과의 관계는 또한, 특별 은혜의 영역 안에서 재창조하시는 하나님 자신의 활동에 있어서 방편을 사용하시는 양식을 결정한다.

하나님과 피조물 사이의 차이를 지워 버릴 정도까지 서로를 분리해서 피조물에 독립적 존재성을 부여하는 만큼, 아니면 하나님과 세상 사이에 차이점과 연결점을 유지하는 만큼 은혜의 방편에 할당하는 가치도 그만큼 다를 것이다.

창조와 섭리에 있어서 세상에 대한 하나님의 관계성 교리에 더해, 통상적으로 은혜의 방편 교리에 있어서 중생 안에서 성령의 사역과 말씀의 능력의 관계성 사이에 형성된 연결은 지금 우리가 주목하는 질문이 몇 문장으로 충분하게 다루어질 수 없다는 것을 매우 분명하게 한다.

그러므로 우리는 그런 식으로 처리하기보다는 앞서 언급된 질문을 논하면서 표면으로 드러난 두드러진 몇 가지 사항들만 간단하게 제시할 것이다. 그러기 위해서 우리는 하나님과 함께 수단과 목적이 항상 협력한다는 장엄한 개혁파 사상으로부터 나아가고자 한다.

하나님의 작정 안에서 원인과 결과, 과정과 열매는 분리할 수 없는 상호 연결성 가운데 세워진다. 하나님의 작정은 스스로 존재하는 다양한 우연적 현상의 느슨한 조합이 아니다. 오히려 밀접하게 관련된 결정들의 복합으로 구성되며 깨질 수 없는 하나의 완전체와 하나님의 생각들의 하나의 체계, 시간 안에서 존재하게 될 혹은 일어날 모든 것의 단일한 배열을 형성한다.

하나님은 이 작정을 시간 안에서 실행하신다. 그러므로 하나님의 영원한 작정 안에서 생각과 결정이 관련된 것처럼, 마찬가지로 시간 안에 일어나는 모든 것이 분리될 수 없는 방식으로 상호 관련되어 있다. 그러므로 우리 인류는 수단에 묶여 있는 셈이다. 어떤 목표를 추구하는 사람이라면 누구나 반드시 그 목표를 향해 이끄는 경로를 통과해야 한다.

일하지 않는 사람이라면 누구든지 먹지 말아야 한다. 속이는 손으로 일하는 사람은 누구든지 가난하게 되지만 근면한 손은 부하게 한다. 주님은 자신의 목적을 달성하기 위해 자신의 경륜 안에서 세운 수단들에 자신을 부착시킨다. 예정은 이성적 피조물들의 영원한 상태의 결정을 품을 뿐만 아니라, 그 영원한 상태로 이끄는 수단과 경로들의 결정도 품고 있다.

하나님은 창조와 재창조 안에서, 일반 은혜와 특별 은혜의 영역 안에서 항상 이런 방식으로 일하신다.

하나님은 태양을 통해 지구를 비추고 따뜻하게 하신다. 하나님은 구름으로부터 떨어지게 하신 비를 통해 경작된 밭에 물을 주신다. 하나님은 농부의 경작을 통해 밭에 소출을 주신다. 하나님은 노동자들이라는 수단을 통해 집을 지으신다. 하나님은 부모라는 수단을 통해 자녀들을 낳으신다. 하나님은 음식이라는 수단을 통해 영양분을 공급하신다. 하나님은 물을 통해 갈증을 해소하신다. 하나님은 약을 통해 병을 고치신다.

하나님은 사람의 지성과 의지를 사용해 사람을 통치하신다. 항상 그리고 어디서나 주님은 산출을 경로에, 목표를 수단에 묶으신다. 하나님은 모든 것을 상호 관련 안에서, 상호 관련을 통해 유지하시고 다스리신다.
그러나 이것이 얼마나 참되든지 간에 우리는 잠시라도 다음 사실을 잊어서는 안 된다. 존재와 사역에서 주인 되시는 하나님은 언제라도 결코 이런 모든 수단에 의해 자신의 피조물로부터 분리되지 않으신다는 점 말이다. 하나님과 그분의 피조물 사이에 서 있는 것은 아무것도 없다. 그 피조물이 무엇이든지 간에 말이다.
하나님은 비매개적으로 그리고 직접 자신의 존재와 능력과 함께 모든 것 안에 현존하신다. 하나님 안에 모든 것이 살고 움직이고 존재한다. 하나님은 빵이라는 수단에 의해 우리에게 양분을 주신다. 그러나 이것은 어머니가 자신의 자녀들에게 빵을 분배하듯이 마치 주님 자신께서 자신의 능력을 가지시고 우리 밖에 계시며 그저 멀리서 빵을 전달해 주시는 것으로 이해하면 안 된다.
오히려 하나님은 자신의 권능과 함께 빵 그 안에 현존하신다. 하나님은 빵의 양분을 주는 능력을 순간순간 보존하신다. 빵이 우리 몸에 들어갈 때 그리고 우리 몸에서 에너지로 변환될 때 하나님은 그 빵에 자신의 능력을 수반하신다.
그러므로 사람은 그 빵만의 수단에 의해서가 아니라 하나님의 입으로부터 나오는 말씀의 수단, 능력, 복 그리고 하나님이 순간순간 빵 안에서 일하시고 유지하시는 것을 통해 살게 된다. 그래서 만일 주님이 집을 세우지 않으시면, 집 짓는 자의 수고는 헛되다. 만일 주님이 성을 지키지 않으시면 파수꾼의 경성함은 헛되다(시 127:1).
주님은 모든 것을 매개적으로 유지하시고 다스리신다. 그러나 자신의 편재하시고 전능하신 권능과 함께 하나님 자신은 자신의 모든 피조물 안에 비매개적으로 현존하신다.

3) 이 관계의 신비

사람은 빵만으로 사는 것이 아니라 하나님의 입에서 나오는 모든 말씀 때문에 산다. 이는 사람이 생명의 유지를 위해서 빵이 필요하다는 점을 함축한다. 어떤 음식도 먹지 않는 사람은 굶어 죽을 것이다. 그러나 사람을 지탱하게 하는 것은 빵 그 자체가 아니라 말씀이다. 이 말씀은 하나님의 입으로부터 나오는 권능이자 복이다. 그리고 이 말씀은 음식의 유효한 작용에 결합한다.

만일 필요하다면 하나님은 음식과 함께 또는 음식 없이 동등하게 사람을 지탱시킬 수 있다. 모세는 40일간 산에서 지냈다. 예수님도 광야에서 40일간 지내셨다. 그들 모두 먹지 않고 말이다. 그들은 하나님의 권능의 수단에 의해 지탱되고 채움 받았다.

그러므로 사람을 살아 있게 하는 하나님의 능력은 한편으로는 음식과 관련된다. 그러나 다른 한편 그 능력은 하나님이 음식 없이는 사람을 유지하고 살아 있게 할 수 없을 만큼 그렇게 견고하게 음식에 묶여 있지는 않는다. 이 점에서 우리는 이 경로의 양 측면에 대한 오류들, 즉 우리가 반드시 대항해야 할 오류들을 규정할 수 있다.

그러나 과연 누가 음식의 양분을 주는 능력과 하나님의 복 사이의 실제 관계, 즉 비록 사람이 빵만으로 사는 것은 아닐지라도, 사람이 필요로 하는 빵과 하나님의 입으로부터 나오는 능력의 말씀 사이의 관계를 설명할 수 있는가?

심지어 자연 세상 속에서도 생명은 기원과 성장, 부패와 퇴보의 측면에서 하나의 신비다. 이는 우리가 고려해야 할 신비이지만 우리가 꿰뚫어 볼 수는 없다. 또한, 이 점에서 신앙고백은 우리가 현세에서는 창조와 생명의 유지 속에서 하나님의 사역 방식을 완전히 이해할 수 없다고 밝힌다.

만일 이것이 지금 이 자연계 내의 경우라면, 영적 영역에 대해서는 얼마나 더 많이 적용되겠는가?

하나님이 은혜의 방편을 통해 자신의 택자들에게 영적 생명과 영적 능력을 어떤 방식으로 전달하신다고 누가 말할 수 있다는 말인가?

또한, 우리는 여기에서 아마도 어느 측면이든지 간에 경계, 즉 우리가 생각해야 하는 범위 내의 경계를 더듬을 수 있다. 칼케돈 공의회가 그리스도의 두 본성의 연합과 관련해 수행했던 것처럼 말이다. 그러나 우리는 하나님의 은혜와 하나님이 은혜를 부여하시는 가운데 사용하시는 수단들 사이에 설립된 관계를 고정되고 분명한 공식으로 묘사할 수는 없다.

3. 중세에 전개된 관점

1) 물리적 작용의 관점

중세에 사람들은 이 관계에 대해 더욱 깊이 생각하기 시작했는데 특별히 두 가지 의견이 개진되었다. 어떤 사람들은 은혜의 방편, 특별히 성례의 경우에 있어서 물리적 작용을 받아들였고 다른 사람들은 도덕적 작용을 받아들였다.

물리적 작용의 옹호자들은 다음과 같은 방식으로 추론했다. 하나님은 자연계 안에서 수단 그 자체 안에 하나님이 부여하신 능력을 심어 놓으셨다. 양분을 공급하는 능력은 빵 안에 놓여 있다. 갈증을 해소하는 능력은 물 안에 있다. 치유하는 능력은 약 안에 존재한다.

이는 하나님이 영적 영역 안에서 은혜의 방편 안에 은혜를 심어 놓으신 방식이기도 하다. 그래서 하나님은 수령자에게 은혜를 전달하고 교통하기 위해 자신의 도구로서 은혜의 방편을 도입하신다.

그러므로 성례의 수령자가 공유하는 은혜는 그 성례의 열매다. 마찬가지로 성장하는 것은 음식을 사용한 열매가 된다. 아니면 다른 이미지가 자주 도입되는데, 마찬가지로 나무가 잘리는 것은 나무꾼의 손에 있는 도끼의 산물이라는 것이다.

나무꾼은 나무를 쪼갠다. 그러나 그는 매개 없이 그렇게 하지 않는다. 오히려 도끼라는 방편을 가지고 매개적으로 그렇게 한다. 그리고 도끼는 나무를 갈라놓는다. 비록 그 자체의 힘으로가 아니라 나무꾼의 손안에서 그렇게 되지만 나무의 쪼개짐은 나무꾼의 손안에 있는 도끼가 작용한 직접 결과다.

그래서 하나님 또한 은혜의 영적 능력을 하나님이 그 수단의 집행 가운데 사용하시는 방편들 안에 심어 두신다. 은혜는 하나님이 이용하시는 그리고 하나님의 손안에 있는 은혜의 방편들의 직접적 열매다. 화가의 손에 들려진 화필처럼, 조각가의 손에 들려 있는 끌처럼, 어떤 측면에서 볼 때 도구들에 의해 초래되는 일이 도구 그 자체 안에 포함된다.

또한, 은혜의 방편은 그것이 초자연적 도구로 사용되는 순간에 하나님에 의해 들어 올려진다. 그래서 은혜의 방편은 그 자체 안에 포함된 은혜를 수령자들에게 전달할 수 있게 된다.

2) 물리적 작용의 관점은 지지받지 못함

그러나 많은 사람이 은혜의 방편에 대한 물리적 작용의 관점을 비판했다. 사실 이 관점의 비타당성을 규정하기 위해 내세울 만한 반대들이 있다.

첫째, 초자연적인 영적 은혜가 물리적 표지 안에 존재하고 제한된다고 생각하기는 어렵다. 화필과 끌은 본래 그것들이 만들 수 있는 것 외에 어떤 다른 작품을 만들지 않는다.

심지어 우리가 말하는 단어도 그 자체로는 그것이 규정하는 것을 어떤 식으로든 담고 있지 않으며, 단지 그 규정하는 것에 대한 표지이자 지시일 뿐이다. 그래서 그 단어를 듣는 사람의 기억으로 그 규정하는 것을 불러낸다.

그렇다면 어떻게 은혜의 방편이 영적, 초자연적 능력을 갖추어 이 능력을 수령자에게 전달해 보낼 수 있다는 말인가?

둘째, 도구는 오직 작용의 대상에 접촉할 때에만 작용한다. 나무꾼의 도끼는 오직 그것이 나무를 칠 때만 나무를 쪼갠다.

그래서 은혜의 방편은 오직 적용되고 사용되는 곳에서만 작용하며 다른 곳에서는 작용하지 않는다. 세례의 물 그리고 성만찬의 빵과 포도주는 수령자의 몸에만 접촉할 뿐이며, 결코 그의 영혼에 은혜를 유효화시키지 못한다. 영혼에 대해 그것들은 표지일 뿐이다.

심지어 말씀은 그 자체로는 우리의 귀를 관통하는 소리에 지나지 않는다. 따라서 우리의 영혼 내에 그 말씀이 언급하는 개념을 전혀 일으킬 수 없다. 어떤 단어를 온당하게 이해하기 위해서, 무언가 다른 것이 필요하다. 이른바 단어의 소리라는 수단에 의해 표지의 실체로 인도되는 명확한 이해가 필요한 것이다.

셋째, 말할 것도 없이 은혜가 만일 물리적 표지 안에 그런 식으로 가두어질 수 있다면 은혜는 영적 성격을 잃어버릴 것이다. 은혜의 탁월한 혜택은 죄의 용서다. 그리고 은혜는 하나님이 우리에게 더 이상 진노하지 않고 오히려 자신의 호의를 보이시고 자신의 자상한 얼굴을 비추신다는 사실에 존재한다.

어떻게 이 은혜가, 하나님의 이 호의가 하나님 자신으로부터 분리될 수 있겠는가?

어떻게 은혜가 물리적 표지에 갇혀지고 그런 경로를 따라서 마치 물리적 표지가 은혜의 방편을 받는 사람에게 전달하는 것인 양 은혜가 부여될 수 있다는 말인가?

이런 부류의 그리고 이와 비슷한 고려들이 중세에 은혜의 방편들의 물리적 작용에 대한 동의를 안착시키지 못하도록 많은 사람을 제지했다. 트렌트 공의회 이후 현재까지, 일부 로마가톨릭교회 신학자들은 이런 반대들에 대한 무게를 매우 깊이 지속해서 감지해 왔다. 그래서 그들은 개혁파 관점과 다소 비슷하게 은혜의 방편의 작용에 대한 관점을 제시했다.

그러나 트렌트 공의회 이후에는 로마가톨릭교회 안에서 그런 수정된 관점에 대한 더 이상의 어떤 여지가 없는 것으로 드러난다. 왜냐하면, 트렌트 공의회는 성례 안에서 외적 표지는 그저 은혜를 표지하는 것만이 아니라 오히려 상당히 확실하게 본질에서 은혜를 포함하고 부여한다고 규정했기 때문이다. 그러므로 로마가톨릭교회와 함께 성례는 시행되는 일의 능력 덕분에(*ex opere operato*) 수령자 안에 은혜를 유효화시키는 도구이다.

성례에 대한 이런 물리적 작용에 대한 반대 의견에 대항해, 로마가톨릭교회 교리 문답은 단지 다음과 같이 진술한다. 성례가 작용하는 특성은 불가해(不可解)하고, 보이는 것은 본래 인간의 영혼을 관통할 수 없지만 전능하신 하나님이 성례 위에 능력을 부여하심으로 성례들은 본래 고안된 것들에 대한 효력을 발휘할 수 있게 된다고 말이다.

3) 도덕적 작용의 관점

물리적 작용이 은혜의 방편에 포함된다는 의견에 더해, 이미 중세에는 은혜의 방편을 도덕적 혹은 윤리적 작용으로 여기는 관점이 존재했다. 이 관점에 대해 옹호자들은 성례가 은혜를 직접 전달하지 않고 매개적으로 전달한다고 가르쳤다.

하나님은 보이는 표지 안에 은혜를 심지 않으신다. 따라서 하나님은 성례를 마치 통로인 것처럼 사용해 사람의 영혼에 은혜를 전달하지도 않으신다. 성례가 아니라 하나님 자신이 자신의 충만함으로부터, 도입된 목적에 따라 성례를 사용하는 사람에게 은혜를 전달하신다.

그러므로 은혜의 방편은 계약이 작동하는 방식으로 일한다. 하나님이 자원하셔서 사람과 함께 들어간 계약 말이다. 하나님의 도입 목적에 따라 성례가 시행될 때, 하나님은 자신의 위대한 선하심 안에 그 자신을 묶으셔서 믿음 안에서 은혜의 방편을 받고 사용하는 모든 사람에게 성례 안에서 표지되는 은혜를 부여하신다.

사람들은 다양한 은유를 사용해 은혜의 방편의 이런 작용을 명확하게 하려고 시도했다. 그러므로 사람들은 성례가 왕실의 홀을 넘겨주는 것이 군주의 대권을 주는 것과 같이 그리고 누군가에게 건물에 대한 열쇠를 주는 것이 그 건물에 대한 권한을 부여하는 것과 같이 그런 방식으로 성례가 은혜를 부여한다고 제안했다. 성례는 하나님이 그것들을 통해 부여하시는 은혜의 표지이다. 그리고 단지 표지일 뿐 아니라, 은혜가 그 아래에서 부여되는 조건이며, 그 안에서 부여되는 기회이다.

엘리사의 말과 요단강에서 씻는 것이 나아만의 치유 원인이 아니라 오히려 하나님의 능력이 치유의 원인이었던 것처럼, 은혜는 성례 때문에 주어지는 것이 아니라 오직 하나님에 의해 주어진다. 그러므로 성례는 온당한 의미에서 원인, 수단 혹은 은혜의 도구라고 불릴 수 없다. 하나님은 자신의 도입 목적에 맞게 성례를 사용하는 각 사람에게 은혜의 전달을 약속하셨고, 이에 따라 하나님이 스스로 의무를 지는 한에 있어서, 그런 용어들은 그저 비유적일 뿐이다.

4) 도덕적 작용의 관점에 대한 로마의 거부

종교개혁 이전 수 세기 동안 몇몇 신학자만 이 의견을 품은 것은 아니었다. 심지어 신학자 보나벤투라는 이 관점이 믿음을 높이는 점에 있어서 전혀 상충하지 않고, 아마 상당히 정확한 것이라고 인식했다.

그러나 이미 언급했듯이, 트렌트 공의회 이후 로마가톨릭교회 안에서는 이 개념이 설 자리가 없는 것으로 드러났다. 이 시기 이후 여전히 도덕적 작용의 관점을 지지하고 이런저런 식으로 교회의 가르침과의 일치 속으로 그 관점을 가져오기 위해 노력한 신학자들이 있었다.

그러나 이런 신학자들은 반대자들로부터 자신들을 대항해 겨누는 고소를 지속해서 들었다. 성례를 단지 도덕적 작용에만 할당하고, 은혜의 방편을 표지, 조건 혹은 기회로 축소하고, 어떤 도구적 또는 원인이 되는 성격을 성례에 할당할 수 없다고 한 점에 대해 말이다.

그러므로 로마가톨릭교회는 성례를 은혜의 전달 및 운반 장치로 바꾸었다. 그리고 그들이 이 길을 따라가는 만큼 그들은 은혜를 외형화시켰고, 말씀의 능력을 강탈했고, 교회를 구원의 중재자의 위치까지 상승시켰다.

로마가톨릭교회에 있어서 은혜는 사람을 그가 타락해 들어간 죄책과 비참의 상황으로부터 구해 내는 것을 위해 먼저 일하지 않는다. 오히려 그 어떤 것보다도 은혜는 순수한 자연 상태를 넘어 사람을 승급시키기를 추구한다. 그리고 은혜는 초자연적 능력을 부여함으로써 개인을 초자연적 구원을 받을 만한 위치에 둔다.

참된 은혜는 사람의 본성에 첨가되는 초자연적 선물이다. 은혜는 초자연적 능력을 주입하는 정도만큼 죄의 용서에 있지는 않다. 비록 은혜는 영적임에도 불구하고, 그릇처럼 성례 안에 포함되어 있고, 도구를 사용하는 것처럼 성례를 통해 주어지는 개별적인 능력의 부류로서 점점 더 인식된다.

은혜에 대해 이런 관점을 가진다면 은혜의 방편으로서의 말씀은 점차 그 중요성과 가치를 잃어버리게 될 것이 분명하다. 결국, 문제의 본질상 이런 종류의 은혜는 말씀을 통해 주어질 수 없다. 그러므로 로마가톨릭교회에 있어서, 복음은 본질에서 율법과 다르지 않다.

사실 복음은 새로운 율법이다. 복음은 단지 명령과 조언만 포함할 뿐이지 사람이 그 명령들과 조언들을 지킬 수 있는 능력을 결코 줄 수 없다. 그러므로 말씀은 단지 실제적이고 초자연적인 은혜의 수령에 선행하는 그런 준비적인 수단에만 속한다.

말씀은 단지 율법과 명령들을 알기 위한 자료일 뿐이며 단지 인간의 지성으로만 향한다. 역사적 믿음(historical faith)[2]은 말씀을 받는 일과 사제에

---

2   역자주: 역사적 믿음은 도덕적·영적 목적 없이 진리를 순전히 지성으로 이해하는 것이

의해 세례 안에서 수여되는 은혜의 수령을 위해 사람을 준비시키는 일에 충분하다.

그러므로 로마가톨릭교회 신자는 자신의 구원을 위해 절대적으로 교회에 묶인다. 만일 말씀이 은혜의 정당한 수단이라면 사람은 교회와 사제에 의존하지 않고 구원받을 수 있다. 왜냐하면, 말씀은 다양한 경로로 그에게 오며 교회의 목회자에 의해서 공식적으로 올 뿐만 아니라, 들을 수 있고 읽을 수 있는 문장으로 훈계와 연설의 형태 안에서 부모들과 교사들의 도움을 통해서도 오기 때문이다.

그러나 만일 은혜가 오직 성례에 의해서만 수여된다면 사람은 이 은혜를 받기 위해 사제에게로 가야 하고 자기 영혼의 구원을 위해 사제에게 의존해야 한다.

5) 도덕적 작용의 관점에 대한 개혁파의 지지

한 요소는 항상 다른 것들에 묶여 있다. 예를 들어, 성만찬 교리처럼 종교개혁자들이 한 가지 문제에 대해 로마가톨릭교회에 대항해 싸울 때, 그들은 율법과 복음, 말씀과 성례 그리고 교회의 직분에 대한 전적으로 다른 관점을 형성하도록 요구받는다.

특별히 그들은 은혜의 방편의 물리적 작용을 거부하도록 요구받고, 이미 중세에 많은 신학자에 의해 변호되었으나, 점차 로마가톨릭교회에 의해 기피된 의견으로 돌아가도록 요구받는다. 말씀과 성례는 도덕적 작용 외에 다른 작용은 수행하지 않는다.

그것들은 계약과 같은 방식으로 작용한다. 하나님은 자신이 지정한 목적에 따라서 믿음 안에서 이들 신적 능력으로 도입된 수단들을 사용하고

다. 이 신앙은 인격적으로는 관여하지 않고, 어떤 역사를 받아들이듯이 성경의 진리를 받아들인다는 개념을 표현하고 있다. 다음을 참조하라. 루이스 벌코프, 『벌코프 조직신학』, 권수경, 이상원 역 (파주: 크리스챤다이제스트, 2016), 752.

향유하는 사람은 누구든지 자신의 은혜를 수여받도록 자신을 묶으셨다.

말하자면 하나님은 이런 수단들 안에서 우리에게 스스로 빚을 지셨다. 우리가 타당한 방식으로, 즉 어린아이같이 순종함으로 은혜의 방편들을 사용할 때마다, 하나님은 그것들에 기초해서 우리가 하나님께 간구하고 또 그분에게서 나오는 모든 것을 기대할 권리를 우리에게 주신다.

그리고 나서 하나님은 자신의 언약을 통해, 즉 자신의 약속들을 통해 우리의 모든 영적 그리고 물리적 필요를 공급하기 위해 자신을 묶으신다.

따라서 은혜는 사실 수단에 연결되어 있다. 그러나 수단에 주입된 것은 아니다. 그리고 수단에 얽매여 있지도 않다. 은혜가 말씀을 전하고 성례를 수행하는 목회자의 권위와 통제 아래에 있는 것도 아니다. 오히려 은혜는 자신의 주권적이고 선한 즐거움을 따라 성령을 통해 그리스도 안에서 은혜를 수여하시는 하나님의 자산으로 남는다.

그러므로 정당하게 말하자면 은혜의 방편이 시행될 때마다 외적이고 가시적인 표지들과 영적이고 비가시적 은혜 사이의 연합이 마치 이들 양자 모두가 어떤 방식으로든 국지적으로 묶이고 서로 결합하는 것인 양 존재하게 되는 것은 아니다. 오히려 믿음 안에서 은혜의 방편을 사용하는 사람의 영혼과 은혜 사이에 연합이 일어나는 것이다.

이것은 이미 중세에 심오하고 경건한 신학자 보나벤투라가 말했던 방식이다. 그는 컵이 물을 담거나 알약이 약물을 포함하는 것처럼 성례는 그 자체 안에 은혜를 포함하지 않는다고 선언했다. 오히려 성례는 은혜를 표지하고 가리킨다. 만일 은혜가 성례 때문에 수여된다고 주장한다면, 은혜는 가시적 표지에 주어지는 것이 아니라 수령자의 영혼에 주어지는 것이라고 이해되어야 한다.

후대에 개혁파 신학자 가운데 고마루스가 표지된 것이 표지에 연합되기보다는 우리에게 연합된다고 말하는 것이 더 정확하다고 주장한 것 역시 동일한 개념 안에서 표현한 것이었다. 신비한 연합은 그리스도와 우리의 영혼 사이에 일어난다. 그리고 은혜의 방편들은 표지이자 봉인으로 기능한다.

제1장 요약

1. 주님은 모든 것을 매개적으로 유지하시고 다스리신다. 그러나 자신의 편재하시고 전능하신 권능과 함께 하나님 자신은 자신의 모든 피조물 안에 비매개적으로 현존하신다.

2. 우리는 하나님의 은혜와 하나님이 은혜를 부여하시는 가운데 사용하시는 수단들 사이에 설립된 관계를 고정되고 분명한 공식으로 묘사할 수는 없다.

3. 은혜의 방편은 그것이 초자연적 도구로 사용되는 순간에 하나님에 의해 들어 올려진다(은혜와 방편 사이의 물리적 작용의 관점). 그래서 은혜의 방편은 그 자체 안에 포함된 은혜를 수령자들에게 전달할 수 있게 된다. 이 관점은 다음과 같은 이유로 비판받았다.

    (1) 초자연적인 영적 은혜가 물리적 표지 안에 존재하며 제한된다고 생각하기는 어렵다.
    (2) 도구는 작용의 대상에 접촉할 때에만 작용한다. 그러나 물리적 도구들은 그 자체로 영혼에 접촉하지 못한다.
    (3) 은혜가 물리적 표지 안에 가두어질 수 있다면 은혜는 영적 성격을 잃어버릴 것이다.

4. 성례는 은혜를 직접 전달하지 않고 매개적으로 전달한다(은혜와 방편 사이의 도덕적 작용의 관점). 하나님은 보이는 표지 안에 은혜를 심지 않으신다. 하나님은 성례를 마치 통로인 것처럼 사용해 사람의 영혼에 은혜를 전달하지도 않으신다. 성례가 아니라 하나님 자신이 자신의 충만함

으로부터, 도입된 목적에 따라 성례를 사용하는 사람에게 은혜를 전달하신다.

5. 로마가톨릭교회는 성례를 은혜의 전달 및 운반 장치로 바꾸었다(은혜와 방편 사이의 관계에 대한 로마가톨릭교회의 입장). 그래서 은혜를 외형화시켰고, 말씀의 능력을 강탈했고, 교회를 구원의 중재자 위치까지 상승시켰다.

6. 로마가톨릭교회에서 은혜는 사람을 타락에서 구해 내는 것보다는 초자연적 능력을 주입하는 데 있다. 은혜는 영적임에도 불구하고, 그릇처럼 성례 안에 포함되어 있고, 도구를 사용하는 것처럼 성례를 통해 주어지는 개별적 능력의 부류로 인식된다.

7. 은혜는 수단에 연결되어 있지만, 수단에 주입된 것은 아니며, 수단에 얽매여 있지도 않다(은혜와 방편 사이의 관계에 대한 개혁파의 견해). 은혜가 말씀을 전하고 성례를 수행하는 목회자의 권위와 통제 아래에 있는 것도 아니다.

8. 오히려 은혜는 자신의 주권적이고 선한 즐거움을 따라서 성령을 통해 그리스도 안에서 은혜를 수여하시는 하나님의 자산으로 남는다. 믿음 안에서 은혜의 방편을 사용하는 사람의 영혼과 은혜 사이에 연합이 일어난다. 은혜의 방편은 표지이자 봉인으로 기능한다.

제2장

은혜의 방편으로서의 말씀

1. 개요

은혜의 방편 그 자체는 도덕적 작용만 가지고 있을 뿐이다. 은혜의 방편은 그 자체로는 재창조의 능력을 갖추고 있지 않다. 왜냐하면, 하나님의 은혜는 방편 안에 주입된 것이 아니라 은혜의 방편에 수반하기 때문이다. 비록 하나님은 자신의 위대한 선하심 안에서 방편을 도입하고 방편을 통해 일하시지만, 하나님 자신은 그런 방편에 비의존적으로 남으신다. 하나님은 죄인의 마음 안으로 내려오신다. 그리고 거기에서 자신의 은혜와 성령으로 직접, 확고하게, 부드럽고 사랑스러운 방식으로 일하신다.

그러나 성례와 관련해서는 이런 연결점에 대해 더 이상 말할 필요가 없을 것이다. 논의를 위해 이런 연결점을 제시하는 가운데 우리가 관심을 기울이는 바는 그저 통상적으로 은혜의 방편의 성격과 작용을 간략하게 명료화하는 것이다. 이 점에서 우리는 우리의 주의를 은혜의 방편으로써 말씀에만 제한할 것이다. 그리고 다음 질문에 답하고자 할 것이다.

중생과 회심에 연결해 말씀에 어떤 작용이 할당되어야 하는가?

통상적으로 은혜의 방편은 살펴본 바와 같이 그저 도덕적 작용을 수행할 수 있을 뿐이기 때문에, 이 점은 말씀에도 적용되는 것이 분명해 보인다. 적어도 우리는 이런 결론을 끌어내기 위해 개혁파 관점의 기초에 근거한 충분한 권위를 가지고 있다. 이는 로마가톨릭교회와는 다르다. 왜냐하면, 로마가톨릭교회의 경우 말씀에는 준비적이고 양육하는 작용을 할당하고, 성례에는 은혜를 주입하는 작용을 할당하면서 은혜의 방편들 사이에 실질적 구별을 만들기 때문이다.

그러나 개혁파는 말씀과 성례를 은혜의 방편을 가리키는 말로 함께 다룬다. 개혁파는 성례를 말씀에 종속시킨다. 왜냐하면, 말씀을 떠나서 성례는 성례일 수 없기 때문이다. 말씀과 성례 양편 모두의 경우 우리에게 선포되는 것은 말씀이다. 하나는 들리는 것이고 다른 하나는 보이는 것이다.

양편 모두 동일한 그리스도를 우리에게 가르친다. 그리고 양편 모두 동일한 은덕을 지시한다. 만일 통상적으로 은혜의 방편이 그저 도덕적 작용만을 소유한다면, 은혜의 방편으로서의 말씀에서도 동일하게 그렇다는 점은 분명하다.

2. 하나님의 '말씀'의 다양한 개념

1) 신적 로고스로서의 말씀

성경에 있는 하나님의 말씀에 대해 우리는 한 가지 이상의 개념을 말할 수 있다.

먼저 '말씀'이라는 용어는 특별히 요한복음에서 그리스도 안에서 성육신하신 하나님의 아들을 뜻한다. 말씀으로서 그분은 하나님과 함께 태초에 계셨다. 그리고 그 자신이 하나님이시며, 하나님 영광의 광채이시고, 하나님의 본성의 정확한 각인이셨다. 성육신하신 하나님의 아들은 말씀, 로고스라는 이름을 지니시는데, 이는 성부께서 영원히 성자 안에서 자신의 전(全) 존재를 선포하시고, 이에 성자께서 성부 안에서 생명을 가지게 하셨기 때문이다.

분명히 이런 개념 안에서 보면, 하나님의 말씀은 그저 도덕적인 것이 아니라 창조하고 재창조하는 작용을 소유한다. 왜냐하면, 우리는 말씀을 통해 만물이 지음을 받았다고 읽기 때문이다. 그리고 그 말씀이 없이는 지은 바 된 것이 하나도 만들어지지 않았다.

그 말씀 안에 인간의 생명과 빛이 있었다. 로고스로서, 그분의 신성에 따라서 그리스도는 보이지 않는 하나님의 형상이며 자신의 창조의 시작이며 모든 피조물 중에 처음 난 것이었다.

로고스를 통해 만물이 함께 존재한다. 성부와 성령과 함께 로고스인 그리스도는 만물의 창조와 보존 안에서 신적 능력을 공유하시는 것처럼, 재창조 안에서 성부와 성령과 함께 교제함 가운데 신적 능력을 소유하시고 실행하신다. 성부께서 죽은 사람들을 일으키시고 그들을 살리시는 것처럼, 성자께서도 자신이 뜻하는 사람들을 소생시키신다.

죽은 사람이 하나님의 아들의 음성을 들을 때가 이미 왔다. 그리고 듣는 사람은 살아날 것이다. 그리고 무덤에 있는 모든 사람이 그의 음성을 듣고 살아날 때가 오고 있다. 선을 행한 자는 생명의 부활로 악을 행한 자는 정죄의 부활로 나올 것이다.

이 모든 것은 성경이 하나님의 독생자를 가리키면서, 없는 것을 있었던 것처럼 불러내는 창조와 재창조의 권능을 하나님의 말씀에 귀속시키고 있음을 보여 주기에 충분하다(고전 1:28).

2) 하나님의 말씀 하심으로서의 말씀

다음으로 '말씀'이라는 용어는 종종 성경에서 하나님이 만물을 창조하시고 보존하시고, 재창조하시고 재생시키실 때 하나님에게서 나오는 것을 지칭한다. 성부에 의한 성자의 영원 출생은 말하는 것에 비유된다. 그러므로 성자는 말씀, 즉 하나님의 로고스라고 불린다. 그러나 비슷하게 창조와 재창조는 자주 성경에서 하나님이 말씀하시는 것으로서 제시된다.

하나님은 자연의 영역과 은혜의 영역 양편 모두에서 말씀하심을 통해 만물을 존재 안으로 부르신다. 태초에 하나님이 말씀하셨다.

빛이 있으라(창 1:3).

그리고 빛이 있었다. 이 신적 말하심은 모든 종속적 피조물의 산출에 앞섰다. 하나님이 말씀하실 때, 만물이 나타난다. 그리고 하나님이 부르실 때 만물은 하나님 앞에 선다. 하나님은 없는 것을 있는 것처럼 부르신다. 이 신적 말하심의 능력은 불가해하다. 그런 것은 어떤 피조물의 마음속에서도 결코, 떠오르지 않는 것이다.

우리는 오직 믿음으로 세상이 하나님의 말씀을 통해 지어진 줄을 이해한다. 그러므로 사람들이 보는 것은 보이는 것들로부터 등장한 것이 아니다.

또한, 이것은 어떻게 모든 것이 하나님의 입으로부터 나오는 말씀을 통해 유지되고 통치되는가에 대한 것이기도 하다. 예수님 자신은 사람이 떡으로만 아니라 하나님의 입에서 나오는 모든 말씀으로 살 것이라고 말씀하셨다.

히브리서 1:3은 성자에 관해 하나님의 영광의 광채이며 하나님의 본성의 정확한 형상으로서 자신의 능력의 말씀으로 만물을 지탱하신다고 고백한다. 하나님이 명령의 말씀을 온 땅에 두루 내보내실 때, 얼음이 녹고 폭풍이 분다(시 14:8; 147:15, 18). 하나님의 말씀은 자연과 역사 속에서 하나님 자신의 뜻을 실행하며, 재빠르게 달리는 메신저다(시 105:19; 107:20; 사 55:10-11).

이런 의미에서 볼 때, 말씀은 하나님에게서 나오는 감추어진 내적 능력이며, 모든 것을 유지하고 통치한다. 하나님이 자기의 뜻을 알리고 자신의 명령을 신속하게 내리시는 만큼, 모든 피조물이 신속하게 그것에 순종한다.

이런 의미에서 볼 때, 모든 사람은 말씀이 도덕적이고, 권고적이고, 설득력 있는 능력이 아니라, 유효적이고, 창조적이고, 지탱시키는 작용임을 분명하게 볼 수 있다. 이런 말씀이 자신에게서 나오도록 일으키시는 분은 전능하신 하나님이시며, 성부와 동일 본질과 동일 권위를 공유하는 성령과 내적 능력을 통해 그렇게 하신다.

그러므로 창조 및 섭리와 연결해 하나님에게서 나온 말씀은 바람의 숨결에 날아가 버리는 단순한 소리가 아니며, 피조물이 자신의 변덕에 따라 움직이는 단순한 소망도 아니며, 은밀하고, 내적이며, 전능한 능력으로서 수단과 함께 또는 수단 없이 작용하며 하나님을 기쁘시게 하는 모든 것을 성취한다.

성경이 '말씀'이라는 용어를 가지고 이 능력을 규정할 때, 그렇게 명명함에는 이유가 없지 않다. 인간이 하는 말은 그런 말을 하는 인간이 지성과 의지를 갖추었다는 점을 전제한다. 이는 인간의 특성에 대한 최상위의 표현이며 내적 삶의 가장 완전한 계시다. 그러므로 또한 지성과 의지는 사람이 가지는 가장 큰 능력이며, 그 강도는 무기의 능력을 훨씬 뛰어넘는다.

우리가 하는 말은 하나님의 입으로부터 나오는 말씀의 중요성과 힘에 대한 둔한 비유를 우리에게 제공한다. 이는 하나님이 절대 자유를 가진 것으로 영원히 자신을 규정하시는 한 인격체임을 전제한다.

그리고 하나님이 하신 말씀이기 때문에 그 말씀은 모든 것을 존재로 부르고 그 존재를 지탱시키는 전능한 능력이다. 하나님의 말씀은 결코 그에게로 헛되이 돌아오지 않고 오히려 하나님 자신을 기쁘시게 하는 모든 것을 성취하고, 모든 일을 성공시킨다.

3. 율법과 복음으로서의 말씀

만일 말씀과 연계해 우리가 성자 하나님을 생각하거나, 하나님 자신의 모든 일과 연관 지어 하나님에게서 나오는 능력을 생각한다면 여기에 관련되는 것은 단지 도덕적이고 설득력 있는 능력이 아니라 창조적이고 불가항력적인 사역이다.

그러나 성경은 말씀을 세 번째 개념 안에서 가리킨다. 이른바 율법과 복음의 말씀인데, 이로써 하나님은 사람들에게 말을 건네시고, 자기의 뜻을 알게 하시고, 그들을 그 뜻에 순종하도록 초청하신다.

이 말씀은 은혜 언약의 시행 아래에 사는 모든 사람에게로 향하고, 이른바 외적 부르심의 경로를 따라서 그들에게 다가온다. 이 말씀은 그들이 읽을 수도 있고 들을 수도 있으며, 성경 자체이건 아니면 다른 책이나 소책자에 의해서이건 그들의 인식 안으로 들어오게 된다.

1) 하나님의 말씀과 관련된 인간 언어의 성격

우리가 이런 개념 안에서 말씀을 취할 때, 통상적 은혜의 방편처럼 도덕적, 호소적, 훈계적 그리고 설득적 능력을 말씀에 돌릴 수 있는 것이 분명하다. 이것은 이미 일반적으로 인간의 언어가 소유하고 있는 중요성과 능력으로부터 추론할 수 있다.

결국, 우리가 구술하거나 기록하는 말은 그 자체로는 그저 물리적 현상이고 그것들이 묘사하는 바를 잘 전달하지 못하는 음절과 문자들의 집합에 지나지 않는다. 음절과 문자는 다른 사람의 의식 안에서 그 소리와 표지가 가리키는 사물, 개념 또는 사건들에 대한 지식을 불러일으킬 수 있는 영적 능력을 그 자체로는 전혀 포함하지 않는다.

만일 그런 능력을 말 자체가 포함한다면, 구술하는 것 및 기록된 말이라는 표지와 그것이 가리키는 것이 상당히 결속되고, 결국 표지 자체에 의해서 표지된 것이 알려질 수 있고, 그러면 말은 비록 외국어로 말한 단 하나의 단어라 할지라도 항상 누군가에게 지식을 전달할 것이기 때문이다.

그러므로 음절 안에서 들리는 또는 문자 안에서 보이는 말은 그 자체로는 가리키는 것에 대한 어떤 개념을 다른 사람 안에 일으키는 표지일 뿐이다. 그러므로 그 말은 듣는 사람 안에 어떤 특정한 인식을 전제하고, 그 의식 안에서 단지 도덕적 방식으로 작동한다.

'아버지'라는 말의 소리를 통해 자녀는 자신이 아는 당사자에 대해 생각하게 된다. 그 당사자는 이 소리와 함께 자녀의 의식 안에서 점차 관련되어 온, 말하자면 그 소리와 연합된 사람이다. 왜냐하면, 비록 소리와 표지로서 말은 그저 표지하는 것과 어떤 계약상의 관계 안에 있을 뿐이지만, 그런데도 그 관계는 매우 친밀하고 가깝기 때문이다.

18세기와 19세기 말엽에 많은 학자가 단어와 개념 사이의 관계는 순전히 우발적이고 임의적인 것으로 생각했다. 그러나 그 의견은 물론 지지될 수 없다. 어떤 사회나 국가도 이른바 사회적 계약으로부터 나오는 의지의 자유로운 행위를 통해 존재하지 않는 것처럼, 어떤 언어도 이전 시대에 사람들이 만든 합의에 의존하지 않는다.

빌덜데이크(Bilderdijk)는 언어의 영역 안에서 펠라기우스주의의 형태(인간의 의지에 기초하는 유형)를 합당하게 반대했다. 그의 관점은 이런 것이다. 하나님이 피조물 안에서 자신의 덕과 완전함을 드러내시는 것처럼, 인간의 영은 모든 일 가운데, 특별히 말 속에서 자신을 표현한다. 그리고 모든 자연이 보이지 않고 영적인 것들의 형상이자 닮은꼴인 것처럼, 언어도 그 모든 풍성함 속에서 사람의 영의 반영이자 현시이며, 영혼의 각인이자 그 존재의 표출이다.

빌덜데이크는 이런 식으로 연결하면서 다른 극단으로 나아갔다. 그의 관점에서 보면 언어에서 우연적인 것은 아무것도 없다. 모든 소리, 모든 문자, 모든 단어는 그 자체의 특정한 능력과 중요성을 가지고 있고 마땅히 그러해야 한다.

만일 빌덜데이크가 어떤 역사적 개념 속에서 의미했던 것이라면, 이 지적은 전적으로 부정확하지는 않을 것이다. 그러나 그가 단어에 제공한 어원적 의미는 역사 기록적인 것이 아니라 철학적 성격을 지녔고, 따라서 종종 세련되지 못한 자의성을 초래했다.

만일 완벽하게 정상적인 방식으로, 즉 죄의 영향으로부터 떨어진 채 언어가 발전되어 존재했다면, 각 문자와 각 단어가 그 자체의 필연적 의미가 있다는 주장은 아마도 유효할 것이다.

그러나 이런 주장으로부터 언어와 의미 간의 관계가 무작위적이고 우연적이며, 조약이나 협의에 기초한다는 사실이 수반되는 것은 결코 아니다.

첫째, 언어와 의미 간의 관계는 역사 안에서 시작되었다. 그것은 가공된 것이나 협의가 이뤄진 것이 아니고, 인간의 의지에 기초하는 것도 아니다. 오히려 언어와 의미 간의 관계는 그렇게 되게 되었고, 그렇게 되도록 발전했다. 언어와 의미 간의 관계는 기계적으로가 아니라 유기적으로 존재하게 되었다.

둘째, 어떤 특정한 비밀, 감추어진 관계가 언어와 의미 사이에 존재한다. 왜냐하면, 역사는 하나님의 사역이기 때문이다. 하나님은 모든 것을 지배하시고 다스리신다. 또한, 하나님의 섭리의 인도 아래에서 다양한 언어들이 존재하게 되었고 언어의 발전이 일어났다. 그리고 말과 개념 사이에 하나의 결합이 존재하게 되었는데, 그 결합의 토대는 모든 사람의 의식 속에서 발견된다.

하나의 예를 들면 이러하다. 분명 우리 각자가 가진 이름보다 더 무작위적이거나 우연적인 것은 없다. 개인의 이름은 모두 그 의미와 중요성을 완전히 잃어버렸다. 그것들은 이해할 수 없는 소리에 지나지 않게 되었는데, 그것의 원래 의미는 거의 확인될 수 없고 더 이상 거의 인식되지 않는다. 그런데, 개인과 그 이름 사이에는 그의 이름 때문에 그 개인이 상처받고 모욕받을 수 있는 그런 밀접한 관계가 존재한다. 아무도 자신의 이름이 잘못 기록되거나 발음되는 것을 좋아하지 않는 것이다.

말과 개념 사이에, 표지와 본체 사이에 있는 관계는 그것의 기초, 확실성 그리고 지속적인 존재를 이성적이고 사고하는 인간의 인지 안에서 발견한다. 그 인지는 한 개인 안에서 일어나서 어릴 적부터 지속해서 성장한다. 그 인지는 사람이 사는 환경에 의해, 사람이 구성원으로 있는 사회에 의해, 사람이 그 속에서 성장하는 역사에 따라 강화된다.

그러므로 모든 말과 언어는 그 언어 자체에 의해 점차 발전되고 명료화되는 어떤 특정한 개념, 최소한의 인식을 전제하는 것이다. 외국어는 우리의 인식 안으로 뚫고 들어오지 않는다. 외국어는 우리가 이해하지 못하고, 그것이 가리키는 바를 우리에게 지시할 수 없는 하나의 소리에 불과하다. 말은 우리가 들을 수 있고 이해할 수 있는 어떤 특정한 수준을 전제하는 것이다.

말은 우리에게 영향을 미치는데, 그 말이 가리키는 것을 우리에게 지시하고, 우리가 그것을 생각하게 함으로써 그렇게 한다. 말은 도덕적 방식으로 작용한다. 말은 창조하는 능력을 소유하는 것이 아니라 도덕적 효력을 소유한다.

2) 말씀의 외적 부르심

또한, 이 모든 사실은 율법과 복음을 통해 외적 부르심 안에서 우리에게 전파되는 하나님의 말씀과 관련해 적용된다. 왜냐하면, 외적 부르심 안에서 전달되는 말씀은 하나님의 말씀이며 그러므로 강력하고 살아 있기 때문이다. 그런데도 하나님의 말씀은 우리 인간의 언어 안에 들어온다. 하나님의 말씀은 인간의 말 형태, 특성, 유형을 취한다.

그리고 우리의 언어 안으로 슬며시 들어온 오류와 거짓을 제외한다면, 모든 면에서 우리와 같게 되었다. 말씀 즉 로고스가 그리스도 안에서 참된 인성을 취한 것처럼, 또한 하나님의 뜻에 해당하는 말씀도 율법과 복음으로 인간의 언어 안에서 육신이 된 것이다. 그러므로 인간의 언어가 가진 법칙과 규칙에 종속하게 되었다.

　개혁파는 이것을 이해하기 때문에, 또한 외적 부르심이 충분하지도 유효하지도 않음을 주장했다. 왜냐하면, 외적 부르심은 단순히 말에 의한 부르심이고 그러므로 그저 도덕적이고 설득력 있는 작용만을 수행할 수 있을 뿐이기 때문이다. 이 점에서는 개혁파가 항변파에 동의했다.

　반면, 항변파는 그런 도덕적 설득은 충분하다고 생각했다. 그러나 개혁파가 하나님의 말씀의 기초 위에서 가르친 바는 만일 외적 부르심에 주의를 기울이고 순종해야 한다면 성령의 유효하고 확고한 직접 사역이 말씀에 수반되어야 한다는 점이었다.

　개혁파 또한 사람이 시간적으로가 아니라 순서에 따라 먼저 물과 성령으로 중생하지 않는다면 이런 외적 부르심의 도덕적 작용으로부터는 아무도 "구원받도록" 말씀을 들을 수 없다고 올바르게 언급했다. 하나님의 말씀의 "구원적" 들음은 중생을 전제한다. 왜냐하면, 성부께서 그를 이끌지 않으시면 아무도 그리스도께로 올 수 없기 때문이다. 그리고 성부의 말씀을 듣고 배운 사람은 누구든지 그리스도께로 나오는 법이다.

제2장 요약

1. 개혁파는 말씀과 성례를 은혜의 방편을 가리키는 말로 함께 다룬다. 개혁파는 성례를 말씀에 종속시킨다. 왜냐하면, 말씀을 떠나서 성례는 성례일 수 없기 때문이다. 말씀과 성례 양편 모두의 경우 우리에게 선포되는 것은 말씀이다. 하나는 들리는 것이고 다른 하나는 보이는 것이다. 양편 모두 동일한 그리스도를 우리에게 가르친다.

2. 성경에서 언급하고 있는 하나님의 말씀에는 다음과 같은 개념들이 있다.

    (1) 말씀은 그리스도 안에서 성육신하신 하나님의 아들(로고스)을 뜻한다. 왜냐하면, 성부께서 영원히 성자 안에서 자신의 전(全) 존재를 선포하시고, 이에 성자께서 성부 안에서 생명을 가지게 하셨기 때문이다.
    (2) 말씀은 하나님이 만물을 창조하시고 보존하시고, 재창조하시고 재생시키실 때 하나님에게서 나오는 감추어진 내적 능력을 가리킨다.
    (3) 말씀은 율법과 복음의 말씀인데, 이로써 하나님은 사람들에게 말을 건네시고, 자기의 뜻을 알게 하시고, 그들을 그 뜻에 순종하도록 초청하신다.

3. 하나님의 뜻에 해당하는 말씀은 율법과 복음으로 인간의 언어 안에서 육신이 되어, 인간의 언어가 가진 법칙과 규칙에 종속하게 되었다. 외적 부르심은 말에 의한 부르심이고, 도덕적이고 설득력 있는 작용만을 수행할 수 있을 뿐이다. 그러므로 먼저 중생하지 않으면 아무도 구원받도록 말씀을 들을 수 없다.

제3장

중생, 믿음, 회심에 있어서 하나님의 말씀의 작용

1. 믿음과 회심으로부터 구별된 중생

　말씀의 성격과 본질에 비추어 볼 때, 말씀 그 자체로는 도덕적 작용밖에 수행할 수 없으므로 중생은 말씀의 구원적 들음에 선행한다. 시간 안에서는 항상 그렇지 않더라도 순서의 측면에서는 분명히 그러하다.
　중생한 사람만이 구원받도록 하나님의 말씀을 들을 수 있으므로(왜냐하면, 자연인은 성령의 일들을 이해하지 못하기 때문이다) 중생에서 이루어지는 말씀의 작용은 믿음 및 회심과의 연결에서 이루어지는 말씀의 작용과 구별되어야 한다.
　그러나 오해를 막기 위해서, 우리는 먼저 이런 구별을 만드는 것은 중생과 믿음이 항상 또는 일반적으로 동시에 일어나는지 아니면 심지어 중생과 믿음이 세상을 섬기고 죄 가운데 사는 삶에 의해 분리되어 수년씩이나 떨어져서 일어날 수 있는지와 같은 이런 질문들을 해결하지 않는다는 점을 강조해야 한다.

　한편, 어른에게 있어서 중생과 믿음은 동시에 일어날 수 있고, 그가 말씀의 설교 아래서 중생하는 동일한 순간에 구원받도록 말씀을 듣고 받아들인다는 점에 대해 아무도 논쟁을 벌이지는 않을 것이다.

다른 한편, 우리의 유아들이 그들의 나이 때문에 믿음과 회개의 발현에[1] 있어서 새로운 삶을 드러내는 위치에 있지 않은 채, 성령에 의해 중생할 수 있다는 점도 반박할 사람이 없을 것이다.

이 양편 진리 모두는 항상 개혁파에 의해 견고하게 지지되었다.
따라서 양편은 다음과 같이 주장했다.

한편의 개혁파는 모든 펠라기우스주의적 해석에 대항해 말씀 홀로는 불충분하고, 말씀에 수반해 죄인들의 마음 안에 성령의 직접적이고 확고한 사역이 요구된다고 주장했다.
다른 한편의 개혁파는 항상 그런 성령의 역사는 통상적으로 말씀의 제공과 함께 쌍을 이룬다고 확언했다.

그러므로 중생에서 이루어지는 말씀의 작용이 믿음과 회심에서 이루어지는 말씀의 작용과 다르다는 것을 인정한다고 해서, 말씀이 어느 모로 보나 중생으로부터 완전하게 배제된다고 말하는 것은 아니다.

---

[1] 영문 편집자 주: '발현' 또는 '믿음의 발현'은 믿음의 작용을 완성하거나 실제화시키기 위해 말할 때 사용하는 전문적 어법이다. 믿음이 인간, 즉 믿는 주체 안에서 일어날 때, 그 안에서 지성과 의지는 믿음의 대상, 즉 그리스도와 그분의 모든 은덕을 수용한다. '믿음의 발현'은 그리스도에 대한 구원적인 지식과 신뢰를 성취하는 활동을 언급하는 것이 아니다.
왜냐하면, 이것은 믿음을 '선행'으로 바꿔 버리는 것이고 오직 은혜만으로 칭의됨을 부인하는 것이기 때문이다. 믿음에 대한 잠재성 또는 성향과 믿음의 발현은 반드시 구별되어야 한다. 전자는 믿음으로 실제화될 수 있는, 믿음을 위한 잠재력을 말한다. 후자인 믿음의 발현은 "비록 하나의 작용으로 정의될 수 있지만, 행위 또는 일이라는 개념 안에서 어떤 활동은 아니다. 오히려 믿음이 믿음 되게 하는 또는 다른 말로 잠재성에서 실제성으로 움직이는 어떤 실제화의 개념 안에서 하나의 작용이다." (Richard A. Muller, *Dictionary of Latin and Greek Theological Terms: Drawn Principally from Protestant Scholastic Sources* [Grand Rapids: Baker, 1985], 22; *actus fidei*와 그와 관련된 용어들에 대한 논의를 위해 멀러의 자료를 추가로 보라).

2. 중생과 관련된 말씀

우리는 앞에서 개혁파 신학자들이 중생을 자주 "직접적"이라고 말했다는 점을 살펴보았다. 그러나 개혁파 신학자들은 결코 중생이 항상 말씀에서 벗어나거나 말씀 밖에서 일어난다고 제시하지는 않았다.

오히려 죄인의 마음 안에서 직접, 인간의 의지에 대해 독립적이고 불가항력적인 성령의 사역과 함께 말씀의 설교가 쌍을 이루어야 한다고 주장했다.

심지어 마코비우스만큼이나 강하게 구원받도록 복음을 듣는 것은 중생을 전제한다고 강조했던, 그래서 믿음 및 회심과의 연결 안에서 말씀이 가진 중요성과는 본질적으로 다르게 중생과의 연결 안에서 말씀에 중요성을 부여했던 개혁파 신학자들은 중생과 말씀 사이에 존재하는 모든 연결점을 조금도 분리하려고 하지 않았다. 이 사실은 외적 그리고 내적 부르심과 관련해 개혁파 신학에서 강조된 가르침 속에서 가장 분명하게 드러난다.

3. 외적 부르심과 내적 부르심

이 이중적 부르심 사이의 구별은 우선 아우구스티누스에 의해 성경으로부터 추론되었다. 그리고 나중에 칼빈에 의해 개혁파 신학 안에서 가장 중요한 조항 가운데 하나로 격상되었다. 그러나 개혁파 신학자들이 하나님의 부르심 안에서 이런 구별을 다룰 때마다 그들은 지속해서 이런 구별은 두 종류의 부르심에 연루되지 않는다고 강조했다.

외적 및 내적 부르심은 실제적으로는 하나다. 이 둘의 구별은 속을 종으로 분류하는 것이 아니라 부분으로서 하나의 전체를 묘사하는 것이다. 교회의 가시적 그리고 비가시적 차원이 구별되는 것처럼, 그리고 은혜 언약의 외적 및 내적 차원이 구별되는 것처럼, 마찬가지로 부르심도 그러하다.

부르심은 하나다. 교회가 하나이고 은혜 언약이 하나인 것처럼 말이다.

그러나 부르심은 두 측면을 가지며, 두 부분으로 구성된다. 외적 부르심에 의해 하나님이 선포하시는 말씀은 성령에 의한 내적 부르심 안에서 하나님이 마음에 새기시는 동일한 그 말씀이다. 그것은 하나의 부르심이며, 두 부분은 지속해서 서로 연결된다.

개혁파는 특별히 재세례파, 퀘이커, 다양한 열광주의자에 반대해 교회, 언약, 부르심 그리고 은혜의 방편과 관련된 외적 그리고 내적 부르심 사이의 이런 연결을 지지한다. 개혁파가 반대하는 이들 부류는 그들의 내적 말씀의 교리와 함께 하나님의 전체적 특별 계시를 간과하고 궁극적으로 합리주의에 빠진다.

이런 구별의 두 차원이 결코 동시적이지 않음은 사실이다. 가시적 그리고 비가시적 교회는 경계선을 같이하지 않는다. 아우구스티누스가 말한 바에 따르면 지상에 있는 그리스도 교회의 양 무리 밖에도 양이 있고, 양 무리 안에도 늑대가 있다. 은혜 언약의 외적 그리고 내적 측면은 서로 완전하게 상응하지 않는다.

은혜 언약의 경륜 안에 포함된 것으로 우리가 추측하는 사람들이 있지만 그런데도 그 언약의 본질과 영적 은덕들을 공유하지 않는 사람들이 많다. 은혜의 방편에 연결되는 표지와 그것이 가리키는 것은 항상 서로 관련되지는 않는다. 성례 안에서 표지하는 참된 믿음을 받은 적이 없지만, 세례받고 성찬에 참여하는 사람들이 많이 있다.

마찬가지로 외적 부르심과 내적 부르심이 항상 연결되지는 않는다. 한편으로 택함받지 않은 많은 사람이 부르심을 받는다. 다른 한편 말씀의 설교를 자의식적으로 결코 들을 능력이 없는 일부 사람들이 내적으로 부르심을 받는 것도 가능하다. 이 후자는 유아기에 죽는 신자들의 자녀들에게서 일어난다. 이들과 관련해 도르트 총회는 믿는 신자들이 유아기에 죽는 자녀들의 선택과 구원을 의심하지 않아야 한다고 고백했다(도르트 신조 1조 17항).

그러나 이 모든 것에도 불구하고, 개혁파는 항상 외적 부르심과 내적 부르심 사이에 있는 연결을 유지하기 위해 주의했다. 통상적으로 성령님은 오직 하나님의 말씀과 성례가 하나님의 규정에 따라 시행되는 곳에서만 일하신다. 그리고 성령님이 이 영역 밖에서 구원하시기 위해 일하시는 그런 형태의 사역은 드물고, 특출하고, 우리에게는 알려지지 않는다.[2]

그러므로 개혁파가 중생을 성령의 배타적 사역으로서 말씀과의 연결점으로부터 분리했다는 주장은 부정확하다. 기껏해야 이것은 소수의 신학자가 주장한 것이고, 그것마저도 오직 어떤 특정한 개념 안에서만 그리고 제한된 수준에서만 그렇게 한 것이었다. 개혁파 교회들과 신자들의 유일한 입장은 훨씬 더 정확하게는 이런 식으로 묘사될 수 있다.

> 중생은 통상적으로 복음의 선포와 관련된 성령의 사역의 열매다.

개혁파는 심지어 말씀을 중생의 수단이자 씨앗이라고 부르기에 주저하지 않았다. 이 문제를 누가 어떻게 평가하든지 간에, 어떤 경우이든지 이것만큼은 분명하다. 말씀은 오직 도덕적으로만 작용하기 때문에 성령님은 중생과 관련된 경우에는 믿음 및 회심과 관련된 경우와는 다르게 일하신다는 점 말이다.

---

[2] Johannes Polyander, "De hominum vocatione ad salutem," *Synopsis purioris theologiae*, XXX. 33.

4. 믿음 및 회심과 관련된 하나님의 말씀

비록 성령님은 통상적으로 복음이 선포되는 곳에만 구원의 효력을 내도록 일하시므로 중생은 말씀과 관련되어 있지만, 중생과 관련해 말씀 때문에 수행되는 작용과 믿음 및 회심과의 관련성 안에서 일어나는 말씀의 작용은 구별되어야 한다.

이런 구별은 자연스럽게 말씀의 도덕적 작용으로부터 흘러나온다. 그리고 중생과 믿음이 발생하는 시간에서가 아니라 발생하는 순서에서 다를 때마다 이런 구별이 일어난다.

1) 믿음의 발현

믿음이 일어나기 위해, 즉 믿음의 발현을 위해 말씀은 절대적으로 필요하다. 물론 이는 하나님이 자신의 택자들 안에 유효한 믿음을 일으키기 위해 다른 수단을 이용할 수 없기 때문이 아니다. 오히려 말씀은 우리가 하나님의 계시된 뜻을 고려할 때 필요하다. 왜냐하면, 하나님의 계시된 뜻은 우리에게 믿음이 들음으로부터 나오고 들음은 하나님의 말씀으로부터 나온다는 것을 알려 주기 때문이다.

그들이 믿지 않았다면 어떻게 주님의 이름을 부르겠는가?

그리고 그들이 듣지도 못한 그분을 어떻게 믿겠는가?(롬 10:14)

이 믿음과 회개의 발현을 존재하도록 하는 말씀은 적절한 의미에서 수단이 된다. 말씀은 진실로 하나님이 믿음을 믿음의 발현 속으로 나아가게 하는 능력을 만드는 데 사용하시는 수단이다. 말씀은 하나님의 손안에서 그리고 성령의 인도 아래에서 유효하다.

그래서 말씀은 고안되고 준비된 것을 생산해 낸다. 심지어 눈이 홀로는 불충분하고, 실제로는 광선이 외부로부터 눈을 통과할 때만 보는 것처럼 그리고 귀가 홀로는 불충분하고 외부로부터 소리를 받아들일 때만 들을 수 있는 것처럼, 중생 안에서 심긴 믿음을 위한 잠재성도 외부로부터 복음의 말씀과 부딪치지 않고는 믿음의 발현으로 나아갈 수 없다.

빛이 눈에 맞는 것처럼 그리고 소리가 귀에 맞는 것처럼, 성경 안에서 제공된 믿음의 대상은 성령님이 중생 안에서 마음속으로 주입하신 새 생명에 적합하고 어울린다. 사슴이 물줄기를 갈망하는 것처럼, 중생한 사람의 영혼은 그리스도 안에서 아버지로서 그 자신을 드러내시는 하나님을 갈망한다. 그리고 성경 안에서 그를 위해 열린 샘으로부터만 상쾌함을 얻는다(시 42:1).

2) 성령의 매개와 믿음의 발현

물론 이 사실로부터 말씀의 작용만을 통해 믿음을 위한 능력이 전개되거나 혹은 믿음의 발현으로 나아갈 수 있다고 말하지는 못한다. 심지어 사람이 중생할 때도, 말씀의 외적 부르심은 중생을 위해 불충분하다. 왜냐하면, 하나님은 자신의 선한 즐거움을 따라서 뜻하기도 하시고 일하기도 하시기 때문이다(빌 2:13).

하나님으로부터 뿐만 아니라 하나님을 통해 그리고 하나님을 향해 모든 것이 존재한다(롬 11:36). 외적 부르심은 믿음과 회심의 시작뿐만 아니라 진전에서도 결코, 충분하지 않다. 믿음을 위한 잠재성이 처음으로 전개되고 지속해서 믿음을 발현하기 위해서 내적 부르심이 항상 외적 부르심과 연결되어야 한다.

씨가 뿌려진 땅이 준비되지 않고, 지속해서 비와 햇빛으로부터 양분을 받으며 도움을 얻지 않고는 씨가 발아해, 싹을 내고, 열매를 내지 않는 것과 마찬가지로, 하나님이 지속해서 성장하게 하지 않으시면 말씀도 열매 없이 남을 뿐이다.

만일 믿음을 위한 잠재성이 믿음의 발현으로 전개되려면 설교된 말씀에 성령님이 자신을 결합해야 한다. 전제적 중생은 이 특별한 성령의 수반하는 사역을 쓸데없는 것으로 만들지도 않으며, 말씀 홀로 충분한 것으로 만들지도 않는다. 믿음의 잠재성을 가진 사람도 만일 성령님이 내적 부르심에 의해 그 사람의 마음속에서 말씀을 성별해 복 주시지 않는다면 참되게 믿을 수 없다.

구원받도록 말씀을 들을 수 있는 '능력'은 중생 안에서 수여된다. 그러나 이 구원적 들음 '그 자체'는 그것의 실제성과 진정성 안에서 볼 때, 성령의 특별한 사역의 열매와 같다. 만일 복음의 선포를 받은 사람이 중생한다고 가정할지라도, 성령님이 말씀의 선포에 수반하시고 믿음의 잠재성을 믿음의 발현으로 만들기 위한 필요는 절대 제거되지 않는다.

3) 말씀의 도구성과 믿음의 발현

오직 이 점에 적절한 주의를 기울일 때만, 우리는 성령님이 믿음의 발현과 관련해 말씀을 도구로 삼으신다고 말할 수 있다. 이런 관점에서 볼 때, 말씀은 참된 방편이며 도덕적 도구이다. 그러나 정당한 의미에서 볼 때, 말씀은 준비되고 고안된 대로 효력을 내고 작동하는 수단이다. 말씀은 믿음에 그 대상과 내용을 수여한다. 마치 언어가 아이에게 생각하고 말하기 위한 아이의 능력에 맞는 개념을 제공하는 것처럼 말이다.

그러나 말씀의 작용은 중생과 관련해 다소 다른 특징을 가진다. 비록 성인의 경우 중생과 믿음은 간혹 동시에 일어나지만, 만일 구원의 효력을 내도록 말씀을 듣고 수납하는 경우라면 논리적 개념 안에서 볼 때 말씀은 중생을 전제한다.

자연인은 말씀을 물리적으로 들을 수는 있다. 양육과 환경의 다양한 영향 덕분에 그런 사람은 역사적 믿음과 함께 말씀을 진리로 인식할 수 있다. 그런 사람 또한 말씀을 들을 수 있고 즉각적으로 기쁘게 말씀을 받아들이고 얼마간 그 말씀 안에서 즐거워할 수 있다.

그러나 물리적으로만 말씀을 듣는 그런 사람은 구원에 이르도록 믿지는 못한다. 그 사람이 시간 개념이 아니라 분명히 순서의 관점에서 먼저 물과 성령으로 나지 않는다면 말이다. 만일 말씀이 믿음과 회심의 열매를 내고자 한다면 그것은 성령의 사역으로 준비된 좋은 땅에 떨어져야 한다 (마 13:23; 눅 8:15).

이 점을 부인하는 사람은 개혁파의 입장을 떠나 항변파의 입장으로 넘어가게 될 것이다. 그런 사람은 영적으로 죽은 사람과 영적으로 살아 있는 사람 사이에 성경에서 그려 놓은 경계선을 지워 버리고, 양자 사이에 있는 본질적 차이점을 점진적 변화로 바꿔 버릴 것이다.

그러나 다음 사항이 따른다. 중생이 일어나는 시점에 말씀은 아무런 도덕적 작용을 할 수 없다는 점 말이다. 왜냐하면, 그런 도덕적 작용을 수행하기 위해서는 믿기 위한 잠재성이 먼저 심겨야 할 필요가 있기 때문이다. 본질적으로 이런 경우 말씀은 이해될 때만 작용할 수 있다. 그러나 오직 중생한 사람만 말씀을 이해할 수 있다.

사람이 자연 상태에 있는 한 그는 성령의 일들을 이해하지 못한다(고전 2:14). 구원의 효력을 내는 말씀의 작용은 영적인 것을 이해하고 그것을 믿음으로 받아들이기 위해 중생 안에서 성령에 의해 준비되는 때에만 시작되고, 시작될 수 있다.

그러므로 중생은 말씀 '아래에서', 말씀 '곁에서', 말씀과 '함께' 일어난다. 그러나 성령님이 오직 말씀을 통해 사람의 마음에 일하실 수 있다는 그런 개념으로 중생이 말씀을 '통해' 일어나는 것은 아니다. 왜냐하면, 그리스도의 말씀이 선포되는 곳에서 그리스도와 그분의 은덕과 함께 성령님은 그 자신을 창조의 교제에 묶으시지만, 말씀 안에 그 자신과 그 자신의 사역을 가두거나 봉하지 않으시기 때문이다.

성례는 곧 말씀인데, 초자연적으로 주입된 능력에 의해 은혜를 수여하는 마술적 도구가 아니다. 오히려 성례는 하나님이 죄인들을 향해 자신의 은혜를 높이고 죄인들이 그리스도와 그분의 모든 은덕에 참여하게 하는 조건, 때, 경로를 제공한다.

5. 설교는 여전히 필요하다

중생이 말씀을 통해 일어나는 것이 아니라 말씀 아래에서, 말씀과 함께 그리고 말씀 곁에서 일어난다면, 말씀의 설교는 불필요하거나 쓸데없다는 반대가 부상할 수 있다.

항변파는 자신들이 등장한 시기에 개혁파의 유효적 그리고 불가항력적 부르심의 교리에 대항해 이런 반대를 제기했다. 그리고 이런 반대는 그때 이후로 오늘날까지도 반복되고 있다. 그러므로 이런 반대에 대해 잠시 살펴보는 것이 유익할 것이다.

1) 설교하라는 명령

모든 의심이나 반대를 제거하기 위해 복음을 설교하라는 명령이 성경에 매우 분명하게 포함된 것을 관찰하면서 우리는 즉각 그런 반대에 응전할 수 있다.

심지어 우리가 복음 선포의 유용성과 필요성을 어떤 식으로든 예견할 수 없더라도 그리고 복음의 선포와 죄인을 향한 그리스도 안에 있는 하나님의 은혜 수여 사이에 존재하는 연결점을 거의 설명할 수 없더라도, 우리의 추론과 숙고라는 수단에 의해 하나님의 명령을 직접적으로든 간접적으로든 무력한 것으로 만들도록 허락되지는 않는다.

그리고 우리는 하나님의 뜻에 대한 어린아이 같은 순종으로 반드시 우리 자신을 복종시키도록 요구받는다. 만일 그리스도께서 모든 사람에게 그분의 복음을 전하라고 명령하셨다면, 이는 그분의 제자들에게 있어서 이 명령에 대한 모든 반대가 증발해버리는 것을 의미한다.

"미래를 내다볼 것도 없이, 우리는 그 명령에 집중한다."

이것이 모든 그리스도인의 좌우명이다.

2) 씨 뿌리는 자 비유

그러나 항변파의 강력한 반대를 제거하기 위해 더 말할 것이 있다.

먼저 설교는 참된 믿음과 진정한 회심을 낳지 않는 곳에서도 쓸데없거나 헛되지 않다. 씨 뿌리는 자는 분명히 좋은 땅에 씨를 뿌린다는 의도를 가지고 씨를 뿌린다. 그래서 그 씨가 발아하고, 싹을 내고 열매를 맺도록 말이다. 그러나 씨 뿌리는 중에 일부의 씨들은 길가에, 돌밭에 그리고 가시덤불에 떨어진다.

심지어 거기에서도 뿌려진 씨들이 전적으로 무효하지는 않다. 왜냐하면, 비록 이들 각 세 경우에 있어서 씨는 좋은 땅에 떨어지지 않고 열매를 맺지 않지만, 그런데도 그 씨는 땅과 접촉하고 그것의 본성과 특징을 드러내기 때문이다.

길가, 돌밭 그리고 가시덤불의 은유와 함께 씨 뿌리는 자 비유 안에서 예수님이 묘사하시는 것은 복음을 듣는 사람들이다. 그들은 냉담하고 무관심하게 복음을 들을 수도 있고, 피상적 관심으로 약간 깨어 있는 상태로 복음을 받거나 비록 마음 깊은 곳에서의 회심은 아니나 부분적으로 복음에 의해 감동되기도 한다.

그런데도 모두가 복음을 듣고, 복음을 향해 특정한 태도를 보인다. 이 반응들은 매우 중요하다. 이 반응들이 우리에게 보여 주는 것은 다음과 같다.

첫째, 그리스도 안에서 계시된 하나님의 진리는 그 진리에 접촉하는 모든 사람의 의식에 어떤 인상을 준다는 점이다. 즉 그것은 많은 사람의 마음의 생각을 드러나게 한다.

둘째, 역사적 믿음, 일시적 믿음 그리고 기적을 행하는 믿음은 구원하는 믿음과는 완전히 다르다. 그리고 이들 다른 부류의 믿음은 어떤 식으로든 구원하는 믿음에 대한 준비가 되지 않는다.

그러나 이렇게 말한다고 그런 믿음들이 이생에서 아무런 가치가 없음을 의미하는 것은 아니다. 왜냐하면, 설교는 불의가 분출되는 것을 억제하고, 복음 아래 사는 사람들의 사악한 생각과 계획들에 이의를 제기하고, 기독교 사회의 존재를 어느 정도 가능하게 만들기 때문이다. 설교는 교회가 사회 속에서 조용하고 고요하게 지내도록 인도해 줄 수 있다.

셋째, 설교는 복음을 듣지만 거부하는 사람들을 변명하지 못하게 한다. 왜냐하면, 복음을 거부하는 사람은 자기 양심의 증거에 반대되게 행하기 때문인데, 이 양심은 기독교적 맥락에서 보면 다소간 성령에 의해 조명된 것이다.

넷째, 주님의 경륜은 또한 참된 믿음 안에서 수용되지 않는 외적 부르심을 통해서도 성취된다. 왜냐하면, 그리스도는 생명으로 나올 많은 사람만이 아니라 지옥으로 떨어질 많은 사람을 위해서도 오셨기 때문이다. 생명으로 인도하는 생명의 냄새가 되지 않는 복음은 사망으로 인도하는 사망의 냄새가 된다(고후 2:16). 선택은 대응하는 한 쌍으로 유기를 가진다.

3) 하나님의 약속

복음의 설교는 쓸데없지도 헛되지도 않다. 왜냐하면, 주님께서 이 방법 안에서 자신의 은혜를 높이고 그리스도의 은덕들을 수여하기로 약속하셨기 때문이다. 이것은 믿음 및 회심, 칭의 그리고 성화뿐만 아니라, 중생에도 연루된다. 의심의 여지 없이, 정당하게 말해서 중생을 위한 준비는 존재하지 않는다. 왜냐하면, 죽음과 생명 사이에는 어떤 교통도 없기 때문이다. 중생은 완전히 새로운 시작이다. 이 안에서 사람은 수동적이고 아무것도 하지 않지만 무언가를 경험한다.

그러나 이런 점에도 불구하고, 개혁파는 말씀의 설교 아래에서 그리고 그것을 통해 다양한 작용들이 중생에 선행할 수 있다는 점을 지지했다. 자연과 은혜는 구별된다. 그러나 그 둘은 서로 동떨어져 있지 않다. 성령을 통해 그리스도 안에서 자신의 택자를 중생시키시는 동일한 하나님은 창조주와 지지자로서 그들을 돌보시고 인도하셔서 하나님 자신이 은혜를 가지고 그들을 찾아오실 바로 그때에 이르게 하신다.

그러므로 은혜의 방편은 쓸데없는 것이 아니며 그것들을 어떻게 사용하는지는 중요한 문제다. 이것이 개혁파가 외적 부르심과 내적 부르심 사이의 연결을 주장해 온 이유 중 일부분이다. 말씀과 성령을 통해 택자에게 주어지는 신적 부르심은 유효적이고 동시에 도덕적이다.

그 부르심은 매우 강력해서 꺾일 수 없으며, 동시에 매우 우아한 것이어서 모든 유형의 저항을 배제한다. 그 부르심의 능력은 매우 탁월해서 부패한 본성이 그 능력에 의해 갱신되고 동시에 매우 친근하고 매력적이어서 사람의 이성과 덕성을 충만하게 고려한다.

도르트 총회는 이런 개념 안에서 온전히 다음과 같이 고백했다. 하나님이 우리를 중생시키시는 초자연적 사역은 복음의 사용을 결코 배제하거나 전복시키지 않는다고 말이다. 복음의 사용은 가장 지혜로우신 하나님이 중생의 씨요 영혼의 양식으로 지정하신 것이다.

그러므로 사도들과 그들을 추종했던 교사들은 하나님을 높이고 모든 교만을 낮추도록 이 은혜에 대해 사람들을 경건하게 가르쳤고, 더 나아가 말씀, 성례 그리고 권징의 실천 아래에서 거룩한 복음의 경고라는 수단에 의해 동일한 은혜를 지키며 살기를 누락시키지 않았다.

그러므로 오늘날 하나님 자신의 선한 즐거움을 따라 하나님이 밀접하게 연결하고자 하시는 은혜와 은혜의 방편들을 분리함으로써 거만하게 하나님을 시험하도록 교회 안에서 가르침이나 교훈을 받은 사람들로부터 벗어나야 한다.

왜냐하면, 은혜는 복음의 경고라는 수단에 의해 수여되기 때문이다. 즉, 우리가 은혜의 방편을 사용하는 의무를 기꺼이 수행하는 정도만큼 우리 안에서 작용하는 하나님의 은덕이 탁월함을 발휘하게 되는 것이다.

4) 복음의 설교를 통한 구원의 확신

복음의 설교는 필요하고 유익한 것인데, 중생한 사람들은 이런 수단에 의해 하나님이 그들에게 수여하신 새로운 생명을 의식하고 확신하게 된다. 중생은 사람의 가장 핵심부 안에서 일어나는 성령의 사역이다.

바람이 불매 어디에서 와서 어디로 가는지 아무도 모르는 것처럼, 성령으로 난 사람도 모두 이와 같다(요 3:8). 중생의 시점과 방식은 결정하기 힘들다.

그러나 우리가 중생했는지는 우리에게 설교되는 말씀을 참된 믿음으로 받아들임 가운데 그리고 우리가 참된 마음으로 하나님께 회개함 가운데 우리 자신과 다른 사람에게 드러날 수 있다. 만일 새로운 생명이 믿음과 회개라는 행위의 관점에서 우리를 변화시키지 않는 가운데 우리가 다른 사람이나 우리 자신에게 중생을 전제한다면, 우리에게 돌아오는 유익은 미미할 것이다.

그런 이유로 사도 바울은 이런 식으로 고린도 교인들을 불러낸다.

> 너희는 믿음 안에 있는가 너희 자신을 시험하고 너희 자신을 확증하라(고후 13:5).

우리는 오직 하나님의 말씀의 기준을 따라서 우리 자신을 점검할 수 있다. 그 말씀은 우리의 측정 지표다. 그 말씀에 따라서 말씀을 듣는 모든 사람은 판단 받을 것이다. 그 말씀의 증언에 따라서 그 사람들은 하늘나라에 들어갈 것이다.

"주여, 주여"라고 외치는 사람이 아니라 다만 하늘 아버지의 뜻을 행하는 사람, 믿음과 회심 안에서 그들이 물과 성령으로 거듭났음을 보여 주는 사람 말이다(마 7:21).

5) 두 가지 추가적 유익

그러므로 중생 안에서 하나님의 초자연적 사역에 대한 개혁파의 교리는 복음의 사용을 결코 배제하거나 추방하지 않는다. 복음의 사용을 생략시키지 않고 유지함에 덧붙여서 개혁파의 관점은 두 가지 추가적인 중요한 유익을 제공한다.

한편, 중생에 대한 개혁파의 관점은 사람의 이성과 덕성을 유지하고 사람의 책임을 줄이지 않도록 보호한다. 왜냐하면, 외적 부르심과 내적 부르심은 함께 가기 때문이다. 성령의 유효적 작용은 말씀의 도덕적 작용과 쌍을 이룬다. 이 두 작용은 하나의 부르심으로서 불가항력적이고 동시에 우아하다. 성례와 관련해 로마가톨릭교회가 가르치는 방식으로 하나님이 은혜를 주입하는 것인 양 말씀은 마법적으로 일하지 않는다.

오히려 말씀은 마음과 양심에, 인간의 이해와 이성 위에 도덕적으로 일한다. 그러므로 아무도 자신의 불신에 대해 다음과 같이 말하면서 변명할 수 없을 것이다.

"나는 중생하지 않았고 그러므로 믿을 수 없다. 사람은 자신을 스스로 중생시킬 수 없으므로 아무도 정죄받지 않을 것이다. 왜냐하면, 하나님은 아무에게서도 스스로 중생시킬 것을 요구하지 않으시기 때문이다."

그러나 각 불신자는 궁극적으로 정죄받을 것이다. 왜냐하면, 그는 복음 안에서 자신의 양심의 증언을 일축했기 때문이다. 그리고 굳은 마음의 무정한 불신 속에서 말씀으로부터 나오는 도덕적 작용에 저항했기 때문이다. 이것이 말씀과 성령 사이의 관계, 외적 부르심과 내적 부르심의 관계에 대한 개혁파 교리로부터 흘러나오는 첫 번째 큰 유익이다.

그 다음 유익도 마찬가지로 중요하다. 개혁파는 외적 부르심과 내적 부르심 사이의 분리를 규정하는 일에 대해 지속적으로 저항해 왔기 때문에, 하나님의 말씀에 기초해 우리의 자녀들 또한 은혜 안에서 하나님께 받아들여질 수 있다는 점을 확실하게 고백할 수 있었다.

왜냐하면, 통상적으로 성령님은 하나님의 말씀을 '통해'가 아니라 말씀과 '함께' 그리고 말씀 '아래에서' 일하시기 때문이다. 성령님은 수단에 밀접하게 불가분하게 묶여 있지 않으시다. 성령님은 자신이 뜻하시는 장소와 시간에 자신이 뜻하시는 방법으로 택자에게 생명을 줄 수 있으시다.

이처럼 말씀과 성령의 관계에 대한 개혁파의 교리 안에서 하나님의 계시된 뜻에 대한 존중은 그분의 감추어진 뜻의 주권에 대한 충만한 인식과 함께 쌍을 이룬다.

6. 성경의 확증

결론적으로, 우리가 여기까지 발전시킨 부르심과 중생 사이의 관계가 어떻게 성경이 이 점에 대해 가르치는 것과 완전하게 어울리는지를 간단히 설명하는 과제가 남아 있다.

1) 말씀의 능력

우리가 발견하는 이런 연결 속에서 성경은 구원의 은덕들의 적용에 관해 말씀에 상당한 중요성과 탁월한 능력을 할당한다. 하나님은 자신의 말씀에 의해 모든 것을 존재로 부르시고 지속해서 유지하시고 모든 것을 통치하시는 것처럼 또한 하나님은 말씀의 수단에 의해 재창조 사역을 이루신다. 타락 이후 하나님이 아담에게 첫째로 행하신 일은 그를 다시 찾으시고 부르시는 일이었다.

하나님은 이 부르심의 경로를 따라서 아담을 다시 은혜 안에서 하나님 편으로 돌아오게 하시고, 하나님의 교제 안으로 돌아오도록 회복시키셨다. 그런 후에 하나님 자신이 아브라함, 이스라엘 그리고 선지자들에게 직접 그리고 비범한 방식으로 부르심의 말씀을 주셨다. 그런 경우가 아니면 하나님은 자신의 종들의 입을 통해 백성들에게 부르심의 말씀을 주셨다.

예수님 자신은 때가 찼고 하나님 나라가 가까이 왔으니 회개하고 복음을 믿으라는 설교 장면 속에 등장하셨다. 예수님은 또한 자신의 사도들과 종들에게 만백성을 향해 동일한 복음을 설교하라는 직무를 주셨다. 율법과 복음을 통한 부르심은 하나님이 죄인들에 대한 하나님 자신의 은혜를 영광스럽게 하고 그리스도와 그분의 은덕 안에서 교제를 나누기 위한 경로다.

율법과 복음을 통한 부르심이 사도들이 보았고 들었던 것인데, 사도들이 우리에게 그것을 선포했으므로 우리는 그들과 교제를 가지게 되고, 이와 함께 성부 하나님과 그분의 아들 예수 그리스도와 교제를 가지게 된다. 어떤 양심의 소리나, 어떤 내적인 빛이 아니라 오직 말씀이 하나님이 사람들에게 그리스도께서 얻으신 구원을 수여하시고 적용하시는 방편이다.

성경에 따르면, 바로 그런 목적에 말씀이 가장 탁월하게 부합한다. 그런 목적을 위해 말씀은 세례와 성찬이라는 표지들보다 훨씬 무게감 있게 선택되었다. 말씀은 더 큰 유효성을 가지는 것으로, 하나님 자신에 의해서 다음과 같은 목적으로 지정되고 마련된 수단이다. 하나님 자신의 의도와 그리스도 안에서 화해시키려는 계획을 알리고, 은혜의 능력을 드러내고, 이성과 덕성에 부합되게 사람들을 이끌되 유효적으로 은혜 언약의 은덕을 공유하도록 말이다.

왜냐하면, 주의 종들이 주님의 명령을 따라서 전한 그 말씀은 모든 인간의 행위를 소멸하는 불과 같고, 바위를 산산 조각내고 모든 반대를 파괴하는 망치와도 같기 때문이다(렘 23:29). 말씀으로 갖추어진 사람의 입은 예리한 칼과 같고, 심령을 관통하는 화살과 같다(사 49:2). 그러므로 그 말씀은 헛되이 돌아오지 않고 오히려 하나님이 기뻐하시는 모든 일을 행하며, 그분이 보내신 목적 안에서 번성한다.

비가 땅을 적시고 열매를 내게 하는 것처럼, 말씀도 인간의 마음의 관점에서 동일하게 행한다(사 55:11). 말씀은 그 자체적으로 말씀의 내용을 성취하기 위한 그리고 그 내용을 현실로 전환하기 위한 능력을 갖춘다. 말하자면 예언의 말씀은 미래를 창조하고, 말씀 그 자체는 하나님의 경륜이 성취되는 시작을 야기한다.

비슷하게 신약성경에서 복음의 말씀은 우리를 위해 마음에 뿌리를 내고 믿음과 회개의 열매를 산출하는 씨앗으로 묘사된다(눅 8:11). 말씀은 구원을 위한 하나님의 능력이다. 그 능력은 구원을 성취하시는 분으로서 일하시는 그 자신을 드러내시는 하나님에게서 나온다(롬 1:16).

말씀이 사람 안에 심길 때, 말씀은 그들의 영혼을 구원하기 위한 능력을 소유한다(요 1:12). 복음은 죽은 문자가 아니라 살아 있는 말씀이기 때문에, 능력 있고 두 날 가진 어떤 검보다도 예리해 사람의 가장 심층부인 영과 혼, 관절과 골수를 찔러 쪼개며, 그래서 사람의 모든 의도를 판단하고 마음의 생각을 모두 드러낸다(히 4:12).

2) 구원의 행위자는 말씀이 아니라 하나님이시다

반면, 말씀에 그런 큰 능력을 부여하는 이 동일한 성경은 말씀 홀로는 불충분하며, 전능자 하나님의 손에 있는 수단에 불과하다고 결정적으로 그리고 분명하게 가르친다. 구원은 그 획득과 적용에 있어서 하나님의 사역이며 하나님 한 분만의 사역이다.

이 사실은 구약에서 반복적으로 선언된다. 비록 당시 작용하던 법 제도와는 대조적이지만, 구약성경은 인간의 중생과 갱신을 새 언약의 은덕으로 매우 자주 묘사한다. 주님은 들을 귀를 주시고 볼 눈을 주시고 이해할 마음을 주시는 분이다(신 29:4). 그분은 마음을 자유롭게 하시는 분이다(신 30:6). 그분은 자신의 율법을 마음 내부에 쓰시는 분이며(렘 31:32), 돌 같은 마음을 제하시고 새로운 마음과 새로운 영으로 교체하시는 분이다(겔 36:26).

그러나 이 모든 것은 신약성경에서 더욱 분명하게 그리고 특징적으로 가르쳐진다. 아무도 중생하지 않고는 하나님 나라에 들어갈 수 없으며 중생은 하나님에게서 나온다. 왜냐하면, 그것은 성령의 사역이 가져온 열매이기 때문이다(요 3:3, 5). 그러므로 만일 누군가 그리스도께 나아와 그분을 믿는다면, 그것은 성부께서 그 사람을 이끌어 인도하신 결과다(요 6:44-45).

왜냐하면, 아무도 성령에 의하지 않고서는 예수님을 주님이라고 말할 수 없기 때문이다(고전 12:3). 베드로가 예수님을 그리스도라고 고백했을 때, 그것은 그에게 육과 혈에 의해서가 아니라 하늘에 계신 성부에 의해 계시되었다(마 16:17). 바울이 다메섹 도상에서 예수님 앞에 경배하며 쓰러졌을 때, 그것은 바울 안에서 자기 아들을 계시하기 위해 갈망하신 하나님의 선한 즐거움에 따른 것이었다(갈 1:16).

루디아가 바울이 선포한 말씀을 들었을 때, 주님이 루디아의 마음을 여시고 그리스도를 계시하려는 목적을 이루셨다(행 16:4). 하나님이 하나님 나라의 일들을 지혜롭고 현명한 사람들에게는 감추시고 자녀들에게는 드러내실 때, 그 원인은 오직 하나님의 선한 즐거움에만 존재한다(마 11:25-26).

3) 말씀의 한계

그러므로 말씀은 살아 있고, 열매를 맺는 씨앗이다. 그러나 그 능력을 드러내고 믿음과 회심의 열매를 산출하기 위해 말씀은 반드시 좋은 땅에, 즉 성령의 역사에 따라 준비된 그런 땅에 떨어져야 한다. 말씀은 실로 구원을 위한 하나님의 능력이다. 그러나 오직 믿는 자들에게만 그러하다. 그리고 이 믿음은 선물이다(엡 2:8).

말씀은 실로 검이다. 그러나 오직 성령의 검이다(엡 6:17). 그 검은 오직 하나님이 그것을 사용하실 때만 유효하다. 바울과 아볼로는 그저 종이 되어 씨를 뿌리고 물을 주었을 뿐이다. 자라게 하신 분은 하나님이시다(고전 3:6). 믿는 사람들 안에서 하나님의 권능의 탁월함과 위대함이 계시되는데, 그 권능은 하나님이 능력의 힘으로 일하신 결과다. 그 권능은 하나님이 그리스도를 죽음에서 일으키시고 그리스도를 하늘에서 우편에 앉게 하실 때 그리스도 안에 두신 것이다(엡 1:19-20).

　복음은 오직 성령의 능력을 수반할 때만 그 구원하는 작용을 실행한다. 성령님은 사람들로 하여금 하나님이 수여하신 것들을 믿음을 통해 알게 하신다(롬 15:19, 고전 1:4, 12, 살전 1:5, 4:8, 벧전 1:12). 그러므로 신자들은 새로운 피조물이다(고후 5:17). 그들은 그리스도 예수 안에서 창조된 하나님의 손으로 지은 작품들이다(엡 2:10).

4) 말씀의 은혜로운 성격

　하나님이 이 모든 은혜의 은덕들을 나눠 주시고 구속의 사역이라는 이 전체적 적용을 발생시키시는 것은 말씀의 방편에 의해 언약의 경로를 따른다. 그리고 하나님은 다양한 방법과 유형으로 사람들에게 말씀이 전달되게 하신다. 그 말씀 안에서 하나님은 우리가 해야 할 일을 우리 앞에 두신다. 그러나 우리의 의무로써 우리 앞에 두신 것을 말씀 선포의 경로를 따라서 하나님 자신이 은혜를 통해 성취하신다.
　잘 알려진 대로 아우구스티누스는 이점을 다음과 같이 말했다.

> 당신이 명령하는 것을 주십시오. 그리고 당신이 뜻하시는 것을 명령하십시오.

　에스겔은 골짜기 안에 있는 뼈들을 향해 예언의 직무를 받았고 그들에게 말했다.

> 너희 마른 뼈들아 여호와의 말씀을 들을지어다(겔 37:4).

　그가 명령받은 대로 예언했을 때, 소리와 흔들림이 있었다. 그리고 뼈들이 함께 나아와서 각 뼈들이 다른 뼈들에게 붙고, 힘줄과 살이 그들을 덮었다. 생기가 그 뼈들에게 들어와 그들은 살아났고 그들의 발로 일어섰다. 그러나 에스겔이 전한 말씀은 이 모든 것의 원인이 아니었다.

그러므로 주님은 이렇게 말씀하셨다.

> 내가 또 내 영을 너희 속에 두어 너희가 살아나게 하고(겔 37:14).

그럼에도 불구하고 예언자의 설교는 하나님이 메마르고 죽은 뼈들 안에 그분의 생명을 주는 권능을 드러내는 경로이자 사건이었다. 비슷하게, 나사로가 죽음으로부터 일어나게 한 것은 예수님의 음성이라는 외적 소리가 아니었다. 그럼에도 불구하고 죽은 나사로는 예수님이 큰 소리로 "나사로야 나오라"고 불렀을 때 나왔던 것이다.

동일한 방식이 영적 과정과 관련해 얻어진다. 성경은 아이들에 대해 비교적 적게 말한다. 성경은 그저 유아 때 죽는 신자의 자녀들의 선택과 구원을 의심하지 않기 위한 충분한 기초만을 제공할 뿐이다.

성경의 나머지 부분은 분별의 나이에 이른 사람들과 성인에 대해서만 다룬다. 성인들에게 있어서 결정적인 것은 그들이 어린 시절에 중생했는지를 전제하느냐가 아니라, 그들이 이제 올바른 믿음을 가지고 그리스도와 그분의 모든 은덕을 받아들이고, 참된 마음으로 하나님께 돌아섰느냐이다.

그들이 이렇게 할 수 있도록 복음이 그들에게 선포된다. 그리고 하나님은 복음 선포의 경로를 따라서 은혜의 은덕을 나눠 주시고, 성령의 권능을 드러내신다. 바울이 설교했을 때, 주님은 루디아의 마음을 여셨고, 루디아는 바울의 말을 들었다. 바울이 심고 아볼로가 물을 주었을 때, 하나님은 자라게 하셨다. 제자들이 각지로 설교하려 나갔을 때, 주님은 함께 일하고 계셨다. 하나님은 기적과 표적을 통해 자신의 은혜의 말씀에 대한 증거를 주신 것이다.

제3장 요약

1. 중생한 사람만이 구원받도록 말씀을 들을 수 있으므로 중생 안에서의 말씀의 작용과 믿음 및 회심과의 연결 안에서의 말씀의 작용은 구별되어야 한다.

2. 중생 안에서 이루어지는 말씀의 작용이 믿음과 회심 안에서 이루어지는 말씀의 작용과 다르다는 것을 인정한다고 해서, 말씀이 어느 모로 보나 중생으로부터 완전하게 배제된다고 말하는 것은 아니다.

3. 개혁파 신학자들은 중생에 있어서 인간의 의지에 대해 독립적이고 불가항력적인 성령의 일하심과 함께 말씀의 설교가 쌍을 이루어야 한다고 주장했다.

4. 말씀은 하나님이 믿음을 믿음의 발현 속으로 나아가게 하는 능력을 만드는 데 사용하시는 수단이다. 그러나 말씀의 작용만을 통해 믿음을 위한 능력이 전개되거나 혹은 믿음의 발현으로 나아갈 수 있다고 말하지는 못한다.

5. 믿음을 위한 잠재성이 처음으로 전개되고 지속해서 믿음을 발현하기 위해서 외적 부르심은 항상 내적 부르심과 연결되어야 한다. 이런 관점에서 볼 때, 성령님이 말씀을 믿음의 발현과 관련해 도구로 삼으신다고 말할 수 있다.

6. 중생이 일어나는 시점에 말씀은 아무런 도덕적 작용을 할 수 없다. 구원의 효력을 내는 말씀의 작용은 영적인 것을 이해하고 그것을 믿음으

로 받아들이기 위해 중생 안에서 성령님에 따라 준비된 때에만 시작되고, 시작될 수 있다.

7. 중생이 말씀을 통해 일어나는 것이 아니라면, 설교는 불필요하다는 반대가 부상할 수 있다. 이에 대한 논증은 다음과 같다.

(1) 하나님의 명령

우리가 복음 선포의 유용성과 필요성을 어떤 식으로든 예견할 수 없더라도 그리고 복음의 선포와 죄인을 향한 그리스도 안에 있는 하나님의 은혜의 수여 사이에 존재하는 연결점을 거의 설명할 수 없더라도, 우리의 추론과 숙고라는 수단에 의해 하나님의 명령을 직접적으로든 간접적으로든 무력한 것으로 만들도록 허락되지는 않는다.

그리스도 안에서 계시된 하나님의 진리는 그 진리에 접촉하는 모든 사람의 의식에 어떤 인상을 준다. 따라서 설교는 불의가 분출되는 것을 억제하고, 복음 아래 사는 사람들의 사악한 생각과 계획들에 이의를 제기하고, 기독교 사회의 존재를 어느 정도 가능하게 만든다.

또한, 설교는 복음을 듣지만 거부하는 사람들을 변명하지 못하게 한다. 생명으로 인도하는 생명의 냄새가 되지 않는 복음은 사망으로 인도하는 사망의 냄새가 된다.

(2) 하나님의 약속

주님께서 복음의 설교 안에서 자신의 은혜를 높이고 그리스도의 은덕들을 수여하기로 약속하셨다.

(3) 구원의 확신

중생한 사람들은 복음의 설교 때문에 하나님이 그들에게 수여하신 새로운 생명을 의식하고 확신하게 된다.

(4) 추가 유익 1

외적 부르심과 내적 부르심은 함께 가기 때문에 사람의 이성과 덕성을 유지하고 사람의 책임을 줄이지 않도록 보호한다.

(5) 추가 유익 2

하나님의 말씀에 기초해 우리의 자녀들도 은혜 안에서 하나님께 받아들여질 수 있다는 점을 확실하게 고백할 수 있다. 왜냐하면, 통상적으로 성령님은 하나님의 말씀을 통해가 아니라 말씀과 함께 그리고 말씀 아래에서 일하시기 때문이다.

8. 성경이 확증하는 바는 다음과 같다.

   (1) 성경은 구원의 은덕들의 적용에 관해서 말씀에 상당한 중요성과 탁월한 능력을 할당한다.
   (2) 성경은 말씀 홀로는 불충분하며, 전능자 하나님의 손에 있는 수단에 불과하다고 결정적으로 그리고 분명하게 가르친다. 구원은 그 획득과 적용에 있어서 하나님의 사역이며 하나님 한 분만의 사역이다.
   (3) 복음은 오직 성령의 능력을 수반할 때만 그 구원하는 작용을 실행한다.
   (4) 하나님이 은혜의 은덕들을 나눠 주시고 구속의 사역을 적용하시는 것은 말씀의 방편에 의해 언약의 경로를 따른다.

제4장

중생 교리와 관련된 논쟁의 해결책

1. 중생에 대한 바울 이외의 취급

성경에 따르면 중생은 언약의 경로를 따라 그리고 하나님의 말씀의 수단에 의해 하나님의 택자들에게 하나님이 수여하시는 그런 은덕에 속한다. 그런데도, 중생에 있어서 교리적 차이뿐만 아니라 주해적 차이도 존재한다. 모두가 믿음과 회개는 다른 방법이 아니라 말씀의 수단에 의해 일어난다는 점에 동의한다.

로마서 10:14-17은 모든 의심을 넘어서 이 점을 보여 준다. 믿음은 들음에서 나며 들음은 하나님의 말씀을 통해 온다. 그러나 중생과 관련해 더욱 좁은 개념 안에서는 주해가들 사이에 의견의 차이가 존재한다.

이 차이점을 해결하기 위해 중생을 언급하는 몇몇 구절을 인용하는 것은 물론 부적절하다. 왜냐하면, '중생'이라는 단어는 우리 자신의 언어적 사용에서든지 아니면 성경의 언어 안에서든지 일관된 의미를 거의 가지지 않기 때문이다. 예를 들어, 마태복음 19:28에서 예수님이 제자들에게 중생 안에서[1] 약속하시면서 인자가 영광의 보좌에 앉으실 때, 이스라엘의 열두 지파를 심판하기 위해 그들도 열두 보좌에 앉을 것이라고 말씀하신다.

---

1 역자 주: 개역개정의 "세상이 새롭게 되어"에 해당한다.

여기에서는 예수님이 우리가 논하고 있는 중생의 개념에 대해 말씀하시는 것이 아님을 누구나 이해한다. 오히려 예수님은 마지막 날에 일어날 하늘과 땅의 갱신에 대해 말씀하신다. 그러므로 어떤 본문들은 '중생'이라는 말을 우리의 논의에 부합되지 않게 등장시킨다. 반면, 다른 본문들은 단어 자체는 언급하지 않지만, 주제 자체는 우리의 논의를 위해 매우 중요하다.

1) 넓은 의미에서의 중생

이 법칙은 베드로전서 1:3에 적용할 수 있다. 거기에서 사도는 하나님과 우리 주 예수 그리스도의 아버지께 감사하고 찬양한다. 그리스도는 자신의 큰 자비를 따라서 우리에게 다시 사는 소망을 주셨다. 이것은 예수 그리스도의 부활을 통해 죽음으로부터 일어나 하늘에 준비된 썩지 않고 순결한 기업을 받게 될 소망이다.

비록 베드로는 여기에서 중생에 해당하는 단어를 사용하지만, 이 용어는 우리가 말하는 통상적 은덕의 관점을 묘사하지 않는다. 왜냐하면, 베드로는 중생을 좁은 개념으로, 즉 새 생명의 원리의 주입으로 말하지 않고 오히려 산 소망으로의 갱신된 존재 그리고 멸하지 않는 기업에 대해 말하고 있기 때문이다.

여기에서 이런 산 소망으로의 중생은 베드로에게 있어서 일관된 개념으로 등장한다. 그의 개념은 이러하다.

그가 편지를 쓰는 대상인 신자들은 이전에는 그리스도 없이, 하나님 없이 지냈으므로 세상에서 소망이 없었다. 그러나 성령을 통해 복음을 선포한 사람들로부터 그들이 복음을 들은 이후로(벧전 1:12), 그들은 소망과 위로가 없는 상황으로부터 구조되었고 썩지 않는 기업을 받는 자들이 되었다. 그들은 산 소망으로 새롭게 된 것이다. 이 소망은 하나님이 그들에게 다시 주신 새로운 생명이다.

그것은 우상이나 실망스러운 소망이 아니라 참되고, 풍성하며, 삶의 모든 것을 새롭게 하는 소망이다. 그들은 새로운 사람이 되었다. 왜냐하면, 그들은 그들을 속이지 않는, 오히려 썩지 않는 기업을 확신하게 하는, 그래서 그들을 살아 있게 하는 특정한 소망을 받게 되었기 때문이다. 그들은 예수 그리스도의 부활을 통해 소망을 가진 새로운 삶에 대한 은혜를 하나님으로부터 입었다.

왜냐하면, 그리스도의 부활은 그 소망의 기초이자 능력이며 기원이자 자양분이기 때문이다. 신자들이 베드로의 서신 안에 언급된 그리스도의 부활을 들은 후에 그리고 올바른 믿음으로 복음을 받은 후에, 이전에 위로와 소망 없이 살았던 그들이 산 소망으로 중생했다. 복음의 선포와 복음에 대한 믿음의 수용은 이런 유형의 중생에 선행하는 것이다.

2) 중생에 있어서 '씨'와 '말씀'

다르게 보면, 베드로는 동일하게 베드로전서 1:23에서 덜 특정한 개념으로 중생에 대해 말한다. 베드로전서 1:22에서 서로 뜨겁게 그리고 순수한 마음으로 사랑하라고 신자들을 권고한다. 그리고 베드로는 궁극적으로 그들 모두가 썩어질 씨로부터 거듭난 것이 아니고, 살아 있고 항상 있는 하나님의 말씀을 통해 썩지 않을 씨로부터 거듭났다는 관점을 가지고 권고를 몰아붙인다. 의심의 여지 없이 이 말씀은 복음을 의미한다.

왜냐하면, 베드로전서 1:25에서 영원토록 있는 주님의 말씀이 그들 가운데 선포된 정확히 그 말씀이라는 점을 단호하게 언급하기 때문이다. 그러므로 그들 안에 일어난 중생은 선포된 복음에 의해 일어났다.

그러나 베드로는 그 중생을 여전히 다른 방법으로 묘사한다. 그는 신자들이 살아 있고 항상 있는 하나님의 말씀 때문에 썩을 씨가 아니라 썩지 아니할 씨로부터 중생했다고 언급한다. 주석가들 중에 '씨'로부터와 '말씀'을 통해 신자들이 중생했다는 것이 여기에서 각각의 경우에 다른 것을 말하는지 아니면 두 번 모두 같은 것을 언급하는지에 대한 중요한 의견의 차이가 있다.

많은 사람이 씨는 성령을 말하는 것이라고 이해하거나 아니면, 성령의 중생시키는 능력, 아니면 복음의 선포를 통해 성령에 의해 심긴 새로운 생명의 원리를 언급하는 것으로 이해한다.

그들은 이런 설명을 지지하면서 특별히 요한일서 3:9에 호소한다.

> 하나님으로부터 난 자마다 죄를 짓지 아니하나니 이는 하나님의 씨가 그의 속에 거함이요 그도 범죄하지 못하는 것은 하나님께로부터 났음이라 (요일 3:9).

이 해석은 씨가 말씀과 같은 것을 언급하는 것으로 이해하는 관점보다 더 낫다. 씨와 말씀 사이에 존재하는 차이점은 전치사 차이에 의해 나타난다. 신자들은 썩지 않는 씨 '로부터' 그러나 살아 있고 항상 있는 하나님의 말씀을 '통해'(또는 '수단으로 해') 중생한다.

그러므로 말씀은 중생이 일어나는 수단으로 이해되지만, 씨는 중생이 나오는 원리로 나타난다. 그리스도를 믿는 사람은 "혈통으로나 육정으로나 사람의 뜻으로 나지 아니하고 하나님으로부터"(요 1:13) 난다. 신자는 하나님의 창조 행위로부터, 능력으로부터, 하나님이 성령을 통해 마음 내부에 심으신 새로운 생명의 원리로부터 등장한다.

그러나 비록 씨와 말씀이 동일하지 않더라도 그것들은 서로 밀접한 관련이 있다.

첫째, 이는 베드로가 신자들에 대해 그들 가운데 선포된 말씀 때문에 썩지 않는 씨로부터 그들이 거듭났다고 말하는 사실에서 드러난다. 중생은 썩지 않는 씨로부터 그들 안에 일어났다. 하나님의 말씀이 그들 가운데 선포되었을 때 그리고 그 하나님의 말씀을 수단으로 해서 말이다.

둘째, 씨와 말씀의 긴밀한 관련성은 양편 모두를 묘사하기 위해 사용되는 형용사들로부터 나타난다. 씨는 썩지 않는 것이라 묘사하고, 말씀은 살아 있고 항상 있다고 말한다.

베드로는 그런 방식으로 씨와 말씀을 묘사하기 위한 합당한 이유를 가진다. 왜냐하면, 베드로는 서로 열렬하게 그리고 올바르게 사랑하라고 그리스도인들을 훈계하고 있기 때문이다. 그리고 베드로는 그리스도인들이 썩지 않는 씨로부터 그리고 살아 있고 항상 있는 하나님의 말씀을 통해 거듭났다는 관찰과 함께 그 훈계를 강조한다.

이런 부류의 씨로부터 그리고 이런 부류의 말씀을 통해 그들이 중생했기 때문에, 그들은 특별히 서로에 대한 지속적이고 올바른 사랑을 드러낼 의무를 진다.

그러므로 베드로는 그들이 중생한 것에 대해서는 그리 큰 강조를 하지 않는다. 왜냐하면, 그들은 "썩지 않는 씨로부터 그리고 살아 있고 항상 있는 하나님의 말씀을 통해" 중생했기 때문이다. 그리스도인들이 중생하게 된 수단으로 빚지고 있는 말씀과 그들의 중생의 출처가 되는 씨는 모두 썩지 않고 항상 있으므로 열렬하고, 꾸준하고, 친밀한 사랑을 실천하도록 그들에게 의무를 부과한다.

복음의 종들이 성령을 통해 그들에게 선포했고(벧전 1:12) 그런 방식으로 믿음을 통해 그들의 마음속에 심긴 하나님의 말씀에(약 1:21) 그들은 새로운 생명을 빚지고 있다. 그리고 살아 있고 항상 있는 그 동일한 말씀을 통해 그들은 올바르고 열렬한 사랑을 서로에게 보여 줄 의무를 지속해서 가진다.

3) 야고보서 안에서의 중생

또한, 야고보가 1:18에서 하나님이 진리의 말씀을 통해 자기의 뜻을 따라 우리를 낳으셨다고 언급할 때, 좁은 개념 안에서 중생을 다루지 않는다. 본문에서 우리가 읽는 바는 이러하다.

> 자기의 뜻을 따라 진리의 말씀으로 우리를 낳으셨느니라(약 1:18).

그 말씀은 빛의 아버지로부터 내려온 특별한 선물 중 하나다(약 1:17). 왜냐하면, 그것은 완전한 율법, 자유의 율법이기 때문이다(약 1:25). 그리고 그 말씀이 올바른 믿음으로 수납될 때, 하나님 자신의 약속과 부합될 때(렘 31:33) 그것은 하나님 자신에 의해 마음속에 심긴다(약 1:21). 그러므로 우리는 다른 사람으로 태어나서 전적으로 새로운 상태 속으로 들어간다.

야고보에 의해 소통된 이 개념은 다음과 같은 말을 덧붙이며 드러난다.

> 그 피조물 중에 우리로 한 첫 열매가 되게 하시려고(약 1:18).

하나님은 그런 식으로 말씀을 통해 우리를 새로운 백성으로 낳으셨다. 그래서 우리는 옛 이스라엘처럼 하나님께 성별되어야 하고 거룩해야 한다. 우리는 우리 자신을 있는 그대로 이 세상 속에 드러내며 하나님의 특별한 소유가 되어야 한다. 말씀을 듣는 자로서만이 아니라 말씀을 행하는 자로서도 말이다(약 1:22).

이 모든 구절 안에서 성경은 복음이 성령의 능력 안에서 선포되었을 때 그리고 올바른 믿음으로 그 복음을 받아들였을 때, 그리스도인들에게 일어난 새로운 지위와 상태로서 중생을 바라본다. 좁은 개념 안에서 새로운 생명의 원리를 주입하는 중생 개념이 여기에서 배제되는 것은 아니다. 그런데도 위에서 언급된 본문은 중생에 훨씬 넓은 의미를 부여한다.

베드로와 야고보가 표현하는 그리고 우리가 다루는 좁은 개념의 중생과 함께 시작하는 포괄적 갱신은 복음의 선포와 성령에 의한 유효적 부르심을 앞세운다.

2. 중생에 대한 바울의 취급

1) 중생과 세례

바울에게 있어서도 마찬가지인데, 그는 '중생'이라는 단어를 디도서 3:5에서 단 한 번 사용하지만, 그 주제는 반복적으로 언급한다.

본문을 처음 읽을 때, 우리는 바울이 사람의 영적 갱신을 세례에 묶는다는 인상을 받는다. 그러나 디도서 3:5은 이런 측면에서 볼 필요가 없다. 왜냐하면, "중생의 씻음과 성령의 새롭게 하심"이라는 말로 바울이 세례를 가리킨다고 보기에는 상당히 의심스럽기 때문이다.

오히려 다음과 같이 이해하는 것이 더 설득력이 있다. 바울은 씻는 이미지를 중생 그리고 성령의 갱신과 연결해 사용하는데 그래서 신자들이 영적인 씻음을 통한 중생과 갱신 때문에 정화되고 그리하여 구원받음을 가리키기 위한 것이다.

그러므로 비록 디도서 3:5이 아마도 세례를 말하는 것은 아닐지라도, 바울은 다른 많은 구절 속에서 사람의 중생과 갱신을 세례에 매우 밀접하게 연결한다. 예를 들어, 바울은 이렇게 언급한다.

> 무릇 그리스도 예수와 합하여 세례를 받은 우리는 그의 죽으심과 합하여 세례를 받은 줄을 알지 못하느냐 그러므로 우리가 그의 죽으심과 합하여 세례를 받음으로 그와 함께 장사되었나니 이는 아버지의 영광으로 말미암아 그리스도를 죽은 자 가운데서 살리심과 같이 우리로 또한 새 생명 가운데서 행하게 하려 함이라(롬 6:3-4).

이 개념은 이어지는 구절 안에서 전개될 뿐만 아니라 다른 곳에서도 다시 등장한다(갈 3:27, 엡 4:5, 골 2:11-12). 바울 시대에는 항상 침잠하는 방식으로 세례를 집례했는데,[2] 세례는 그리스도의 죽으심과 부활의 교제 안으로 이식하는 것이며, 실로 중생의 씻음이자 성령의 새롭게 하시는 씻음이다.

그런데도, 바울의 의도는 옛사람의 죽음과 새사람의 부활, 즉 중생을 세례와 그렇게 가깝게 묶어서 이런 것들이 세례를 통해 처음으로 존재하게끔 하려는 데 있지 않다.

왜냐하면, 바울 사도는 세례가 믿음을 전제한다고 분명하게 가르치기 때문이다. 그리스도의 명령에 따를 때, 먼저 사람이 복음을 듣고 믿음으로 그것을 받아들이고 그 믿음을 고백하지 않는다면 바울 시대에는 아무도 세례를 받을 수 없었다(행 16:31-33; 19:5; 고전 1:17).

바울에게 있어서 세례에 선행하는 믿음은 그리스도 안에 그리고 그분의 모든 은덕 안에 참여하기 위한 수단이다. 그 믿음에 의해 사람은 의롭다 함 받고(롬 3:26), 하나님의 자녀가 되고(갈 3:26), 새로운 생명을 받고(갈 2:20), 구원에 참여하고(롬 10:9; 엡 2:8), 그리스도 안에 참여한다(갈 2:20; 고후 13:5; 엡 3:17). 그 믿음은 심지어 하나의 유효한 원리이자, 즐거움과 기쁨, 사랑과 선행의 근원이다(롬 15:13; 갈 5:6). 그러므로 그런 식으로 믿음을 소유하는 사람은 구원의 모든 은덕에 참여하는 자가 된다.

이런 이유로 인해 바울은 중생과 새로운 생명을 세례와 그렇게 밀접하게 묶을 수 없었다. 마치 세례가 원인이나 도구인 것처럼 말이다.

그러나 바울이 로마에 있는 그리스도인들을 격려해 새로운 생활로 인도하려 했을 때 바울은 그들의 세례, 즉 그들이 세상과 결별하고 그리스도와 그분의 제자들과의 교제 안으로 넘어갔다는 것을 그들 자신과 주위의 사람들에게 명확하게 보여 준 그 행위를 상기시켰다. 세상과의 결별과 그리

---

2 역자 주: 이 점에 대해 바빙크와 의견을 달리할 수도 있을 것이다. 왜냐하면, 침례식이 아닌 관수식(灌水式)의 세례가 초대 교회에 있었다는 견해들이 존재하기 때문이다.

스도와의 교제 속으로 참여함은 실로 그들에게 복음이 선포되었을 때, 올바른 믿음으로 복음을 받아들인 그 시점에 이미 시작되었다.

그러나 그 믿음은 세례의 행위 안에서 마무리 지어졌을 때, 그 진실성과 참됨이 증명되었다. 세례를 받는 것은 믿음에 대한 직접적이고 가시적인 표현이었다. 그리고 세례는 주님의 이름 안에서 그 믿음에 표지와 인을 새겨 주었다. 신자들은 세례를 통해 그들이 믿음에 의해 받았던 언약의 은덕들을 확신했다. 그러므로 믿음과 세례는 이런 개념 안에서 가장 밀접하게 관련된다.

그리고 바울이 동일한 은덕을 한번은 믿음에, 다른 때는 세례에 부여할 수 있는 것이 이런 이유 때문이다. 갈라디아서 3:26-27에서 양편 모두가 서로 나란히 선다. 신자들은 그리스도 예수 안에서 믿음에 의해서만 하나님의 자녀가 된다. 그러면서도 신자들은 그리스도 안으로 세례받음에 의해 그리스도로 옷 입는다.

2) 중생 그리고 믿음의 선물

이 모든 것으로부터 우리는 옛사람의 죽음과 새사람의 부활을 본다. 즉 중생 그리고 성령의 갱신이 칭의와 함께 믿음의 열매로서 바울에 의해 묘사되는 것을 본다. 그러나 그 믿음 자체는 비록 그것이 들음으로부터 나온다 할지라도 성령의 사역이다. 성령님은 유효적 부르심에 의해서 복음 선포의 정황 속에서 믿음을 부여하신다. 복음의 선포는 성령 안에서, 성령의 나타나심과 능력 안에서 일어난다(고전 2:4; 4:20; 살전 1:5).

택자에게 주어지는 부르심은 유효한 능력인데 그것의 결과는 믿음이다(롬 8:28, 30). 그 믿음은 하나님의 선물이다(엡 2:8). 그러므로 바울에게 있어서 칭의의 수단으로서 그리고 새로운 생명의 원리로서 구원하는 믿음은 성령의 사역의 열매다. 그리고 성령님은 외적 부르심과 함께 내적 부르심에 의해 말씀 선포의 정황 속에서 믿음을 일으키신다. 만일 바울이 심고 아볼로가 물을 준다면 하나님은 자라게 하시는 것이다.

3. 중생에 대한 요한의 취급

비록 표현의 방식에서 차이는 있지만, 요한의 가르침과 바울의 가르침은 본질적으로 유사하다. 바울은 믿음의 기원을 하나님의 유효적 부르심, 즉 성령의 사역에 부여하는 반면, 요한은 "누가 그리스도에게 와서 그분을 믿는 사람인가?"라는 질문에 이렇게 답한다.

"오직 하나님으로부터 난 사람들만 그러하다."

바울이 자연인은 성령의 일들을 이해하지 못한다고 선언한 것처럼, 우리는 요한에게서 어둠은 빛을 이해하지 못한다고 읽는다. 어둠 속에 사는 사람들은 빛 보다는 어둠을 더 좋아하고, 중생하지 않고는 아무도 하나님 나라를 볼 수 없다. 그러므로 그리스도께로 오는 사람들은 오직 이런 사람들이다.

올바른 믿음을 가진 사람, 성부께서 성자에게 주신 사람(요 6:37, 39; 17:2-3; 18:9), 그 믿음의 선물 덕택에 하나님의 자녀로서(요 11:52) 그리고 예수님의 양 무리에 속한 자로서(요 10:16) 이미 하나님의 목적 안에 포함되었다고 말할 수 있는 사람, 그러므로 시간 속에서 성령에 의해 하나님으로부터 난 사람(요 1:13; 3:3; 5-6; 8:4, 47; 요일 2:29; 3:9; 4:7; 5:1, 4, 18), 진리에 속한 사람(요 18:37), 진리를 행하는 사람(3:21), 하나님의 뜻을 행하기를 갈망하는 사람(요 7:17), 하나님에 의해 이끌려 하나님으로부터 말씀을 듣고 배운 사람들이다(요 6:44-45; 8:47; 10:27).

의심할 것 없이 하나님으로부터 났기 때문에 올바른 믿음을 가지고 예수님께 온 이런 사람 중에는 우선 구약 계시의 진리 안에서 양육 받았고, 이 진리를 사랑했고, 이 진리를 따라 행했고, 그러므로 점차 그리스도로서 예수님을 인식하게 되었고, 그분을 거짓 없는 믿음으로 받아들였던 이스라엘 백성이 포함되었다(요 1:11-12). 우리는 이런 예를 안드레, 요한, 시몬, 빌립, 나다나엘(요 1:35-36), 니고데모(요 3:1-2), 아리마대 요셉(요 19:38) 그리고 다른 사람들 가운데 발견한다.

비록 그들은 올바른 신자들이었지만, 그런데도 그런 부류의 이스라엘 사람들은 얼마동안 예수님이 조상들에게 약속된 진짜 메시아였는지 의심할 수 있었다.

그러나 그들은 진실로 하나님으로부터 났기 때문에 진리를 알았고, 사랑했고, 이윽고 그들 모두 또한 예수님께 나아왔고 예수님을 그리스도로 고백했다. 그들은 성부께서 성자께 주신 사람들이며 성자의 양 무리에 속했기 때문에, 그리스도의 소리가 들렸을 때 그분의 음성을 알았다 (요 10:26-27).

그리스도께 나아와 그분의 이름을 믿는 것은 하나님으로부터 났다는 측면에서 나온 증거였다. 믿는 각 사람은 하나님으로부터 난다(요일 5:1). 그리고 그가 하나님으로부터 난 것을 자신의 믿음에 의해서 드러낸다. 믿음은 결과이자 열매이다. 또한, 하나님의 자녀 됨의 표지이자 봉인이다. 하나님으로부터 나는 것은 무엇보다도 바로 믿음 안에서 우리 자신과 다른 사람들에게 분명해진다.

그러므로 요한은 다른 사도들이 강력하게 연결하는 것처럼 구원과 생명을 믿음과 연결한다. 아들을 믿는 사람은 영생을 가진다(요 3:16, 36; 5:24; 6:47; 11:25 등). 그러나 믿지 않는 사람은 하나님의 진노 아래 남아 있고, 이미 정죄 받았고, 생명을 얻을 수 없을 것이다(요3:16, 18, 36 등). 성경이 중생과 믿음을 다루는 곳마다 그것들은 가능한 가장 밀접한 연결 속에서 등장한다.

존 칼빈은 요한복음 1:13에 대한 자신의 주석에서 아름다움과 정확성을 가지고 이렇게 쓴다.

> 복음서 기자는 중생을 믿음 앞에 둘 때 순서를 뒤집는 것처럼 보인다. 왜냐하면, 중생은 오히려 믿음의 열매이자 결과이기 때문이다. 그러나 이 점에 있어서 우리는 하나가 다른 하나에 밀접하게 부합한다고 대답해야 한다. 왜냐하면, 우리는 믿음을 통해 썩지 않는 씨를 받아들이고 이로써 새롭고 신적 생명으로 중생하지만, 그 믿음 자체는 하나님의 자녀들 안에만 거하시는 성령의 사역이기 때문이다.

4. 하나님이 결합하신 것

하나님이 결합하신 것을 분리하지 말자. 바울이 사용하는 윤리적 개념 안에서의 중생은 요한이 자주 말하는 형이상학적 개념 안에서의 중생으로부터 분리되지 않는다.

분별할 수 있는 나이에 아직 이르지 않은 자녀들을 잠시 제쳐 두면, 우리는 아마도 어디든지 좁은 의미의 중생이 존재하는 곳이라면, 그것은 넓은 의미의 중생 안에서, 올바른 믿음 안에서, 참된 회개 안에서 그리고 하나님의 증언에 따라 사는 것 안에서 명백해진다고 말할 수 있다.

하나님은 언약의 경로를 따라 하나님 자신이 지정하신 은혜의 방편을 실행하는 정황 속에서 모든 은덕을 주신다. 은혜의 방편이 그 자체로, 그 자체 내부에 그런 은덕을 포함하는 것은 아니다. 그러므로 은혜의 방편은 은덕을 전달하거나 유효화시킬 수 없다.

그러나 하나님은 자신의 위대한 선하심 속에서 은혜 언약이 자신의 제정하심에 따라 시행되는 곳에 그 언약의 모든 은덕을 주시려고 자신을 묶으셨다.

이는 하나님의 말씀을 선포하고 성례를 시행하며 나아가는 일에 용기와 소망을 제공한다. 하나님의 말씀은 헛되이 돌아오지 않고, 하나님을 기쁘시게 하는 모든 것을 성취한다. 어떤 사람에게는 그것이 죽음에 이르게 하는 죽음의 냄새지만, 다른 사람에게는 생명에 이르게 하는 생명의 냄새다.

하나님은 언약의 경로를 따라 자신의 영원한 선택의 작정을 실행하신다. 그러나 선택의 작정은 모든 사람에게, 결국 우리에게 알려지지 않는 택자와 중생자들뿐만 아니라 예외 없이 모든 사람에게 복음을 선포할 의무를 수반한다.

신자들의 회집 안에서 말씀이 전달되는 것과 이방인 중에 복음이 선포되는 것 사이에는 구별이 있다. 그리고 그 구별은 지워지지 않을지도 모른다. 왜냐하면, 복음을 들은 모든 사람에게 이 원리가 적용되기 때문이다. 아들을 믿는 사람은 누구든지 영생을 가지고 아들에게 불순종하는 사람은 누구든지 생명을 얻지 못하고 하나님의 진노가 그 위에 머무른다는 원리 말이다.

제4장 요약

1. 중생에 대한 바울 이외의 취급

　　마태복음 19:28에서 사용된 중생(세상이 새롭게 되어)의 의미는 마지막 날에 일어날 하늘과 땅의 갱신이다. 베드로전서 1:3에서 베드로는 새 생명의 원리의 주입으로 말하지 않고 오히려 넓은 의미에서 산 소망으로 갱신된 존재 그리고 멸하지 않는 기업에 대해 말하고 있다.
　　하나님이 "자기의 뜻을 따라 진리의 말씀으로 우리를 낳으셨다"고 언급할 때(약 1:18) 좁은 개념 안에서 중생을 다루지 않는다. 오히려 복음이 성령의 능력 안에서 선포되었을 때 그리고 올바른 믿음으로 그 복음을 받아들였을 때, 그리스도인들에게 일어난 새로운 지위와 상태로서 중생을 바라본다.

2. 중생에 대한 바울의 취급

　　바울은 중생을 믿음의 열매로서 옛사람의 죽음과 새사람의 부활로 바라본다. 그러나 또한 바울에게 있어서 칭의의 수단으로서 그리고 새로운 생명의 원리로서 구원하는 믿음은 성령의 사역의 열매다. 성령님은 외적 부르심과 함께 내적 부르심에 의해 말씀 선포의 정황 속에서 믿음을 일으키신다.

3. 중생에 대한 요한의 취급

　　요한은 하나님으로부터 난 사람이 그리스도를 믿게 된다는 관점을 가진다. 하나님으로부터 나는 것은 무엇보다도 믿음 안에서 우리 자신과 다른 사람들에게 분명해진다.

4. 좁은 의미의 중생은 넓은 의미의 중생 안에서, 올바른 믿음 안에서, 참된 회개 안에서 그리고 하나님의 증언에 따라 사는 것 안에서 명백해진다.

… 부록 1

우트레흐트 판결문[1]

1. 전택설

첫째 사항으로 후택설 또는 전택설과 관련해 총회는 다음과 같이 선언한다.

> 우리의 신앙고백 표준서들[2]은 선택의 교리와 관련해 확실히 후택설 관점을 따른다. 이것은 도르트 신조 1조 7항의 표현만이 아니라[3] 도르트 총회의 심의 결과로부터 볼 때도 명백하다. 그러나 이는 결코 전택설을 배제하거나 정죄하려는 것은 아니다.

---

[1] 네덜란드어 원문은 네덜란드의 개혁교회들이 1905년에 수용했다. 본 우트레흐트 판결문의 영어 번역본의 출처는 다음과 같다. *Acts of Synod 1942 of the Christian Reformed Church* (Grand Rapids: n.p., [1942]), Supplement XVII, pages 352–54.

[2] 역자 주: 본 판결문에서 '신앙고백 표준서들'(Confessional Standards)은 벨기에 신앙고백서, 도르트 신조, 하이델베르크 요리문답을 말한다. '신앙고백서'(our Confession, the Confession)는 벨기에 신앙고백서를 가리킨다.

[3] 역자 주: 도르트 신조 1조 7항의 일부는 다음과 같다. "선택이란 하나님이 세상을 창조하시기 이전에, 오직 은혜로 말미암아, 자기 자신의 주권적이고도 기쁘신 뜻을 따라서, 자신의 허물로 인해 본래의 도덕적 지위를 지키지 못하고 죄와 멸망에 빠진 온 인류 중에서 일정한 수(數)의 사람들을 중보자와 택자들의 머리와 구원의 기초로 영원히 지정된 그리스도 안에서 구속함을 받도록 하신 하나님의 변치 아니하시는 뜻이다(이하 생략)". 박일민, 『개혁교회의 신조』 (서울: 성광문화사, 1998), 336.

따라서 네덜란드 개혁교회의 교리로 전택설을 제시하는 것은 허용되지 않는다. 도르트 총회가 전택설에 대해 이의 사항을 공표하지 않은 것처럼, 개인적으로 전택설 관점을 지지하는 사람에게 위해를 가해서도 안 된다.

더욱이 총회는 그런 심오한 교리들은 통상적인 사람의 이해를 훨씬 뛰어넘는 것이므로, 설교단에서 그 교리들을 가능한 한 적게 논해야 하고, 설교자는 말씀의 설교에 그리고 우리의 신앙고백 표준서들에 제공된 설명을 교리 문답식으로 가르치는 일에 충실해야 한다는 경고를 덧붙인다.

2. 영원 칭의

둘째 사항으로 영원 칭의에 대해 총회는 다음과 같이 선언한다.

> 그 용어 자체는 우리의 신앙고백 표준서들 안에 나타나지 않는다. 그러나 이런 이유로 이 용어가 인정받지 못하는 것은 아니다. 신학적 용도를 통해 수용한 행위 언약이라는 용어 및 이런 유사한 용어들을 인정하지 않는 것에 정당성을 부여할 수 없는 것처럼 말이다.
>
> 우리의 신앙고백 표준서들이 단지 믿음에 의한 그리고 믿음을 통한 칭의만을 인정한다고 말하는 것은 올바르지 않다. 왜냐하면, 하나님의 말씀(롬 4:25)과 우리의 신앙고백서(20항)는[4] 모두 시간의 관점에서 주관적 칭의에

---

[4] 역자 주: 벨기에 신앙고백서 20항은 다음과 같다. "우리는 완전하게 자비로우시면서 또한 완전하게 공의로우신 하나님이 그의 아들을 보내사, 불순종한 사람들이 가진 본성을 취하게 하시어서, 그의 가장 쓰라린 고통과 죽음을 통해 죄에 대한 만족과 형벌을 담당하게 하셨음을 믿는다. 그러므로 하나님은 그의 아들에게 우리의 허물을 담당케 하셨을 때 자신의 공의를 나타내셨다. 그리고 죗값으로 저주를 받아야 할 우리에게 순전하고도 완전한 사랑으로 자신의 자비하심과 인자하심을 쏟아 주시사, 그의 아들을 우리 죄를 대신해 죽게 내어 주셨고, 우리를 의롭다 하기 위해 그를 다시 살리심으

선행하며, 그리스도의 부활 때문에 봉인된 객관적 칭의를 분명하게 말하기 때문이다.

더욱이 문제 자체와 관련해 본다면, 모든 개혁교회는 그리스도께서 영원으로부터 화평의 협의 안에서 자신의 백성을 위한 보증직을 맡았다고 믿고 고백한다. 그리스도는 우리의 죄를 자신에게 지우고 또한 이후에 자신의 고난과 죽음에 의해 갈보리에서 실제로 우리를 위한 속전을 지불하셨다. 그리하여 우리가 아직 원수였던 동안 우리를 하나님과 화해시키셨다. 그러나 하나님의 말씀에 근거해 볼 때 그리고 우리의 신앙고백서와 일치시켜 볼 때 우리는 신실한 믿음에 의해서만 이 은덕을 개인적으로 취하게 된다는 것을 동일한 확고함을 가지고 지지해야 한다.

그런 까닭에 총회는 택자들을 위한 그리스도의 영원한 보증직에 대한 것이나 양심의 법정 안에서 하나님 앞에서 의롭다 함 받기 위한 신실한 믿음의 요구에 충돌을 일으키는 어떤 관점에 대항해 진지하게 경고한다.

3. 직접적 중생

셋째 사항으로 직접적 중생에 대해 총회는 다음과 같이 선언한다.

이 용어는 분별력을 가지고 사용될 수 있다. 루터파와 로마가톨릭교회에 반대해 개혁교회가 중생은 말씀이나 성례 같은 것을 통해서가 아니라 성령의 전능하시고 중생시키시는 사역을 통해 일어난다고 항상 고백해 온 점에 있어서 그러하다.

로써, 우리가 그를 통해 죽지 않고 영생을 얻도록 해 주셨다". 박일민, 『개혁교회의 신조』, 305.

그러나 성령의 중생시키시는 사역은 마치 설교와 중생 사역이 서로 분리된 것처럼 말씀의 설교로부터 단절되는 식으로 이해하면 안 된다. 왜냐하면, 비록 신앙고백서는 유아기에 죽는 우리 자녀들의 구원과 관련해 그들이 복음의 설교를 듣지 못했다는 사실에도 불구하고 그들의 구원을 의심해서는 안 된다고 가르치며, 우리의 신앙고백 표준서들 어디에서도 우리 자녀들 및 다른 자녀들에게서 중생이 일어나는 방식을 그 자체로 표현하지 않지만, 복음이 믿는 자 누구에게나 구원을 주시는 하나님의 능력이라는 사실과 성인의 경우에 성령의 중생 사역이 복음의 설교를 수반한다는 것은 틀림없기 때문이다.

비록 총회는 예를 들어 이방 세상 속에서처럼, 말씀의 설교를 떠나서도 하나님이 하시고자 하는 사람을 중생시킬 수 있다는 점에 이의를 제기하지 않으나, 하나님의 말씀의 근거 위에서 이런 일이 실제로 일어나는지에 대한 질문에 관해 어떤 선언도 할 수 없다고 판단한다. 그러므로 우리는 계시된 말씀이 우리에게 제공하는 법칙에 고착해야 하고 감추어진 것들은 주 우리 하나님께 남겨 둬야 한다.

4. 전제적 중생

마지막으로 넷째 사항인 전제적 중생에 대해 총회는 다음과 같이 선언한다.

> 우리 교회의 신앙고백서에 따라서, 하나님의 약속에 의한 언약 자손은 그리스도 안에서 중생하고 성별 되는 것으로 보아야 한다. 그들이 자라서 그들의 삶의 방식이나 교리 속에서 반대 사항을 드러내기 전까지는 말이다. 그러나 전제적 중생의 근거 위에서 신자들의 자녀들에게 세례를 시행한다

고 말하는 것은 정확하지 않다. 세례의 근거는 하나님의 명령과 약속 안에서 발견되기 때문이다.

더 나아가, 교회가 언약 자손을 중생자로 간주하는 자비의 판단은 결코 각 자녀가 실제로 거듭난 것을 함축하지 않는다. 하나님의 말씀이 이스라엘에게서 난 사람들이 모두 이스라엘이 아니며, 이삭으로부터 난 자라야 네 씨라 불릴 것이다(롬 9:6, 7)라고 가르치는 점을 볼 때 그러하다. 그래서 설교 가운데 지속해서 진지한 자기 점검을 촉구하는 것은 긴요하다. 오직 믿고 세례를 받는 사람만이 구원받을 것이기 때문이다.

더욱이 총회는 우리의 신앙고백서에 부합되게 다음 사실을 지지한다.

성례는 우리를 속이기 위한 공허하거나 무의미한 표지가 아니라, 내적이며 비가시적인 것의 가시적 표지이자 인장이다. 이것을 수단으로 해 하나님은 우리 안에서 성령의 능력에 의해 일하신다(33항).

그리고 보다 특정하게 세례는 "중생의 씻음" 그리고 "죄 씻음"이라고 불린다. 왜냐하면, 하나님은 우리가 물로 외적으로 씻음을 받게 되는 것처럼 이 신적 약속과 표지에 의해 실제로 우리가 우리의 죄로부터 영적으로 정결하게 된다는 점을 보증하시기 때문이다.
그런 까닭에 우리 교회는 세례 후 기도 안에서 이렇게 고백한다.

하나님께 감사드리고 찬양합니다. 하나님이 자신의 사랑하시는 아들 예수 그리스도의 피를 통해 모든 죄 가운데서 우리와 우리의 자녀들을 용서하셨고, 자신의 독생자의 지체로서 성령을 통해 우리를 수납하셨고, 그래서 우리를 자신의 자녀로 양자 삼으셨고, 거룩한 세례에 의해 이와 같은 것들을 우리에게 인치고 확증하셨습니다.

그래서 우리의 신앙고백 표준서들은 분명하게 가르친다. 세례의 성례는 예수 그리스도의 피와 성령에 의해 우리의 죄 씻음, 즉 하나님이 우리 후손에게 수여하신 은덕들로서 성령에 의한 칭의와 갱신을 가리키고 인친다고 말이다.

총회는 그런 이유로 모든 택함받은 자녀가 심지어 세례 이전에 실제로 이미 중생했다는 진술은 성경적 근거에 의해서도, 신앙고백적 근거에 의해서도 증명될 수 없다고 본다. 하나님은 자신의 약속을 자신의 시간에, 즉 세례 전이든지, 중이든지 아니면 후이든지 주권적으로 성취하시는 것을 우리가 알기 때문이다. 그러므로 이 점에 대해 어떤 사람이 말하고자 한다면 하나님이 계시한 것 이상으로 지혜로워지려고 하지 않도록 반드시 신중함이 요구된다.

부록 2

헤르만 바빙크의 유산[1]

넬슨 클루스터만(Nelson D. Kloosterman)[2]
World Resources International 전무 이사

비록 헤르만 바빙크라는 이름이 일부 독자들에게는 낯설지도 모르지만, 그의 신학은 아마도 이 글을 읽는 모든 사람에게 영향을 주었을 것이다. 개혁파 진영에 남긴 바빙크의 유산은 동시대 인물인 아브라함 카이퍼처럼 그의 조국 네덜란드의 작은 규모에 어울리지 않을 정도로 크다.

나는 이글을 바빙크 서거 87주년 되는 시점에 쓴다(그는 1854년 12월 13일에 태어나 1921년 7월 29일에 별세했다). 그는 임종 시에 이런 말을 한 것으로 유명하다.

> 이 시점에 내 모든 지식은 소용이 없고, 나의 교의학도 그러하다. 믿음만이 나를 구원할 것이다.

---

1 본서의 영문 번역자가 2008년에 쓴 에세이로서, 여기에 부록으로 소개할 수 있도록 동의해 준 클루스터만 박사님께 감사드린다.
2 클루스터만 박사는 은퇴한 목사이자 교수이며 전문 번역가다. 그는 신학, 윤리, 성경 연구와 관련된 30권 이상의 책을 번역하거나 편집했다. 그는 결혼해서 미시간주에 살고 있다.

진실로 바빙크는 오직 믿음으로 구원받았다. 그러나 그의 박식은 오늘 우리에게까지 지속적으로 유익을 준다. 웅장한 교의학의 열매와 함께 철학, 교육 심리학, 자연 과학 그리고 현대 문화에 대한 통찰력을 통해서 말이다.

2008년은 프린스턴대학에서 열린 바빙크의 스톤 강연(Stone Lectures)의 100주년이 되는 해이다(이 강연은 『계시철학』[3]이라는 이름으로 출간되었다). 또한 2008년은 그의 기념비적 개혁파 교의학의 영문판이 완간된 해이기도 하다(전4권, Baker Academic).[4]

이에 더해 바빙크의 저작 중 좀 더 작은 책들도 다수 영문판으로 나왔다. 게다가 2008년에는 상당수의 신학 논문과 국제 컨퍼런스들이 바빙크의 지속적 유산에 대해 찬사를 보냈다.

바빙크의 전문적 경력은 1881년부터 1921년까지 40년에 해당한다. 이 기간은 상당수의 중요한 이성적, 종교적 도전이 일반적으로 기독교의 믿음에 대해 그리고 특별히 개혁신앙에 대해 일어났다.

한 예찬자는 「프린스턴 신학 논집」(The Princeton Theological Review)에 바빙크와 그의 동시대 인물들을 비교하는 글을 쓰면서, 바빙크의 학문이 아마도 가장 포괄적이고 기술적으로 가장 완벽한 것 같다는 의사를 개진했다.

---

3 한글판 서지 사항은 다음과 같다. 헤르만 바빙크, 『계시철학』, 박재은 역 (군포: 도서출판 다함, 2019).

4 한글판 서지 사항은 다음과 같다. 헤르만 바빙크, 『개혁 교의학』 전4권, 박태현 역 (서울: 부흥과개혁사, 2011)

1. 두 세상 사이의 다리

많은 전기 작가들이 헤르만 바빙크를 경건주의와 현대주의 두 세상 사이에 서 있는 한 사람으로 소개했다. 경건주의 영성은 네덜란드에서 17-18세기의 이른바 네덜란드 2차 (또는 증진) 개혁운동을 특징지었다.

이 운동은 역사적으로 중요한 칼빈주의의 특색인 천상적 사고와 세상적 관심 사이의 건강한 균형을 유지하고자 했다. 네덜란드 사회에서 믿음과 도덕의 쇠퇴에 직면하면서, 개인적 신앙과 경건에 대한 이런 강조는 사회 전반에 갱신을 촉진시켰다.

그러나 이 운동이 전개되면서 2차 개혁운동은 보다 신비적이고, 반(反)문화적이고 금욕적 이상(理想)에 영적 친화력을 드러냈다. 헤르만 바빙크는 이런 경건주의의 상속자였다.

바빙크는 현대주의와 맞닥뜨리면서 라이던(Leiden)대학교에서 학업을 시작했는데, 이 대학은 네덜란드에서 현대주의 신학의 요람이 되었다. 바빙크는 이곳에서 철학과 역사에 대한 엄밀한 역사적-실증적 접근방법으로 교육받았다. 이는 바빙크가 신학적 친구이든지 적이든지 공정한 사고를 가지고 균형 잡힌 대우를 하도록 영향을 미쳤다.

바빙크 시대에 경건주의와 현대주의의 두 세상은 충돌했다. 충돌은 믿음과 이성, 계시와 과학 그리고 종교와 철학 사이의 관계성에 연루되었다. 계몽주의의 무르익은 열매는 반(反)초자연자연주의의 결과를 가져왔는데, 이는 지식의 원천으로서 초월성, 기적, 믿음을 부인하는 것이었다.

바빙크는 자신의 본보기와 저술들에 의해 이 현대 세상 속에서 동료 네덜란드 개혁파 신자들이 그들의 믿음을 드러내며 살도록 고무하고자 했다.

2. 바빙크의 신-칼빈주의에서 "신"(Neo)의 의미

신-칼빈주의라는 용어는 19-20세기 네덜란드에서 일어난 칼빈주의의 회복을 지칭하는데, 아브라함 카이퍼, F. L. 루트헐스(Rutgers) 그리고 헤르만 바빙크에 의해 주도되었고, 그들의 추종자들에 의해 전 세계적으로 지속되었다. 물론 회복은 단지 옛 형식과 유형의 재생을 추구하는 복구 그 이상이다.

이런 신-칼빈주의의 특징은 칼빈주의의 지속이라기보다는 변형이라고 비판할 만한 꽤 많은 정보를 반대자들에게 제공했다. 그런 상황 속에서 카이퍼와 비빙크 시대 이후로 더 책임감 있는 신-칼빈주의자들 중 일부의 경우 신-칼빈주의 안에 있는 결점들을 인식해 왔다. 특별히 카이퍼의 중생론과 일반 은혜의 관점에 있어서 말이다.

19세기의 마지막 20년 시기에 바빙크가 등장했을 때, 진화론과 자연주의가 과학을 지배하기 시작했다. 이미 트뢸치(Ernst Troeltsch), 다윈(Charles Darwin), 막스(Karl Marx), 톨스토이(Leo Tolstoy), 칸트(Immanuel Kant), 슐라이어마허(Friedrich Schleiermacher) 같은 사람들의 사회-정치적 사상과 철학이 국제적 위상과 수용성을 차지했다.

그러므로 이런 이슈들에 대한 개혁파 교리의 적용은 어느 정도 새로운 것이었는데, 바빙크와 그의 동시대인들의 신학적이고 철학적인 반추는 칼빈주의 역사 안에서 새로운 국면을 조성했다.

이런 현대의 문제점들에 대해 칼빈주의를 적용함에 있어서, 바빙크는 지나치게 단순화한, 근본주의적인 논증을 피했다. 바빙크는 개혁파 교리의 역사와 그 반대자들의 역사 모두에 대해 정통했다. 자신의 시대에 있어서 철학과 과학 이론에 빈틈없는 익숙함을 가진 바빙크는 그것들을 상당히 균형감 있고 미묘하게 평가했다. 바빙크는 자신의 시대에 등장한 화급한 철학적 문제들로부터 신학을 격리하기보다는 개혁파 교리와 삶에 대한 자신의 생생한 표현 속에서 그것들을 통합시키고자 했다.

예를 들어, 바빙크는 실제적인 몸에 관해 "유기적인" 관계성과 "유기체"라는 개념을 좋아했다. 이런 개념들을 이해하고 적용하기 위한 열쇠는 아마도 하나님의 은혜가 본성을 제거하지 않고 오히려 하나님을 섬기도록 회복시킨다는 전제일 것이다.

은혜가 본성을 회복시킨다.

이 모토는 성경의 유기적 영감, 삼위일체의 유기체성 그리고 유기체로서의 교회를 포함해 교리와 삶의 모든 영역에서 바빙크가 광범위하게 적용하는 원리들 중 하나가 되었다.

바빙크의 칼빈주의에서 "신"에 대한 또 다른 예는 『개혁 교의학』 제2권에서 발견되는 창조에 대한 성경적 교리를 논한 것이다. 진화론 그리고 현대 과학의 결과들과 창조에 대한 성경적인 설명을 조화시키려는 다양한 시도들에 맞서서, 바빙크는 과학적 방법이 과학의 영역에서 적용되는 것에 대한 적합성에 찬성하면서도 동시에 창세기 1장에 나오는 창조 기사의 역사적 신뢰성을 방어했다.

창조의 날들의 길이와 성격에 관해 바빙크의 『개혁 교의학』의 다양한 판본들은 성경적 해석에 관한 개방성과 유연성을 드러낸다. 초판에서, 그는 날들을 시간의 간격으로 볼 수 있다고 서술했다. 2판에서 그는 첫 3일은 비상(非常)한 우주적 날들로 제안하면서, 두 번째 3일들도 그런 날들일 가능성이 있는 것으로 열어 두었다.

그는 창세기 1장에서 말하는 "날"은 하나님 자신이 일하신 날로서, 비상한 날을 가리키는 것이라고 반복적으로 주장했다. 더욱이 타락 이후 상황을 타락 이전의 시간으로 단순하게 재투영시킬 수 없는 그런 종류의 우주적 변화를 타락이 초래했다. 바빙크는 나중에 창조의 날들이 "시간 간격"을 칭하는 것이라는 관점을 버렸다. 그럼에도 불구하고 바빙크는 그 날들이 하나님

자신이 일하신 날들로 비상한 날들이라고 지속적으로 말했다.[5]

마지막으로, 바빙크의 신-칼빈주의에서 "신"은 자신의 저술과 글쓰기 안에 끼워져 있는 문화적 인식 안에서 나타난다. 바빙크는 네덜란드에서 개혁파 가운데 편만했던 보다 재세례파적인 입장으로부터 떠난다.

1834년의 분리 독립의 결과로 태어난 교회의 아들로서, 바빙크는 교육, 정치, 사회 정책 그리고 문화에 긍정적 관심이 부족했던 교회 회원들을 교육했다. 분리 독립파의 아들로서 바빙크는 라이던대학교에서 현대주의자들 가운데서 훈련받았고, 기독교의 원리들을 공적이고, 과학적이며, 문화적인 삶에 적용하기를 추구하는 데 자신의 신학자로서의 생애를 보냈다.

바빙크는 생애 말미에 정치에 활동적이었는데, 1911년에 네덜란드 정부를 섬기도록 상원 의원으로 선출되어 죽을 때까지 봉사했다. 바빙크는 정치적 영향력을 발휘해 네덜란드를 교육 개혁으로 이끌었고, 자국민들을 인도해 전쟁 문제를 주의 깊게 숙고하도록 했다. 사회에 대한 기독교적 접근을 개발하는 일에 대한 바빙크의 관심은 기독교 가정, 현대 사회에서 여성의 역할 그리고 여성의 선거권에 대한 에세이들을 쓰게 했다.

3. 유산 위에 세우기

헤르만 바빙크의 삶과 연구가 현대의 문제들에 지속적 관련성을 가지는 것은 이런 현대적 논의들의 정황 속에서 과학, 교육, 사회 정치학 그리고 심리학 분야에서 긍정적이고 전제적인 칼빈주의적 대응을 바빙크 자신이 발전시켜 온 것에 기인한다. 바빙크는 이른바 "개혁파 세계관 및 인생관"의 형성에 기여했다. 그런 개혁파 세계관에서 드러나는 두 가지 특징은 오늘날 우리의 헌신과 본받기를 요구한다.

5　역자 주: 다음을 참조하라. 헤르만 바빙크, 『개혁 교의학 2권』, 623-627[276항].

첫째, 일반적으로 신학에 있어서 그리고 특정적으로 개혁파 교리에 있어서, 특별히 교의학의 성경적이고 고백적 측면에서, 역사적 발전에 대한 바빙크의 꾸준한 집중이다.

둘째, 현대 과학과 문화에 의해 제기되는 문제들과 상호작용하고, 이에 대해 복음을 증거하는 바빙크의 개방성과 용기다.

주님께서 자비하심 가운데 우리 세대 안에서 헤르만 바빙크의 유산을 상속하는 사람들에게 동일한 성경적 박식과 용기를 주시기를!